●心輔叢書

青年心理學

馮維 主編

從青年情緒管理到壓力的應對，
從青年的自我意識的完善到職業心理的輔導，
該書能幫助讀者了解和把握青年心理學研究的處要內容、
重要理論和一般方法，
從而建立該科學的基本知識框架。

崧燁文化

前言

　　青年，人們常常用朝氣蓬勃、富有活力、創造進取、熱情浪漫等一系列字眼來形容。青年，是一個國家與民族發展的希望，是推動社會進步的重要新生力量。隨著社會的發展與科學的進步，青年的地位越來越重要，對青年心理的研究也日益活躍和高漲。自 1980 年代初開展青年心理學的研究以來，30 多年間，青年心理學的研究獲得了比較豐碩的成果，發表了大量青年心理學研究方面的論文、編著、譯著和專著，取得了長足的進步。這些青年心理學的研究成果，為促進中國青年心理學的發展做出了各自的貢獻。

　　新的時代呼籲研究者要加強對青年心理學的研究，並根據青年的發展動態與實際情況，出版更多的青年心理學的研究成果。

　　本書有以下幾個特點：一是學術性與新穎性。保留了沈澱下來的公認的、經典的青年心理學的內容，剔除了陳舊的內容，注重從多元的研究視角（如發展心理學、社會心理學、教育心理學、青年學、社會學、教育學、家庭學等學科）來闡述青年心理學的基本知識、基本原理，補充了新的青年心理學的研究成果；二是注意理論聯繫實際。用青年心理學的理論來闡述青年的心理現象，分析青年中存在的心理問題，提出具有針對性和操作性的解決問題的對策、途徑與方法；三是實用性與活潑性。青年心理學涉及的內容非常廣泛，本書著重根據中國青年的現狀及存在的問題，來取捨青年心理學的內容，避免面面俱到和泛泛而談。本書的形式比較活潑，除了正文之外，還設計了拓展性閱讀、案例、各章要點小結、思考題、復習題、答案等版塊，彰顯了本書的可讀性與通俗性，力求避免晦澀難懂。

　　本書是在借鑒、參考和引用大量文獻資料的基礎上完成的，謹此向有關作者表示衷心感謝。由於中國青年心理學與其他心理學分支比較起來研究能力相對比較薄弱，還處於不斷發展的過程中，加之作者的水平有限，書中難免有疏漏偏頗之處，敬請各位同仁、專家及廣大讀者批評指正。

馮維

目 錄

第一章　緒論

第一節　青年心理學的研究對象 002
　一、青年與青年期的含義 002
　二、青年心理學的研究內容 003
　三、青年心理學的意義 004

第二節　青年心理的發展及影響因素 006
　一、青年心理發展的含義 006
　二、青年心理發展的特點 006
　三、影響青年心理發展的因素 008

第三節　青年心理學的變遷 018
　一、國外青年心理學的變遷 018
　二、中國青年心理學的發展 021

第四節　青年心理學的研究方法 024
　一、青年心理學研究的原則 024
　二、青年心理學研究的方法學路徑 025
　三、青年心理學的主要研究方法 026

第二章　青年的認知發展與提高

第一節　概述 034
　一、認知發展的含義 034
　二、認知發展的結構 034
　三、青年認知發展的趨勢 035

第二節　青年注意的發展與提高 037
　一、青年注意的發展特點 037
　二、青年注意能力的提高 038

第三節　青年記憶的發展與提高 040
　一、青年記憶的發展特點 040
　二、青年記憶能力的提高 041

第四節　青年思維的發展與提高..044
　　一、青年思維的發展特點..044
　　二、青年辯證思維的發展特點....................................045
　　三、青年思維能力的提高..046
第五節　青年元認知的發展與提高..................................049
　　一、青年元認知的成分..049
　　二、青年元認知的發展特點......................................050
　　三、青年不同領域元認知的發展特點........................051
　　四、青年元認知能力的提高......................................053

第三章　青年的創造力與開發

第一節　概述..060
　　一、創造力的含義..060
　　二、創造力的要素..060
　　三、青年創造力開發的意義......................................062
　　四、創造力的測量..064
第二節　青年的學習創造力..066
　　一、學習創造力的含義..066
　　二、青年學習創造力的特徵......................................066
　　三、影響青年學習創造力的因素..............................067
　　四、青年學習創造力的培養......................................069
第三節　青年的創業意願..072
　　一、創業意願的含義..072
　　二、影響青年創業意願的因素..................................072
　　三、激發青年創業的意願..075
第四節　青年的創業實踐..077
　　一、創業實踐的含義..077
　　二、青年創業實踐的類型..077
　　三、促進青年創業實踐的途徑..................................078

第四章　青年的情緒與管理

第一節　概述 ... 084
一、情緒的含義 ... 084
二、情緒的類型 ... 085
三、情緒的理論 ... 086
四、情緒對青年的心理影響 ... 089

第二節　青年情緒的特點 ... 091
一、情緒體驗細膩而豐富 ... 091
二、衝動性與不穩定性 ... 091
三、兩極性與波動性 ... 091
四、開放性與掩飾性 ... 091

第三節　青年的積極情緒 ... 093
一、積極情緒的含義 ... 093
二、青年常見的積極情緒 ... 093

第四節　青年的消極情緒 ... 097
一、消極情緒的含義 ... 097
二、青年常見的消極情緒 ... 097

第五節　青年情緒的管理 ... 102
一、情緒管理的含義 ... 102
二、情緒管理的途徑 ... 102
三、情緒管理的方法 ... 104

第五章　青年的自我意識與完善

第一節　概述 ... 110
一、自我意識的含義 ... 110
二、自我意識發展的理論 ... 110
三、自我意識的結構 ... 112
四、自我意識對青年的意義 ... 114

第二節　青年自我意識的發展 ... 116
一、青年自我意識形成的來源 ... 116

二、青年自我意識發展的特點 117
　　三、青年自我同一性的建立 118
第三節　青年自我意識的矛盾與成因 122
　　一、青年自我意識的矛盾 122
　　二、青年自我意識矛盾的成因 123
第四節　青年自我意識的完善 125
　　一、要具備健康的自我意識 125
　　二、透過他人對自己的態度來認識自我 125
　　三、透過與他人的正確比較來認識自我 126
　　四、嘗試不同的經驗來正確認識自我 127
　　五、學會採用內省法反思自我 127
　　六、豐富自我體驗，對自我進行調控 127

第六章　青年的道德價值觀與教育

第一節　概述 132
　　一、道德價值觀的含義 132
　　二、道德價值觀的分類 132
　　三、道德價值觀對青年發展的意義 132
　　四、道德價值觀的測量 133
第二節　道德價值觀的理論 135
　　一、班杜拉的社會學習理論 135
　　二、科爾伯格的道德發展階段論 136
　　三、吉利根與諾丁斯的關懷倫理學 138
第三節　青年道德價值觀的特點 141
　　一、青年道德價值觀的一般特點 141
　　二、青年道德價值觀的階段性特點 143
第四節　青年道德價值觀的影響因素 145
　　一、青年的個人因素 145
　　二、青年的家庭因素 146
　　三、青年的學校因素 147

四、青年的社會因素...148
　第五節　青年道德價值觀的教育...................................150
　　一、青年道德價值觀的培養途徑...............................150
　　二、青年道德價值觀的教育策略...............................151

第七章　青年的成就與培養

　第一節　概述...160
　　一、成就的含義...160
　　二、成就的理論...160
　　三、青年成就研究的意義..163
　第二節　青年的成就動機...165
　　一、成就動機的含義..165
　　二、青年成就動機的特點..165
　　三、青年成就動機的意義..166
　　四、青年成就動機的激發..167
　第三節　青年的學業成就...169
　　一、學業成就的含義..169
　　二、青年學業成就的特點..169
　　三、影響青年學業成就的因素.................................171
　　四、青年學業成就的促進..174
　第四節　青年的職業成就...176
　　一、職業成就的含義..176
　　二、青年職業成就的特點..176
　　三、影響青年職業成就的因素.................................177
　　四、青年職業成就的提高..180

第八章　青年的人際關係與改善

　第一節　概述...186
　　一、人際關係的含義..186
　　二、人際關係的類型..186
　　三、人際關係的理論..187

四、人際關係對青年的重要性 190

第二節　青年與父母的關係 192

　　一、青年與父母關係的含義 192

　　二、青年與父母關係的特徵 192

　　三、父母對青年的影響 193

　　四、青年與父母的衝突 194

第三節　青年與同伴的關係 197

　　一、青年與同伴關係的含義 197

　　二、青年同伴關係的類型 197

　　三、青年同伴關係的特點 198

　　四、影響青年同伴關係的因素 198

第四節　青年與教師的關係 201

　　一、青年與教師關係的含義 201

　　二、青年與教師關係的特點 201

　　三、教師對青年的影響 202

　　四、青年與教師關係的衝突 203

第五節　青年人際關係的改善 205

　　一、青年要善於設身處地、推己及人，具有寬容的心態 205

　　二、青年要打破心理封閉，適當的自我表露，克服自我中心 206

　　三、青年要加強自我修養，完善自己的人格品質 206

　　四、青年要評估自己的人際狀況，提高人際交往技能 207

第九章　青年的婚戀與調適

第一節　概述 214

　　一、愛情與婚姻的含義 214

　　二、愛情與婚姻的要素 214

　　三、婚戀的類型 215

　　四、婚戀對青年的意義 217

第二節　青年的戀愛 219

　　一、青年的戀愛動機 219

二、青年的戀愛特點...220

　第三節　青年的擇偶...223

　　一、擇偶意向的含義...223

　　二、青年擇偶意向的特點...223

　　三、青年的擇偶方式的特點...225

　第四節　青年婚戀的主要問題...227

　　一、婚戀焦慮...227

　　二、未婚同居...227

　　三、閃婚...228

　　四、婚外戀...229

　　五、離婚...229

　第五節　青年婚戀心理的調適...230

　　一、青年要端正婚戀動機，建立正確的性愛觀.......................230

　　二、青年要有合理的婚戀期待，樹立婚戀責任意識...............230

　　三、青年要理智對待失戀，善於調整心態...............................231

　　四、青年要正確處理婚姻中的衝突...231

第十章　青年的職業心理與輔導

　第一節　概述...236

　　一、職業心理的含義...236

　　二、職業心理結構...236

　　三、職業心理理論...238

　　四、職業對青年的意義...241

　第二節　青年職業心理的特徵...242

　　一、青年職業心理的時代性...242

　　二、青年職業心理的矛盾性...243

　　三、青年職業心理的發展...244

　第三節　青年職業的選擇...246

　　一、職業選擇的含義...246

　　二、職業選擇的理論...246

三、青年職業選擇的心理困惑 247
　　四、影響青年職業選擇的因素 249
　第四節　青年職業的輔導 253
　　一、職業輔導的含義 253
　　二、青年職業輔導的意義 253
　　三、青年職業輔導的原則 254
　　四、青年職業輔導的內容 254
　　五、青年職業輔導的方法 255

第十一章　青年的休閒與引導

　第一節　概述 264
　　一、休閒的含義 264
　　二、休閒的類型 264
　　三、休閒的理論 266
　　四、青年休閒的意義 267
　第二節　青年休閒的特點與問題 269
　　一、青年休閒的特點 269
　　二、青年休閒的主要問題 271
　第三節　影響青年休閒的因素 274
　　一、影響青年休閒的主觀因素 274
　　二、影響青年休閒的客觀因素 276
　第四節　青年休閒的引導 278
　　一、加強對青年的休閒教育，建立健全相關制度法規作為保障 ... 278
　　二、發展完善休閒產業，為青年休閒提供更好的條件 279
　　三、強化媒介監管者的社會責任，向青年傳播健康的休閒方式 ... 279
　　四、豐富校園文化建設，提高青年學生的休閒品味 280
　　五、青年要樹立健康的休閒觀，充實自己的生活 280

第十二章　青年的壓力與應對

　第一節　概述 286
　　一、壓力的含義 286

二、壓力的來源..286
　　三、壓力對青年的影響..287
　第二節　壓力的理論..290
　　一、精神分析學派的理論..290
　　二、行為主義的理論..290
　　三、認知的理論..291
　　四、需要和緊張的心理系統理論..291
　　五、社會文化的理論..292
　第三節　青年的主要壓力..294
　　一、青年的主要壓力..294
　第四節　青年壓力的應對..299
　　一、應對的含義..299
　　二、應對的類型..300
　　三、青年如何正確應對壓力..303

第十三章　青年的心理社會問題與預控

　第一節　概述..312
　　一、心理社會問題的含義..312
　　二、心理社會問題的類型..312
　　三、心理社會問題的理論..313
　　四、青年心理社會問題的危害..314
　第二節　青年不良成癮行為與預控..315
　　一、青年吸菸成癮..315
　　二、青年酗酒成癮..317
　　三、青年網路成癮..319
　　四、青年吸毒成癮..321
　　五、青年不良成癮行為的成因..323
　　六、預控青年不良成癮行為的對策..324
　第三節　青年犯罪與預控..327
　　一、犯罪的含義..327

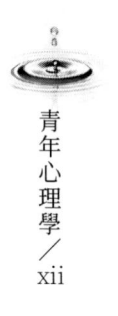

二、青年犯罪的類型...327
　　三、青年犯罪的成因...328
　　四、預控青年犯罪的對策..329
第四節　青年自殺與預控..331
　　一、自殺的含義..331
　　二、自殺的類型..331
　　三、青年自殺的成因...331
　　四、預控青年自殺的對策..333

附錄
思考題與復習題答案

　　第一章　緒論...339
　　第二章　青年的認知發展與提高..341
　　第三章　青年的創造力與開發...343
　　第四章　青年的情緒與管理..344
　　第五章　青年的自我意識與完善..345
　　第六章　青年的道德價值觀與教育...348
　　第七章　青年的成就與培養..350
　　第八章　青年的人際關係與改善..351
　　第九章　青年的婚戀與調適..353
　　第十章　青年職業心理與輔導...355
　　第十一章　青年的休閒與引導...356
　　第十二章　青年的壓力與應對...358
　　第十三章　青年的心理社會問題與預防矯正.................................359

第一章　緒論

本章你要學習什麼？

青年心理學是發展心理學的重要分支，是心理學科的重要組成部分。青年心理學的研究對象是什麼？青年有哪些主要的心理特徵？青年的心理發展受哪些因素的影響？如何對青年心理學進行研究？透過本章的學習，你將對上述基本問題有所瞭解。

第一節　青年心理學的研究對象

青年心理學作為一門獨立學科，有自己特定的研究對象與研究內容。瞭解青年心理學的研究對象和研究內容，是對青年心理學進行深入研究的基礎。

一、青年與青年期的含義

青年（youth）與青年期（adolescence）是人們在日常生活中經常提到的術語，但長期以來，人們對它們的理解卻有不同的學術觀點和爭論。不同的研究者往往從不同的學科與研究視角對此進行探討，概括起來主要有以下幾種：

一是從生物學的角度，認為青年是身體和智力繼續發育，達到完全成熟的人。青年期是一個從性成熟和開始接受中等教育到生理發育完全成熟的時期。

二是從社會學的角度，認為青年是從生物的人逐漸轉變為社會的人。青年期是從依附的、受監護的、按照成人制訂的特殊規則而生活的童年、少年向獨立的、負有一定責任的成人活動的過渡時期；也是社會活動範圍擴大，開始選擇職業，邁向成人生活的個性社會化時期。

三是從心理學的角度，認為青年是個體的思維、記憶、情感、意志、興趣、能力、性格等迅速發展，處在心理成熟過程中的人。青年期是處於知識與技能積累，世界觀、人生觀逐漸形成的時期。

四是從多學科綜合角度，認為青年是身心逐漸走向成熟，走向獨立生活，獲得有效參與社會所必須的態度和信念，開始承擔家庭、社會責任的人。青年期以生理成熟為基礎，同時受社會、文化因素的強烈制約。在青年期，個體生理的、年齡的特點和出身的環境，以及社會文化條件、社會和文明的類型所決定的特點都在其身上打下了深深的烙印。

青年期的年齡界限是多少？由於研究者考慮到文化、習俗、生理、心理等多種因素的影響，所以劃分的標準也不一致。例如，中國《現代漢語詞典》認為，青年是指人十五六歲到 30 歲左右的階段；《中國共產主義青年團》規定，青年是 14~28 歲的年輕人；聯合國通常把 15~25 歲的人口歸為青年；美國一般認為青年的年齡是 12~25 歲；俄羅斯是 14~30 歲，德國是 15~25 歲；日本是 12~25 歲；羅馬尼亞是 15~29 歲等。隨著人類壽命和社會成熟度的延長，世界衛生組織把青年的年齡上限提高到 44 歲。例如，中國多家單位舉辦的中國傑出青年的評選活動均規定評選的傑出青年年齡為 18~39 歲。在本書中，我們提到的青年是身心發育成熟，開始獨立決定自己的生活道路的大學生到 35 歲左右的年輕人。

對於青年期，我們認為需要從以下三方面進行理解：

（一）青年期是特定的年齡階段，代表了一種年齡的轉折和趨勢。這一時期既是個體身體發育的高峰階段，又是社會對個體提出種種特定約束和規定的年齡階段。

（二）青年期是心理迅速發展並趨於成熟的時期。青年的抽象思維佔主導地位。智力發展是青年心理發展的重要標誌。青年期是自我意識發展的重要時期，他們的自我意識有了新的變化，心理活動更多地指向內心世界，自我形象更加豐富，自我意識逐漸成熟。

（三）青年期是社會化的重要時期，社會化的內容更加深刻和豐富。與兒童少年期相比，青年在社會化過程中，同輩群體、大眾媒體及自我意識調節的作用更加突出，家長和教師更難對青年進行控制。青年有強烈的獨立意識，希望創造自己的生活。青年期也是選擇職業、戀愛、組織家庭的重要時期。

二、青年心理學的研究內容

任何一門學科都有自己特定的研究對象。青年心理學（adolescence psychology）是研究青年期各種心理現象與心理活動規律的學科。由於青年心理學與生物學、社會學、教育學、犯罪學、倫理學以及其他的心理學分支（如發展心理學、教育心理學、社會心理學等）有密切的關係，所以青年心理學的研究內容與其他學科有一定的重疊和交叉，但青年心理學又有自己獨特的研究內容。在本書中，我們著重探討下面的問題。

（一）青年的心理特徵及規律

如果從與兒童的幼稚性、中年的穩重性相比較來認識青年，青年有自己獨特的心理特徵，而且與兒童、中年相比有本質的區別。人到青年期，心理的面貌與心理特徵出現了前所未有的嶄新變化，表現出較大的主動性、矛盾性、可塑造性、開放性等特點。在認知方面，青年的注意能力、記憶能力、思維能力等認知能力得到了進一步的深化和提高，在學習領域比兒童更善於學習與獨立思考，有自己的獨立見解，有更高的學習自主性和主動性；青年的創業意願強烈，願意投身於創業的實踐活動中。在社會性方面，青年的自我意識進一步覺醒，出現了自我同一性問題，青年的自我認識有了較大的提高，自我體驗更加豐富與矛盾，自我調控能力增強，開始認真思考自己的人生價值和意義，逐漸形成了自己的道德價值觀，開始嘗試選擇或從事自己的職業，渴望能夠在學業和職場上獲得成功，有所成就，得到社會和他人的認可與尊重。同時，青年擴大了自己的生活社交圈，進

一步意識到自己與他人的重要關係，與父母、教師、同伴的關係發生了變化，在人際關係中體會到彼此的協調、衝突、煩惱，增強了人際交往的能力。因此，青年心理學首先要研究青年的這些心理特徵，明晰影響青年心理特徵的主要因素的變化與聯繫。

（二）青年的心理問題與解決對策

現代社會是競爭激烈的社會，青年在發展的過程中會遇到許多心理問題。例如，青年的情緒問題、婚戀問題、職業選擇問題、壓力問題，以及網路成癮、酗酒、吸毒、犯罪等社會心理問題。這些問題常使許多青年感到迷茫和困惑。那麼，這些問題是如何發生的？有哪些特點？受哪些因素的影響與制約？如何解決？

科學研究的基本任務是必須解釋和說明客觀存在的並可以檢驗的現象。青年的心理問題是一種多變的精神現象，解釋並說明它並非易事。解釋與說明這些心理問題的最基本的方法，是找出所觀察到的這些心理問題產生的原因，找出它們與可能事件之間的因果關係或相關關係，以及其發生、發展和變化的規律。所以，青年心理學應該關注與研究青年的這些心理問題，發現這些問題的成因，並提出解決這些問題的途徑與方法，為青年正確認識和處理這些心理問題提供理論與方法。總之，青年心理學不僅要系統探討青年的心理特徵與規律，還必須系統探討青年的心理問題及解決對策。所有這些，共同構成了本書青年心理學研究的主要內容。

■三、青年心理學的意義

學習與研究青年心理學具有重要的意義。從理論意義上看，青年心理學的形成和發展對心理學科起著重要的促進作用。青年心理學的發展，積累了大量的研究材料，出現了很多研究成果，也形成了眾多的理論。青年心理學揭示的青年心理特徵及發展規律、發現的青年心理問題及解決對策，都豐富和促進了心理學科的發展。同時，青年心理學的發展也影響著其他相關學科的發展。隨著社會的發展，青年在社會生活中起著越來越重要的作用。一些專門研究青年的學科應運而生並在不斷發展，如青年社會學、青年教育學、青年美學等。青年心理學具有近百年的發展歷史，研究也較為成熟，開闊了這些學科的研究視野，為這些學科的研究提供了一定的理論與實證依據。

從實踐意義上看，青年心理學為學校更好地教育青年學生提供了依據。青年的心理發生、發展有一定的特點和規律，學校教育按照這些特點和規律對青年學生進行教育，有助於幫助青年學生更好地掌握知識與技能，形成高尚的思想情

操和正確的價值觀,提高他們的學業成就,更好地開發他們的智力,激發他們的創造力。青年心理學為青年工作者提供了必要的心理學知識,能夠幫助他們更好地解決青年的心理問題。青年心理學對青年心理問題的研究,以及為解決這些問題提出的思路及對策,能夠幫助青年工作者更好地瞭解青年心理問題的現象及成因,有針對性地做好青年的各項工作,組織開展富有教育意義的活動,從而滿足青年的合理需要,減少青年的消極情緒和心理壓力,提高青年學習和工作的積極性,提高青年的人際交往能力,促進青年的全面發展。不僅如此,透過學習青年心理學,青年可以更好地認識自我,加強自我修養,自覺進行自我教育,並能夠根據自身的長處及優勢更好地努力奮鬥、發展並提高自我,對社會做出創新和貢獻。

復習鞏固

1. 不同學科對青年與青年期的解釋有哪些不同的觀點?
2. 青年心理學的研究內容有哪些?
3. 學習青年心理學有何意義?

第二節　青年心理的發展及影響因素

　　個體的心理發展並不隨著生理的成熟而告終，它是一個從出生經成年到老年的持續過程。青年的心理發展具有自身的特點，是一個複雜的問題，受很多因素的影響和制約。

一、青年心理發展的含義

　　關於個體的心理發展（psychological development），不同的心理學家有不同的認識和理解。傳統的心理學觀點認為，個體的成熟是發展的終點，它通常在成年期達到。如霍爾（G.S.Hal）認為，個體心理發展是人類種族進化的復演過程，個體的心理發展達到青春期。現代心理學提倡畢生發展觀，認為個體的發展是一個在時間和順序等方面不相同的各種變化範型的體系，畢生都在進行。個體的心理發展具有多維性和多向性，其發展的方向因行為種類的不同而有所不同。有的心理並不在出生時開始發展，而有些心理現象也並非在中途達到終點。例如，榮格（C.G.Jung）、霍林沃斯（H.Z.Holingwerth）等心理學家認為，個體的心理發展是終身的事情，涉及個體心理發展的全貌；中國心理學家朱智賢認為，心理的個體發展，是指人的個體從出生到成熟再到衰老的過程中心理發生發展的歷史；林崇德教授認為，個體心理發展的過程是社會化（socialization）的過程，即個體掌握和積極再現社會經驗、社會聯繫和社會關係的過程。透過社會化，個體獲得在社會中進行正常活動所必需的品質、價值、信念以及社會所贊許的行為方式。綜合上述心理學家對個體心理發展的認識和研究，我們認為，青年的心理發展是指青年從青年初期到青年末期的心理變化過程。

二、青年心理發展的特點

（一）過渡性

　　青年處於從個體走向成熟、獨立的時期，其心理發展由獲得和喪失的結合組成。一方面，青年放棄了少年兒童時期的一些幼稚想法或思維方式、不假思索的衝動等心理體驗；另一方面，隨著他們年齡的增長和心智的逐漸成熟，在心理發展方面獲得了新的體驗。在認知方面，青年的思維由經驗型向理論型轉化，並開始掌握了辯證思維；情感體驗從外顯性、衝動性向內在文飾和理性的方向發展，情感的表達更加具有社會道德感和責任感；在意志方面，由自覺性和堅持性不夠，發展到有了較強的自覺性，能夠堅持自己的行動方向；在自我意識的發展方面，

自我評價比過去客觀，自我體驗更加深刻和細膩，自我控制能力進一步增強；在道德發展方面，朝著社會規範和社會責任要求的方向發展。

(二) 不平衡性

一般而言，青年的心理發展總是按照一定的規律和順序進行。由於每個青年的遺傳素質、生活經驗、教育環境不盡相同，因此其心理過程和個性心理特點的發展進度和達到成熟水平的時期也並不完全相同。例如，有些青年在心理方面發展比較成熟，有比較高的成就動機。他們渴望在學業與工作上獲得成功，對學習和工作認真負責、兢兢業業、踏踏實實，有較強的學習與工作能力，遇事有主見，對自己的前途和未來的發展考慮得比較周全，能較好地處理自己遇到的各種問題，不怕困難和挫折，善於人際交往。而有些青年則顯得比較幼稚，缺乏成就動機，學習和工作的主動性和自覺性比較差，需要父母、主管、教師的督促和操心，遇事缺乏主見，獨立學習與工作的能力不強，處理個人問題和事務顯得比較吃力。

(三) 矛盾性

青年是處於獨立性和依賴性錯綜複雜、充滿矛盾的時期，加之進入大學或工作以後，他們的學習方式、工作方式和生活環境發生了較大變化，必然會給他們帶來許多心理矛盾和衝突，主要表現在以下幾方面：

1. 心理的閉鎖性和渴望交往的矛盾。一方面，青年的內心世界逐步變得複雜，不大輕易將自己的內心活動表露出來；另一方面，他們又十分渴望與人交往，渴望擁有友誼，渴望別人的理解。

2. 理想自我和現實自我的矛盾。青年的想象比較豐富，對未來有比較強烈的嚮往和設計，這就形成了一個「理想自我」。「理想自我」為青年指明瞭奮鬥的目標，但當他們感到自己達不到理想中的「自我」時，就與現實發生了矛盾。

3. 強烈的求知慾和鑒別力不夠之間的矛盾。青年有旺盛的求知慾，對自然和社會領域的許多現象都有較強的探究慾望。由於青年缺乏社會經驗，鑒別力不夠，有時難以辨別社會現象的真假，分不清社會事件的利弊，這就產生了強烈的求知慾和鑒別力不夠的矛盾。

4. 情緒性和理智的矛盾。青年的情緒比較容易激動，可能會因為一點小事而發怒、慪氣，甚至意志消沈，不能冷靜地控制自己的情緒。但是當激動的情緒平靜下來後，他們在理智上又能比較明白地分析問題，這就表現為不能很好地處理情緒和理智的矛盾。

5. 廣泛的興趣愛好和職業定向的矛盾。青年往往都有很多的興趣和愛好，並且很想在這方面有所作為，成為自己將來的職業，但是現實的就業環境往往不盡人意，需要他們做出與自己的興趣愛好不一致甚至相反的決定。這就產生了興趣愛好和職業定向的矛盾。

(四) 可塑性

青年期是個體的各種心理品質全面發展、急劇變化的時期，這一時期的心理發展存在著不穩定、可塑性大的特點。雖然青年有時在認知方面容易偏激，有時在情緒方面會走極端，有時在意志方面比較薄弱或固執，在個性方面有很多基本的品質已經形成，但青年喜歡接受新事物和新觀念的特性，使他們容易受到外界環境因素和教師、父母或同齡人的影響，具有很強的可塑性。

(五) 探索性

青年期是個體人生觀、價值觀和世界觀初步形成的時期。隨著青年知識經驗的豐富，學業的不斷提高，社會交往的擴大，視野的開闊，他們對個人與國家的發展前途及自己的工作、事業與家庭生活充滿了憧憬與嚮往，並為之努力奮鬥、不斷進取。青年開始認真考慮人生的一系列重大問題，如繼續深造學業、婚戀對象的選擇、家庭的建立、工作可持續的發展等問題並進行多方面的嘗試與探索，並在不斷地探索中發現自我、否定自我、激勵自我、充實自我、完善自我。

(六) 創造性

青年期是個體智力發展到高峰，抽象邏輯思維高度發展，辯證思維能力日益提高，思維與想象力都非常活躍的時期。青年是時代發展的先鋒，是新思潮的代言人，善於接受新事物、新觀念，興趣愛好廣泛，不因循守舊，敢於打破傳統觀念與陳規陋習，敢於向前人挑戰，敢於創新和創業，有大無畏的精神。但青年在創造中會出現不切實際的幻想，沒有經過充分假設、論證、推演就盲乾，失敗後容易產生心灰意冷的情況。

三、影響青年心理發展的因素

影響青年心理發展的因素非常多，既有來自遺傳的因素，也有來自家庭、學校等方面的因素。

(一) 遺傳因素

遺傳是指親代的某種特性透過基因在子代再表現的現象。關於遺傳的作用，學界長期以來爭論不休。有的學者特別強調遺傳的作用，甚至把它誇大到比任何因素都重要的地位。他們透過對一些遺傳因素引起的精神性疾病的研究，如雙生子的研究、家譜分析法等的研究，鼓吹遺傳決定論，其中對雙生子的對比研究尤為突出。研究者基於這樣的假設：如果雙生子之間的差異性很大，說明後天的教育和環境起主要作用；如果他們之間的差異很小，說明遺傳起主要作用。他們一是把在相同環境下成長的同卵雙生（monozygtic twins[MZ]）與異卵雙生（dizygotic twins[DZ]）進行比較研究；二是把在不同環境下成長的同卵雙生與異卵雙生之間進行比較研究，看他們之間的相關程度，以此推測環境或遺傳的作用。例如，明尼蘇達的研究者不僅測查了在一起撫養的 217 對同卵雙生子和 114 對異卵雙生子，還測查了分開撫養的 44 對同卵雙生子和 27 對異卵雙生子。結果發現，幾乎在比較的每個項目上，不論是分養還是合養的同卵雙生子都較異卵雙生子的相關係數大，並且同卵雙生子之間在許多方面差異都較小。這在某種程度上證明，遺傳對人的發展確實起著作用 (Lelegen et al., 1988, 見表 1-1)。

表 1-1　合養或分養的孿生子的差異比較

特質	分養 同卵	分養 異卵	合養 同卵	合養 異卵
健康	.48	.18	.58	.23
社會能力	.56	.27	.65	.08
成就	.36	.07	.51	.13
應急	.61	.27	.52	.24
自我障礙	.48	.18	.55	.38
侵犯性	.46	.06	.43	.14
控制性	.50	.03	.41	.06
保守性	.53	.39	.50	.47
親和力	.29	.30	.57	.24

（注：表中數據為相關係數。）

英國科學家高爾頓 (F.Galton) 曾採用家譜分析法，比較研究了英國在政治、經濟、文學、藝術等領域的 977 位名人的後代與 977 名普通人的後代，發現名人後代中有 322 人成為名人，而普通人後代中只有 1 人成為名人。於是他認為：「一個人的能力是由遺傳得來的，它受遺傳決定的程度，正如一切有機體的形態及軀體組織受遺傳決定一樣。」英國心理學家 H.J. 艾森克認為 60%~70% 的天才是由遺傳決定的，只有 30% 的天才是由環境決定的。美國心理學家格賽爾 (A.Gesl) 則

提出成熟論，認為所謂成熟就是由基因引發並指導，遵循一個不變的規則、有序的規律，使個體獲得發展的過程。

美國心理學家霍爾認為，生理因素透過遺傳作用引導和控制人的整個心理發展過程。他在撰寫的著作《青年期》中描述道：「青年期是一個疾風怒濤的、內部和外部衝突對立的時期。這個時期的青年人，情緒是矛盾、兩極分化的，表現為時而熱情，時而冷漠，時而極度高興、愉快，轉而就會變得煩躁憂鬱或悲傷不安。如果說嬰幼兒期重演著人類的原始時代，那麼青年期則重演著人類的浪漫主義時代。」

遺傳決定論強調遺傳的決定作用，認為個體心理發展及其個性品質早在基因中就決定了，發展只是內在因素的自然展開，環境和教育只起到引發的作用。遺傳決定論者因過分強調作為先天因素的遺傳的決定作用，忽略了後天的環境和教育對個體心理發展的影響，因而容易抹殺後天環境和教育轉變遺傳可能性的客觀事實。但不可否認的是，遺傳造成的個體差異提供了人身心發展差異的物質基礎。儘管後天的教育、社會文化、家庭環境等因素對個體的心理發展起著至關重要的作用，但作為一個身心兼備的人，遺傳因素也是不可忽略的。遺傳作用導致的個體心理發展差異是存在的，其作用主要表現在：

1. 影響個體的智力發展及情緒

智力水平差異是指個體之間智力水平在高低程度上的差異。研究表明，人類的智力發展水平呈常態分布，智力超常或低常的人各佔 2.2%~2.3%，近一半的人屬於中等智力。黃希庭等人 (1999) 對 120 名大學生進行的智力測試發現，大學生的智力發展呈偏態分布，即大學生的智力都在中等和中等以上的水平。因為大學生是經過激烈的高考競爭而選拔上來的優秀中學生，所以他們的智力水平比較高。儘管大學生的智力水平在總體上比較高，但是他們的智力發展同樣存在差異性。從表 1-2 可見，在被測試的 120 名大學生中，智力超優水平的佔 9.2%，優秀水平佔 39.2%，中上水平的佔 40.8%。

表 1-2　120 名大學生的智力分布情況

智商	等級	百分數 大學生	百分數 常模
130 以上	超優	9.2	2.2
120~129	優秀	39.2	6.7
110~119	中上（聰明）	40.8	16.1
90~109	中等	10.8	50.0
80~89	中下（遲鈍）		16.1

70-79	低能邊緣		6.7
69 以下	弱智		2.2

美國心理學家加德納的多元智力理論將人類智力分為：言語智力、空間智力、邏輯數學智力、音樂智力、運動智力、社交智力、自知智力7種。他認為，無論哪種智力的發展與其生物基礎都是分不開的。如某些人天生對音樂、色彩敏感或肢體靈活敏捷，來源於其天生的感覺器官和運動器官的特點。聽力不好的人要成為音樂家要比聽力敏感的人困難很多，色盲要成為畫家也比正常人要困難很多。

另外，研究發現，遺傳或生物因素對個體的情緒有較大影響。情緒過程不同於其他心理過程，主要表現在情緒總是伴隨著一定的生理反應。Groves 和 Redbec(1988) 的研究表明，不同的生理反應發生在不同的情緒之中。愉快的情緒往往伴隨通往肢體的血流增加，而不愉快的情緒則有相反的影響。人在恐懼、疼痛和激動時會出現瞳孔放大的現象，而在愉快時瞳孔則會縮小。對積極情緒和消極情緒的腦電波研究發現，在大腦的前方可以發現對積極和消極情緒的不同反應。在積極情緒下，大腦左前半球的腦電活動增加，大腦半球活動的不對稱比消極情緒時有所增加。Mcleland 等人在用生化手段測量情緒反應時，發現在合群動機較高時，人體中的多巴胺含量有所升高，而在權力動機較高時，則發現去甲腎上腺素含量升高。考夫曼和卡根（Kaifman & Kagan, 1996）也曾記錄 32 名女大學生對電影片段的反應，發現她們看到電影片段中的愉快鏡頭時，手上的溫度上升，而面對一些威脅性的鏡頭時，手上的溫度降低。

另一種觀點認為，情緒的特點是一種普遍的、無分化的生理喚醒。不同情緒的喚醒模式都是一樣的，如在對憤怒、緊迫、憂鬱、悲哀、害怕、敵意、權力需要等不同情緒的研究中都同樣發現有血壓升高、心率增加、皮膚溫度升高的生理現象，以及去甲腎上腺素和腎上腺素升高的生化現象。（Levnson, 1992；EwartCK, 1994）特萊根（Telegen, 1988）研究發現，個體 40% 的積極情感變化、55% 的消極情感變化，以及 48% 的生活滿意度變化，是由基因引起的。共同的家庭生活環境，只能解釋 22% 的積極情感變化，2% 的消極情感變化以及 13% 的生活滿意度變化。這些研究都承認情緒的產生與遺傳素質或生物因素密不可分。

2. 影響男女兩性之間的不同心理發展

大量研究發現，女性擅長形象思維，求同思維發展較好，求異思維發展不足，容易受思維定勢的束縛。男性比較偏向於抽象思維和邏輯思維，在思維的靈活性、廣泛性和創造性方面，明顯優於女性。他們善於隨機應變，用多種方法處理同一問題，舉一反三、觸類旁通的遷移能力較強。女性在語言口頭表達運用方

面佔優勢，詞彙豐富，言語流暢，但女性在言語理解、言語推理方面均比男性差。在個性方面，男生更決斷、獨立、有主見、進取心強、堅韌，具備一定的競爭心理，但富於攻擊性；女生則情感細膩、敏感、溫和、有耐性、善解人意，但易優柔寡斷，有一定依賴心理。

桑代克（EdwardLeThorndike）曾以實驗證明，女性在語言表達、短時記憶方面優於男性；而男性在空間知覺、分析綜合能力以及實驗的觀察、推理和歷史知識的掌握等方面優於女性。麥科比和傑克林（Macoby & Jacklin, 1982）的研究發現，女性的語言表達能力優於男性；男性的空間能力、數學能力優於女性。另外有研究表明，在智力測量中，男性在常識、領悟、算術、填圖、木塊圖、圖形排列和圖形拼湊等方面略優於女性，女性則在相似、詞彙、數字廣度等方面略優於男性。黃希庭等人（1999）的研究則發現，女性僅在數字符號方面顯著高於男性，其他方面沒有差別。

3. 影響個體的氣質特徵

氣質（temperament）是心理活動表現在強度、速度、穩定性和靈活性等方面動力性質的心理特徵，相當於我們日常生活中所說的脾氣、秉性或性情。

對氣質的探討，人類早就有所涉及。比如孔子把人分為「狂」「狷」「中庸」等，並且認為「狂者進取，狷者有所不為也」。古希臘學者希波克拉底（Hippocrates）認為，人體內有四種基本體液：血液、粘液、黑膽汁、黃膽汁，每一種體液對應一種氣質。人體中的這四種體液可以以不同比例混合，其中佔優勢的體液主導著人的氣質類型。希波克拉底對氣質的劃分具有開創性的意義，現代心理學吸收了他的觀點的合理性，把個體的氣質分為四種類型。

（1）多血質（sanguine）。其特徵是活潑好動，敏感、反應迅速；不甘寂寞，善於交際；智慧敏捷，注意力易於轉移；容易接受新事物，但印象不是很深刻；情緒和情感易於產生也易於改變，體驗不強，但明顯地表露於外。其顯著特點是，有很高的靈活性，容易適應變化。

（2）膽汁質（choleric）。其特徵是直率熱情，精力旺盛；脾氣急躁，易於衝動；反應迅速，智慧敏捷，但準確性差；情緒明顯表露於外，但持續時間不長。其顯著特點是，有很高的興奮性，行為上表現出不均衡性。他們的工作特點帶有明顯的週期性。

（3）黏液質（phlegmatic）。其特徵是安靜穩定，交際適度；反應緩慢，沈默寡言；善於克制自己，情緒不易外露；注重穩定但又難於轉移；善於忍耐，沈著堅定；不尚空談，埋頭苦幹。其顯著特點是安靜、均衡。

(4) 憂鬱質 (melancholic)。其特徵是行為孤僻，反應遲緩；多愁善感，體驗深刻，但情緒不易外露；具有很高的感受性，善於覺察到別人不易發覺的細小事物。

大量研究發現，氣質更多受遺傳因素的影響。巴甫洛夫 (Pavlov) 透過大量實驗研究發現，氣質類型是由神經過程的特點決定的。神經過程的強度、均衡性與靈活性的特點會影響到個體的氣質特徵。神經過程的強度指神經細胞能經受的刺激強度；神經過程的均衡性指神經活動中興奮力量是否均衡；神經過程的靈活性指神經活動中興奮與抑制的轉換是否靈活。它們的不同組合造成了個體氣質的特徵差異 (見表 1-3)。

表 1-3　神經活動過程的特性、高級神經活動類型與氣質的關係

神經過程的基本特性			高級神經活動類型	氣質類型
強度	平衡性	靈活性		
強	不平衡		興奮型	膽汁質
強	平衡	靈活	活潑型	多血質
強	平衡	不靈活	安靜型	黏液質
弱			抑制型	憂鬱質

由於個體的神經過程的特點是天生的，所以遺傳素質相同或相近的人，氣質類型也比較接近。氣質沒有好壞之分，每種氣質都有優缺點。例如，多血質的人情感豐富，反應靈活，易接受新事物，容易適應新的環境，但是注意力不專一，情緒不穩定，興趣容易轉移；粘液質的人穩重、克制、沈著、忍耐、不尚空談、埋頭苦幹，但反應緩慢，不善交際。氣質不能決定個人的成就大小。據研究，俄國有四位著名作家分別屬於不同氣質類型：普希金是典型的膽汁質，赫爾岑是多血質，克雷洛夫是粘液質，果戈里則是憂鬱質，但他們在文學方面都獲得了巨大的成功。因此，我們不能以一個人的氣質宿命地預測其在事業上的成就。

一個人的氣質類型在一生中是比較穩定的，但又不是不能變化的。如果在童年期生活條件極為惡劣，或者在成年期遇到了重大的事件，就可能導致人的氣質發生變化。但這種變化過程是很緩慢的，甚至當條件適宜的話，原來的氣質面貌還會得到恢復。所以，有人說氣質的變化可能是一種被掩蓋的現象，「江山易改本性難移」就是這個道理。

在教育過程中，我們既不能忽略遺傳對青年的影響，也不能過分誇大它的作用。遺傳對青年心理發展的影響，更多體現在智力、情緒、氣質、兩性差異這些與生物因素關係密切的特徵上，而在青年的動機、價值觀、性格等與社會因素

關係緊密的特徵上，後天的教育和環境更重要。遺傳只提供了青年心理發展的可能性，不決定心理發展的現實性，而環境和教育則決定青年心理發展的現實性。教育對青年的心理發展起主導作用。一般來說，大多數青年的遺傳素質是差不多的，其心理發展之所以有差異，決定性的因素還在於環境和教育的不同。

(二) 家庭因素

家庭是以夫妻為主體，包括父母、子女等親屬在內的社會關係的組織形式，是個體參與群體生活的一種最普遍、最固定和最持久的社會生活的基本單位。雖然許多青年學生離開父母和家人到遠在千里之外的大學求學或者參加工作，但仍與家庭脫離不了各方面的關係。家庭對青年的影響是非常直接和深遠的，而家庭中的很多因素都可以影響到青年的心理發展，例如家庭結構、家庭心理氣氛、親子關係等。在所有的影響因素中，最主要和最重要的是父母的教養方式。

青年父母的教養方式概括起來大致分為四種類型：(1) 溺愛型。父母愛子心切，寧肯自己省吃少穿，也要想方設法滿足子女的要求，對子女的事情大操大辦，甚至偏袒護短，嬌慣縱容，養成了子女任性、懦弱、依賴、被動、為所欲為、驕橫、自私自利等不良心理品質。(2) 專制型。父母對子女缺少慈愛、溫暖和同情，常用粗暴的態度和命令、苛求、禁止、威嚇等手段教育子女，把自己的意志強加給子女，經常干涉子女的行動，從而使子女情緒不穩，缺乏安全感，產生叛逆心理，使子女與父母感情疏遠，難以感受家庭溫暖，難以自尊自信，缺乏獨立性與自主性。(3) 放任型。父母認為子女是「樹大自然直」「子女是靠學校和社會教育出來的」。因而他們對子女缺乏責任心，採取放任自流的教育方式，很少關心子女的需求和進步，對子女的獎懲往往隨心所欲，甚至對子女的缺點、不合乎道德規範的行為也不教育，甚至縱容。父母的放任行為，使子女形成了冷漠、自我控制力差、易衝動、不遵守社會規範，具有攻擊性、情緒不穩定等不良人格特徵。(4) 民主型。父母尊重子女的獨立人格與意願，對子女既不嬌慣，也不過於嚴厲，不隨心所欲地支配子女，關心子女成長中的進步與問題，對子女有明確合理的期望要求，能夠堅持自己的正確原則，對子女的缺點、錯誤，能夠採用耐心恰當的方法加以解決。生活在民主型家庭里的子女，一般具有獨立性、自信心、能動性、性格開朗樂觀、情緒穩定、對人親切、能夠與人合作、有進取精神等良好心理品質。

中國一些學者對青年父母教養方式的研究發現，若青年父母接受過良好的教育，他們在教養子女方面會顯得更加理性科學，傾向於給予子女更多的理解、溫暖和溝通，同時他們又對子女寄予較高期望，希望子女達到自己的要求，有時會對子女的事情和行為進行干涉。城市青年父母比農村青年父母給予子女的過度保

護更多。由於家庭因素對青年心理發展的重要性,因此,在教育青年的過程中,有關教師、主管要注意適當地與青年學生、青年職工的家長保持聯繫與溝通,尤其是當青年遇到意外事件或遭遇心理危機時,更要及時主動尋求青年家長的幫助和支持,要相互合作、相互配合,增強對青年教育的效果。

(三) 學校因素

學校是由專職人員承擔的有目的、有系統、有組織,以影響學校受教育者的身心發展為直接目標的社會機構。相比家庭教育而言,學校教育更為嚴謹和規範,有著比較系統的教育思想、教育體系和科學的教育方法。大學是青年學習和生活的主要場所。

其主要功能是培養社會所需要的各類專門人才。青年知識經驗的獲得、專業技能的提高、道德品質的培養,理想、世界觀的形成等都是由大學的教育品質決定的。大學教育在青年的心理發展中起著舉足輕重的作用。一個環境優美、教育資源豐富、師德高尚、教風嚴謹、學風踏實的大學,不僅能提高青年的專業知識和技能,而且能使青年形成積極向上、努力進取、奮發有為的優秀心理品質,成為社會的合格人才。大學教育對青年心理發展的影響,主要表現在兩個方面。

1. 開發青年智能

智能主要指青年的認識能力,主要包括認識客觀事物的正確性、敏捷性、深刻性、廣闊性和完善性;思維的分析、抽象、概括的水平,以及運用知識經驗解決問題的能力等。青年智能的發展雖然與腦的機能、遺傳、成熟等自然的條件密不可分,但主要是在教育條件下實現的。教育一方面要考慮到青年身心發展的水平,關注其學習準備狀態和接受程度,這是教育的出發點,是實施有效教育的前提;另一方面,適宜的教育能促進青年心理發展的進程,提高其心理發展的品質,例如,青年的智能發展水平常與大學教育的品質、教師的教學水平和科研能力有很大的直接關係。如果教師學識淵博、治學嚴謹、見解獨特、富有創新,就能夠加快青年思維能力的發展。

大學教育影響青年智能的發展是以掌握知識和技能為中介的。掌握知識和技能是智能發展的主要和必要的條件,但智能發展不等於掌握知識和技能。智能的發展是指心智活動本身所發生的質的變化,它有其自身的特點和過程。從心理學的角度來說,知識以思想內容的形式為人所掌握,技能以行為方式的形式為人所掌握。個體對知識、技能的掌握到智能的發展是一個複雜的過程。青年必須不斷吸收、領會教師所傳授的知識和技能,才能使自己的智能水平得到提高。

2. 塑造青年的人格

青年人格的發展過程也是在大學教育的影響下逐步實現的。大學教育對青年自我意識的完善、性格的形成、價值觀的確立、道德規範的內化、社會角色的學習等人格特徵的發展有著重要的影響作用。首先，青年生活在大學班級群體中，班級群體的各種規章制度、輿論，以及班級群體的各種社會心理，都會對他們的人格發展產生一定的影響；其次，教師特定的社會角色及在青年心目中的特定地位，特別是教師的教育方式與師生關係對青年的影響是比較深遠的。研究發現，在民主型教師的教育和管理下，青年與教師的關係比較融洽，更願意與教師交流與溝通，且學習刻苦，各方面表現比較主動和積極，情緒穩定，性格樂觀開朗；另外，教師的威信對青年心理發展的影響不能低估。學識淵博、人品高尚、威信高的教師，青年對他們十分欽佩和信服，願意把這些教師作為人生學習的楷模，願意接受他們的教誨和幫助。

教育對個體心理發展的影響是比較複雜的，因為教育是一種教育者與受教育者互動的雙邊活動。教育者要激發受教育者的活動，使其積極主動地接受教育，就必須考慮受教育者的接受能力，充分考慮受教育者已有的身心發展水平、個體差異進行因材施教，這才是有效的教育。但另一方面，如果教育不得法，違背了個體心理發展的規律，則可能延緩其心理發展，對其心理發展產生不利的影響，成為發展的阻力。

怎樣在考慮到教育與個體心理發展的辯證關係的前提下，最大限度地提高教育來促進個體的心理發展呢？蘇聯的心理學家維果茨基（Lev Vygotsky）提出了發展性教學的觀點。他認為，在論述發展與教學的關係時，應考慮個體的兩種發展水平：一是個體在獨立活動中所能達到的解決問題的水平，即現有的水平；一是在他人指導幫助下所能達到的解決問題的水平。這兩種水平，即個體的現有發展水平與即將達到的發展水平之間的差異叫最近發展區。教學要著眼於落實最近發展區，也就是說，教學不僅要依據個體已經達到的心理發展水平，而且要預見到個體今後的心理發展；教學應該走在個體心理發展的前面，而不是一味地遷就個體已有的發展水平，這樣才能帶動和加速個體的心理發展。

（四）社會環境因素

縱觀個體一生的心理發展，社會化是必然經歷的過程。人是社會的產物，個體要適應社會發展的要求，就必須掌握社會的文化知識和技能、道德規範和價值觀念，按照社會的要求行事，做一個合格的公民。

隨著科學技術的不斷進步、經濟全球化的到來，人們面臨著觀念的變革、生活方式的改變。青年是最為敏感活躍的群體，往往最先覺察到社會的變化，並且深受這種變化的影響。

政治和經濟是社會得以運行的基礎。中國現階段的政治制度、針對教育出台的相關政策，能夠積極地影響青年的心理發展。在和諧寬鬆的氛圍中，青年關心時事政治、注意國際動向、熱心國家大事，能夠針對社會現象發表自己的見解；而相關教育法律、法規及政策的出台，也為青年學習提供了堅固的保障。在經濟全球化競爭日益激烈的情況下，中國經濟迅猛發展，經濟環境發生著劇烈的變化，社會對勞動力的需求與社會實際供應之間出現了一定的供需矛盾，青年擇業的難度和就業的風險加大，這會使較少經歷挫折的青年倍感壓力，使其容易產生迷茫和困惑的心理，產生焦慮、擔憂、煩惱等不良情緒。這些心理問題在青年群體中比較普遍，亟待有關方面解決。

　　文化是在特定群體或社會的生活中形成的，並成為其成員所共有的生存方式的總和，其中包括價值觀、知識、信仰、藝術、法律、風俗習慣、風尚、生活態度及行為方式，以及相應的物質表現形式。任何文化一經形成和鞏固，就會影響到社會成員的心理發展，給其心理打上深刻的烙印，使其建構起相應的心理結構，形成類似的性格特徵，並表現出相似的思維方式、情感體驗、行為模式。中國傳統文化提倡勤奮、節儉、求同、自抑、忍讓、保守知禮、循規蹈矩、淡泊謙遜，這些對青年價值觀和性格的形成和發展都有一定的影響。

　　在現代社會，大眾傳播媒介如廣播、影視、報紙、書籍、網路在人們的社會生活中所佔的地位愈加重要，它們無所不在、無所不能，對青年的個性塑造、社會認知、情感培養等方面都起著潛移默化的重要作用。但大眾傳播媒介在豐富青年課餘生活、開闊青年視野、促進青年社會化的同時，媒介中一些色情、暴力、崇尚金錢、享樂至上的負面內容也對青年產生了負面的影響，甚至在某種程度上妨礙了他們心理的健康成長。總之，青年的心理發展受到多種因素的綜合影響。

復習鞏固

1. 青年心理發展的含義和特點是什麼？
2. 影響青年心理發展的因素有哪些？

第三節　青年心理學的變遷

青年心理學從創立、發展到現在已經有一百多年的歷史。在這一百多年的發展歷程中，青年心理學取得了長足的進步和眾多研究成果，形成了自己的研究特色，但也存在一些不足。

一、國外青年心理學的變遷

青年心理學的誕生，以1904年美國心理學家霍爾（G.S.Hal）撰寫的《青年期》一書的出版為標誌，因此，霍爾被稱作「青年心理學之父」。霍爾的《青年期》從生物學的角度出發，以調查作為依據，闡述了青年心理學與生理學、社會學、人類學、犯罪學和教育學等學科的關係，提出了個體發展的「復演說」。霍爾認為，個體的發展重復著人類種族進化的歷程，是種系發展的各主要階段的再現。胎兒期的發展復演了動物進化的過程；嬰幼兒期（出生~4歲）復演了動物到人的進化；嬰幼兒的智力發展是原始的，主要活動是爬行，主要是感知─運動技能方面的發展，與人類早期使用四肢活動相對應；童年期（4-8歲）復演著原始人的漁獵時代，這時的兒童喜歡用玩具武器打獵、釣魚以及鑽洞和探索隱蔽的地方，其語言和社會交往開始發展；少年期（8-12歲）復演著人類從蒙昧時代向文明時代的過渡時期，少年常表現出特別想學習語言、數學、繪畫、音樂、寫字等；青年期（12-25歲）則復演著人類的浪漫主義時代，是激情與進取並存、充滿內外衝突的時期，青年末期是一個新開端，它出現了人類更高級、更完善的特徵，獲得了「個性」，變得更加「人類化」「文明化」。霍爾的研究奠定了青年心理學研究的基石，他的研究方法成為研究青年心理學的一種重要研究手段。繼霍爾之後，青年心理學的研究在世界各國逐漸開展起來。

青年心理學在西方的第一個興盛期開始於第一次世界大戰後的德國。1920年代的德國社會混亂，經濟蕭條，兩代人的衝突，青年失業等問題突出，於是青年心理學首先在德國盛行起來。當時的德國出現了研究青年心理學的著名學者，如彪勒夫婦（K.Bühler & C.Bühler）、斯普蘭格（E.Spranger）等。他們分別從不同的角度對青年心理進行了深入的研究，其中以彪勒夫婦的《青年的心靈生活》（1921年）最為有名。彪勒夫婦認為，寫日記是青年期的特殊現象。青年日記的內容具有明顯的傾向性，反映出各種各樣的性格，特別是青年的內心世界。青年透過寫日記，可以將自身的體驗對象化，以此來探求自我、反思自我、理解自我和追求自我。寫日記對於青年的自我形成具有巨大的促進作用，是青年自我形成過程的重要一環。

斯普蘭格著重研究的是青春期青少年的心理發展變化，並在 1924 年出版了《青年的心理》一書。斯普蘭格用「第二次誕生」來描述青少年的心理特徵，認為青少年時期既是人格形成和發展的時期，也是自我意識蓬勃發展、精神生活發生巨大變化的時期。這些特徵表現在：一是發現自我。兒童的自我與外部世界似乎是一個整體，到了青春期之後，青少年開始把探索的視線轉移到內心世界，開始關注自己的精神生活和個性特點，意識到自我和他人之間的區別，並體驗到內心的動蕩不安，勤奮和懶惰、開朗和憂愁、大膽和怯懦、交際與孤獨等各種矛盾交替發生。青少年在這種動蕩不安中逐漸認識到自我的固有世界，發現自己的價值，加深對自我意識的發展和形成；二是設想未來生活。兒童的時間觀念是注重關心現在，青少年則逐漸將時間觀念擴展到過去和未來，擴大到對職業的選擇、對未來生活的態度，逐步建立起自己的生活目標；三是擴大生活領域。青少年逐步深入生活的各個領域，並進行科學藝術的創造、探索，從事社交活動，擴大生活圈子。斯普蘭格對青少年精神生活與心理發展的研究，為後人系統地研究青少年的自我意識和價值觀奠定了基礎。

　　1920 年代末，美國人類學家瑪格麗特·米德（M.Mead, 1928）開始用社會學的觀點研究青年的心理與行為。米德研究了南太平洋薩摩亞群島的青少年，出版了《薩摩亞的成年———為西方文明所作的原始人類的青年心理研究》一書。她發現，薩摩亞群島的青少年幾乎沒有體驗到不可避免的心理衝突和危機，也沒有心理上的「暴風驟雨」現象的存在，甚至沒有多少心理混亂。米德的研究向人們證實了青春期並非一定是一個危機四伏的緊張時期。美國人類學家本尼迪克特（R.Benedict）的研究也發現，青少年的心理緊張來自於社會文化，青少年適應困難的一個決定性因素是兒童期向成人期社會化過渡的不連續性。例如，在西方工業社會，童年時代的主要活動是遊戲和學習，社會對兒童的要求是聽話與順從，一旦進入成年期，社會則要求個體具備高度的社會責任感，要有主動性和獨立性。這種童年生活與成人生活要求的明顯差異，使許多青少年在掌握成人角色時感到困惑和困難，從而引發他們的一系列心理衝突和矛盾。如果社會能夠為個體從兒童期向成年期的過渡提供一種平穩漸進的環境，青少年將較少體驗到心理衝突與困擾，進而避免心理危機的產生。米德等人的研究使許多學者認識到社會環境對青少年的發展有重要的影響，從而開始用社會學的觀點研究青少年的心理與行為。這一研究方向上的轉折性變化，對青年心理學的研究產生了重大的影響。

　　1930 年代的美國，經濟危機與社會混亂，青年問題十分突出，研究者把青年心理學的研究視角從理解青年，轉而著重於教育與指導青年，關心青年在智力、社會、情緒等方面的適應是否異常。以霍林沃斯（L.S.Holingworth）、科爾

(L.Cole)等人的研究為代表。他們從生物發生學、心理發生學、社會發生學等多元學科出發，對青年的適應問題進行探討。霍林沃斯在1928年出版的《青年心理學》一書中提出了著名的「心理性斷乳」理論(Psychological weaning)。他認為，「生理性斷乳」是指幼兒因斷奶而改變營養攝取方法，而12~20歲的個體一般都會產生擺脫家庭成為自由獨立人的衝動，這就是「心理性斷乳」。無論是個體的生理斷乳還是心理斷乳，其共同特點是斷乳前所形成的習慣，與新的需要、衝動、行為不相適應並產生矛盾的結果，這就必須改變原有的習慣以及心理水平，造成了青年在心理上適應「心理性斷乳」的複雜性。霍林沃斯的「心理性斷乳」的觀點，得到了學術界的廣泛認同和進一步研究。科恩的研究發現，青年期最重要的心理成果是自我意識和穩固的自我形象的形成。青年對自己內心世界的發現與哥白尼當時的革命同等重要，是青年心理上的一次巨大的「革命」，這與青年智力的發展密切相關。科恩還提出在青年心理學的研究中，應當注意探討青年的社會、民族和文化的差異，青年的經濟狀況和社會地位的差異，青年的性別差異和個體差異，以及注意歷史差異與代際差異等問題。上述著名心理學家的研究對現代青年心理學的發展產生了較大的影響。

1940年代以後，美國的格塞爾(A.Gesel)對青少年的成熟問題進行了雙生子實驗研究，這些研究企圖發現遺傳與成熟的關係，對後人的進一步探討產生了影響。美國心理學家埃里克森(E.Erikson)和班杜拉(A.Bandura)將發展心理學、社會心理學、社會學、文化學等多門學科結合起來，探討了青年的心理發展階段與心理危機、青年的模仿與觀察學習等問題。蘇聯著名心理學家維果斯基(Л.С.Выготкий)從社會與文化的觀點出發，探討了青年的心理問題。

瑞士著名心理學家皮亞傑(J.Piaget)、法國心理學家瓦隆(H.Walon)、蘇聯心理學家彼得羅夫斯基(А.В.Петровский)從發展心理學、認知心理學的角度，探討了青少年的心理發展問題。這些傑出的心理學家都對青年心理學的發展做出了各自重要的貢獻。

日本的青年心理學主要受歐美，特別是美國研究的影響。1910年，日本學者元良勇次郎、冢原政次、中島力造等翻譯出版了霍爾的《青年期》一書，這標誌著日本青年心理學的誕生。1917年，久保良英創立了兒童教養研究所，1918年創刊了《研究所紀要》，經常刊登關於青年心理學的實證性研究成果，影響較大。這一時期出版了野上俊夫的《青年心理講話》(1919年)、猶崎淺太郎的《兒童青年精神力量的研究》(1922年)等著作。早期的日本學者不僅介紹國外關於青年的學說、資料，還使用聯想法、問卷法等方法對日本青年進行了獨立的研究。第二次世界大戰中，日本青年心理的研究基本陷於停滯狀態，直到戰爭結束，才

逐漸恢復。

　　第二次世界大戰之後，日本受美國研究的影響更深。由於戰後日本青年問題比較突出，所以日本青年心理學的研究發展很快。1947 年，桂廣介的《青年的心理》和崗本重雄的《青年的自畫像》兩本專著的出版，標誌著日本青年心理學進入了新的發展階段。這兩本書在日本青年中引起了強烈的反響，得到了戰後處於文化飢餓狀態的日本青年的喜愛。1949 年 9 月，日本實施了《學校教師資格認定法施行規則》。根據這一法律規定，學生為了取得初、高級中學的教師資格認定證書，就必須在大學輔修教育心理學、青年心理學課程，致使各種各樣的青年心理學教科書紛紛出版。依田新的《青年的心理》(1950 年)，桂廣介的《青年心理學》(1950 年)，崗本重雄、津留宏的《青年期心理學》(1957 年)等青年心理學教科書，推動了青年心理學的發展。1949 年，日本政府專門設置了「中央青少年問題協議會」，各地設置了相應的協議會，具體研究青少年問題，一批具有較高研究水平的青年心理學專著相繼出版。1968 年，依田新組織成立了「青年心理學研究會」，成為日本青年心理學研究的中心。依田新組織成員研究與出版了許多關於日本青年的著作。這以後，日本青年心理學的研究進入了成熟階段，青年心理學研究的成果也越來越多。

二、中國青年心理學的發展

　　中國現代青年心理學是從西方引進的，開始於 1930 年代。1932 年徐金泉翻譯了美國霍林沃斯 (L.S.Holingworth) 的《青年心理》；1933 年楊賢江翻譯了霍爾 (G.S.Hal) 的《青年期心理與教育》，湯子庸翻譯了美國 F. 屈雷西的《青春期心理學》(1933 年)；1937 年丁祖蔭、丁瓚合譯了美國布魯克斯 (F.D.Brooks) 的《青年期心理學》；1940 年朱智賢翻譯了日本野上俊夫的《青年心理與教育》。與此同時，中國心理學研究者也出版了一些青年心理學著作，如 1933 年沈履編著的《青年期心理學》，1934 年姬振鐸編著的《青年期心理研究》；1941 年朱智賢編著的《青年心理》；1946 年丁瓚編著的《青年心理修養》等。這些著作雖然較系統地介紹了青年心理發展的特徵，但引述的研究資料多數來自國外特別是美國，對國內青年心理發展的研究基本是空白。

　　中華人民共和國成立後，1950 年代主要是學習和介紹蘇聯心理學的研究成果。如 1957 年張述祖等翻譯出版了列維托夫的《青年初期學生心理學》。1963 年朱智賢編著的《兒童心理學》一書最先論述了青春初期學生心理的發展，反映了當時國內青年心理研究的水平。從 1949 年到「文化大革命」結束時，中國對青年心理的研究非常少，即使有個別的零星研究也主要是探討中學生的認知發展

問題。

　　1980年代初到90年代末，隨著中國改革開放的不斷深入和教育科學的不斷發展，對青年心理學的研究進入了迅速發展和空前活躍的時期。中國著名心理學家張增傑教授率先在西南師範學院開設了青年心理學課程，從發展心理學的角度比較系統地探討了大學生的心理特點和自我意識等問題，在中國產生了較大的學術影響，並在1981年翻譯出版了中國第一部系統研究青年心理學的著作———日本依田新主編的《青年心理學》。這對於開闊當時中國心理學界的研究視野，推動青年心理學研究的發展，起到了很大的促進作用。1982年，朱智賢主編了《青少年心理的發展》；1983年，王極盛撰寫了中國首部《青年心理學》專著。同時，國內還翻譯出版了一些國外的青年心理學著作。如史民德等翻譯的美國心理學家科恩的《青年心理學》(1983年)、邵道先翻譯的日本蔭山莊司等著的《現代青年心理學》(1985年)、張進輔等翻譯的美國多蘿西·羅吉斯著的《當代青年心理學》(1988年)等。

　　中國相繼成立了許多涉及青年心理研究的課題組，對青年心理問題進行了比較系統深入地探討，取得了一批具有中國特色的青年心理學研究的優秀成果。如1983-1988年，中國著名心理學家朱智賢教授主持了國家重點科研項目「中國兒童青少年心理發展與教育」，參加課題協作組的研究者達數百人，對中國青少年的理想、動機、興趣、道德等問題進行了一系列研究，出版了研究成果《中國兒童青少年心理發展與教育》(1990年)。1985年，中國著名心理學家黃希庭教授組織了國家教委博士點基金項目「當代中國青年的價值觀」，從心理學的研究視角對中國青年的人生價值觀、政治價值觀、道德價值觀、人際價值觀、職業價值觀、審美價值觀、宗教價值觀、自我觀、婚戀觀和幸福觀等進行了系統研究，於1994年出版了專著《當代中國青年的價值觀與教育》。1992-1997年，黃希庭教授主持了國家哲學社會科學「八五」重點課題「當代大學生心理特點與教育對策研究」，對中國百餘所大學的大學生進行了廣泛調查研究，研究了大學生的學習與創造、智力發展與開發、人生價值觀、人際關係、自我概念、戀愛、品德、心理咨詢、就業準備等方面的心理特點，並提出了教育對策，出版了專著《當代中國大學生心理特點與教育》(1999年)。

　　進入21世紀以來，隨著中國對青年心理學研究的進一步深入，以及對青年心理健康教育工作的不斷開展，有關青年心理研究、青年心理健康教育、青年心理咨詢與輔導等方面的著作大量出版。如張進輔主編的《現代青年心理學》(2005)、馮江平等著的《青年心理學導論》(2006)、梁津安與蔣冬雙編寫的《青年心理學大學生讀本》(2008)、張大均主編的《當代中國青少年心理問題及教育

對策》(2010)、田萬生、張文玉的《青年心理學》(2012)、蘇文啟的《青年心理學》(2012)、蔡敏的《青年戀愛心理學》(2013)等。同時，中國發表了大量有關青年就業、青年心理健康、青年心理咨詢與輔導、青年犯罪、青年婚戀、青年人際關係、青年價值觀等方面的研究論文。縱觀中國青年心理學的研究，走過了一條從無到有、從小到大、從膚淺到深入、從簡單介紹國外的青年心理學到移植模仿國外青年心理學的研究，再到注重青年心理學研究的本地化、創新的發展道路。

雖然中國青年心理學研究取得了比較豐碩的成果，有了長足的進步和發展，但也存在不少問題。例如，對青年心理的研究往往從實用性的角度出發，缺乏理論性、系統性和深刻性；青年心理研究多以調查報告、現象掃描、問題解剖、對策與建議為主，靜態和橫向研究比較多，動態和追蹤研究比較少，採用嚴格實驗方法的研究則更少；對青年心理問題的研究比較被動，預測研究不夠，不能較好地分析青年心理的變化過程和發展的連續性；對青年的瞭解、互動不夠，容易出現以偏概全、以個案代表全體的情況；研究的領域比較狹窄，如就業心理的研究對象主要是大學生群體，對於社會青年的研究則非常少；對青年心理的多元研究、交叉研究、跨學科和跨文化研究不夠。這些都是中國目前青年心理研究方面亟待解決的主要問題，也是未來中國青年心理學研究的努力方向。

復習鞏固

1. 國外青年心理學是如何發展變化的？
2. 中國青年心理學的研究取得了哪些成果？還有哪些不足？

第四節　青年心理學的研究方法

青年心理學的研究方法要遵循心理學研究的一般原則與普遍的研究方法，同時要注意青年心理學的學科特點，著重探討青年中存在的心理問題。

一、青年心理學研究的原則

(一) 客觀性原則

在青年心理學研究中，要根據青年心理現象的本來面貌研究其本質與規律。但研究者卻易於把自己的主觀體驗同客觀事實混淆起來，或因自己的喜好而影響到對客觀事實的觀察和數據的採集，使研究失去客觀性。為避免這種情況，研究者應根據事先研究的內容，如實詳盡地記錄作用於青年身上的各種刺激及行為反應，以此來判斷他們的客觀心理過程。對資料的處理和對結果的分析與討論要客觀，特別是在對待與自己的假設、理論不一致的數據資料時，應謹慎處理。在做結論時，應根據所收集的資料，在其允許的範圍內做出判斷，而不應該做過分的推論。

(二) 系統性原則

青年的心理是一個開放、動態、整體的系統，處於各種不同關係中，會表現出不同的特點。採用孤立分離的方式來研究青年的心理現象，是無法理解青年各種心理現象的特性及其相互影響的關係的。青年心理具有社會實踐結構、個性心理結構、心理活動結構以及心理的物質結構等多方面的層次性，在研究中應該綜合考慮這些因素，弄清青年心理的現狀、產生的原因、發展的過程與結果等諸多因素，搞清楚這些因素的相互聯繫、相互作用的關係，才能全面考察出青年的各種心理現象以及它們之間的關係。

(三) 理論聯繫實際的原則

青年心理學的研究無論是選題、研究程序還是研究的完成，都要以青年心理學的理論為指導，從青年的實際出發，解決青年在學習、工作、生活中遇到的實際問題。青年心理學研究的首要任務是為了更好地促進青年的學習、工作和生活，促進青年的健康發展。因此，研究課題應該來源於青年的實際情況，來源於青年的學習、工作與生活，研究成果應該能夠付諸於實踐，指導青年的學習、工作與生活，才能保證科研成果的實踐應用效能。

(四)差異性原則

青年的心理既具有普遍性或一般性，也具有特殊性或個別性，因此在研究青年心理的一般事實和規律的同時，應考慮青年之間心理的特殊性和差異性。由於青年所處的社會與家庭環境、教育條件以及自身的生理素質等不盡相同，所以青年的心理具有一定的差異性，表現為青年之間的地區差異、年齡差異、性別差異、文化差異、職業差異和個別差異等。研究者僅概括青年心理的一般規律與特徵是不夠的，還應考慮青年心理的差異性，以提高研究的科學性，得出更全面深入的結論，否則易犯以偏概全、表面性和片面性的錯誤。

二、青年心理學研究的方法學路徑

(一)現象揭示研究

現象揭示研究的目的是對青年發生的心理現象或行為進行科學、客觀、精確的描述，回答「是什麼」和「怎麼樣」等問題。現象揭示研究往往是進一步研究的前提和條件。在現象揭示研究中，研究者必須清楚研究的對象是什麼，研究的內容及研究的核心概念。例如，對大學生情緒管理能力的研究，就要回答什麼是「情緒管理能力」，並對它進行操作性定義。所謂操作性定義(operational definition)，是將抽象的概念轉換成可觀測、可檢驗的項目。從本質上說，操作性定義就是詳細描述研究變量的操作程序和測量指標。

許多心理學概念都沒有統一固定的操作性定義，一般需要研究者根據自己的研究目的、研究要求去界定。比如大學生的情緒管理能力可以定義為：大學生在遇到與自己發展不利的情緒時，積極尋找情緒策略，以有效的方式解決情緒不適的能力，並把大學生的情緒管理能力劃分為理智調控情緒能力、控制消極發洩能力、尋求外界支持能力、控制消極暗示能力、積極補救能力五個維度進行具體研究。在現象揭示研究中，操作性定義非常重要，它是研究是否有價值的重要前提。

(二)關係解釋研究

關係解釋研究又稱相關研究，是考察兩個或更多變量(現象)的相互關係，揭示一個變量是否受到其他變量的影響，以及影響性質如何、影響的程度有多大，進而用一個變量預測另外一個變量的研究方法。例如，中國青年的就業壓力比較大，就業壓力是否給應屆畢業大學生造成心理負擔，應屆畢業大學生對就業壓力的承受力如何；他們是否能夠獲得社會支持，他們獲得的社會支持是否能夠提高他們的就業壓力承受力；應屆畢業大學生的就業壓力承受力與社會支持之間

是否存在相關關係等,青年心理學可以對此進行研究。

相關研究一般是透過問卷調查,對蒐集的資料和數據進行統計分析,抽取出規律性的資訊,進而使研究者能夠深刻理解、全面描述、準確推斷和預測研究對象的特點及變化。相關研究的優點是可以在較短時間內,花費較小的人力、物力,發現變量之間的關係,對許多現象作出預測。但大部分相關研究不能發現相互關係的因素之間的因果關係。上述應屆畢業大學生就業壓力承受力與社會支持的關係研究,雖然能夠發現社會支持與應屆畢業大學生的就業壓力承受力之間呈正相關的關係,卻無法確定兩者之間孰因孰果,是社會支持導致應屆畢業大學生的就業壓力承受力增強,還是應屆畢業大學生的就業壓力承受力增強導致他們能夠獲得更多的社會支持?還有可能是由應屆畢業大學生的家庭條件、人格特質、自我管理能力等其他因素決定的。

(三)因果聯繫的實證研究

因果聯繫實證研究的目的是透過驗證事先設想的不同變量之間的假設,發現它們之間的因果關係。認識青年心理產生的內外原因,找出青年心理現象背後錯綜複雜的因果關係,是科學研究的重要任務,也是研究者普遍感興趣的問題。通常因果關係的揭示,需要使用實驗法來完成。例如,孫雪梅的《身體鍛鍊對大學女生應對方式、主觀幸福感和心理健康的實驗研究》就是按照大、中、小身體鍛鍊的強度,把大學女生分為三個組進行健美操運動干預,然後考察大學女生透過不同強度的健美操運動後,她們的應對方式、主觀幸福感和心理健康是否產生變化,受到影響。

三、青年心理學的主要研究方法

青年心理學的研究可以採用多種方法,在這裡著重介紹以下幾種主要的研究方法。

(一)觀察法

觀察法是有計劃地運用感官或借助科學觀察儀器,對研究對象進行系統觀察,以取得研究資料的方法。例如,研究者對青年參與公益自願者活動的情況進行觀察,發現青年參與公益自願者活動的特點及規律。觀察法既可以作為一種獨立收集數據的方法單獨使用,也可以作為調查的起始環節,與文獻法或實驗法等結合使用。

觀察法的優點是在自然情景下研究青年的心理,不影響他們的日常學習、工

作與生活,所得資料比較真實。使用觀察法要求研究者具有敏銳的觀察力,善於從紛繁的情境中捕捉所需要的心理與行為表現,從記錄資料中篩選有用的資訊。為了取得良好的觀察效果,在觀察中應注意明確規定觀察的內容和標準,隨時詳細記錄,有條件的話可利用一定的錄音、錄像器材;但觀察時間不宜過長,對同類心理與行為可採用重復觀察的方法;盡量在自然狀態下觀察,以免影響被研究者的正常行為。

(二) 調查法

調查法是以提問調研的方式蒐集資料以確定各種事實間的聯繫或關係的方法。主要有:

1. 訪談法

訪談對象既可以是集體,也可以是個人。集體訪談是由研究者召集一些青年就需要研究的問題發表看法或意見。如透過座談會瞭解青年職工心目中的理想上司形象,從中發現青年職工對上司管理能力、學識、人品等多方面的要求。個別訪談是由研究者對某個青年進行單獨訪談。如對某個犯罪青年進行訪談,瞭解其犯罪的心理原因。訪談法的優點在於靈活性大,因人而異,適用範圍廣。但存在費時費力、費用開支大,被訪談者由於心存顧慮,訪談可能不真實,易產生偏差等缺點。研究者要注意在訪談前做好事先準備,根據研究目的和研究對象擬定訪談提綱,掌握熟練的談話技巧和靈活的談話方式,詳細記錄談話過程和內容,以便能夠得到真實的事實及資料。

2. 問卷法

透過書面形式,以嚴格設計的問題,向青年收集資料和數據的方法。研究者在編制問卷時應注意問卷題目不宜過多,語言要通俗易懂,能夠使被調查對象理解,不會產生誤解或歧義;問卷正式施測前,應對問卷進行信度和效度分析,保證問卷的有效性。問卷法的優點在於簡便易行,可以在短期內獲得大量資料或數據,便於統計處理,較易做出結論。但如果研究者缺乏專門訓練,不善於把握問卷的標準,加之被調查者隱藏自己的真實想法,或迎合研究者的意圖填寫問卷,所得數據就缺乏真實性,加之統計方法如果比較簡單,就可能影響到這一方法的科學性。

3. 測量法

用專門的測量工具(量表)在較短時間內對青年的某些方面的心理屬性做出測定、鑑別和分析的方法。在青年心理學中,常用測量方法來評估青年的能力、興趣、態度、情緒、性格和人際關係等。例如,用人格量表測量青年的創造性人

格特質。採用測量法的關鍵是測量材料的選擇是否恰當。量表的品質是獲得良好測量效果的前提，可以從難度、區分度、信度、效度幾方面進行分析。由於量表的制訂比較困難，實施的精確性和可信性要在測定後的較長時間才能看出，所以實施這種方法最好能夠與其他方法配合使用，以進一步提高研究的科學性。

（三）實驗法

實驗法是研究者從某種理論或假設出發，為突出研究的實驗因子（自變量），有意控制某些條件，促使一定的現象產生，然後對其結果進行分析，得出有關實驗因子的科學結論的方法。主要有以下兩種：

1. 實驗室研究

在專門的實驗室內利用一定的儀器進行心理實驗，透過實驗獲得青年的某些心理現象的科學依據。如用腦電圖儀測定青年在開展思維活動時腦電波變化的情況。該方法的優點在於控制比較嚴格，所獲數據的可重複性高、比較可靠，結論經得起考驗。但實驗室情況與青年的實際生活有一定的距離，可能會使被研究者產生不自然的心理狀態。因此，這種方法難以用於研究青年的價值觀、道德、個性品質等複雜的心理特點。

2. 自然實驗法

按照研究目的控制某些條件，以引起青年某種心理活動而進行研究的方法。例如，潘瑩的《大學新生學習適應性的干預研究》，首先對大學新生進行學習適應性的現狀調查研究，在此基礎上，篩選出學習適應性困難的大學新生組成實驗組與對照組進行干預研究。透過「我為什麼學」「我怎麼學」「專業大比拼」等一系列活動，對實驗組成員進行團體輔導，而對照組成員則不進行團體輔導，透過干預以後發現，實驗組成員的學習適應性得到了較大提高。

自然實驗法兼具觀察法和實驗法的長處，既能較好地反映青年的實際情況，又能對變量進行一定的控制，使研究達到一定的精確程度。但該方法也存在一定的局限性，如在自然活動條件下進行實驗，難免會出現種種不易控制的因素，給結果分析帶來一定的困難，花費較多，所需技能也較複雜。

上述青年心理學的研究方法各有利弊。因此研究者在進行青年心理學研究時，要根據自己的研究目的、研究對象、研究內容，靈活地選擇研究方法。

擴展閱讀

青年心理學研究方法的新趨勢

隨著青年心理學研究的不斷深入，研究方法出現了新的趨勢。主要表現為：

1. 研究方法的綜合化

青年心理學要研究的問題涉及多方面因素的影響，單一的研究方法都有其優點與局限性，只能使研究者獲得小部分資訊，而大部分資訊被忽視或遺漏，加之在研究中受到其他因素的影響會增加研究結果的誤差，降低研究的科學性，使研究者難以得出準確的結論，因而出現了研究方法的綜合化。綜合化是指盡可能地採用多種研究方法。例如，對青年工作動機的研究可以採用問卷法、觀察法、實驗法等多種方法；對青年犯罪問題的研究可將橫向研究與縱向研究結合起來。再對不同方法取得的結果進行相互驗證和比較，以提高研究的可靠性和科學性。

2. 跨學科與跨文化的研究

青年心理學的研究需要多門學科的通力合作，如教育心理學、發展心理學、社會心理學、教育學、家庭學、社會學、生理學等學科的共同探討，才能更好地發現與揭示青年的心理特點與規律。同時，青年的心理現象總是在一定社會文化背景下產生的，與社會文化的發展息息相關。跨文化研究主要是研究在不同國家、不同民族、不同文化背景下青年心理現象的共性與差異性等問題。青年心理學的研究要借鑒國外研究的先進理念和方法，吸取其經驗與成果，才能更好地解釋青年心理現象的差異問題。

3. 採用現代研究儀器與數量化特徵

隨著科學技術的發展，各種現代的研究儀器被運用到青年心理學的研究中，如核磁共振成像、電腦、攝影、錄音等。在研究中採用多元高級統計分析，如驗證性因素分析、建立各種模型等，這些研究方法與手段的日益普及，對於提高青年心理學的研究水準起到了重要的推動作用。但青年心理現象的複雜性不是完全靠現代儀器及數量化研究就可以全部解決的。在研究中，必須注意定性與定量研究的結合，如採用行動研究、心理敘事研究等，進一步提高研究的科學性。

復習鞏固

1. 青年心理學研究的原則有哪些？
2. 青年心理學研究的方法學路徑有哪些？
3. 青年心理學研究的主要方法有哪些？

要點小結

1. 青年是指身心發育成熟，從開始獨立決定自己生活道路的大學生到三十五歲左右的年輕人。青年期是特定的年齡階段，代表了一種年齡的轉折和趨勢，是

心理迅速發展並趨於成熟的時期，是社會化的重要時期。

2. 青年心理學的研究內容是青年的心理特徵及規律、青年的心理問題與解決對策。學習與研究青年心理學，具有重要的意義。從理論意義上看，青年心理學的形成和發展對心理科學起著重要的促進作用。從實踐意義上看，青年心理學為學校更好地教育青年學生提供了依據。

3. 青年的心理發展是指個體從青年初期到青年末期的心理變化過程。青年心理發展的特點是：過渡性、不平衡性、矛盾性、可塑性、探索性和創造性。影響青年心理發展的因素既有來自遺傳的因素，也有來自家庭、學校等方面的因素。

4. 青年心理學研究要遵循客觀性原則、系統性原則、理論聯繫實際原則、差異性原則。青年心理研究的方法學路徑主要有：現象揭示研究、關係解釋研究、因果聯繫的實證研究。青年心理學研究方法主要有觀察法、調查法、實驗法。

關鍵術語

青年	youth
青年期	adolescence
青年心理學	adolescence psychology
心理發展	psychological development
操作性定義	operational definition

復習題

一、單項選擇題

1. 強烈的求知慾和鑒別力不夠是青年心理發展（ ）特點的體現。

A. 過渡性　　B. 不平衡性　　C. 矛盾性　　D. 可塑性

2. 青年心理學的誕生以美國心理學家（ ）出版的《青年期》一書為標誌。

A. 米德　　B. 霍爾　　C. 斯普蘭格　　D. 霍林沃斯

3. 青年是從生物的人逐漸轉變為社會的人，這是（ ）的觀點。

A. 生物學　　B. 社會學　　C. 心理學　　D. 多學科綜合

4. 提出「心理性斷乳」理論的是下列哪一位心理學家（ ）。

A. 本尼迪克特　　B. 霍林沃斯　　C. 埃里克森　　D. 班杜拉

5. 青年的父母愛子心切，寧肯自己省吃少穿，也要想方設法滿足子女的要求，對子女的事情大操大辦。這種教養方式屬於（ ）。

A. 溺愛型　　B. 專制型　　C. 放任型　　D. 民主型

二、多項選擇題

1. 遺傳的作用主要表現在（　）。

A. 影響個體的智力發展及情緒　　B. 影響男女兩性之間的不同心理發展

C. 影響個體的氣質特徵　　D. 塑造青年的人格

2. 青年心理研究的方法學路徑主要有（　）。

A. 現象揭示研究　　B. 關係解釋研究

C. 因果聯繫的實證研究　　D. 量化研究

3. 青年心理學的研究內容是（　）。

A. 青年的心理特徵　　B. 青年的心理規律

C. 青年的心理問題　　D. 青年心理問題的解決策略

4. 以下屬於青年心理學主要的研究方法的是（　）。

A. 觀察法　　B. 調查法　　C. 個案法　　D. 實驗法

5. 青年心理學研究要遵循（　）。

A. 客觀性原則　　B. 系統性原則

C. 差異性原則　　D. 理論聯繫實際原則

三、判斷對錯題

1. 青年心理學的研究內容是青年的心理特徵及規律，青年的心理問題與解決對策。（　）

2. 影響青年心理發展的決定因素是遺傳因素。（　）

3. 青年的心理發展是指個體從青年初期到青年末期的心理變化過程。（　）

4. 青年心理學的相關研究難以發現事物之間的因果關係。（　）

5. 米德率先從社會學的角度研究了青年的心理發展問題。（　）

第二章　青年的認知發展與提高

本章你要學習什麼？

認知貫穿於青年的全部心理活動，對青年的學習、工作具有重要的影響。本章將幫助你瞭解青年認知發展的含義和結構，以及青年注意、記憶、思維及元認知能力的發展。希望透過本章學習，你能夠掌握青年認知發展的規律和特點，並能在學習與工作中培養和提高自己的認知能力。

第一節　概述

認知是青年認識客觀世界的資訊加工活動。無論是生活還是學習，都需要青年不斷地感知、注意和記憶大量的外界資訊，思考各種問題，所有這些都屬於認知活動。青年的感知覺、觀察力、注意力、記憶力及思維能力等都發展到一個新的高度，並表現出一定的發展特點。

一、認知發展的含義

認知（cognition）在心理學上是一個常用的概念，但對其確切含義的解釋卻沒有定論。隨著資訊加工理論的出現，心理學家傾向認為，認知是指那些能使個體獲得知識、解決問題的操作方式和能力。這種對認知的解釋，既包含了一種動態性的加工過程，也包含了一種靜態性的內容結構。青年的認知發展是指青年獲得知識和解決問題的能力隨時間的推移而發生變化的過程和現象。從資訊加工的觀點來看，認知發展是青年資訊加工系統不斷改進的過程，既包括感知、注意、思維、記憶、言語等認知過程及其品質的發展，也包括認知結構的發展及解決問題等能力的發展。

二、認知發展的結構

認知發展的結構是指個體認知發展所包括的成分及這些成分之間的相互關係。對青年的認知發展結構應該包括哪些成分，不同的研究者往往有不同的理解，我們認為主要包括以下內容。

（一）感知覺的發生與發展

感知覺是青年認識世界和自我的門戶和手段。青年主要依靠感知覺來認識世界、探索世界、瞭解自我，形成關於客觀世界的印像和自我概念。

（二）記憶的發生與發展

記憶是青年知識經驗積累和心理發展的重要前提。青年的記憶類型、記憶策略的發生與發展，影響著記憶能力的提高。

（三）言語的發展

言語是青年心理交流的重要工具和手段，對青年的認知和社會性的發生發展具有重大意義。青年言語發生發展的心理機制及言語發展的規律和特點是言語發

展研究的重要內容。

(四) 表徵和概念的發展

表徵與概念是青年重要的思維形式。表徵是指資訊或知識在心理活動中的表現和記載的方式，人類有動作表徵、肖像表徵和符號表徵三種表徵系統，這三種表徵系統的相互作用是認知發展的核心；概念反映客觀事物一般的、本質的特徵，是青年進行一切認知活動的基礎。

(五) 推理和問題解決的發展

推理是指從具體事物歸納出一般規律，或者根據一般原理推出新結論的思維活動。問題解決是由一定的問題情境引起的，按照一定的目標，應用各種認知活動和認知技能，經過一系列的思維操作過程，使問題得以解決。推理是問題解決過程中重要的思維操作。青年推理的類型、推理的心理機制、問題解決的過程與策略都是需要研究的重要內容。

(六) 社會認知的發生與發展

社會認知主要以自己、人際關係及社會事件為對象，指的是青年對自己和別人各種心理活動及思想觀點、個性品質等的認知，對人與人之間的各種關係的認知，對社團及各種社會關係的認知，對社會事件的認知，這些構成了社會認知的主要內容。

(七) 元認知的發展

元認知是青年對自身認知活動的認知，其中包括對當前正在發生的認知過程和自我認知能力以及兩者相互作用的認知。青年元認知的組成成分及元認知能力的發展，是元認知發展研究的重要內容。

三、青年認知發展的趨勢

個體認知能力的發展需要 20 年左右的時間才能成熟和完善。個體從出生至十七八歲是認知能力隨年齡增長而不斷增長提高的階段，從十七八歲到 40 歲是認知能力發展的高峰期。以後隨年齡增長，一些認知能力會出現不同程度的下降。認知能力隨個體年齡而發展變化，與年齡的增長密切相關，但並不是勻速或無限度的發展。不同的認知在不同年齡階段各有不同的表現，此外，認知能力還受外在環境因素的影響。

因此，對個體認知能力發展的趨勢研究結果尚不完全一致。

邁爾斯(W.R.Miles, 1944)的研究認為，知覺能力發展的最佳年齡為 10~17 歲，70 歲後喪失一半以上；記憶力的最佳年齡為 18~29 歲，70 歲後保持 55%；比較和判斷能力的最佳年齡為 30~49 歲，70 歲後還可以保持 69%。

貝利(N.Bayley, 1970)採用多種量表對從出生到 36 歲的被試進行追蹤研究，結果發現，智力隨年齡增長直到 26 歲，以後保持到 36 歲，不再上升。瑟斯頓(L.L.Thurstone, 1995)在研究中，比較了兒童、青年和成人在幾種認知能力上的發展狀況，發現個體在 12 歲時知覺速度達到成人的 80%，在 14 歲時推理能力達到成人的 80%，在 18 歲時語詞理解能力達到成人的 80%，在 20 歲時語詞表達的流暢性達到成人的 80%。韋克斯勒(D.Wechsler, 1995)在對智力測試標準化的研究中，測試了 16-64 歲被試的智力情況，發現智力發展的頂峰是 22 歲，智力發展的高峰期在 20~34 歲，以後智力緩慢下降，60 歲後智力迅速下降。中國吳福元(1982)採用國內修訂的韋氏成人智力量表所做的研究，也得出了類似的結果。

從上述研究結果來看，個體認知的速度和敏捷性，以及應用短時記憶的認知能力一般在 20~30 歲達到高峰；而常識、理解、概括、推理能力等往往隨年齡而不斷增長，下降時間不明顯，個體之間差異較大。

復習鞏固

1. 認知發展的含義和結構是什麼？
2. 青年認知發展的趨勢是什麼？

第二節　青年注意的發展與提高

注意是青年進行各種認識活動的必要條件。青年的一切認知過程如果沒有注意的參與，就會視而不見、聽而不聞。良好的注意能力使青年能夠清晰地認知事物，對刺激做出正確的反應，並表現出可控有序的行為。

一、青年注意的發展特點

注意（attention）是個體對一定對象的指向和集中。在學習和生活的要求下，青年的有意注意佔據了注意的主導地位，各項注意品質在不斷提高。青年較能控制自己的注意，使自己的注意更能適應任務的要求，並更有計劃地獲取有關資訊，提高活動效率。

（一）注意的控制性增強

注意的控制性是指青年有意識地把注意集中於目標，不被無關刺激干擾的能力。如青年在學習或工作中會經常提醒自己，在有限時間內要盡量高效地完成學習或工作任務，即使有些學習或工作任務不是自己感興趣的，也要用心做好，表現出良好的有意注意品質。青年的有意注意已達到較高水平。米勒與威斯（Miler & Weis, 1981）曾考察了不同年齡的被試能否集中注意於任務的靶子成分。他們製作了若干刺激圖片，每一張圖片上畫有一個動物（目標刺激），在這個動物的上部或下部畫有一個家用物品（分心刺激）。將刺激圖片陳列在桌子上，每張圖片用布料覆蓋，然後在被試注視下，將布料揭開，等被試看清後，又蓋上布料，要求被試記住每個動物藏匿的地點。結果發現，年齡越大的被試記住動物藏匿地點的成績越好。這表明隨著年齡增長，個體越來越能控制注意，把注意集中於任務的目標資訊，而擺脫分心刺激的干擾。

王文忠、方富熹（1992）在一項研究中採用不同的語義關係刺激材料探查被試注意選擇性的發展，特別研究了注意目標與背景資訊之間的語義關係和加工方式的影響。結果表明，注意選擇性隨年齡而增長，年齡較大的被試更傾向於把同一類別的詞看成一個整體，自動進行加工，且能夠利用其語義關係集中注意於目標詞；年齡較小的被試，不善於利用其語義關係，其自動化程度也不高。

（二）注意越來越能適應任務的要求

隨著年齡的增長，青年的注意越來越能根據任務的要求主動地轉移注意於不斷變換的任務目標。青年注意品質的提升主要表現為：一是注意的穩定性逐漸增

強。林鏡秋等人（1994）的研究顯示：高中生在無干擾注意穩定性方面優於初中生，且無性別差異。周華發（2010）在對大學生注意穩定與學習自控、情緒穩定性的關係研究中發現，大學生的注意穩定性發展良好，顯著優於兒童期；二是注意廣度已達到較高水平，但受知識經驗和知覺對象特點的影響比較大；三是注意分配能力和轉移能力迅速發展。隨著青年大腦神經內抑制能力及第二信號系統的發展，青年的注意分配能力和轉移能力發展迅速，高中及大學階段，其注意分配及轉移能力已接近最高水平。

擴展閱讀

> **高創造性者是如何駕馭注意的？**
>
> 　　英國著名的科學家、進化論的奠基人達爾文曾反覆提及，很少有什麼事能逃脫他的注意範圍，包括一些無關或偶然的刺激。很多像達爾文這樣具有創造力的科學家都具有相似的注意模式，即能夠注意到環境中的很多無關刺激，並在這些刺激之間建立遠距離的聯繫，這往往也是很多新穎的觀念和想法產生的基礎。
>
> 　　奇斯林等（Ghiselin, et al., 1994）對科學家群體的注意模式進行了研究，發現高創造性的科學家在回憶自己解決過的問題時，常用「彌散性的」和「掃描式的」來描述他們在解決問題初期的注意狀態，而創造性相對較低的科學家則用「集中的」和「明確的」來描述自己的注意狀態。相對於集中注意而言，高創造性的科學家的這種注意模式被稱作去焦注意。
>
> 　　去焦注意與高創造性之間有怎樣的關聯呢？注意和創造作為心理功能而言必然受到大腦的生物特性的影響。另有研究者（Martindale, et al., 1999）認為，注意的模式是與大腦皮層的啟動水準相聯繫的，透過腦電圖掃描發現，較低的喚醒水準和高創造性具有緊密的聯繫，而當喚醒水準較高時，個體的創造性問題解決的成績明顯下降，所以高創造性群體在運用去焦注意創造性地解決問題時常具有較低的喚醒水準。

二、青年注意能力的提高

　　注意貫穿於青年心理活動的全部過程。培養青年良好的注意能力，對於發展青年的認知和個性，順利完成學習和工作任務，是非常重要的。

（一）明確活動的目的和任務，培養正確的動機和態度

　　明確的活動目的和任務，以及正確的學習或工作動機和態度是青年注意力提高的首要條件。只有當青年逐步形成了自覺的學習或工作態度，並對學習或工作

產生強烈的責任感時，才能不斷提高他們的注意發展水平，因為明確的目的和強烈的責任感是青年組織有意注意的心理動因。青年對活動的意義認識越清楚、越深入，就越能將注意從強迫的水平發展到自覺的水平，也越能長時間地集中注意力，從而提高活動的效能。

(二) 培養廣闊而穩定的興趣

興趣是引起青年無意注意和有意注意的重要因素。青年若對某種事物有濃厚的興趣，就越容易對該事物集中注意，並能長期堅持。因此，青年在培養自己對工作或學習的直接興趣外，還可培養自己對活動目的或結果的間接興趣，並同時調動自己強烈的求知慾，從而對學習或工作產生高度的自覺性，提升注意品質。

(三) 加強意志鍛鍊，提高抗干擾的能力

有意注意與意志品質密切相關。若要保持對某活動或事物穩定的注意，提高抗干擾的自制力尤其重要。青年在學習或工作過程中，總會遇到各種因素的干擾。如果沒有堅定的意志品質，就很容易分心，不能專心致志地順利完成任務。只有具備堅定意志品質的青年才能成為駕馭有意注意的主人，有條不紊地把活動進行到底，有效抵制外界的各種干擾。

(四) 養成良好的注意習慣

俗話說：「習慣成自然。」青年若自幼形成了做事認真、細緻、專心的注意習慣，無論在什麼環境中，都能集中注意，專心學習與工作。由於青年期的個體還處於好動不好靜的人生階段，所以有些青年難免在注意品質上存在粗心大意、分心走神的不良狀況。鑒於此，青年要提醒自己養成一絲不苟、嚴肅認真、精益求精的良好習慣，這對青年深入思考，完成學習或工作任務都大有裨益。

復習鞏固

1. 青年注意發展的特點是什麼？
2. 怎樣提高青年的注意能力？

第三節　青年記憶的發展與提高

記憶是青年學習、生活和工作的基本心理機能，是在頭腦中積累和保存經驗的心理過程。青年期記憶的整體水平是一生的最好時期，也是記憶的黃金時期。

一、青年記憶的發展特點

記憶（memory）是個體對經驗的識記、鞏固、回憶和再認。青年記憶力的發展具有以下特點。

（一）記憶趨於成熟，處於記憶力最佳的時期

個體到青年期，記憶趨於成熟，對各種材料的記憶成績都達到最高值。韋爾福特（A.T.Welford）研究了個體對新舊材料的記憶特點，發現無論對哪種材料的記憶成績都以 20 歲左右為頂點。如果假定 18~35 歲個體的記憶成績為 100，則 35~60 歲的記憶平均成績為 95，而 60~85 歲的記憶平均成績則是 80~85，這說明青年期是記憶的最佳時期。

（二）有意識記與意義識記佔主導地位

按照記憶活動是否帶有意志性和目的性，可以把記憶分為無意識記和有意識記。無意識記是沒有明確目的，不需要付出意志努力的識記；有意識記是有預定目的，需要付出意志努力的識記。無意識記使青年在生活中積累了大量的經驗，但由於這種記憶是被動的，因此所記內容帶有很大的片面性和偶然性。青年透過有意識記可以有效獲得系統而又完整的知識。在青年的學習和工作中，有意識記的發展更為突出，佔主導地位。

機械識記是沒有理解材料或事物的意義，依據其外部聯繫而進行的識記。它的優點是記憶準確，缺點是花費時間較多，消耗精力大，對材料很少進行加工。意義識記是在理解材料或事物的基礎上，依據其內在聯繫，運用已有的知識經驗而進行的識記，即理解識記。研究發現，幼兒和小學低年級兒童的記憶是以機械識記為主，意義識記的能力較差。但意義識記的效果優於機械識記，並且兩種識記都隨年級增高而發展。隨著年齡的增長、知識經驗的逐漸增加、抽象邏輯思維能力的發展，個體的機械識記在 10 歲左右急劇上升，而後停滯不前，但意義識記在青少年期發展迅速，到青年期意義識記佔據主導地位。青年通常不願使用機械的方法去記憶，傾向於開動腦筋去尋求事物或材料之間的規律和關係，運用意識識記去掌握材料。研究發現（何先友，2009），用意義識記記憶學習材料時，兒

童能記住28%，青少年能記住45%，青年初期的個體能記住83%。這說明青年的意義識記能力發展迅速，並成為主要的識記方式。

(三)短時記憶容量達到最佳水平

一般成人短時記憶的容量為7±2個組塊。組塊是指記憶的單位，組塊的大小隨經驗積累和訓練水平的不同而不同。個體的短時記憶容量隨年齡增長而不斷增大。青年短時記憶的發展不只體現在組塊數量的增加上，更重要的是體現在組塊內容的豐富上。陳國鵬、王曉麗使用數字、顏色、圖形三種材料對不同年齡被試的記憶廣度進行研究，發現被試的記憶廣度在16歲達到最高峰，整個青年期的記憶廣度都在最佳水平。不同材料的記憶廣度具有相同的發展趨勢（見圖2-1）。

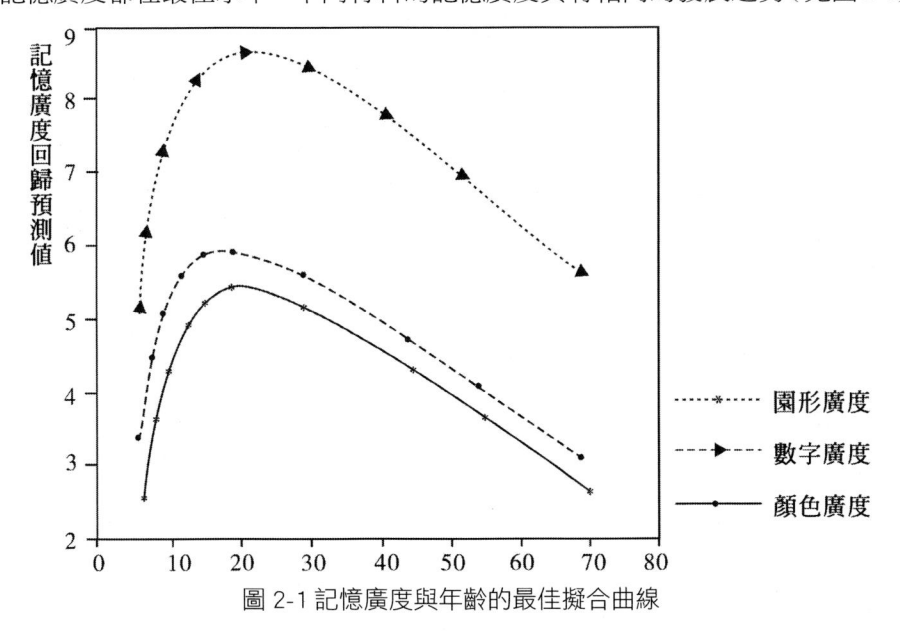

圖2-1 記憶廣度與年齡的最佳擬合曲線

二、青年記憶能力的提高

青年不僅要好好利用自己良好的記憶力，還要有意識地培養和提高自己的記憶力。

(一)明確目的，有效使用有意識記和意義識記

記憶目標越具體，記憶效果越好。研究發現，要求長期記住的材料比要求一般了解的材料記憶效果好；要求精確記憶的知識比要求記大意的材料效果好。因此，要想達到良好的記憶效果，青年首先要明確記什麼、怎麼記、為什麼要記、

哪些是記憶的重難點等，這樣才能集中注意力，提高記憶效率。隨著認知能力的發展，青年已能自覺、獨立地提出識記任務，已具備明確自己記憶目的的能力，並能有效使用有意識記。為了提高記憶的精確性，在識記時青年要學會自覺對材料進行必要的認知加工，有效使用意義識記。

（二）及時組織復習，提高記憶的持久性

持久保持記憶最根本的辦法是復習。遺忘是頭腦中反映的事物及其聯繫的消退或抑制。德國著名心理學家艾賓浩斯（H‧Ebbinghaus, 1885）透過實驗研究發現，遺忘進程是先快後慢。根據這一規律，青年防止遺忘的最好辦法是及時進行復習。開始復習時，次數宜多、時間宜長、間隔宜短，以後可逐漸減少復習的次數與時間，擴大復習的間隔。從復習的效果看，分散復習比集中復習效果好。分散復習是每隔一段時間重復學習，集中復習是集中一段時間重復學習。對於多數識記材料而言，分散復習更有益於記憶的保持。

擴展閱讀

為什麼總記不住所學內容？

遺忘和保持是記憶中矛盾的兩個方面。德國心理學家艾賓浩斯（H. Ebbinghaus）對遺忘現象做了系統的研究。在研究中，為了避免由過去經驗產生的意義聯想對記憶保持量的測定造成干擾，他採用了無意義音節作為記憶材料，如 XIQ、ZEH 和 GUB 等。他以自己作為被試，採用機械重復的記憶方法對詞表進行系統學習。當達到剛能一次成誦的程度時便停止，然後間隔一段時間後測量自己還能記得多少。他把測得的實驗資料繪製成一條曲線，稱為艾賓浩斯遺忘曲線。該曲線顯示長時記憶的遺忘進程是：20 分鐘回憶時的保持率為 58.2%，1 小時的保持率為 44.2%，8.8 小時的保持率為 35.8%。根據該遺忘曲線得出的遺忘規律是：大多數遺忘出現在學習後一個小時以內，遺忘先快後慢，最終趨於穩定，重新學習比第一次學習容易。

遺忘時刻都在發生著，如果一節課結束 20 分鐘後，學生能及時回顧所學內容，那麼可能記住大約 55% 的內容；如果晚上睡覺前回顧一下所學內容，可能記住大約 35% 的內容。如果學生上課認真聽講，但課後沒有及時複習，幾天之後，可能只記住所學內容的 25%。這就是為什麼學生明明認真聽課，努力學習，但總感覺沒有記住所學內容的重要原因之一。由此可見，學習不僅要向前看，也要回頭看。

(三）動手動腦，積極實踐，提高記憶的精確性

　　有人曾做過一個實驗，讓一組大學生用組裝好的圓規畫圖，另一組大學生先把零件裝配成圓規後再畫圖，然後出其不意地讓兩組學生盡量準確地畫出他們剛才用過的圓規。結果發現，第二組學生畫得非常正確，而第一組學生畫得很不準確，許多重要部件沒有畫出。這說明實踐活動對增強記憶有非常重要的作用。一方面，實踐活動使青年注意到了所要記憶的材料的細節，加深了理解，提升了記憶的精確性；另一方面，實踐活動也刺激了青年的腦細胞，使其保持了敏銳和活躍，增強了記憶效果。因此，青年應養成動腦動手的習慣，在實踐中保持旺盛的記憶力。

（四）掌握良好的記憶策略，提高記憶效率

　　掌握良好的記憶策略，是訓練與培養良好記憶力的重要措施之一。科學的記憶策略，能增強記憶、防止遺忘，收到事半功倍的效果。記憶策略是人們為有效完成記憶任務而採用的方法或手段。個體的記憶策略是不斷發展的。弗拉韋爾等 (Flavel, et al, 1966) 透過研究提出個體的記憶策略的發展可以分為三個階段：第一階段，沒有策略，透過訓練也不能產生策略；第二階段，不能主動使用策略，但經過誘導可以使用策略；第三階段，能自發地產生和使用策略。青年已能自發地產生和使用策略，但研究表明，青年的記憶策略使用頻率不夠高，在使用記憶策略上隨意性很大，缺乏理性認識和選擇。因此，青年自身要加強使用復述策略、組織策略、檢索策略等記憶策略的意識。

復習鞏固

1. 青年記憶發展的特點是什麼？
2. 怎樣提高青年的記憶能力？

第四節　青年思維的發展與提高

　　思維是借助語言、表象或動作實現的，對客觀事物概括的和間接的認識，是認知的高級形式。思維是青年學習知識、解決問題、辨別真偽、識別美醜、探索新知和創造未來的重要心理機能。

一、青年思維的發展特點

　　思維 (thinking) 是人腦對客觀事物本質與規律的概括和間接反映。個體的思維發展總趨勢是：從具體到抽象、從不完善到完善、從低級到高級。根據基亭 (D.P.Keating, 1990) 的觀點，青年的思維能力具有以下五大特徵。

(一) 可能性的思維

　　青年逐漸認識到自己經歷過的或直接觀察到的具體事物只是「可能存在的事物」中的一部分而已，很多事物不會因為自己未曾經歷過就不存在，會考慮事物發生或存在的各種可能性；不只對眼前存在的事物進行思維，也對眼前不存在的其他可能性加以考慮，相當於系統地推演各種不同的可能性。這種「可能性」的思維是青年思維最明顯的特徵。

(二) 假設性的思維

　　這是指從事物發生的可能性當中推衍出相關的假設，並且透過系統性、可驗證性反覆檢驗的思維。透過假設性的思維，青年因能夠事先預想可能發生的事情而做好準備工作，並依照經驗及檢驗進行調整；瞭解他人的立場和看法，在與他人交往前事先想好應對方式。不過青年的假設性思維還不十分純熟。

(三) 前瞻性的思維

　　青年具備了有系統、有計劃的思維能力，能夠利用抽象思維事先思考較周密詳盡的行動方案，考慮做事情的每個步驟，按部就班地加以實現。

(四) 對思維的思維

　　青年能夠以自己思維的過程和結果作為思維的材料來進行思維，具備了內省的能力和觀點選擇能力，能夠對自己的認知進行反省，考慮自己的思維方式是否正確；對知識進行覺察，同時考慮他人的感受和想法，從他人的角度來考慮和處理問題。

(五)超越成規的思維

青年企圖用超越成規性的標準來衡量事物,重新評估過去所建立起來的知識系統與價值觀,歡迎和喜愛新觀念和新事物,具有懷疑和批評精神。雖然青年這種超越舊限制的思維能力會讓自己覺得惶恐不安,但青年對舊觀念、舊知識的挑戰是一種新的思維質變,有助於提高青年的智力水平。

二、青年辯證思維的發展特點

辯證思維(dialectical thinking)是指人們透過概念、判斷、推理等思維形式,以變化發展的視角認識事物的思維方式。辯證思維通常被認為是與邏輯思維相對立的一種思維方式。在邏輯思維中,事物一般是「非此即彼」「非真即假」;而在辯證思維中,事物可以在同一時間裡「亦此亦彼」「亦真亦假」。辯證思維的基本觀點是發展的觀點和聯繫的觀點,其基本規律是對立統一規律、品質互變規律、否定之否定規律。辯證思維是思維發展的高級階段,是思維發展達到成熟和完善的重要標誌。

研究表明(Rrigel, 1973),少年期、青年早期和青年後期的個體能夠解決辯證邏輯問題的數量分別為 30%、51% 和 62.5%,呈依次增長的趨勢。美國心理學家佩里和布朗(Pery & Brown。1979)認為,進入青年期以後,個體思維中形式邏輯思維的絕對成分逐漸減少,辯證邏輯思維的成分逐漸增多,並指出這種變化的重要原因之一是由於個體逐漸意識到圍繞同一個問題多種觀點的存在以及解決問題方法的非單一性的事實。現實世界有時不能以完全對或錯的方法來解決問題,其中複雜的問題更是無法完全透過邏輯來解決,因此青年逐漸認識到找到解決難題的最佳方法是需要採用並整合先前的經驗。

美國哈佛大學心理學家佩里(WiliamPery1970, 1981)將青年的思維發展劃分為四個階段:第一階段,兩重性階段。處於這個階段的青年總以「對和錯」來看待事物。他們對接觸的事物,認為非對即錯,非此即彼,別無其他情況。剛入校的大學生在看待周圍的事物或人時,一般處於兩重性階段,即傾向於運用二元思維的方式進行推理;第二階段,多重性階段。青年在與他人的觀點和思想的相互碰撞、相互影響中,二元思維逐漸減少,進入多重性思維階段,這時青年相信世界是複雜的,事物是多樣性的,看待一件事情是有多種方法的,而且相信有一部分世界裡的事物是不能確切知道的。他們不再毫無區分地把知識當作不變的真理,而是透過權衡,比較不同的觀點、審視各種理論,進而找到解釋現實的有效理論,出現了多元思維,相信「每一個人都有權力發表自己的意見」;第三階段,

相對性階段。在這個階段，青年相信在邏輯判斷中需要感知、分析和評價。這個階段的特點是「一切要看情況而定」；第四階段，約定性階段。這一階段的青年既能堅持那些約定俗成的立場和思想觀點，又能隨時對此做出調整。不再認為世界上有絕對的標準和價值觀，而是承認不同的社會、文化和個人都可能具備不同的標準和價值觀，而且這些不同的標準和價值觀都可能是合理的。

三、青年思維能力的提高

思維品質是個體思維發生和發展中表現出來的個性差異。青年思維能力的培養應從思維品質入手。

(一) 思維深刻性的提高

思維的深刻性是指思維活動的抽象程度和邏輯水平，涉及思維活動的廣度、深度和難度，主要體現為在智力活動中深入思考問題、善於概括歸類、邏輯抽象性強、善於抓住事物的本質和規律、開展系統的理解活動、善於預見事物的發展進程等。青年的思維主要是抽象邏輯思維，是在感性材料的基礎上，去粗取精、去偽存真，由此及彼、由表及裡，進而抓住事物的本質與內在聯繫，認識事物規律性的過程。青年思維的深刻性存在個體差異。一般而言，超常智力的人抽象概括能力高，智力不足的人往往只是停留在直觀概括水平。

要想培養青年思維的深刻性，首先要擴大青年的知識面，豐富其感性認識。思維活動的展開需要以一定的知識為依託，知識越豐富，思維活動的展開就越順利、越深刻；其次，青年要掌握辯證邏輯的思維方式，運用動態的、發展的、相對的和相互聯繫的觀點分析問題、理解概念，這有助於青年理解一定歷史條件和社會背景下發生的事件與活動，防止思維的片面性。

(二) 思維靈活性的提高

思維靈活性是指思維活動的靈活程度，主要體現為：一是思維起點靈活，即從不同角度、方向、方面，能用多種方法來解決問題；二是思維過程靈活，從分析到綜合，從綜合到分析，全面而靈活地進行「綜合的分析」；三是概括—遷移能力強，運用規律的自覺性高；四是善於組合分析，伸縮性大；五是思維的結果往往是多種合理而靈活的結論，不僅有量的區別，而且有質的區別。思維靈活性強的青年，善於從不同的角度與方面思考問題，能較全面地分析、思考問題，解決問題。

思維的靈活性與發散思維有直接關係。青年在工作與學習中，要經常開展廣

泛的聯想，學會舉一反三、觸類旁通，從多視野、多角度思考問題，尋找解決問題的可能答案，才能提高思維的靈活性。

(三) 思維敏捷性的提高

思維敏捷性是指思維活動的速度，它反映了思維的敏銳程度。主要表現為青年在處理問題和解決問題的過程中，能夠適應變化的情況來積極思維、周密考慮，正確地判斷和迅速地得出結論。青年需要掌握提高思維敏捷性的要領與方法，對自己的學習或工作提出一定的速度要求，如完成學習或工作任務不能拖延，考慮問題不能總是猶豫不決，需要當機立斷等，這些都有益於提高思維的敏捷性。

(四) 思維獨創性的提高

思維的獨創性即思維活動的創造性。在實踐中，除善於發現問題、思考問題外，更重要的是要創造性地解決問題。人類要有所發展、有所發明、有所創新，都離不開思維的獨創性品質。獨創性源於青年對知識經驗或思維材料高度概括後集中而系統的遷移，然後進行組合分析，找出新穎性。青年思維的概括性越高，知識系統性越強，遷移性越靈活，獨創性就越突出。青年要有創新意識，要敢於懷疑、敢於求新、敢於冒險。要有扎實的基礎知識，要學會活學活用，要有強烈的好奇心和豐富的想象力，這些對於青年思維獨創性的提高都有裨益。

(五) 思維批判性的提高

思維的批判性是指思維活動中獨立發現和批判的程度，體現為不受外界干擾、善於冷靜思考、嚴格評價、優化選擇解決問題的途徑和方法。青年正處於辯證邏輯思維快速發展且逐漸佔據主導地位的時期，要積極培養自己獨立思考、善於發問的思維品質，避免循規蹈矩、人云亦云。正是有了思維的批判性，青年才能夠對思維本身加以認識，不僅能夠認識客體，也能認識主體，並且在改造客觀世界的過程中改造主觀世界。青年要積極培養與批判性思維有關的個性品質，如勇氣、自信、質疑、責任等，要擴大自己的知識面，敢於大膽探索，不盲從權威，善於獨立思考，要有意識地培養自己的辯證邏輯思維，學會從對立中尋求轉機或方案的思維方式，從而提高自己思維的批判性。

擴展閱讀

思維訓練的常見方法

訓練思維能力的方法有很多，結合已有研究和實踐，常用的有以下幾種：

1. 求異標新法。即設法逾越已有的看法、觀點、結論，做到富有獨創性，能夠推陳出新，引出新穎而又具有創造性的觀念，賦予事物新的性質。

2. 轂合顯同法。即把所感知到的物件依據一定的標準「聚合」起來，顯示出它們的共性和本質，類似於邏輯學中的「歸納法」。

3. 生疑提問法。即對過去的認識、看法、結論提出質疑，透過新的途徑、新的方法、新的研究來重新思考，或從平時習以為常的事物的不同方面去觀察、生疑和思考。

4. 層層剝筍法。即善於從事物千絲萬縷的邏輯關聯中認識事物的複雜性、多面性，有意識地訓練自己嚴密的邏輯推理能力，促進思維能力的提升。

5. 搜智集見法。即透過與他人的討論、交流、比較、對照與詰問，學習到他人思維的特點，取長補短，相互學習，使自己的思維能力得到潛移默化的改進。

復習鞏固

1. 青年思維發展的特點是什麼？
2. 怎樣提高青年的思維能力？

第五節　青年元認知的發展與提高

　　元認知是青年對自己的心理過程、心理狀態、目標任務和認知策略等多方面因素的認知。它是以認知過程和認知結果為對象，以對自身認知活動的監控和調節為外在表現的認知活動過程。元認知對青年認知的發展具有重要的作用，有助於青年將自己作為一個完整的人來加以探討與研究。

一、青年元認知的成分

(一) 元認知知識

　　元認知知識是指個體對影響認知過程和認知結果的各種因素的認知。它包括個體對有哪些因素影響認知活動的過程與結果、這些因素是如何起作用的、它們之間又是怎樣相互作用的認識。元認知知識是元認知活動必要的支持系統，為調節認知活動過程提供了極其重要的知識與經驗基礎。元認知知識包括三方面的具體知識。

　　1. 認知主體的知識（知人）。指個體對關於自己和他人作為認知對象的所有知識，其中包括對存在於個體內（認知自己）的和個體間（瞭解他人）的認知差異性的認識，以及個體間的認知相似性認識。

　　2. 認知任務的知識（知事）。指個體關於認知活動任務的要求、特點等方面的知識，其中包括對認知材料的性質、長度、結構特點、呈現方式、邏輯性、熟悉性以及難度等方面的認識，還包括對認知任務的目的、要求和進度的認識。

　　3. 認知策略的知識（知術）。指個體對於完成某項認知任務所需要的認知方法的各個方面的知識，如各種認知策略應用的條件和情境如何，各種策略的優缺點，以及對於不同的認知活動和不同的認知任務，什麼樣的認知策略可能是有效的。

(二) 元認知體驗

　　元認知體驗是個體在認知活動時所產生的認知和情感體驗。元認知體驗與個體正在進行的某項認知活動，以及與正在取得或可能取得的認知活動的進展狀況有關。如青年有時會感覺自己沒能準確地把自己的工作創意表達給同事或主管，或在工作中，有時感到所要完成的工作項目非常困難，可一旦釐清思路，找到解決辦法，問題又能順利解決。元認知體驗會直接影響到青年認知任務的完成：積極的元認知體驗會激發青年的認知熱情，促進思維活動的展開，調動認知潛能，

提高認知加工的速度和對刺激資訊加工的有效性。

（三）元認知技能

元認知技能是指個體將自己正在進行的認知活動作為意識的對象，不斷對其進行積極而自覺的監控和調節所使用的方式和手段。在元認知技能形成初期，需要有意識的指導。當元認知技能得到較高水平的發展，成為一種自動化了的動作方式時，其運用就不為意識所察覺了。元認知技能存在於整個認知活動過程中。

元認知技能主要包括三方面：一是制訂計劃，指個體對即將進行的認知活動及其行為進行的某種策劃，主要體現為明確問題、確定目標、回憶相關知識、選擇解決問題的策略以及確定解決問題的思路等；二是自我監控，指個體對自己認知活動的進程效果所進行的評估；三是自我調整，指個體能夠根據監控得來的資訊，對認知活動採取適當的矯正性或補救性措施，包括自我糾正錯誤、排除障礙、調整思路等。

二、青年元認知的發展特點

（一）元認知的自覺性提高，逐步達到自動化

個體的元認知能力在形成初期，帶有很強的不隨意性和不自覺性，即使想主動調節和控制自己的認知活動，也因各方面能力的缺乏而很難實現，往往需要依賴他人來調節與控制自己的某些行為與活動。如兒童需要父母、教師對自己進行直接的指導和監督。青年元認知的自覺性逐漸提高，並能夠自覺開展自我監控。經過青年多次對自己元認知的調整與完善，其元認知能力逐漸由嫻熟達到自動化。此時再進行認知活動，他們就會結合已有的知識經驗，使認知活動過程變得簡捷而有效，並能對認知活動迅速做出評價和正確反應，採取有效措施來解決面臨的各種問題。

（二）元認知調控能力形成，對認知活動進行監控

個體在元認知發展初期，一般總是針對自己活動中的某方面或某種內容進行調節與控制，很少能夠做到全盤考慮，表現為調節與控制的單維性。隨著青年實踐經驗的增長、思維能力的提高，特別是達到辯證邏輯思維階段，他們能夠從多角度去綜合考慮問題，將自己的元認知能力與各種具體活動結合起來，並對自己的認知活動進行全面分析、評估和修正，實現及時有效的反饋。

(三) 元認知的敏感性增強，遷移性提高

元認知的敏感性是指個體根據問題情境中各個因素之間的關係及其變化，形成清晰的元認知知識，並做出適宜的調節和修正的靈敏程度。主要體現為個體對問題情境中的各種資訊與線索的敏感性，以及對不同問題情境下最恰當的問題解決策略等有關知識經驗的激活和提取的敏感性。一般而言，自我監控水平較高的青年往往對問題情境的線索以及變化比較敏感，並能夠較好地進行知覺分析，選取合適的策略和方法，對活動與行為進行有效的調節與控制。

遷移性是指個體能夠把自己的活動過程與方式從一種具體的情境運用到相同或類似的其他活動情境中。總體而言，青年已具有一定的元認知遷移性，但不同元認知水平的青年，其遷移水平是不同的。遷移水平高的青年，比較善於將自己過去的元認知經驗有效地應用於目前的活動情境中，達到觸類旁通、舉一反三的目的；遷移水平低的青年，有時雖不缺乏元認知知識和經驗，但在遇到新的認知活動情境時，不能有效地借鑒和應用自己已有的知識與經驗。

三、青年不同領域元認知的發展特點

(一) 元記憶能力的發展特點

元記憶能力指個體對所進行的記憶活動的認知和監控。元記憶能力主要表現為三種判斷：一是學習判斷，指對當前已學習過的項目回憶成績的預見性判斷；二是知曉感判斷，指面對當前回憶不出但又有一定「知曉感」的項目時，是否知道項目答案的判斷；三是信心判斷，指對回憶答案是否正確的信心程度的判斷。美國心理學家哈特（Hart）開創了元記憶監控判斷研究的先河。試驗中，哈特向大學生被試提出一些常識性問題，如法國的首都在哪裡？在被試不能說出正確答案時，讓他們做一個「我是否知道問題答案」的判斷。研究結果顯示，知曉感判斷和真實記憶成績之間呈顯著相關，這說明知曉感的判斷是準確可信的。

青年元記憶能力的發展一方面表現為元記憶知識的發展。元記憶知識指青年對於記憶活動的過程、特點和影響因素以及與此相聯繫的自身能力等方面的瞭解和認識，包括對記憶任務、記憶策略以及記憶主體的認識。研究發現，5~10 歲的兒童已初步具有較為機械、刻板的元認知知識，如 7 歲兒童會認為自己的記憶能力一定比他人好或者不好，9~11 歲的兒童能夠認識到人的記憶能力是因人因地因時而變化的。到青年期，個體的元記憶知識逐漸完善，獲得了大量關於記憶任務、記憶策略和記憶主體特徵對記憶效果的影響等方面的知識，尤其是有關記憶策略的知識出現了快速增長。另一方面表現為元記憶監控能力的發展。元記憶監控能

力是指個體對自己的元記憶活動與過程的監督與控制。如在記憶過程中，對要達到的記憶目標進行調節，有意識地採取合適的、有效的記憶策略對記憶效果和記憶效率進行適當評價。研究發現，個體的元記憶監控能力要晚於元記憶知識的發展，元記憶監控能力在總體上隨年齡的增長而逐漸提高（楊寧等，1994）。

（二）元理解能力的發展

元理解能力是指個體對自身的閱讀理解活動及其有關的各種主客觀因素的認知、監控和調節。元理解能力包括元理解知識和元理解監控。元理解知識指對影響閱讀理解活動的個體因素、材料和任務因素以及策略因素的知識。元理解監控指為了達到理解的目的，採取有效的策略，並不斷對當前的理解活動進行調節的過程。個體的元理解能力隨著年齡增長不斷豐富和發展，到青年期已經發展到一個較高的水平。

中國心理學研究者對元理解的研究表明：個體從兒童期到青年期，隨著年齡增長，元理解知識日益豐富，元理解監控不斷提高。其中，元理解知識發展非常迅速；元理解知識與元理解監控之間存在顯著相關；個體閱讀能力的各個品質，如敏捷性、靈活性、深刻性、批判性等與其元理解知識、元理解監控能力的發展顯著相關，但存在著程度上的差異。也有研究顯示，青年元理解能力的發展不僅存在年齡差異，也存在個體差異。如良好的閱讀者遇到閱讀障礙時會放慢閱讀速度並進行回讀，而不良閱讀者卻不能做到這一點（Garner & Reis, 1981）。

（三）元認知與問題解決

元認知獨立地存在於問題解決過程中，並能彌補一般能力的不足，促進個體對問題的解決。梁寧建（2001）等對大學一年級學生對問題解決策略的理解的研究表明，大一學生在解決問題時使用類推策略最多，自由產生策略最少。男女大學生普遍認為自由產生、類推、逐步分析、形象化重構和整合這五種策略最適宜用在解決學習問題的情境中，而不適合用在人際交往情境中。其他研究也表明，對策略的自我監控可以使個體更有效地解決一些難度較大的問題（董世斌等，1997）。此外，適當的言語活動能使人的注意力從指向問題本身轉移到指向人自身的認知加工過程，從而使人更好地監控、評價、調節和修正自己的認知活動，進而提高解決問題的效率。

四、青年元認知能力的提高

元認知能力是智力的核心成分，不僅有助於提高青年的學習效率，而且能夠調動青年學習的主動性和積極性，使其真正成為學習的主人。因此，提高青年的元認知能力是必要的。根據已有研究，適合於提高青年元認知能力的方法主要有以下兩類。

(一) 通用型元認知訓練方法

為了培養個體的思維能力，國外的研究者們編制了許多通用的思維訓練教程。其中影響較大的有費厄斯坦 (R.Feuerstein) 的「工具豐富教程」和斯滕伯格 (Robert J.Sternberg) 的「應用智力培養方案」等。

費厄斯坦以認知結構可變性理論為基礎，設計了「工具豐富教程」，其目標在於提高認知低下的受訓者對新事物進行獨立思考的能力。該教程由一系列單元組成，每個單元都針對一種思維工具進行訓練。如在表徵圖案的訓練中，先給受訓者一些廣告圖，然後讓他們運用其中有顏色、形狀或大小的圖案在心理上重新構成一個圖案。每種訓練任務都需要調動所有的認知功能，如比較、鑒別、分離、轉換和內在表徵等。美國著名心理學家斯滕伯格曾評價認為，費厄斯坦的「工具豐富教程」是目前世界上訓練元成分的一個最好的工具。

應用智力培養方案是斯滕伯格在三元智力理論基礎上設計的培養方案。該方案分三部分：第一部分是指出智力活動背後的內部心理過程；第二部分則探討智力活動運行的現實背景；第三部分主要論述創新和自主在智力操作中的作用。應用智力方案非常強調元認知，鼓勵個體對自己的思想過程的反思。訓練內容主要指向提高個體發現潛在問題的能力，幫助其理解對問題的不同定義是如何導致不同的解決策略、如何選擇策略並監控執行策略的結果的。訓練方法是首先用語言描述元認知知識是什麼，然後用例子證明計劃、監視等元認知成分的作用，最後進行實際練習。

(二) 結合一般學科的元認知訓練方法

這種類型的方法一般適用於大學生的學科教學，主要有：

1. 啟發式自我提問法

啟發式自我提問法最初是用來解決數學問題的，後來被公認用以解決各種各樣的學科問題。該方法包括四個步驟：理解問題、擬訂計劃、執行計劃與回顧。在每一步驟中，訓練者要給受訓者提供一系列供他們自我提問的啟發式問題，受訓者對這些問題進行回答，以此發展自己的元認知能力。例如，在理解問題這一

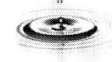

步驟中，給受訓者的問題有：未知條件是什麼？已知條件是什麼？已知條件是多餘還是不足，還是與未知條件矛盾？透過這些問題，來啟發受訓者認真思考。

2. 問題解決中的元認知訓練法

問題解決中的元認知訓練法是先向受訓者傳授元認知知識，然後受訓者透過自我監視和控制確保自己在問題解決過程中運用所學的元認知知識。具體的訓練實施分為四個階段：(1)辨別和界定問題階段，需要受訓者對問題情景中的關鍵因素進行編碼，決定什麼是已知的和未知的，該情景提出了什麼問題；(2)表徵問題階段，需要受訓者自我提問，如詢問自己是否發現了新的、前面被忽視了的資訊；(3)計劃步驟階段，需要受訓者決定在解決問題時採用什麼步驟和資源；(4)評價階段，受訓者需要明白自己的思維狀況，已經做了什麼、正在做什麼、仍需做什麼。透過上述訓練，一些受訓者元認知能力得到了提高。

復習鞏固

1. 青年元認知發展的特點是什麼？
2. 怎樣提高青年的元認知能力？

要點小結

1. 認知是指那些能使個體獲得知識、解決問題的操作和能力。認知發展是指個體獲得知識和解決問題的能力隨時間的推移而發生變化的過程和現象。認知發展主要包括感知覺的發生、記憶的發生與發展、言語的發展、表徵和概念的發展、推理和問題的解決、社會認知的發生與發展、元認知的發展。

2. 青年認知的發展主要體現為注意能力、記憶能力、思維能力、元認知能力的發展。

3. 青年注意表現為注意控制性增強；注意更有計劃性，更能適應任務的要求等發展特點。提高青年的注意能力應做到：明確活動的目的和任務，培養正確的動機和態度；培養廣闊而穩定的興趣；加強意志鍛鍊，提高抗干擾的能力；養成良好的注意習慣等。

4. 青年記憶的發展主要體現為：記憶趨於成熟，處於記憶力最佳的時期；有意識記與意義識記佔主導地位；短時記憶容量達到最佳水平。提高青年記憶能力的主要措施是：明確目的，有效使用意義識記和有意識記；及時組織復習，提升記憶的持久性；動手動腦，積極實踐，提升記憶的精確性；掌握良好的記憶策略，提高記憶效率。

5. 青年的思維在形式邏輯思維的基礎上向辯證邏輯思維進一步發展。青年思維中形式邏輯思維的絕對成分逐漸減少，辯證邏輯思維的成分逐漸增多。佩里認為青年從形式邏輯思維轉變為辯證邏輯思維的過程可分為：二元論思維階段、多重性階段、相對性思維階段和約定性思維階段。青年的辯證思維逐漸成熟。

6. 青年思維能力的培養應從提升思維品質入手，即提高思維的深刻性、靈活性、敏捷性、獨創性和批判性。

7. 青年元認知的自覺性逐漸提高，逐步達到自動化；元認知多維調控能力逐漸形成，能對認知活動進行整體監控；元認知的敏感性逐漸增強，遷移性逐漸提高。青年元認知能力的提高可使用通用型元認知訓練方法和結合一般學科的元認知訓練方法。

關鍵術語

發展注意	cognitive development
認知	attention
記憶	memory
思維	thinking
辯證思維	dialectic thinking
元認知	metacognition

復習題

一、單項選擇題

1. 青年的注意主要是（　）。

A. 無意注意　　B. 有意注意　　C. 不隨意注意　　D. 有意後注意

2. 對青年注意發展特徵描述不正確的是（　）。

A. 青年注意的控制性增強

B. 青年注意轉移和注意分配能力增強

C. 青年注意的計劃性較弱

D. 青年的注意廣度擴大

3. 青年在理解材料或事物的基礎上，依據其內在聯繫，運用已有的知識經驗而進行的識記是（　）。

A. 意義識記　　B. 無意識記　　C. 機械識記　　D. 表象識記

4. 首先提出了元認知的概念是美國哪位心理學家（　）。

A. 布魯納　　　B. 弗拉維爾　　　C. 斯滕伯格　　　D. 奈瑟爾

5. 青年佔主導地位的思維是（　）。

A. 形式思維　　B. 邏輯思維　　C. 形象思維　　D. 辯證思維

二、多項選擇題

1. 元認知的主要成分包括（　）。

A. 元認知知識　　B. 元認知體驗　　C. 元認知控制　　D. 元認知技能

2. 佩里認為青年從形式邏輯思維轉變為辯證邏輯思維的過程分為多少階段（　）。

A. 二元論思維階段　　　B. 多重性階段

C. 相對性思維階段　　　D. 約定性思維階段

3. 青年記憶的發展特點體現為（　）。

A. 記憶趨於成熟，處於記憶力最佳的時期

B. 機械記憶佔優勢

C. 有意識記與意義識記佔主導地位

D. 短時記憶容量達到最佳水平

4. 青年良好的思維品質包括（　）。

A. 思維的刻板性　　B. 思維的深刻性

C. 思維的敏捷性　　D. 思維的獨創性

5. 提高青年注意能力的措施為（　）。

A. 明確活動的目的和任務，培養正確的動機和態度

B. 培養廣闊而穩定的興趣

C. 加強意志鍛鍊，提高抗干擾的能力

D. 養成良好的注意習慣

三、判斷對錯題

1. 認知發展是個體獲得知識和解決問題的能力隨時間的推移而發生變化的過程和現象。（　）

2. 青年辯證思維逐漸減少，形式邏輯思維增多。（　）

3. 青年元認知的自覺性逐漸提高，逐步達到自動化。（　）

4. 青年透過無意識記可以有效獲得系統而又完整的知識。（　）
5. 元認知技能包括制訂計劃、自我監控和自我調整三個方面。（　）

第三章　青年的創造力與開發

本章你要學習什麼？

　　創造力，是一流人才的重要素質。作為國家未來之棟梁的青年，你知道什麼是創造力嗎？該如何在學習和工作中充分發揮自己的創造力？本章將帶你走進青年的創造力與開發，希望透過對本章的學習，你能夠瞭解什麼是創造力，青年創造力有哪些特點，青年的創造力體現在哪些方面，也希望你能夠更好地開發自己的創造力。

第一節　概述

人類的文明史是創造的歷史，創造力是推動人類文明不斷進步的強大動力。21 世紀是創新的時代，中國的發展需要大量創造型人才努力。青年作為新技術、新思想的前沿群體，更要注重對自己創造力的培養與開發，努力成為創造型的人才。

一、創造力的含義

創造力（creativity）一詞來源於拉丁語 creare，本意為「創造、創建、生產、造就」。迄今為止學界對創造力的解釋沒有形成統一的看法。根據美國韋氏字典的解釋，創造力是指創造的能力，是才藝智力的開發。美國心理學家吉爾福特（J.P.Guilford, 1950）在《論創造力》一書中指出，創造力是能代表創造性人物特徵的各種能力。創造性才能決定個體是否有能力在顯著水平上顯示出創造性行為。美國心理學家麥金農（Mackinnon, 1962）認為，真正的創造力應當滿足三個條件：一是新穎而不常見；二是適應性或現實性強；三是具有獨到的洞察力。德國心理學家德雷夫達爾（J.Drevdarl）強調，創造力是人產生任何一種形式的思維結果的能力，這些思維結果在本質上是新穎的。中國心理學家林崇德（1999）認為，創造力是根據一定目的，運用一切已知資訊，產生出某種新穎獨特、有社會或個人價值的產品的智力品質。從上述諸多對創造力的解釋可以看出，創造力包含新穎性、獨特性的主要特徵。青年創造力主要是指在學習及工作過程中運用已掌握的知識與技能，提出新觀點、新見解，產生新方法、新產品的能力。

二、創造力的要素

(一) 創造性人格

創造性人格是美國心理學家吉爾福特（J.P.Guilford）提出的概念。他指出，創造性的行為不僅取決於智力活動，以及創造性行為的各種認知過程，還與個人的價值觀、性格和氣質等因素相關，人格在創造性活動中起到整合的作用。

創造性人格是相對穩定的心理特徵，包括創造個性傾向和創新精神，它對創造力活動的發展和完成起到促進和保障的作用。創造性人格包含多維度的結構或特徵。吉爾福特認為，創造性人格主要表現為自覺性、求知慾、好奇心、洞察力、條理性、想象力、幽默感、意志力等特徵。美國的科勒認為創造性人格的特質包括智力、觀察力、變通性、獨創性、精緻性、幽默感和自信心等。中國周昌

忠教授（1986）指出，創造型人格包括的特質有：勇敢，對客觀事物敢於質疑；冒險性，在挫折面前迎難而上；幽默感，對富有趣味的事物好奇；獨立，能專注於某個事物上；有恆心，能堅持不懈；一絲不苟，考慮問題詳盡、周密。林崇德教授（2000）將創造性人格概括為剛毅的性格、健康的情感、積極的個性意識傾向、堅強的意志和良好的習慣。滕黴（2014）透過對重慶市大學生的創業意向、創造性人格和社會支持的研究發現，重慶市大學生的創造性人格包括好奇性、想象力、冒險性、挑戰性等四個要素。不同創業經歷的重慶大學生在創造性人格總分、好奇性、想象力、冒險性和挑戰性上存在顯著差異。正在創業的重慶市大學生在創造性人格總分和想象力以及挑戰性維度上得分最高，沒有想創業的重慶市大學生得分最低；在好奇性維度上，曾經創業的重慶市大學生得分最高，沒有想創業的大學生得分最低；在冒險性維度上，工作後創業的重慶市大學生得分最高，曾經創業的大學生得分最低。由此可見，這些研究者提出來的創造性人格特徵具有一定的共性，也有一定的差異性。

(二) 創造性思維

創造性思維是創造力的核心，是創新實踐的前提和基礎。中國盧明森（1994）認為，創造性思維是創造出新辦法、新概念和新觀點，從而使認識或實踐取得突破性進展的思維活動。它是在力求創新的驅動下產生，打破了傳統的思維習慣和邏輯規則，以更有創見的方法來闡明問題、解決問題。

創造性思維主要包括以下幾種思維形式。

1. 發散思維，又稱輻射性思維。它要求人們充分發揮想象力打破各種思維束縛，從不同的方向、途徑和角度進行思維擴散，產生盡可能多的資訊或方案的思維方法。

2. 收斂思維，又稱集中思維。透過抽象、概括、判斷、推理等把發散思維所產生的眾多方案和結果集中於某一主攻方向，從中找到一種最佳方案和結果。

3. 直覺思維。是透過對新事物、新問題的觀察，從整體出發用猜測、跳躍、壓縮思維過程的方式，直接而迅速地得到一個抽象的概念或假設，而不是經過綜合分析、抽象概括和推理判斷等過程。

4. 形象思維。是主體運用表象、直感、想象等形式，對研究對象的有關形象資訊進行加工，從形象上認識和把握研究對象，解決問題的方法。

5. 邏輯思維，又稱抽象思維。是在感性認識的基礎上利用概念，透過分析、綜合、抽象、概括等基本方法，揭露事物的本質和規律性聯繫的思維。概念、判斷、推理是邏輯思維的基本形式。

(三) 創造性想象

創造性想象是一種有意想象，是人們根據一定的目的任務，對頭腦中原有記憶表象的加工改造，即將原有的表象拆散或者碾碎，再重新組合成一個新形象的心理過程。如在新產品的開發和創造時，人腦中構成的新形象就屬於創造性想象。創造性想象具有獨立性和新穎性等特點。

(四) 創造性自我效能感

創造性自我效能感是自我效能感在創造性領域的體現，是個體關於自己有能力根據任務要求產生新穎、原創和適宜的解決方案的信念（Abbot, 2010）。創造性自我效能感對創造力的發展有著顯著影響，是人們主動創造的基礎，它直接影響著人們進行創造行為的可能性或者努力程度。

黃春艷（2009）的研究發現，研究生的創造性自我效能感與創造力之間存在顯著的正相關，並在創造性動機和創造性績效之間起完全中介作用。顧遠東和彭紀生（2010）透過對工商管理碩士學員的研究發現，創造性自我效能感影響個體的創造性行為，並在組織創新氛圍和創造性行為間起中介作用。這些說明創造性自我效能感對個體的創造力有重要的影響。

三、青年創造力開發的意義

(一) 中國建立創新型國家的需要

當今世界是科技日新月異，競爭越來越激烈的社會，各國都在大力加強國家的創新能力建設。中國在加速追趕發達國家發展腳步的同時，提出以科教興國為發展重點的戰略，增強自主創新能力，建設創新型國家。提高中國創新能力的關鍵在於需要大量致力於科技發展、具有創造性的高素質人才。青年是中國經濟建設和發展的主力軍，對中國建設創新型國家具有義不容辭的責任和義務，並且在推動科技進步和創新、提升國家競爭力方面發揮著重要的作用。中國提出要在2020年建成創新型國家，這對青年提出了更高的發展目標和要求。青年的創造力直接影響到中國的自主創新能力。所以，開發青年的創造力具有重要的意義，能夠推動中國科學技術的創新與發展。

(二) 有利於推動中國經濟發展

創新是推動中國經濟發展的主要動力。中國要實現經濟增長方式的轉變，就需要培養大量富有創造力的人才。青年創造力的培養將使中國的高層次人才由知識的擁有者轉變為知識的創造者，成為中國重要的人力資源。現階段，在中國

經濟發展的關鍵時期，青年的創業對促進經濟增長、帶動技術創新和經濟結構轉型、擴大就業有著非常重要的作用。中國政府明確提出，要實施擴大就業的發展戰略，促進以創業帶動就業，把鼓勵青年創業、支持青年創業擺到就業工作更加突出的位置。所以，提高青年的創新、創業能力將成為中國經濟發展強有力的推動力。

(三) 青年發展的內在需要

青年期是人的一生中創造力發展活躍的時期。英國科學家牛頓 (Isac Newton) 和德國數學家萊布尼茨 (Gotfried Wilhelm Leibniz) 發明微積分時分別是 22 歲和 28 歲。美國愛迪生 (Thomas Alva Edison) 發明留聲機時是 29 歲。青年是社會上富有創造力的群體。相對於兒童來說，青年身心發生了巨大變化，大腦發育成熟，好奇心和求知慾旺盛，思維活躍，富有創新的潛質，渴望透過創新來獲得社會的認可和尊重，具備了從事創造性活動的條件。此時對青年的創造力進行開發和引導，能夠激發青年的創造潛能，增強青年的自信心，使青年成為具有開創精神的新一代。

擴展閱讀

創造力與年齡的關係

美國心理學家萊曼 (Lehman, 1953) 對化學、物理和數學等不同學科領域中做出傑出貢獻的人進行了數年考察。他首先從不同角度對各類成果的創造性品質進行評估，如根據某一成果被相關學科的教科書引述的次數作為創造性品質的一個指標，而後再對創造者的年齡進行判斷，從而發現了創造成果與個體年齡之間的關係 (見圖 3-1)。

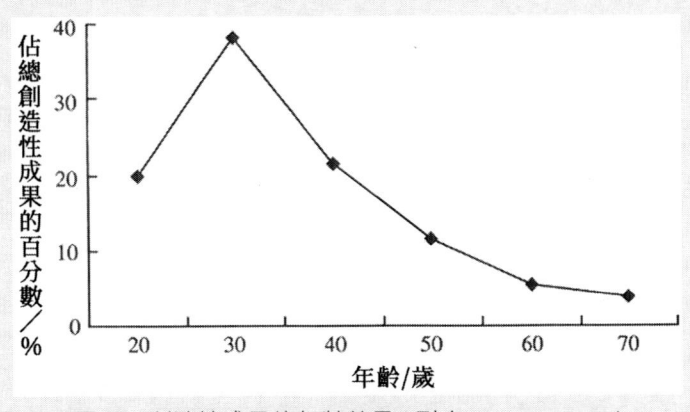

圖 3-1 創造性成果的年齡差異 (引自 Lehman, 1953)

從上圖可見，有 20% 的創造性成果是 20 歲到 40 歲左右的人做出來的，近 40% 創造性成果是 30 歲左右的人作出來的，大約 15% 的創造性成果是 50 歲左右的人做出來的。可見，30 歲左右是一個創造力旺盛的時期。中國著名心理學家、北京師範大學心理學教授林崇德根據美國學者萊曼等人的研究成果，總結出各類人才最佳創造年齡：數學家 30-34 歲，化學家 26-36 歲，物理學家 30-34 歲，哲學家 35-39 歲，發明家 25-29 歲，醫學家 30-39 歲，植物學家 30-34 歲，心理學家 30-39 歲，生理學家 35-39 歲，作曲家 35-39 歲，油畫家 32-36 歲，詩人 25-29 歲，軍事家 50-70 歲，運動健將 30-34 歲。

這些研究表明，25-40 歲是創造的最佳年齡，尤其青年期被稱作創造的黃金時期。

四、創造力的測量

識別和培養創造性人才在很大程度上依賴於對創造力的測量與評估。由於創造力是一個多維度、多層次的結構，測量方法和工具也是多種多樣的。

(一) 托蘭斯創造思維測驗

托蘭斯創造思維測驗於 1966 年編制而成，是影響力較大、應用較為廣泛的創造力測驗工具，適應於各個年齡階段的人。托蘭斯創造思維測驗包括三部分：(1) 言語測驗，包括提問題、猜原因、猜產品改造、非常用途測驗、非常問題和假想；(2) 圖畫測驗，是呈現未完成的或抽象的圖案，要求被試完成它們，使其具有一定的意義，包括圖畫構造、未完成圖畫、圓圈（或平行線）等測驗；(3) 聲音和詞的測驗，包括音響想象和象聲詞想象。

(二) 南加利福尼亞大學測驗

南加利福尼亞大學測驗是吉爾福特（J.P.Guilford）根據 1957 年提出的三維智力結構模型而設計的，由言語測驗和圖形測驗兩部分組成。言語測驗包括字詞流暢、觀念流暢、聯想流暢、表達流暢、多種用途、解釋比喻、效用測驗、故事命題、推斷結果和職業象徵等。圖形測驗包括作圖、略圖、火柴問題和裝飾等。

(三) 創造力實驗法

創造力實驗法是給被試者設置一定的問題情境，控制和改變一些條件，記錄其反應情況，然後加以分析的一種測評方法。廣為人知的研究是有關阻礙個體創造力發揮的心理定勢現象的研究，以及個體如何克服功能固著創造性解決問題的研究。創造力實驗法有較高的信度，但效度不高。

(四)主觀評定法

主觀評定法是按照一定的標準,對受測者的創造力進行評價。英國高爾頓(Francis Galton, 1970)提出了主觀評定法的三個步驟:一是組成評價小組,由有關專家、研究者或有經驗的教師組成;二是由評價小組成員分別對個體創造力進行評析;三是合成總評價。主觀評定法經濟實用,但容易受到主觀因素的影響。

上述幾種測量創造力的方法各有千秋,要根據測量創造力的目的、測量的對象、測量的需要選擇恰當的測量方法。

復習鞏固

1. 什麼是創造力?創造力主要包括哪些要素?
2. 青年創造力開發有什麼意義?

第二節　青年的學習創造力

學習是青年的重要任務，尤其是在校的大學生更應該以學習為主。青年只有熱愛學習，善於學習，在學習中不斷創造和發現知識，才能更好地立足於社會、服務於社會。青年的學習創造力培養比掌握知識更為重要。

一、學習創造力的含義

學習作為人類活動的主要形式之一，在本質上是一個創造的過程。創造性學習是青年學習的主要形式。美國教育家懷特莫（Whitemore）說，學習應是一個喚醒過程，每個步驟都將是創造性的。青年學習創造力體現在在學習過程中提出各種新觀點、新方法、新設計等。

二、青年學習創造力的特徵

學習可以是重復性的，也可以是創造性的。重復性學習是指拘泥於現有的知識、守舊、不敢打破舊框架；創造性學習是勇於創新、融會貫通。青年學習需要創造力，創造力應看作是學習必不可少的一環。青年學習創造力的特徵主要有以下幾點。

（一）學習的創新性

學習的創新性是學習創造力的本質體現，是青年在自身心理發展水平基礎上認識和發現新問題、新方法、新結論等。劉曉明（2002）指出學習的創新性包含知識創新和方法創新兩方面。知識創新是青年在學習實踐中，提出新概念、做出新判斷、進行新推理、不斷推進知識的更新。創新的目的在於尋求新發現、探索新規律、積累新知識、提出新思想、建立新理論。學習方法的創新是指在完成一定任務的時候，青年會花更多時間捕捉與其他人不同的經驗，從而建構自己的知識結構和認知結構；擁有適合自己的一套獨特而系統的學習方法，利用一切可以利用的學習條件；根據學習的情境、內容、目標和特點而靈活地應用，善於將知識或經驗概括化與系統化等。

（二）學習的自主性

學習的自主性是青年在學習動機激發下，自行確定學習目標，選擇學習內容，制訂學習計劃，對學習策略進行監控和調節，對學習結果進行自我總結和評價。青年是學習活動的主人。具有學習自主性的青年會有強烈的好奇心和旺盛的

求知慾，有堅定的意志去克服遇到的學習困難，遇到疑難學習問題通常選擇自己嘗試獨立去解決，而不是動輒求助他人、依賴他人，願意花大量時間在自己感興趣的問題上。

(三) 學習的質疑性

學習的質疑性是青年大膽用懷疑的眼光看問題，不迷信權威，不唯書、不唯上，善於發現問題並提出問題。青年提出問題往往比解決問題更重要。因為提出新的問題、新的可能、從新的角度去看問題，都需要有創造性的想象力和批判性思維。中國林崇德 (2000) 指出，創造性學習者在學習動機上，對事物的變化有深究的動機，渴求找到疑難問題的答案，喜歡尋找缺點並加以批判，相信自己的直覺。在學習態度上，對感興趣的事物願花大量的時間去探究，思考問題的範圍與領域不為教師所左右。在學習內容上不滿足於教科書或教師所闡述的問題，以及提供的答案，喜歡自己對未知世界的探索，能在與別人交談中或利用一切機會捕捉問題併發現問題。青年應該多想、多問「為什麼」，勇於向他人或自己提問，從不同角度看待事物，想別人不敢想和想不到的問題，不盲目依賴公認的思想或觀念。

三、影響青年學習創造力的因素

一些研究發現，影響青年學習創造力的因素主要有以下幾方面。

(一) 學校教育的因素

美國學者弗里斯 (Fleith, 2000) 透過調查研究教師、學生以及創造力領域的專家發現，影響創造力發展的學校環境因素涉及學校教育體系、教師態度和教學策略等方面。

中國李海燕 (2008) 的研究表明，學校的規章制度和物質環境與學生創造性地提出科學問題具有顯著正相關，學校的規章制度越民主開放，物質環境越豐富，學生創造性地提出科學問題的得分越高。在中國大學教學過程中，重視對大學生知識的灌輸，忽視培養大學生提出問題、解決問題的能力；大學生的順從被視為大學教學管理的成功，這種知識觀和管理理念抹殺了大學生的創造性；專業劃分過細，專業與課程受限，導致有些大學生學習積極性不高，更談不上創造；課外教學和實踐活動的比重較小，導致大學生的特長、興趣、愛好受到一定程度的限制，大學生的積極性、主動性和創造性難以發揮。大學生雖然透過考試獲得了各類證書並取得了優異成績，但他們能否運用這些知識技能於實踐、能否創造新的

知識、能否遷移到未來的職業中去，中國大學思考與關注的不多。大學本應該是大學生由學校生活踏入社會的橋梁，但很多大學生只是獲得了文憑，實際解決問題的能力和創新能力不足。

教師能夠透過態度和教學策略的改進培養學生的學習創造力。英國弗萊爾和柯林斯（Fryer & Colings, 1991）的研究發現，90% 的教師認為學生的創造力是可塑的，可以透過教學策略進行培養，但沒有人提到用解決創造性問題的技巧來培養學生的創造力。李輝等（2012）研究了工科大學生的創造力與家庭和學校環境的關係，結果發現教師的態度和教學策略兩個因素顯著影響工科大學生創造性人格中的懷疑性和開放性因素的形成。如果教師在教學中注重以大學生為中心，組織合作學習，有意識地激發大學生的學習興趣和主動性，就能夠促使大學生的學習創造力達到最佳狀態。但在中國的大學課堂上，教師採用靈活多樣的教學方式比較少，灌輸式的教學方法比較多，師生之間缺乏足夠的教學互動與交流，由此造成了大學生上課記筆記、考前背筆記、考後全忘記的學習現狀。教師的這種教學態度和教學策略不利於大學生創造力的開發與培養。

（二）家庭教育的因素

家庭對青年學習創造力的發展具有不可替代的作用。趙春梅（2010）透過對不同家庭環境與大學生創造力的關係研究發現，大學生的創造力與家庭環境中的親密度、獨立性、成功性、知識性、娛樂性、道德宗教觀、組織性七個維度有顯著正相關。家庭成員的互相承諾、幫助和支持的程度，自尊、自信和自主程度，將一般性活動變為成就性或競爭性活動的程度，安排家庭活動和責任時有明確的組織和結構的程度等都會影響大學生的創造力。

大量研究表明，專制型家庭的教養方式要求子女絕對服從家長，不鼓勵子女提問、探索、冒險及主動做事，致使子女缺乏獨立思考，在學習中缺乏主動性和創造性。放任型家庭的教養方式對子女的教育沒有明確要求，對子女的學習漠不關心、放任自流、獎懲不明，致使子女在學習中缺乏成就動機，缺乏追求創新的精神。溺愛型家庭的教養方式對子女遷就，包辦代替太多，致使子女形成學習依賴、服從的習慣，學習創造性低。民主型家庭的教養方式不任意打罵子女，對子女學習過程中發生的問題更多的是採取幫助與鼓勵的方法，懲罰分明，有利於子女形成良好的學習習慣，促進其學習創造力的發展。

（三）青年自身的因素

青年的學習動機直接影響了其學習創造力。如果青年從「要我學」轉換為「我要學」，就能在很大程度上提高自己的學習創造力。中國王龍等人（2012）對大學

生的研究發現，大學生的學習動機與創造力傾向存在顯著相關，並且大學生的內生學習動機對創造力傾向的影響高於外生學習動機，具有內生學習動機學生的創造力傾向顯著高於外生學習動機的學生。

認知風格是指個體長期以來在感知覺、記憶和思維中所常用的、習慣化的態度和方式。青年的認知風格決定他會採取何種方式完成學習任務，場獨立型的人比場依存型的人更少受到教師、權威等的影響。中國武欣、張厚粲的研究表明，場獨立型強的個體更富有創造力。李壽欣等人（2000）對大學生的認知方式與創造力的研究發現，場獨立型大學生的創造力水平明顯高於場依存型的大學生。王艷芳（2012）的研究發現，場獨立型的青年更願意在學習過程中突破已有的知識經驗，進行經驗重組，具有更高的學習創造力。

四、青年學習創造力的培養

（一）教育者要培養青年學習創造的意識

青年應該是創造力非常活躍的群體。教育者要教育青年，獲得文憑並不是通往成功的唯一通行證，沒有創造力踏入社會也很難勝任工作，取得成功。要鼓勵青年在學習中努力創新，敢於挑戰權威。培養青年的學習創造力，使青年由「專才」變成「通才」；在學習模式上，由「學會知識」轉變為「會學知識」；在知識觀念上，由「應用知識」轉變為「創新知識」；在學習觀念上，由「在校學習」變為「終身學習」等，使青年能夠形成學習創新的意識，創造性地學會學習。

（二）大學要改進課程設置，教給大學生創造的方法

大學要根據中國經濟發展和科技進步的需要，改進課程設置，增設反映科學技術新成果的課程，為大學生提供符合時代需要的教學內容。要打破學科之間的森嚴壁壘，增加選修課的比重，促進學科之間的相互交叉與滲透，設置一些跨學科、跨專業課程，使這些課程能夠文理滲透、理工結合，開闊大學生的視野。要開設培養大學生創造力的有關課程，教給大學生創造力的方法，幫助大學生掌握一些創造的技巧，提高大學生的學習創新能力。

擴展閱讀

創造力的培養方法

如何培養創造力，研究者對此進行了大量的研究，提出了許多方法。下面著重介紹幾種：

1. 大腦風暴法。其做法是：鼓勵大家暢所欲言，思考和尋找盡可能多的答案，不必考慮和評價所提出的答案是否正確，直到所有可能想到的答案都提出來後，再給予評價，由此激發大家的思維，保證大家的想法不被扼殺。

2. 希望點列舉法。透過主動發現需要、尋找願望、列舉各方面希望點來提出各種新設想，開發創造力。該方法具有擴展性、靈活性和新穎性等特點。

3. 缺點列舉法。透過尋找物件存在的缺點，從對缺點的認識中開發創新，求得更好發展。因為缺點就是問題，解決問題必須先發現缺點，透過缺點列舉，解決問題，才能不斷得到創新。

4. 特性列舉法。任何事物都有不同方面的特性，透過對事物特性的列舉與分析，把複雜問題分解，以便獲得創新方案的開發方法。

5. 逆向創造法。即對現有事物和問題進行相反方向的思考，由此得到啟發，發現問題，解決問題，以求創新的方法。如法拉第在對電流的磁效應進行研究時，沒有簡單對其物理現象進行研究，而是運用逆向思維推導出其逆向性質，認為「電流能產生磁場，磁場也能產生電流」。他透過實驗證明了推論的正確，為科學發展做出了巨大貢獻。

6. 類比法。透過對一類事物所具有的某種屬性的模仿和探索，提出新想法，得出新創造的方法。如透過對鳥飛行形態的類比發明了飛機，透過對魚形體的類比發明了船，透過對蝙蝠超聲波的類比發明了雷達等。

7. 設問法。對已有事物提出各種問題，對事物進行分析，明確問題性質，透過對問題的明確化來縮小探索和創新範圍，找到創新點。通常採用 5W2H 法進行設問，即為什麼 (Why)、什麼 (What)、什麼地方 (Where)、什麼人 (Who)、什麼時候 (When)、怎樣 (How)、怎樣的水準 (How much)。透過對這些問題的設問，更好地發現和提出問題，開發創造力。

（三）在大學生中開展豐富的學術活動

參與學術活動可以提高大學生的學習創造力。學校要響應國家培養創新人才的號召，採取多種方式支持大學生進行創造性學習，為大學生產生創造性成果創造條件。要經常舉辦各類學術講座、學術交流會、創新成果展評會、科技競賽等，透過舉辦大學生科技文化節、學術活動節等，營造自由開放的學術氛圍，鼓勵大學生積極參加科學研究，發表科研論文及成果，激活大學生的創造動力，培養大學生的學術興趣愛好，使其成為思維活躍、敢於創新的人才。

復習鞏固

1. 簡述青年學習創造力的特徵。
2. 怎樣培養青年的學習創造力?

第三節　青年的創業意願

創業是一種創造性的進程，是具有挑戰性的活動。創業意願是青年創業的前提。青年有了創業意願，才能發現與識別創業機會，付出努力，最終成功創業。

一、創業意願的含義

意願，也叫意向，指的是個體因為某種需求或動機，表現出對客觀事物的追求傾向的行為反應。已有研究表明，意願能夠成功地預測人類行為（Ajzen & Fishbein, 1980；Krueger, 2000）。創業意願最早由百德（Bird）提出，他認為創業意願是指將創業者的注意力和精力甚至行為引導至創辦一個新企業或者在現存的企業中創造新的價值的一種心理狀態。克魯格（Krueger, 1993）認為，創業意願是指創業者對於創辦一個新企業的承諾程度。道格拉斯和菲茲西蒙斯（Douglas & Fitzsimmo, 2008）將創業意願理解為個人對自己創業所帶來結果和自我效能感的看法以及基於此的行動。英國湯姆森（Thompson, 2009）認為創業意願是個體計劃創辦新企業的信念，並且在將來的某個時候會自覺地履行這些計劃。

中國學者也從不同的角度對創業意願進行了不同的理解。范巍和王重鳴（2006）認為，創業意願是潛在創業者對從事創業活動與否的一種主觀態度，是人們具有類似於創業者特質的程度以及人們對創業的態度、能力的一般描述。簡丹丹等（2010）將創業意願定義為，潛在創業者對實施創業行為的一種多方面的主觀心理準備狀態及程度。在本章中，青年的創業意願是指青年對從事某種創業行為的主觀態度。

二、影響青年創業意願的因素

許多研究者對青年創業意願的影響因素進行了研究，主要集中在以下幾方面。

（一）個人特質

個人特質是決定個體行為的基本特性。美國學者克魯格（Krueger, 1993）指出，創業意願的一個重要前導變量是個人對成功實施創業的能力的感知。一些研究證實，青年的感知行為控制力對創業意願具有正向促進作用。如果青年相信自己能處理好創業過程中遇到的諸多問題，其創業意願會更加積極主動。中國張利利（2012）透過對青島市80、90後新生代農民工的調查發現，感知行為控制變量

對新生代農民工回鄉創業有顯著性的影響。

傑夫·布萊斯（Jef Brice, 2002）在探討創業意願與人格的關係中發現，盡責性和經驗開放性與創業意向呈正相關，而宜人性與創業意向呈負相關。郭爾（Gurol, 2006）的研究發現，創業意願與成就動機、創新性、內控性和冒險性特質呈正相關。中國錢永紅（2007）在對創業意向的影響因素的研究中指出，成就動機、風險承擔、自主性三個特質因素對創業意向的影響顯著，表明這些個人特質很大程度上決定了創業意向的高低。萊文特·拉蒂那和羅伯特·丹尼爾（Levent Altinay & Roberto Daniele, 2010）探討了旅遊專業大學生的個人特質與創業意願之間的關係，結果表明這些大學生的個人特質與創業意願之間存在相關，尤其是創新精神和風險承擔傾向這兩個因素。

（二）個人背景

斯泰因（Stein, 2004）透過對印度尼西亞和挪威學生創業意願的研究發現，學生的年齡、性別、教育和工作經驗對創業意向有顯著影響，並能有效地解釋創業意向。萊文特·拉蒂那和羅伯特·丹尼爾（Levent Altinay & Roberto Daniele, 2010）的研究也認為，家族企業對大學生創業意願有影響。中國的一些研究發現，大學生的性別差異對創業意願有顯著影響，男大學生比女大學生有更多的創業意願。這可能是受傳統性別角色觀念影響的緣故。在傳統性別角色觀念中，男性應以事業為重，是家庭的頂梁柱，社會衡量男性成功與否的標準，主要是看其在事業上的成就。而女性以家庭為主，主要職責是相夫教子，女性開創一番個人的事業，則會被看成是「女強人」「女漢子」，不符合社會對女性角色的期待。所以，男大學生的創業意願比女大學生要高。中國的一些研究還發現，大學生的年級對創業意願有影響。韓力爭（2005）早期的研究發現，大學生年級越低，其創業意願越高，大學生年級越高其創業意願越低，創業意願呈現出隨年級的上升而下降的趨勢。馬繼遷、趙志鵬（2012）近來的研究發現，大學生的年級越高，其創業意願越高。羅金梅（2013）的研究發現，家庭收入水平對大學生創業意願的影響因性別不同而有所差異。對男大學生而言，家庭收入水平低，創業意願也低，家庭收入水平高，創業意願也高，創業意願呈現出隨家庭收入水平的提高而上升的趨勢；對女大學生而言，低收入和高收入家庭女性的創業意願都比中等收入水平的創業意願要高。

（三）創業態度

創業態度指青年對創業所持有的積極或消極評價，它對青年的創業意願有直接影響。美國心理學家卡喬波（Cacioppo, 1981）等人的研究發現，個體態度與創

業意願有顯著相關。中國曹晉（2010）透過對重慶大學生創業態度的研究發現，重慶市大學生的創業態度在創業認知、創業情緒和創業行為傾向三個維度上處於中等偏上水平，屬於偏積極的情況。重慶市女大學生在創業認知上比男大學生更積極並差異顯著，文史類專業大學生的創業認知最積極，藝體類專業大學生次之，理工類大學生的創業認知相對消極。冉曉麗（2010）的研究發現，大學生創業態度的成就動機、創業回報、自主性三個維度和創業意願之間具有正相關，並且成就動機、創業回報對創業意願具有顯著的預測作用。

（四）創業環境

創業環境是對創業意願產生影響的經濟、政治和文化等社會綜合因素。弗蘭克和盧瑟（Franke & Luthje, 2004）考察了社會、經濟環境變量對創業意願的影響作用，結果表明環境支持或阻礙因素會直接影響大學生的創業意願。格蘭斯特（Grundst, 2004）將創業環境分為情感因素和理性因素，以此探索創業環境與創業意願之間的關係。其中情感因素包括社會認同、社會規範和角色示範，三者在創業需求感的調解下對創業意願有顯著影響；理性因素包括資金期望、機會認知、資源可獲得性（如技術、資金、社會資本、市場准入、人力資本等），這些環境因素透過可行性知覺對創業意願產生影響。

斯泰因（Stein, 2004）的研究發現，挪威學生的創業意向低於印度尼西亞的學生，原因是挪威是全球創業熱情較低的國家之一，所以挪威學生的創業意向被社會和經濟因素所影響。中國滕徽（2014）的研究發現，重慶大學生創業意願的社會支持包括政府的政策支持、家庭支持、學校支持和同伴支持，這些社會支持與重慶市大學生創業意願之間呈顯著的正相關，這說明重慶市大學生的創業意願受到諸多社會支持的影響。

生活中的心理學

案例：美國賈伯斯的創業故事

1976年4月，年僅21歲的賈伯斯從大學退學與好友用籌到的1300美元在自家車庫內成立了蘋果公司。他克服了創業的種種艱難，擊敗眾多競爭對手，建立起一個專注於實現他的願景的4000人的團隊，並透過研發電腦開創了現代個人電腦的歷史。由於公司裡的權力爭鬥，賈伯斯在1985年黯然離開蘋果公司。

在1996年，即賈伯斯重返蘋果公司後的次年，重新擔任蘋果公司臨時首席執行長，對蘋果公司進行了大刀闊斧的改革。在短短13年的時間，相繼推出iPod、iPhone、iPad等一系列創造性產品，成功顛覆了個人電腦、音樂、電影及手機行

業的市場格局。

賈伯斯執掌蘋果公司長達 25 年之久，即使在面對公司被收購時，他也發出了「我們的目標從來就不是打敗競爭對手或者掙錢，我們的目標是做盡可能不平凡的事情或者更偉大的事情」這樣的口號。

2005 年，賈伯斯在斯坦福大學畢業典禮上的演講談了自己作為一名大學輟學生的一生、他的創業經歷以及與癌症鬥爭的故事。他說：「你的時間有限，所以不要為別人而活。不要被教條所限，不要活在別人的觀念裡。不要讓別人的意見左右自己內心的聲音。最重要的是，勇敢去追隨自己的心靈和直覺，只有自己的心靈和直覺才知道你自己的真實想法，其他一切都是次要的。給自己一個培養自己創造力的機會，不要害怕，不要擔心。過自己選擇的生活，做自己的老闆！」

三、激發青年創業的意願

(一) 積極構築創業的文化氛圍

積極的創業文化包含所有促進創業活動開展的文化現象。創業文化氛圍涉及尊重青年創業者、崇尚青年的創業努力、宣傳青年的創業實踐等方面，對青年創業意願的激發具有重要作用。社會應積極構築創業的文化氛圍，使青年的自主創業成為一項令人尊敬的工作，無論成功或者失敗，青年創業者都能受到人們的廣泛尊重。鼓勵青年在創業過程中敢於勇敢嘗試，寬容失敗，支持青年的創業活動，打破人們對青年創業是找不到工作為了勉強糊口而不得如此的偏見，為青年創業塑造寬鬆的輿論環境，激發青年對創業的興趣。要大力宣傳青年的創業榜樣和典型事跡，以及青年創業奮鬥的精神，引導青年選擇合適創業的方式來實現自我。

(二) 營造青年良好的創業環境

創業環境是對創業意願產生影響的經濟、政治和文化等社會綜合因素，如經濟政策、市場狀況、相關法律法規以及其他經濟和技術環境狀況等都會影響青年對創業的心理預期，進而影響其創業意願。良好的創業環境能夠激發青年的創業意願。因此，中國應進一步完善支持創業的法律法規，提供更加豐富的研發技術咨詢和市場咨詢的服務，並透過創業孵化器和創業園為青年創業者提供場地設施，幫助青年創業，使青年創業者能夠感受到愉快的工作氛圍。同時，提供創業的社會保障措施，給予青年創業者一定的經濟資助，幫助他們克服創業過程中遇到的諸多困難，使其能夠樹立創業的信心，安心和敢於創業，獲得創業成功。

（三）開展對青年的創業教育

對青年進行創業教育是培育青年積極創業態度、激發青年創業意願的一種有效方式。應透過創業教育幫助青年自覺形成積極的創業態度。比如，邀請成功的企業家走近青年群體，向青年傳達創業理念，激發青年的創業意願，幫助青年樹立創業信心。要向青年宣傳創業的各種法規和政策，使青年瞭解創業的一般程序，鼓勵青年勇於嘗試新鮮事物，大膽創業。大學應開設與創業有關的課程，如創業規劃、市場預測、經濟法規、經營管理、公共關係、市場營銷等，讓大學生具備創業的基本素養，激發大學生的創業意願。

復習鞏固

1. 影響青年創業意願的主要因素有哪些？
2. 怎樣激發青年的創業意願？

第四節　青年的創業實踐

創業實踐是青年創業能力提升的重要途徑，對青年創業具有重要意義。青年透過創業實踐，能夠瞭解創業所遇到的問題，體驗創業的艱辛，為成功創業打下良好的基礎。

一、創業實踐的含義

創業實踐是創業者對創業想法的實施，是創業素質提高的重要載體，是進行知識深化和能力強化的重要途徑。青年的創業實踐既包括直接的創業實踐，也包括間接的創業實踐，即主要借助學校舉辦的某些課程的角色性、情景性模擬參與等形式來完成。

二、青年創業實踐的類型

青年在學習和瞭解了關於創業的理論後，只有落實到實踐上才能取得成功。在創業實踐中，青年透過自身的體驗增強了對創業的認識，積累了創業經驗。青年的創業實踐主要有下面幾種類型。

(一) 參與社團活動

社團是青年為某一目的而成立的特殊組織群體，不同的社團有不同的學習與實踐目的。青年可以積極參與科技協會、各專業研究協會、企業管理協會、家教服務社、電腦維修社等，並從所學的理論知識出發，指導具體實踐，增強技能訓練，在實踐中形成理論、實現創新、領悟創業精神。青年還可以緊密聯繫社會，參與各類社會實踐活動，培養組織管理能力及創業技能。青年還可以參與社團活動來鍛鍊自己的創業能力，因為社團組織從申請、審批、制訂章程、宣傳招募人員、組織活動、經費籌集與管理等一系列活動與創建小型企業有許多相似之處。參與社團活動可以培養青年的創新意識，提高其創業技能。

(二) 參加創業競賽

青年參加創業競賽能夠促進創業。美國奧斯汀德州大學在1983年舉辦了首屆大學生創業計劃大賽。創業計劃大賽由參賽者組成競賽小組，就某一具有市場前景的新產品或新服務做出具有可行性的計劃報告。透過評委對計劃書的評審和對創業團隊的答辯，決出參賽者作品的名次；創業計劃競賽的後續階段要求創業團隊要進行積極遊說，說服和爭取投資人開展各種相應的活動，與投資人簽約項

目。大學要利用競賽平台和大學科技產業園，積極聯繫風險投資界和企業界，為大學生的一些具有實現產業化前景的項目尋求風險資本。從創業競賽孵化出來的直接成果也是大學生創業的項目，是培養大學生創業技能的有效手段。創業競賽為青年提供了創業實踐的平台、爭取風險投資的途徑。只要青年積極認真參與，就能獲得寶貴的創業經驗，這種經驗對青年的創業會產生積極的影響。

(三) 自主創業

青年開始創業時可以選擇創業週期較短、風險低的創業項目，如網路拍賣、打字影印、電話卡或書籍報紙銷售、食品餐飲等基礎性行業。自主創業對於青年創業者有很大的歷練作用，也能積累資金，便於逐漸向高技術含量、高產出、高風險的創業類型轉變。創業園是專門為青年自主創業提供幫助的活動場所，透過提供基本的商務服務、中介增值服務和資本運作服務等營造良好的創業環境，吸引具有技術創新能力、科研成果及管理能力的青年來開拓新事業。青年可以利用創業園等基地，嘗試創立屬於自己的小型企業。

三、促進青年創業實踐的途徑

(一) 加強創業實踐教學

創業實踐教學是根據社會對創業型人才的需求，正確認識理論教學與實踐教學的關係，以培養大學生創業實踐能力為中心的教學活動。創業實踐教學可以幫助大學生提升創業實踐能力，促進創業實踐發展。因此，大學要根據大學生的專業背景、學科特色等因素，探索有針對性的實踐教學方式；要指導大學生成立創業興趣小組，積極推進大學生創業試驗計劃，鼓勵大學生多積累創業知識；在教師指導下，積極參加創業設計競賽，激發大學生的創業思維和創業意識，提高他們的創業能力和創業素養。

(二) 建立創業實踐基地

創業實踐基地是圍繞對大學生進行創業實踐教學環節建立起來的具有示範性和輻射功能的人才培養的載體，既是溝通理論教學與實踐的媒介，也是溝通大學生與社會的橋梁。

創業實踐基地分為校內和校外兩種。校內創業實踐基地的建設，可以形成大學生創業工作室、學院創業中心、學校創業園這樣一種三級聯動的實踐基地建設模式。大學生創業工作室是以所學專業為依託，自願組合、自發組建的。透過創業工作室，大學生可以體驗到創業的艱辛及過程，提高創業能力。學院的創業中

心是為大學生創業入駐學校的創業園進行孵化和提升。學校創業園是為一些有前景、有潛力的大學生創業項目提供一定的資金資助，並進行全程指導、提供專家咨詢服務，力爭使每個進入創業園的創業項目能夠轉化為直接經濟效益。

校外創業實踐基地是大學生融入社會、參與經營競爭，建立按市場化運作的企業的主要創業實踐場所。校外創業實踐基地應聘請企業家擔任基地顧問，為大學生做專題講座，指導大學生的創業計劃，提高大學生對社會的認知能力和實踐能力。透過校外實踐基地，可以使大學生瞭解現代企業的生產工藝、生產技術和管理技術，培養大學生的團隊合作能力、艱苦奮鬥的精神以及社會適應能力，促進大學生的創業實踐。

(三) 加強創業實踐指導的師資隊伍建設

中國大學教師普遍缺乏創業實踐經歷，因此對大學生進行創業實踐指導顯得力不從心。加強創業實踐指導的師資隊伍建設，是促進大學生創業實踐的重要途徑。大學要積極嘗試「內培外引」的管理模式，吸引具有較強科研能力和創新能力的教師來從事大學生創業實踐的指導。同時，為廣大教師提供並創造外出進修和掛職鍛鍊、學習培訓的機會，激發教師指導大學生創業的工作積極性。學校還要積極開發校外師資資源，引進一批具有實踐經驗的校外指導教師，傳授實際的工作經驗和創業經驗，幫助和促進大學生的創業實踐。

復習鞏固

1. 青年創業實踐有哪些主要的形式？
2. 促進青年創業實踐的途徑有哪些？

要點小結

1. 青年創造力主要是指在學習及工作過程中運用已掌握的知識與技能，提出新觀點、新見解，產生新方法、新產品的能力。創造力的主要要素包括創造性人格、創造性思維、創造性想象和創造性自我效能感。

2. 青年創造力開發是中國建立創新型國家的需要，有利於推動中國經濟發展，是青年發展的內在需要。

3. 創造力測量的方法有測驗法、實驗法、主觀評定法等。托蘭斯創造思維測驗和南加利福尼亞大學測驗是應用較廣泛的測量方法。

4. 青年學習創造力體現在為學習過程中提出各種新觀點、新方法、新設計等，其特徵主要有學習的創新性、學習的自主性、學習的質疑性等。

5. 學校教育、家庭教育以及青年自身的因素都可以影響青年的學習創造力。培養青年的學習創造力應做到：教育者要培養青年學習創造的意識；大學要改進課程設置，教給大學生創造的方法；在大學生中開展豐富的學術活動。

6. 青年的創業意願是指青年對從事某種創業行為的主觀態度。創業意願的影響因素主要體現在個人特質、個人背景、創業態度、創業背景四個方面。

7. 激發青年創業意願的途徑主要有：積極構築創業的文化氛圍、營造青年良好的創業環境、開展對青年的創業教育。青年創業實踐的形式主要有組織參與社團活動、參加創業競賽、自主創業等。

8. 促進青年創業實踐應做到：加強創業實踐教學，建立創業實踐基地，加強創業實踐指導的師資隊伍建設。

關鍵術語

創造力	creativity
創造性人格	creative personality
創造性思維	creative thinking
學習自主性	self-regulated learning
學習創造力	learning creativity
創業意願	entrepreneurial intention
創業實踐	entrepreneurship practice

復習題

一、單項選擇題

1. 創造力的主要特徵是（　）。
   A. 獨創性、變通性、靈活性　　B. 獨創性、變通性、流暢性
   C. 變通性、靈活性、流暢性　　D. 獨創性、流暢性、靈活性

2. 透過給受測者設置一定的問題情境，控制和改變一些條件，記錄其反應情況，然後加以分析是哪種創造力測量方法（　）。
   A. 托蘭斯創造思維測驗　　B. 南加利福尼亞大學測驗
   C. 創造力實驗法　　D. 主觀評定法

3. 青年在學習動機激發下，自行確定學習目標，選擇學習內容，制訂學習計劃，對學習策略進行監控和調節，對學習結果進行自我總結和評價，體現的是青

年學習創造力的（　）。

　　A. 自主性　　B. 質疑性　　C. 創新性　　D. 個性化

　　4. 青年大膽用懷疑的眼光看問題，不迷信權威，不唯書，不唯上，善於發現問題並提出問題，體現的是青年學習創造力的（　）。

　　A. 自主性　　B. 質疑性　　C. 創新性　　D. 個性化

　　5. 哪種家庭教養方式有利於培養青年的學習創造力（　）。

　　A. 專制型　　B. 放任型　　C. 溺愛型　　D. 民主型

二、多項選擇題

　　1. 影響青年創業意願的因素主要有（　）。

　　A. 個人特質　　B. 創業態度　　C. 個人背景　　D. 創業環境

　　2. 青年創業實踐的形式主要有（　）。

　　A. 參與社團活動　　B. 參與創業競賽

　　C. 嘗試自主創業　　D. 放棄就業，賦閒在家

　　3. 青年創造力開發的意義體現在（　）。

　　A. 是中國建立創新型國家的需要　　B. 有利於推動中國經濟發展

　　C. 是青年發展的內在需要　　D. 是青年個人利益的需要

　　4. 青年創業意願的激發應做到（　）。

　　A. 積極構築創業的文化氛圍　　B. 營造青年良好的創業環境

　　C. 開展對青年的創業教育　　D. 加強創業實踐教學

　　5. 青年創業實踐的促進應做到（　）。

　　A. 加強創業實踐教學　　B. 建立創業實踐基地

　　C. 加強創業實踐指導的師資隊伍建設　　D. 開展對青年的創業教育

三、判斷對錯題

　　1. 學習創造力的創新性不僅包含知識創新也包括學習方法創新。（　）

　　2. 創業意願是創業活動的先導，有了創業意願就一定會有創業實踐。（　）

　　3. 創造性人格、創造性思維、創造性想象和創意自我效能感是創造力的主要要素。（　）

　　4. 青年學習創造力的特徵主要有自主性、質疑性、創新性、個性化。（　）

　　5. 學校教育是影響青年學習創造力的唯一原因。（　）

第四章　青年的情緒與管理

本章你要學習什麼？

情緒是伴隨青年一生的心理活動。有了豐富多彩的情緒，青年才能體會出人生的酸甜苦辣。情緒影響著青年的學習、工作與生活。本章將帶你認識情緒的含義、類型，瞭解情緒的主要理論，認識青年的積極情緒與消極的情緒，掌握情緒管理的主要途徑與方法，讓情緒能夠更好地促進青年的生存與發展。

第一節　概述

「人非草木，孰能無情。」七情六慾是青年最自然不過的情緒反應。青年的情緒不僅對青年的生活有重要的影響，而且是衡量青年心理健康的重要指標。

一、情緒的含義

情緒（emotion）是與人的生物和社會需要相聯繫，具有特定主觀體驗、外顯表情和生理變化的心理活動的整體過程。情緒通常包括六種心理成分。

(一) 刺激情境

人沒有無緣無故的愛，也沒有無緣無故的恨。人的情緒的產生總是由一定的刺激情境所引起。例如，美麗的自然景觀、生活中發生的事情等。

(二) 主觀體驗

情緒是透過人的主觀體驗來反映客觀事物與人的需要之間的關係。需要是情緒產生的基礎，凡是滿足人的需要的客觀事物，會引起人的肯定情緒體驗，反之，則會引起人的否定情緒體驗。例如，青年找到夢寐以求的工作會感到高興，失去親人會悲傷。由於客觀事物與人的需要之間的關係是錯綜複雜的，因而人的情緒往往是複雜、甚至矛盾的。

(三) 認知或解釋

情緒總是伴隨著人的認知過程發生，它離不開人的感知、記憶、思維、想象等認識活動。如青年面對主管在工作上的嚴格要求，如果理解為這是主管對自己的培養，會產生愉快和鼓舞的感受；如果理解為這是主管對自己的故意刁難，則會產生氣憤和無奈的感受。

(四) 生理反應

當人的情緒發生時，其呼吸系統、血液循環系統、消化系統、淚腺、汗腺以及心電、腦電、皮膚電等都會發生一系列的相應變化。

(五) 表情

伴隨著情緒體驗，人的外部會發生明顯的變化，如激動時「滿臉通紅」，羞愧時「面紅耳赤」，驚恐時「面色蒼白」，憎恨時「橫眉冷對」，憤怒時「怒目而視」等。

(六) 動作反應傾向

當人在經歷和感受某種情緒時，伴隨著一系列的動作，如喜愛可能導致親暱，憤怒可能導致攻擊，恐懼可能導致退卻，絕望可能導致放棄。情緒的上述心理成分是相互聯繫、相互影響的。

二、情緒的類型

(一) 基本情緒

情緒是個體在生命進程中為適應環境變化而逐漸分化出來的。中國《禮記》中提出了喜、怒、哀、懼、愛、惡、欲七情是人類的基本情緒。美國著名心理學家克雷奇 (Krech, 1980) 把快樂、悲哀、憤怒和恐懼看作是人類的四種基本情緒。

1970年代，美國心理學家伊扎德用因素分析的方法提出人類有十一種基本情緒，它們是興趣、驚奇、痛苦、厭惡、愉快、憤怒、恐懼、悲傷、害羞、輕蔑和自罪感。美國心理學家湯姆金斯提出了八種基本情緒：興趣、快樂、驚奇、痛苦、恐懼、悲憤、羞怯和輕蔑。美國加州大學的艾克曼博士提出了六種基本情緒：快樂、悲傷、憤怒、恐懼、厭惡、驚奇。美國愛因斯坦大學精神病專家普拉奇克 (1980) 在艾克曼分類的基礎上加上了容忍和期盼兩種情緒。費希爾等人 (1990) 則提出了愛、快樂、憤怒、悲傷和恐懼五種基本情緒。由此可見，不同的心理學家所提出的基本情緒既有一定的共性，也有一定的差異性。

(二) 情緒狀態

情緒狀態是指在某種事件或情境的影響下，在一定時間內所產生的一定情緒狀況。根據情緒持續的時間、發生的強度，情緒狀態可以分為以下三種。

1. 心境

心境 (mood) 是一種比較平靜、持久、微弱的影響人的整體精神活動的情緒狀態，具有彌散性和持續性的特點。心境不指向特定的事件，而是以同一種態度體驗來對待一切事物，而且心境一旦產生便會影響人的整個情緒狀態。俗話說「憂者見之則憂，喜者見之則喜」，就是心境的感染性。「感時花濺淚，恨別鳥驚心」就是對不同心境的真實寫照。心境對人的生活、工作、學習和健康等有很大的影響。積極向上的心境使人朝氣蓬勃、充滿信心，使工作和學習、活動效率倍增，有益於身心健康；反之，消極悲觀的心境使人頹廢、逃避、畏縮、喪失信心，活動效率降低，有損身心健康。青年應該學會控制或調節自己的心境，不要盲目地為消極的心境所左右。

2. 激情

激情(passion)是一種強烈、爆發性、短暫的情緒狀態。如果心境是和風細雨，激情就是疾風驟雨。激情狀態下的個體常伴有明顯的生理變化和外部行為表現，如盛怒下拍案而起、暴跳如雷；狂喜時哈哈大笑，手舞足蹈。激情有積極與消極之分。如憤怒指向親人或朋友，可能會造成大錯；但戰場上戰士把憤怒指向敵人，卻是積極的，有利於戰士的搏殺。憤怒甚至能夠激發人的創造力，激勵人奮發圖強。司馬遷說：「文王拘而演《周易》；仲尼厄而作《春秋》；屈原放逐，乃賦《離騷》；左丘失明，厥有《國語》；孫子臏腳，《兵法》修列；不韋遷蜀，世傳《呂覽》；韓非囚秦，《說難》《孤憤》，詩三百篇，大抵聖賢發憤之所為作也。」由此可見，積極的激情能夠推動人的活動，成為行為的巨大動力，消極的激情則會產生不良後果。青年應該學會控制和調節自己的消極激情。

3. 緊迫

緊迫(stress)是在出乎意料的緊迫與危險情況下所出現的高度緊張的適應性反應。例如，地震、火災、水災、塌方、車禍等，都需要人們把各種潛力調動起來，迅速判斷情況，運用過去的知識經驗，應付緊張的局面，這就是緊迫。人在緊迫狀態下，會產生一系列的生理反應來適應刺激和調動自身能量。主要有兩種截然不同的反應：一種是驚慌失措、手忙腳亂、語無倫次、知覺狹隘、思維紊亂、目瞪口呆、過度防禦、盲目行動。另一種情況是臨危不懼、沈著鎮定、思維敏捷、目標明確、行為冷靜理智，使各種力量集中起來，以應付緊張的情況。

三、情緒的理論

心理學家對情緒的解釋是多種多樣的。下面介紹幾種主要的情緒理論。

(一) 情緒的生理理論

美國心理學家威廉·詹姆斯與丹麥的卡爾·蘭格 (WiliamJames & CarlLange, 1885)最早從生理的角度來解釋情緒的發生。他們主張情緒只是身體變化的感覺，先有機體的變化，而後才有情緒。感到悲傷是因為哭泣，感到高興是因為發笑，感到恐懼是因為戰慄，感到憤怒是因為打鬥。他們認為，情緒的發生是因為外界環境的刺激引起了身體的一系列變化，隨後被個體感知到身體的變化而產生的。

該理論忽視了個體的主觀意識對情緒的影響與調控作用而受到了批評。首先提出反對意見的是美國生理學家坎農 (W.B.Cannon, 1927)並形成了自己的「情緒丘腦學說」。坎農認為情緒的控制中心是在中樞神經系統的丘腦，情緒產生的過程是外界的刺激引起某個感官的神經衝動，神經衝動由內導神經傳送到丘腦，然後由丘腦上傳至大腦產生情緒體驗，下傳至交感神經而引起生理變化，也就是

說，情緒的體驗和生理的變化是同時發生的。坎農的情緒學說得到了菲利普‧巴德 (Bard, 1934) 的支持與發展，所以後人將該理論稱為坎農 - 巴德理論。

(二) 情緒的行為理論

行為主義的創始人華生 (J.B.Watson, 1929) 第一個明確提出了行為主義的情緒理論。他認為，存在著三種類型的基本情緒反應———恐懼、憤怒和愛，每種反應形式自人出生起就是內在的和明顯的。情緒是在強化刺激和複雜的經典性條件作用中習得的行為模式。他與瑞尼 (Rayner, 1920) 一起做了著名的條件性情緒反應實驗，以檢驗其理論。他以一名叫阿爾伯特的 11 個月的孩子為實驗對象。實驗前孩子與小兔子在一起玩，毫無害怕的反應。後來，兔子出現後，主試在孩子背後突然發出金屬棒撞擊的聲音，這個聲音使孩子產生驚嚇和害怕。經過一周的實驗後，孩子只要看到兔子就會感到害怕，全身收縮、身體發抖、哭泣、逃避，形成對兔子的恐懼條件反射。透過一個月的實驗，孩子不僅對兔子感到害怕，甚至對任何有毛的東西都同樣感到害怕，如聖誕老人的鬍子、老鼠等，即產生了條件反射的泛化。華生對情緒的研究為行為主義的情緒理論的建立奠定了基礎。

繼行為主義心理學的鼻祖華生之後，許多心理學家提出了自己對情緒的見解，影響較大的有米倫森 (J.R.Milenson) 和格雷 (J.A.Gray) 的情緒理論。米倫森 (J.R.Milenson, 1967) 的情緒理論的基本依據是，透過一個經典性條件作用過程引起的情緒變化會增加或抑制其他的情緒行為，並提出了表示所有情緒強度變化的三維體系。一維是恐怖、焦慮和擔憂，它有時抑制或促進公開的行為；二維是興高采烈或愉快，它促進公開的行為；三維是憤怒，它促進了某些公開行為並增加了進攻或毀滅的可能性。這三維模型體系是原始的，它們的混合物產生了更複雜的情緒。

格雷 (J.A.Gray, 1971) 採用情緒發展的概念，提出了一個行為主義的情緒理論。他認為，透過強化和反應之間的關係可以確定三種基本的情緒系統：(1) 接近系統；(2) 抑制系統；(3) 戰鬥 - 逃跑系統。情緒就是外部事件刺激透過獎勵與懲罰而引起的接近或抑制的內部狀態。

以上幾種行為主義的情緒理論雖然對情緒的解釋或闡述不完全相同，但它們都是從外部刺激引起行為習得的角度來理解情緒的，都認為情緒是由強化刺激的性質和複雜的經典性條件反射決定的。由於行為主義的情緒理論主要是建立在動物實驗的基礎上，因此他們的理論有一定的局限性，主要缺點是忽視了對人類高級情感的研究，忽略了認知功能的作用。

(三) 情緒的認知理論

繼各種情緒生理學說間的激烈爭論後，情緒的研究開始轉向認知評價的角度。主要的情緒認知理論包括美國心理學家沙赫特和辛格的「認知—激活」理論、拉扎魯斯的「認知—評價」理論等，由此形成了自1960年代以來的情緒認知理論的一大流派。

情緒的認知理論強調認知評價在情緒產生過程中的作用，認為個體情緒的產生是由對刺激物的利害評價而直接產生的，即對刺激的評價不同則產生的情緒就不同。情緒產生的基本過程是：刺激—評價—情緒。如果個體對刺激評價的結果是有利於自己的則產生積極的情緒；如果這種評價是有害的，則產生消極的情緒。也就是說，個體情緒的產生有賴於評價，並在評價之後產生。這個評價過程可能包括初評價、次評價和再評價，並有賴於個體的認知判斷，而個體的認知判斷受知識經驗等因素的影響。

(四) 情緒智力理論

情緒智力 (Emotion Intelligence) 的概念由美國心理學家彼得·薩洛維 (Peter Salovey) 和約翰·梅耶 (JohnD.Mayer, 1990) 提出。他們認為，情緒智力是監察自身和他人的感情和情緒的能力、區分情緒之間差別的能力，以及運用這種訊息以指導個人思維和行動的能力。這一定義只涉及了對情緒的知覺和調節，忽略了對情緒的思維。後來他們對情緒智力進行了進一步的研究與說明，重新界定情緒智力是覺察情緒的能力、運用並產生情緒以協助思維的能力、理解情緒和情緒知識的能力，以及調節情緒以促進情緒和智力發展的能力。情緒智力的具體內容如下：(1) 覺察、評價和表達情緒的能力。包括從自己與他人的情緒體驗和思維中辨別情緒的能力、準確表達情緒及與情緒相關的需要的能力、區分情緒表達中的準確性和真實性的能力；(2) 情緒促進思維過程的能力。包括促進與情緒有關的判斷和記憶過程產生的能力、從多角度進行思考的能力、特定的問題解決的促進能力；(3) 理解情緒與情緒知識的能力。包括給情緒貼上標籤，認識情緒與語言表達之間關係的能力、理解情緒所傳達的意義的能力、認識情緒轉換可能性的能力；(4) 調節情緒以促進情緒和智力的發展的能力。包括以開放的心情接受各種情緒的能力、根據所獲知的資訊進入或擺脫某種情緒的能力、成熟監察與自己和他人情緒的能力、管理自己與他人情緒的能力。

自薩洛維和梅耶提出情緒智力的理論後，引起了許多心理學家的關注和興趣，以及相關的爭論，產生了強烈的社會反響。1995年，哈佛心理學家卡爾曼 (Goleman) 提出了自己的情緒智力理論，認為情緒智力對個體成就的作用比智力

的作用更大,並且可以透過後天的訓練而發展,並將情緒智力概括為五方面:一是認識自己情緒的能力;二是妥善管理自己情緒的能力;三是自我激勵的能力;四是理解他人情緒的能力;五是人際關係管理的能力。

上述情緒智力理論都探索了情緒智力包含的結構或要素,以及情緒智力的作用,為個體重視情緒智力、開發情緒智力提供了指導。

■四、情緒對青年的心理影響

(一)情緒對青年認知的影響

情緒對青年注意力的喚起,對促進注意的廣度與深度發揮著重要的作用。當青年處於不良情緒狀態時,注意的加工範圍變得狹窄,注意分散;而積極情緒則能拓寬青年的注意力,使其專心致志地學習或工作。良好的情緒有助於提高青年認知的靈活性與創造性,特別是對頓悟這種創造性問題的解決有促進作用。青年在良好的情緒狀態下更容易做出理智、冷靜、客觀的決策,而不良情緒則可能導致他們產生衝動、不明智、片面的判斷。

(二)情緒對青年人際關係的影響

青年的人格特質或遭遇的生活事件,決定了他們日常的情緒狀態,並使他們將這種情緒狀態帶到人際交往中,從而影響他們的人際關係狀況。展寧寧(2010)的研究發現,大學生正面情緒的分享和維持會使其擁有積極的生活態度,容易給他人和自己帶來好心情,有利於人際交往,促進人際關係的和諧。相反,時常沈浸在負面情緒中的大學生容易在人際交往中採用壓抑、回避或者衝突性的情緒表達方式,破壞人際交往氛圍,造成人際關係的緊張或破裂。由此可見,青年良好的情緒,能促進他們產生友好的行為,密切人際聯繫,擴大人際資源。

(三)情緒對青年心理健康的影響

有研究表明,個體85%的心理問題與情緒不健康或情緒障礙有關。當青年情緒穩定、善於控制自己的不良情緒時,心態比較陽光,能夠比較正確地認識自己,發現自己的長處和優點,心理比較健康。當青年沈浸於痛苦、憂慮、空虛、無聊的情緒狀態下時,往往缺乏自信,甚至會自暴自棄,產生酗酒、吸毒、賭博、犯罪等行為。王飛飛的研究發現,大學生的情緒控制能力對他們的心理健康有重要的影響。因此,維持良好的情緒狀態,對促進青年的心理健康具有重要意義。

復習鞏固

1. 什麼是情緒？情緒的理論有哪些？其要點是什麼？
2. 情緒對青年有何影響？主要表現在哪方面？

第二節　青年情緒的特點

　　青年期個體的情緒在人的一生中具有鮮明的特點。美國著名心理學家霍爾(Granvile Stanley Hal)認為，青年期是一個「疾風怒吼」的時期。青年有必要瞭解自己情緒的特點，以便更好地認識與調控自己的情緒。

一、情緒體驗細膩而豐富

　　青年期是心理發展的日漸成熟期，這種成長是多方面的。與兒童的情緒體驗多處於感知水平而顯得單純、短暫相比，青年的情緒體驗增加了很多認知成分。由於青年的觀察力、思辨力、分析與判斷能力逐漸增強，因此青年能較敏銳地覺察和感受到自己與他人情緒的發展和變化，甚至能體察入微，有更多的情緒體驗。這種情緒體驗是細膩和豐富的，也比較深刻和長久。

二、衝動性與不穩定性

　　青年對於自己追求的目標，往往會投入很大的精力和熱情，而一旦受到挫折，就會情緒低落、唉聲嘆氣、愁眉苦臉。青年的情緒急迫，渴求行為後立即有結果，期望願望能夠迅速實現。在一定情境與氣氛的渲染烘托下，他們的亢奮情緒便會以「激情」的狀態出現，一觸即發。青年情緒的衝動性常與爆發性相連，且自制力較弱。一旦出現某種外部強烈的刺激，情緒便會突然爆發，失去理智的控制，產生破壞性的行為和後果。

三、兩極性與波動性

　　青年的情緒易於出現強烈的極端性，一方面易於出現高強度的興奮、激動、熱情的積極情緒，另一方面也很容易出現極端的發怒、洩氣和絕望等消極情緒。青年既有活潑、愉快、奮發、向上等積極傾向，又有低沈、悲觀、頹廢、沈淪等消極傾向。青年的情緒比較動蕩，容易在這兩種極端情緒之間迅速轉化，時而積極，時而消極；時而平靜，時而急躁，呈現波動。

四、開放性與掩飾性

　　青年更善於表達情緒，以此來展示自己，渴望得到他人對自己的瞭解與認同，因此青年的情緒具有開放性的特徵。青年隨著知識經驗的增長以及自我意識

的日漸成熟，會逐漸意識到情緒的過分外露可能會對自己產生不利的影響，甚至破壞自己與他人的關係，因此青年的情緒還具有掩飾性的特點。青年會以符合社會規範的方式來表達自己的情緒，甚至情緒的外在表現與內心的真實體驗相分離。比如，某青年對上司有意見，但考慮利弊得失後，會有意識地掩飾自己的真實想法和情緒體驗，故意表現出對上司的好感。青年會有選擇地暴露自己的情緒，將自己的真實情緒暴露給喜歡的對象，而對於不喜歡的對象則對自己的情緒加以控制，不予表露。青年情緒的這種開放性與掩飾性，給我們瞭解青年的真實想法和情緒體驗帶來了一定的難度。

復習鞏固

1. 青年的情緒有哪些主要特點？
2. 青年應該如何利用自身情緒的特徵來促進自己的成長？

第三節　青年的積極情緒

青年正處於生機勃勃、蓄勢待發的人生階段，伴隨青年成長的重要因素之一是積極的情緒體驗，這些積極的情緒體驗給青年的發展帶來了動力與能量。

一、積極情緒的含義

什麼是積極情緒（positive emotions）？不同的學者往往有不同的看法。羅素說，積極情緒是當事情進展順利時，想微笑時產生的那種好的感受。弗瑞克森（Fredrickson, 2001）認為，積極情緒是對個人有意義的事情的獨特即時反應，是一種暫時的愉悅。拉扎魯斯（Lazarus, 1991）認為，積極情緒是在目標實現過程中取得進步或得到他人積極評價時所產生的感受。在本章中，青年的積極情緒是與某種需要的滿足相聯繫而產生的愉悅體驗。

二、青年常見的積極情緒

（一）青年的快樂

快樂（happines）是心理上的愉悅感和舒適感，是個體達到期盼的目的或緊張解除時產生的一種積極情緒體驗。如一個大學畢業生經過自己的勤奮努力，找到了理想的工作，會產生快樂的情緒。快樂的程度取決於青年的願望是否實現，目標達到的意外程度。如果青年追求的目標非常重要，透過努力實現了這一目標，就會引起異常的歡樂。快樂有強度上的差異，可以分為滿意、愉快、大喜、狂喜等不同的層次。

由於快樂主要受外在事物的影響而呈現不穩定和短暫的特點，所以青年的快樂往往是簡單而短暫的。隨著年齡和生活閱歷的增加，青年的快樂會變得越來越不單純，越來越難獲得。

快樂對青年有積極的影響作用，可以促使青年樂觀地認識事物，開放地決策思考，幫助青年發展健康的人格，增進人際關係，增強自信心，是青年獲得正能量的重要途徑。

心理學家試著尋找快樂的源泉，發現真正的快樂可以在完成建設性的、富有意義的活動中產生，也可以在良好的人際關係中產生（Izard, 1997；孟昭蘭，1989）。心理學家馬修‧傑波認為，真正的快樂純粹是內發的，它的產生不是由外在事物，而是由個人的觀念、思想和態度所決定的。如果青年能夠學會在生活

中積極思維，就能獲得更多持續的快樂。

（二）青年的興趣

興趣（interest）是一個人積極探究某種事物及愛好的心理傾向，反映了人對客觀事物的選擇性態度。興趣是需要的一種表現方式，人們的興趣往往與他們的直接或間接需要有關。興趣會使青年的注意力指向所願意接近的對象，促使青年進行探索和鑽研活動，並積極參與有關活動，表現出樂此不疲的極大熱情，有利於青年實現有意義的目標或成就。

青年興趣的特點是具有廣泛性和不穩定性。新鮮、變化的刺激物往往容易誘發青年的興趣，喚醒和促使青年對事物的認知、判斷、評價，以及尋求問題解決方案等積極行為。青年需要嘗試從不同事物中來發現自己的興趣趨向，他們的興趣是廣泛和有差異性的。劉永賢（2008）對大學生職業興趣的研究發現，男生對現實型和研究型的職業有更多興趣，而女生對藝術型和社會型的職業更感興趣。隨著青年對事物的深入瞭解和認識，他們可能會放棄原有的興趣，產生新的興趣，所以青年的興趣往往是不穩定的。隨著對實踐和經驗的不斷摸索，青年的興趣會逐漸穩定下來，並嘗試著進一步發展自己的興趣作為特長或工作。

青年興趣的培養和發展對於青年的成長有很大的促進作用。因為隨著興趣的牽引，青年會對學習、工作產生熱愛之情。有研究表明，青年的學習興趣是創造力培養的根本點和源動力。青年對工作的興趣會促使他們在工作中更主動、更加勤奮努力，產生勝任感、成就感與滿足感，使其工作能力不斷得到提升。

（三）青年的渴望

渴望（desire）是一種迫切的願望和殷切的盼望。青年對未來充滿嚮往與憧憬，渴望很多未經歷的人生體驗，包括對學業的渴望、對工作的嚮往、對愛情的渴望以及對成功的渴望等。

青年正處於學習的黃金時期，尤其是處於求學階段的青年，在對自己和社會有了更多認識後，能進一步確定自己的學習方向，抱著對未來的憧憬與嚮往，往往會在學業上有更高的期望。期望自己能夠掌握扎實的專業知識，在所學習的領域出類拔萃；能夠獲取更多的知識與技能，幫助自己達到更高的學業水平，為今後的工作打下堅實的基礎。

青年除了對學業的渴望外，指向工作的渴望尤其重要和凸顯。青年渴望能謀求一份好工作，或為了實現自我價值，或為了減輕家庭經濟負擔。青年的這種工作渴望，更多代表的是一種自由、獨立的成人生活模式。對於已經成功進入工作狀態的青年而言，工作意味著一份事業，意味著人生大部分的成功。有了這份對

工作的渴望，可以促使青年為了做好工作而積極規劃、勤奮學習，以實現自己對工作的期望和要求。

青年對愛情也充滿了渴望與嚮往。如果說，少年對愛情的渴望還因為擔心是否被家庭或社會認可而隱忍，那麼青年對愛情的渴望就會表達得更直接和明顯。青年渴望一段與異性的親密關係，渴望在這種親密關係中獲得關心、愛護與陪伴。在青年初期，他們所嚮往的愛情多是浪漫純真式的，考慮得比較多的是這種愛情是否能夠滿足自己的情感需要。隨著年齡的增長，他們對愛情的渴望多了一份現實的考量，對愛情的渴望更加實際。青年對愛情產生的強烈渴望與期待，會成為一種強大的動力促使青年更好地發展自己、塑造自己，為成家立業、建立幸福美滿的家庭、收穫人生的成功與幸福打下堅實的基礎。

(四) 青年的幸福感

幸福感 (wel-being) 是當個體認識到自身需要得以滿足以及理想得以實現時，產生的一種積極的心理感受和情緒狀態，它是一種持續的對生活的滿足感和感到生活充滿樂趣並希望長久延續下去的一種愉快情緒體驗。青年時期是個體透過不斷努力完成學業、找到適合自己的職業、收穫愛情與婚姻、獲得經濟獨立的時期，在這個時期，青年的幸福感一般比較強烈。黃建榕、劉茜 (2012) 對大學生幸福感的研究發現，大學生幸福感的整體水平較高，但在愛情滿意度、經濟滿意度、自我總體滿意度上幸福感較低；影響大學生幸福感的主要因素，一是客觀因素，如就業壓力、經濟壓力、學習壓力、身體外貌形象、家庭狀況、社會支持等；二是主觀因素，如人際關係、自我評價、人格、自尊心等。

胡蓉 (2012) 的研究發現，青年的幸福感大致來源於十個穩定因素，包括飲食無憂、睡眠充足、安全體驗、親友和諧、社會價值、財能兼備、愛情美滿、團體歸屬、道德高尚和自我實現。同時，青年的幸福感與其心理健康水平呈顯著正相關，即青年的幸福感在很大程度上與心理健康具有內在一致性。還有的研究發現，青年的幸福感具有多方面的差異。陸燁 (2013) 對上海青年連續五年的跟蹤研究發現：女青年普遍比男青年更有幸福感，獨生子女青年比非獨生子女青年更有幸福感，90 後青年比 70 後、80 後青年更有幸福感，戶籍青年比非戶籍青年更有幸福感，體制內青年比非體制內青年更有幸福感，已婚青年比未婚青年更感幸福，高知青年比普通青年更有幸福感，高薪青年比低薪青年更有幸福感。

擴展閱讀

積極心理學：對傳統主流心理學的一種修正

積極心理學（positive psychology）是致力於幫助人們發現並利用自己的內在資源，進而提升個人的素質和生活品質的學科。2000年《美國心理學家》刊登的《積極心理學導論》標誌著積極心理學的正式誕生。美國著名心理學家賽利格曼（Martin Seligman）是積極心理學的重要宣導者和推廣者。

　　積極心理學自誕生之時就宣稱：當代心理學正處在一個新的歷史轉折時期，心理學家扮演著極為重要的角色和新的使命，就是如何促進個人與社會的發展，如何使個體健康成長，使家庭幸福美滿，使員工心情舒暢，使公眾稱心如意。並一針見血地指出：在過去的近一個世紀中，心理學在某種程度上幾乎成為消極心理學或病理或變態心理學的代名詞。心理學研究的焦點和興趣過分集中在人類心理疾病的診斷與治療上，忽視與漠視個人的積極品質、自我實現以及社會的發展，導致了現代心理學知識體系的「巨大空檔」以及「心理科學的貧困」。

　　積極心理學有三個明確的研究領域。在主觀層面上，研究個體積極的主觀體驗：如幸福感、滿足感、希望和樂觀主義，包括它們的生理機制以及獲得的途徑。在個人層面上，研究積極的個人特質：如愛的能力、工作的能力、勇氣、人際交往技巧、對美的感受力、毅力、寬容、創造性、靈性、天賦和智慧。在群體層面上，研究公民美德：如公民的責任感、利他主義、寬容、有職業道德、健康的家庭、關係良好的社區、有效能的學校、有社會責任感的媒體等。

　　如今，積極心理學方興未艾，蓬勃發展，成為心理學研究的一個新的重要分支。但也不得不承認，積極心理學還沒有完全成熟，還需要進一步的深入研究。

復習鞏固

1. 什麼是青年的積極情緒？積極情緒對青年的發展有何作用？
2. 青年的積極情緒表現在哪些方面？有何特點？

第四節　青年的消極情緒

青年雖然有很多積極的情緒支撐著他們的生活與發展，但仍然普遍存在著一些消極的情緒。這些消極情緒勢必對青年的成長造成阻礙，需要青年對此進行調節與控制。

▌一、消極情緒的含義

消極情緒（negative emotions）是發生在個體心情低落和陷於不愉快激活境況下的主觀體驗。也有人認為，消極情緒是個體在與環境或者重要事件的互動過程中，由於個體無法獲得某種需要滿足，致使環境或者重要事件對個體產生消極的影響，從而使個體產生不愉悅的主觀體驗。在本章中，青年的消極情緒是指由於內外因素的影響而產生的不利於青年學習、工作、生活的主觀感受。

▌二、青年常見的消極情緒

(一) 青年的焦慮

焦慮（anxiety）是一種個體預料到即將來臨的威脅而又對此無能為力、不能應付的痛苦反應和由此產生的一種消極情緒體驗。青年正處於學業、事業、戀愛的發展期，當他們預感到自己奮鬥的目標無法按期實現，或感到威脅的時候，就會產生焦慮的情緒反應。大量研究表明，青年的焦慮與他們的切身利益息息相關，主要是由考試、就業、戀愛等方面的問題引起的。方玉榮（2003）等人研究了大學生的考試焦慮，發現大學生中重度考試焦慮的比例為 21.02%，由此可見大學生的考試焦慮對他們的學習成績有較大影響。黃桂仙（2013）對大學生就業焦慮的研究發現，女生在就業時承受的焦慮水平高於男生，文科學生的就業焦慮水平高於理科學生，大三學生的就業焦慮水平高於其他年級的學生。羅文萍（2012）透過研究成渝兩地碩士研究生的戀愛焦慮發現，碩士研究生分別在戀愛缺乏、戀愛相處、父母認同等方面表現出不同程度的焦慮。其中男碩士研究生的戀愛焦慮水平高於女碩士研究生，年齡越大的碩士研究生由戀愛所引起的焦慮水平越高，二年級碩士生的戀愛焦慮水平高於一、三年級的碩士研究生。研究還發現，青年的焦慮在不同年齡組間有顯著差異，男生 17 歲組的焦慮水平最高，18 歲組開始出現下降趨勢，20 歲組的焦慮水平低；女生則 16 歲組的焦慮水平最高，17 歲組始呈下降趨勢，21 歲組的水平最低。

心理學的研究表明，適度的焦慮有助於喚起青年的高昂鬥志，使青年為完成任務、實現目標而精心準備、全力以赴；但過度的焦慮則往往會引發青年的緊張，

使其心慌意亂、膽怯、恐懼，影響其行為中正常能力的發揮。

擴展閱讀

如何應對考試焦慮

當青年面對各種考試情境的時候，往往會產生考試焦慮。如何應對考試焦慮呢？可以從下面幾點做法中得到啟示。

1. 充分準備、採取行動。很多具有考試焦慮的青年是因為沒有很好地複習考試內容，或考試的準備工作進行得太晚所致。因此，應對考試焦慮最直接的方法就是在考前做好充分複習和努力，把知識掌握牢固。

2. 學會放鬆、考前演練。放鬆是降低考試焦慮的有效方法。例如，在考前和老師談論有關問題，與朋友一起準備考試，或做考前演練，將考試過程從頭到尾想象一遍，把可能遇到的困難想到並預想該如何應對，這樣考試的焦慮程度就會降低。

3. 改變認知。考試焦慮的主要原因是擔心自己考不好。例如，考試焦慮的青年通常會想：「如果我考試失敗，所有朋友都會認為我是笨蛋。」需要改變這種缺乏自信、自我破壞的認知，重建新的積極認知，即「如果我充分準備，並能控制情緒，一定會通過這次考試。即使沒能通過考試，也不是世界末日，我的朋友仍然會喜歡我，並且我還有很多機會。」總之，善於應付考試的青年總是採取一種現實的態度，盡力而為，同時不抱幻想。

（二）青年的憂鬱

憂鬱（depression）是以心境低落為主的、自感無力應對外界壓力而產生的一種消極情緒，並常常伴隨著自卑、痛苦、羞愧、壓抑等情緒體驗。引發青年憂鬱的原因是多方面的，除遺傳因素外，還有青年的人格特徵、生活的負性事件、學業挫敗、人際關係的衝突、經濟困難、失戀、離婚、就業壓力、失去親人、失業、長期生理疾病困擾等因素。

憂鬱是青年中容易產生的消極情緒。吳弦（2008）的研究發現，青年不同程度的憂鬱檢出率較高，有憂鬱情緒的佔被調查人數的 38.5%。李彤（2008）對大學生憂鬱狀況的調查發現，大學生中的憂鬱發生率為 38.53%。女生的憂鬱發生率高於男生，一年級學生的憂鬱發生率高於其他年級學生，農村生源學生的憂鬱發生率高於城市生源學生。引起大學生憂鬱的原因是學習負擔重（90.1%）、生活習慣變化（82.7%）、遠離家人（80.4%）、考試失敗（80.1%）、好友糾紛（79.2%）。

還有的研究比較了男女大學生的憂鬱情況與人格特徵，發現男女大學生的憂

鬱狀況存在顯著差異，女生的憂鬱水平顯著高於男生。大學生人格的獨立性、社交性和進取能力對其憂鬱有重要的預測作用。獨立性、社交性、進取能力比較差的大學生，更容易產生憂鬱。顧菲菲等（2012）的研究發現，大學生憂鬱症狀的檢出率為 28%。其中輕度憂鬱檢出率為 21.1%，中度症狀檢出率為 6.2%，重度憂鬱症狀檢出率為 0.7%。大學生的憂鬱與自尊、心理控制源、社會支持之間呈顯著負相關。

憂鬱的青年常常表現為情緒低落、思維遲緩、鬱鬱寡歡、無精打采、悶悶不樂、喪失對生活的興趣和意義感，缺乏生機和活力，不願意參加集體和社交活動，並伴有食慾減退、頭痛、失眠等身體症狀。憂鬱會嚴重影響青年的心理健康，是導致青年自殺的主要因素之一。

（三）青年的憤怒

憤怒（indignation）是由於目的和願望不能達到或一再受到阻礙而產生的緊張、不愉快的情緒體驗。湯姆斯（Thomas, 1998）認為，憤怒是在一些特殊的刺激後表現出的強烈不滿或悲痛的情緒反應。Kasinove 和 Sukhodolsky(1995) 認為，憤怒是一種消極的內部情感狀態。

青年正值血氣方剛的人生階段，豪情萬丈，熱情奔放，情緒反應強烈。當他們遭遇他人的攻擊、羞辱、排斥、貶低，願望受到有意阻礙，行動受到挫折，尊嚴受到傷害時，就容易衝動，怒火中燒。陳翠、王平等（2012, 2011）調查了大學生的憤怒情緒，結果表明，男女大學生普遍存在憤怒狀態，即在特定情況下，男女大學生都會產生憤怒的情緒反應；大約有 18.67% 的大學生存在特質憤怒傾向，即把憤怒視為一種穩定的人格特質，這些大學生比一般大學生更容易生氣。研究還發現，大學生的憤怒是有個別差異的。高迎浩（2005）對大學生的憤怒情緒及人格特徵進行了相關研究，發現大學生的憤怒主要包括情緒體驗、情境認知、消極反應和積極反應幾方面。男大學生在對憤怒的情境認知、消極反應、積極反應方面明顯高於女大學生，來自農村的大學生在憤怒的情緒體驗、情境認知、消極反應方面明顯高於來自城市的大學生，大學生的憤怒情緒與其人格特徵之間有顯著的相關。孔魯亞（2013）對大學生憤怒情緒的研究也發現，男大學生、獨生子女大學生憤怒的表達和控制高於女大學生、非獨生子女大學生。憤怒對青年的身心健康會帶來消極的影響。青年在憤怒時，會頭暈目眩、失眠、血壓升高、內分泌失調、肝臟受損，從而引發各種疾病。同時，憤怒使青年失去理智，對人具有敵意，好鬥、好戰，甚至導致暴力犯罪，所以青年要學會控制自己的憤怒情緒。

(四) 青年的嫉妒

嫉妒 (jealousy) 是個體在與別人比較時，發現自己在才能、名譽、地位或境遇等方面不如別人時而產生的一種由羞愧、難受、怨恨、羨慕等組成的複雜情緒反應。嫉妒是人類的一種普遍情緒，大凡是人，或多或少都有一點嫉妒心。青年正處於努力向上拼搏與奮鬥的人生階段，在急於求成的心理壓力下，面對別人的成功或優勢，會不由自主地產生羨慕、焦慮、怨恨、自卑等情緒反應。嫉妒源於人類的競爭，有一定的積極意義。比如，有的青年嫉妒是出於不服氣與不甘落後，「你行我更行，我要超過你」，而奮發努力，力爭上游，就是積極的心理與行為。

嫉妒具有公開性和內隱性。公開性表現為對別人的成功或優勢不以為然、冷嘲熱諷、輕視、誹謗、貶低、詆毀、中傷；或對別人遭遇的挫折與困難不給予同情安慰，幸災樂禍，隔岸觀火。內隱性表現為暗中使壞，心懷不滿，但不表露出來。嫉妒心理太盛，必然會給青年帶來緊張的人際關係，導致其失去朋友、失去友誼，引起腸胃功能失調、頭疼、胸悶等身心症狀，使自己的心理失衡，甚至有的因為心理上陷入苦海不能自拔而違法犯罪。

青年的嫉妒表現在學業、戀愛、職場等方面。一般而言，學業成績優秀，能力強的大學生往往成為個別學生嫉妒的對象。因為這些大學生所具有的優勢直接與評比「三好學生」「優秀學生幹部」，獲取獎學金以及教師的賞識相聯繫。比如，有的大學生不承認或貶低同學的成績和進步，認為同學的成功不是靠勤奮和努力獲得，而是靠「投機取巧」「拍馬屁」或「運氣好」獲得。也有的青年看到別人比自己能幹、聰明、漂亮，擁有愛情、事業成功、家境比自己好，常常會酸溜溜地挖苦別人是「出風頭」「臭美」「顯富」等。中國武開蕾、歐陽文珍 (2011) 研究了大學生的嫉妒現狀，結果表明，大學生普遍存在嫉妒，男女大學生的嫉妒強度有極其顯著的差異，女生比男生有更強的嫉妒，農村大學生、獨生子女大學生的嫉妒水平顯著高於城市大學生和非獨生子女大學生。劉振中 (2011) 研究了大學生的愛情嫉妒，發現男大學生比女大學生更嫉妒那些擁有社會資源的競爭者，女大學生比男大學生更嫉妒那些外表有吸引力的競爭者。羅景莉、駱鵬程 (2006) 研究了經濟困難大學生的嫉妒，指出經濟困難學生出現嫉妒心理的概率要大於非經濟困難學生。他們由於經濟拮据，更為敏感、虛榮，怕別人知道自己的困難狀況，極力迴避，掩飾自己。一旦產生嫉妒心理，更容易用言語傷人，甚至出現偷竊等行為，給他人的經濟利益造成傷害還有人研究了中國員工的職場嫉妒心理，發現中國員工的職場嫉妒心理包含薪酬待遇、人際關係、發展前景等方面，25~30 歲之間的青年員工對發展前景的嫉妒較強，特別是 30~40 歲的青年員工在這方面的嫉妒最高。青年要正確認識嫉妒的兩重性，杜絕和消除不必要的嫉妒。

復習鞏固

1. 什麼是消極情緒？消極情緒對青年的發展有哪些不良的影響？
2. 分析青年常見的消極情緒的特點，以及如何對消極情緒進行調控？

第五節　青年情緒的管理

情緒對青年的一生具有重要的影響，是青年生活豐富性和生動性的重要內容。青年如何才能保持和維持積極的情緒，減少和消除消極的情緒，這就需要對情緒進行管理。

一、情緒管理的含義

什麼是情緒管理（emotion management）？不同的研究者往往有不同的看法。湯普森（Thompson, 1994）指出，情緒管理是一種適應社會現實的活動過程，它要求人們的情緒反應具有靈活性、應變性和適度性，以使人們能以有組織的、建設性的方式，迅速而有效地適應變化的社會情景。中國葛榮晉認為，情緒管理主要包含兩方面內容：一是瞭解自己的情緒、控制自己情緒的能力；二是理解別人的情緒、處理他人情緒的能力。師曙光把情緒管理定義為：情緒管理就是透過有效的方法，合理地控制自己的情緒，使自己總是處於一種積極的狀態。林艷（2011）認為，情緒管理是一個人對自己情緒的自我認知、自我控制、自我驅策能力和對他人情緒的識別與適度反應的能力。情緒管理的目的是促進個體更好地適應社會環境和實現自身的可持續發展。在本章中，情緒管理是青年遇到消極或不良情緒時，積極尋找有效的途徑或方法解決情緒不適，更好地適應社會生活的能力。

二、情緒管理的途徑

（一）正確對待挫折，保持積極的心態

挫折的普遍性是人類社會的特徵之一。「人之挫折十之八九。」隨著社會的發展，青年面臨的新情況、新問題越來越多，面對的挑戰也越來越大，青年不良情緒的發生便與遭遇的挫折有很大的關係。青年如何正確認識挫折，提高自己的挫折承受力？應該採取正確的應對方式來面對和解決挫折，因為挫折具有二重性：一方面，挫折具有砥礪作用，能使青年從中得到鍛鍊，形成頑強的意志品質，使其成為人生經歷中的一筆寶貴財富，促進青年健康成長；另一方面，挫折具有消極作用，能使青年心理失衡，產生焦慮、煩惱、痛苦等消極情緒反應，挫傷學習、工作、生活的積極性，甚至成為誘發心理障礙和心理危機的導火索，影響健康成長。為什麼有的青年在挫折中能夠跌跌撞撞堅持到最後而取得成功，而有的青年只能半路敗下陣來？這與青年的心態有很大關係。心態是對待事物的穩定態度和心理反應。心態會影響到青年的情緒與言行，影響青年的一生。積極的心態

是一種樂觀、自信、感恩和寬容的心智模式。保持積極的心態是取得人生勝利的法寶。具有積極心態的青年，面對挫折時，能夠看到挫折帶來的機遇，看到光明和希望，這對於激發青年的積極情緒，提高青年的自信心，重振旗鼓、迎難而上、勇往直前，發揮青年的潛力和智慧，努力找出解決問題的辦法具有推動作用。所以，青年要正確認識挫折，強化耐受挫折的心理準備，要能夠忍受挫折的磨難和打擊，在挫折面前不灰心、不動搖、頑強地與厄運抗爭，保持積極的心態，這既是青年良好社會適應能力的標誌，也是青年積極情緒發展的關鍵。

(二) 改變非理性認知，克服認知缺陷

心理學的研究表明，情緒是在認知的基礎上產生和發展起來的。由於青年的認知不同，對同一事物會持有不同的態度，產生不同的情緒反應。美國心理學家艾利斯 (A.Elis) 認為，人的情緒問題不是由於某一激發事件直接引起，而是由經受這一事件的個體對它的認知引起。例如，兩個大學生在用人單位實習時遭遇了同樣的事件———工作失誤造成了一定的經濟損失。在總結教訓時，甲認為吃一塹長一智，以後要小心謹慎，防止再犯錯誤，努力工作，把造成的損失彌補回來。由於甲有了正確的認知，所以沒有不適當的情緒反應。而乙則認為發生這種不光彩的事情，丟盡臉面，表明自己能力太差，怎好再見親朋好友。由於有這種錯誤的認知，便垂頭喪氣，振作不起，產生不適當的情緒反應。

艾利斯認為，認知可以分為理性和非理性兩種。理性認知是一種客觀、辯證的認知，它可以引導情緒走上正確軌道。非理性認知是一種片面、絕對、自我中心的認識，它給人帶來很大的情緒困擾。

非理性的認知有對自己的，也有對別人和周圍事物的。非理性認知的主要特點是：(1) 絕對化要求。指以自己的意願為出發點，對某一事物認為必定會發生或不會發生的觀念，通常與「必須」「應該」這類字眼聯繫在一起，如「我必須獲得成功」「別人必須很好對待我」「生活應該是非常公平的」，等等。有這種觀念的人容易陷入情緒困擾中，因為客觀事物的發生、發展都有其客觀規律，是不以個人的意志為轉移的；(2) 過分概括化。這是一種以偏概全、以一概十的不合理思維方式的表現。一方面，表現為對自己不合理的評價。做錯了一件事就認為自己一無是處，以某一件或幾件事來評價自己的整體價值，其結果往往導致自責自罪、自卑自棄，從而產生焦慮和憂鬱等情緒。另一方面，表現為對別人不合理的評價。別人稍有一點兒對不住自己就認為這個人壞透了，完全否定，一味責備，從而產生敵意和憤怒等情緒；(3) 糟糕至極。這是一種認為如果一件不好的事發生了，將是非常可怕、非常糟糕，甚至是一場災難的想法。例如，某大學生沒有考上研究生就覺得這輩子完蛋了，從而陷入自責、焦慮、悲觀、憂鬱等不良

情緒體驗中而難以自拔。

艾利斯認為，透過改變個體的非理性認知，可以解決其情緒問題。因此，青年在遇到情緒困擾時，要瞭解自己的非理性認知是什麼，分析這種非理性認知是否有道理，是否絕對化，是否犯了以偏概全或誇大縮小的錯誤。青年可以透過改變自己的非理性認知，來解決不良的情緒問題。

（三）克服性格缺陷，塑造良好的性格

性格是個體對現實的穩定態度和習慣化了的行為方式。性格在心理學中屬於個性心理特徵的範疇，反映了人的個性。不同性格的人，必然會在情緒表現上打下個體的烙印。例如，性格豁達開朗的人，看問題樂觀，一般小事不大放到心上，不會因此引起情緒上的波動；而性格狹隘憂愁的人，喜歡鑽牛角尖，斤斤計較，耿耿於懷，經常感到生活不能稱心如意，容易「鬧情緒」。因此，青年要培養自己的積極情緒，就必須塑造自己良好的性格。

心理學的研究表明，性格外向的人，大多豁達開朗，生活中遇到不順心的事，容易想得開，易於自我解脫，更能適應社會環境的變化，經受生活的挫折。性格內向的人，對生活中不順心的事，常常鬱悶糾纏於心，容易陷入焦慮、煩惱、痛苦、憂鬱等不良情緒中而不能自拔。因此，當青年情緒不良時，要分析是否與自己的性格有關，要注意克服心胸狹隘、多愁善感、脾氣暴躁等性格缺陷，擁有樂觀、開朗、豁達的胸懷，遇到不愉快和不順心的事，不能鬱積於心，要及時向家人、教師、朋友傾訴，獲得他們的幫助和支持，減少不良消極情緒的影響。

三、情緒管理的方法

如何對情緒進行管理？心理學研究提出了許多方法，在這裡闡述一些主要方法。

（一）轉移法

當青年感到消極情緒襲來時，可以透過有意識的轉移話題，或做自己喜歡做的事情來轉移自己的注意力。例如，打球、跑步、練瑜伽，痛快淋灕地運動一場，吃一頓美餐，看一場精彩的電影，強迫自己不發脾氣，專心於學習與工作，拼命乾活，等等。這樣，不良的情緒就會慢慢減少，心情就會逐漸平靜下來。

（二）宣洩法

青年在生活中難免會產生各種不良情緒，這些不良情緒需要及時宣洩才能維持健康的身心狀態。宣洩有直接和間接兩種方式。直接宣洩即針對引發不良情緒

的對象表達自己的情緒，開誠布公地交換意見，闡述自己的看法，解開疙瘩，消除誤會。當直接宣洩於己於人都不利時，可以使用間接宣洩，使自己的不良情緒得到排解。例如，向有關組織或主管、教師反映情況，向家人、朋友傾訴，接受他們的幫助和勸慰。青年要注意宣洩的對象、時間、地點、場合，不能隨便大發雷霆，胡作非為，要避免給社會、他人帶來破壞或傷害。

（三）讀書法

書籍是人類進步的階梯，是青年的精神食糧。當青年產生不愉快的情緒時，不妨透過讀書來開闊自己的視野，陶冶自己的情操，啟迪自己的人生。例如，透過閱讀哲學、心理學、社會學、文學、名人傳記、勵志、提高修養等方面的書籍，能使青年認識到人生的艱難困苦和人類的奮發圖強以及不怕困難與挫折、奮勇前進的精神。書籍是青年的良師益友。透過讀書，青年不僅可以獲得知識與智慧，變得更加聰明，而且可以發現自己的不足，不斷改正錯誤，改變自己的不良情緒，使自己堅強自信起來，勇敢地面對困難，獲得進步的方向和力量。

（四）音樂調節法

青年普遍喜愛音樂，殊不知音樂作為一種藝術和娛樂，不僅可以陶冶情操、啟發靈感，還可以改變人的情緒。研究表明，音樂能調節人的神經系統的活動，使人體分泌一些有益於健康的激素，有效消除疲勞，改善身心狀況。例如，節奏明快的音樂，具有興奮作用，能使人心跳加快，情感振奮；節奏緩慢的音樂，具有鎮靜、降壓、安定情感的作用；優美的音樂，能使人產生快樂、恬靜的情緒。

不同的音樂對情緒有不同的影響作用。當青年遭受挫折、垂頭喪氣時，可以聽一聽貝多芬的《命運》，從悲嘆中振作起來，繼續勇敢地面對生活中的風雨；當被繁忙的工作和生活的瑣碎折騰得疲憊不堪時，可以聽一聽《春江花月夜》《高山流水》《漁舟唱晚》，在天籟之音中得到舒展和放鬆。

此外，音樂還可以作為情緒轉換的橋梁。青年可以先聽一段與當時情緒一致的音樂，然後再轉化成其他有益於改善心情的音樂。例如，生氣時先聽聽搖滾樂，在強勁的節奏中使情緒得到宣洩，爾後再轉換成情緒正常時愛聽的音樂，並由低沈向歡快過渡，實現音樂調節情緒的目的。

（五）顏色調節法

顏色因為具有不同的色調、明度和飽和度，會讓人產生不同的感受，也會對人的心理產生不同的影響。如紅色代表熱情和活力，能引發人的慾望，激起人的興奮；綠色代表著和平和友誼，給人以安靜、溫和之感；藍色代表著開闊和深沈，

給人以舒適、安慰之感；黃色代表著快樂和明淨，給人以溫暖和舒適的之感；白色代表聖潔和天真，給人以高雅、純真之感等。因此，青年可以利用顏色來調節自己的情緒。例如，消除煩躁和憤怒的情緒應避免紅色；化解沮喪的情緒應避免黑色或深藍色，而應選擇令人心情愉快亮麗的暖色；減輕焦慮和緊張的情緒應選擇具有緩解及鎮定作用的清淡顏色，如綠色、淺藍色等。青年還可以透過變換家居、服裝的顏色，來改變自己的情緒狀態。

上述情緒管理的方法，各有千秋，青年要根據自己情緒的實際情況來選擇恰當的情緒管理方法。

復習鞏固

> 1. 什麼是情緒管理？情緒管理的途徑主要有哪些？
> 2. 情緒管理的方法主要有哪些？你還有其他的情緒管理方法嗎？

要點小結

1. 情緒是與人的生物和社會需要相聯繫，具有特定主觀體驗、外顯表情和生理變化的心理活動的整體過程。情緒通常包括刺激情境、主觀體驗、認知或解釋、生理反應、表情、動作反應傾向等六個主要心理成分。

2. 情緒狀態是指在某種事件或情境的影響下，在一定時間內所產生的一定情緒狀況。根據情緒持續的時間、發生的強度，情緒狀態可分為心境、激情和緊迫。

3. 情緒對青年的心理影響主要表現在認知、人際關係、心理健康等方面。

4. 青年情緒的特點主要包括：情緒體驗細膩而豐富、衝動性與不穩定性、兩極性與波動性、開放性與掩飾性。

5. 青年常見的積極情緒主要包括：快樂、興趣、渴望、幸福感。青年常見的消極情緒主要包括：焦慮、憂鬱、憤怒、嫉妒。

6. 青年的情緒管理是指青年遇到消極或不良情緒時，積極尋找有效的途徑或方法解決情緒不適，更好地適應社會生活的能力。

7. 青年情緒管理的途徑主要有：正確對待挫折，保持積極心態、改變非理性認知，克服認知缺陷和性格缺陷，塑造良好性格。

8. 青年情緒管理的方法主要包括：轉移法、宣洩法、讀書法、音樂調節法、顏色調節法。

關鍵術語

情緒	emotion
積極情緒	positive emotions
幸福感	well-being
消極情緒	negative emotions
情緒管理	emotion management

復習題

一、單項選擇題

1. 情緒通常包括六種心理成分，下列哪一項不屬於這六種心理成分（　）。

　A. 生理反應　　B. 表情　　C. 刺激情境　　D. 宣洩

2. （　）是一種強烈、爆發性、短暫的情緒狀態。

　A. 心境　　B. 激情　　C. 緊迫　　D. 心情

3. 下列哪一項不屬於青年主要的積極情緒（　）。

　A. 平和　　B. 渴望　　C. 快樂　　D. 興趣

4. 下列哪一項不屬於青年情緒的主要特點（　）。

　A. 不穩定性　　B. 持久性　　C. 衝動性　　D. 掩飾性

5. （　）是一種個體預料到即將來臨的威脅而又對此無能為力、不能應付的痛苦反應和由此產生的一種消極情緒體驗。

　A. 憤怒　　B. 憂鬱　　C. 痛苦　　D. 焦慮

二、多項選擇題

1. 情緒狀態是指在某種事件或情境的影響下，在一定時間內所產生的一定情緒狀況，最典型的情緒狀態有哪些（　）。

　A. 心境　　B. 激情　　C. 緊迫　　D. 心情

2. 心境具有（　）的特點，是一種比較平靜、持久、微弱地影響人的整個精神活動的情緒狀態。

　A. 深刻性　　B. 彌散性　　C. 持久性　　D. 廣泛性

3. 情緒會在哪些方面對青年產生較大的心理影響（　）。

　A. 認知　　B. 生理　　C. 心理健康　　D. 人際關係

4. 下列哪些情緒是青年常見的消極情緒（　）。

A. 憤怒　　B. 自卑　　C. 憂鬱　　D. 焦慮

5. 下列哪些屬於青年情緒管理的主要方法（　）。

A. 音樂調節法　　B. 宣洩法　　C. 轉移法　　D. 讀書法

三、判斷題

1. 中國《禮記》中提出了喜、怒、哀、樂、懼、愛、惡和欲等是人類的基本情緒。（　）

2. 消極情緒給人帶來的都是壞處，健康的青年不應該產生消極情緒。（　）

3. 抑鬱是以心境低落為主的、自感無力應對外界壓力而產生的一種消極情緒，並常常伴隨著自卑、痛苦、羞愧、壓抑等情緒體驗。（　）

4. 渴望是人們需要的一種表現方式，人們的渴望往往與他們的直接或間接需要有關。（　）

5. 青年在情緒管理中應該做到積極面對挫折、努力改變不良認知以及勇於克服自己的性格缺陷。（　）

第五章　青年的自我意識與完善

本章你要學習什麼？

青年期是自我的第二次誕生，是一個「疾風怒濤」的時期，這個時候青年面臨對人生重大課題的審視和抉擇，處於人生的轉折期、關鍵期。青年期自我意識的發展與完善對青年正確處理和應對青年期危機，探索和確立自我同一性，促進自身走向獨立與成熟至關重要。本章將學習青年自我意識的含義、結構及發展，對青年自我意識的矛盾與成因進行分析，探討自我意識完善的方法與途徑。希望透過對本章的學習，能夠使青年掌握自我意識完善的方法與途徑，形成健康的自我意識。

第一節　概述

自我意識是意識發展的高級階段，被視作人與動物的心理分界線，在個體發展的青年階段基本形成。自我意識對青年的心理發展有著重要的意義。

一、自我意識的含義

關於自我意識(self-consciousnes)，心理學界有許多不同的觀點。精神分析心理學家弗洛伊德(Sigmund Freud)認為自我是個體心理能量的總體，以本能為基礎，對個體的行為有支配作用。美國心理學家詹姆斯(Wiliam James)認為自我意識分為主我和客我兩部分。

1960年代中期以來，中國開始涉獵對自我意識方面的研究。中國心理學教授張增傑(1986)認為：自我意識是一個人對他自己的心理過程與結果、心理內容與特點的反映。中國著名心理學家朱智賢、林崇德(1986)提出，自我意識即關於主體的自我意識，特別是人我關係的意識。心理學家沙蓮香(1987)認為，自我意識是個體所有心理反應相互聯繫、相互統一的綜合體。

從目前來看，心理學界對自我意識含義的探討可以歸納為四種：一是自我意識等於自我；二是自我意識是對自我的意識；三是自我意識是個體對自己所有心理過程的綜合意識；四是自我意識是個體對自己與他人關係的意識。

概括來講，自我意識是個體對自我、周圍世界，以及自我與周圍世界關係的意識反映。

二、自我意識發展的理論

自我意識的心理學理論有很多，較為經典的主要有以下幾種。

(一) 詹姆斯的自我論

美國著名心理學家詹姆斯在其著作《心理學原理》和《徹底的經驗主義》中首次提出了自我的概念，並進行了論述，認為自我是個體所擁有的一切的總和，可以被看作是思想的客體或主體。前者稱為經驗自我("me", the empirical self or objective person)，後者稱作純粹自我("I", the pure ego or subjective knowing thought)。

詹姆斯認為，對自我清晰的覺知是構成人類意識的主要部分。每一個個體都能夠意識到自己獨立的同一性，把某些事物看作是「我」和「我的」，與之緊密

相連的情感和行為就是經驗自我,又稱客我。經驗自我包含物質自我、社會自我和精神自我三個部分。物質自我指個體的身體、衣服、財物、家人、家庭等。社會自我涉及」我是誰」「我面對生活中的不同人應該如何行為」,是一種社會心理預期。精神自我指個體內心主觀的存在。經驗自我包含了所有個體認為是「我」或屬於「我的」一切。

純粹自我又稱主我,根植於個體經驗,但個體對此難以描述和意識,獨立於經驗,是先在的或以直覺為基礎的。純粹自我不僅是經驗自我的觀察者、參與者,也是個體所有行為的發起者。純粹自我就是傳統形而上學中的心靈(soul),不屬於物質的範疇,無法成為科學的研究對象。詹姆斯認為純粹自我是「自我最令人困惑不解的一面」。

(二)哈特曼的自我心理學

奧地利心理學家哈特曼(N.H.Hartman)致力於自我心理學研究,於1869年出版了著作《自我心理學與適應問題》。該書被認為可以與弗洛伊德的《自我與適應問題》相媲美,是自我心理學發展史上的第二個里程碑,對近代自我心理學的建立和發展影響重大。哈特曼因此被稱為「自我心理學之父」。

哈特曼認為個體的自我發展並非必須在本我和超我的衝突與防禦中發展,個體諸如知覺、記憶、語言等方面的發展存在自主性的成熟和學習過程,並沒有衝突。哈特曼認為無衝突的自我領域是存在的。關於自我的起源,他認為,本我與自我均來自於遺傳,是從未分化的基質中分化出來的,同時存在並相互獨立。自我存在自主性的發展,知覺、思維、運動等先天的沒有衝突的自我機能被稱為初級自主性;與本我存在衝突和防禦作用的自我適應機能被稱為次級自主性。例如,個體用於防禦、壓抑或解決衝突的理智作用,就屬於自我的次級自主性發展。

哈特曼汲取了達爾文的進化論理論,強調個體和人類對環境都具有主動的適應機制。這一機制也就是能量的中性化過程。個體可以持續對本能進行控制和轉化,實現本能的非性慾化和非攻擊化。

(三)埃里克森的自我同一性理論

愛利克‧埃里克森(Erik H Erikson)是美國神經病學家,著名的發展心理學家和精神分析學家。

埃里克森的自我同一性理論強調自我與社會環境的相互作用,認為自我包含生物、心理和社會三個方面。自我能把人的內心生活和社會任務統一起來,在適應社會的過程中,自主地在衝突和應對中發展。

埃里克森提出了個體一生的發展需要經歷和面對的八個關鍵階段的危機(crisis)。他所使用的「危機」一詞並非全部都是否定意義。對於自我來講，危機既是一種挑戰和威脅，也是個體成長和完善的機遇。在每一個階段，個體都需要面對新的挑戰，處理好生物力量與社會文化力量的衝突矛盾。

埃里克森認為，13~19歲的青少年面臨的是同一感與同一感混亂的挑戰，其社會心理危機是自我認同和角色混淆(identity vs. role confusion)問題。這個時期的青少年對自己如何適應社會、如何發展自我，感到困惑不安。為了尋求建立一種獨立的自我感覺，青少年會嘗試不同的角色、活動和行為，需要建立發展自我的認同感，尋求獨立性，逐步建立對自我的感知。這些對於青少年建立堅定的同一性和生命的方向感非常重要。20~39歲青年的社會心理危機主要為親密對孤獨(intimacy vs. isolation)，面臨的主要衝突集中在與他人形成親密、愛戀的關係。青年自我感覺的形成對於能否建立親密關係必不可少。未能建立正確自我感覺的青年更有可能遇到孤獨和憂鬱症等問題。埃里克森認為，青年非常有必要建立與他人的親密關係，這是青年適應社會、健康成長與生活的基礎。埃里克森對青少年及青年時期心理危機的描述與他們的社會生活實際相聯繫，富有現實意義。

■三、自我意識的結構

自我意識是一種多維度、多層次的心理系統。對其結構，心理學界有幾種不同的觀點，主要有以下幾種。

(一) 弗洛伊德的自我結構觀

奧地利著名心理學家弗洛伊德將自我劃分為本我、自我、超我。本我，屬於潛意識範疇，即是個體的本能存在，具有生物性和強大的非理性心理能量，是天然、自然之我。本我，以追求快樂為原則，追求慾望的滿足，避免痛苦。

自我，屬於意識的範疇，是個體與周圍世界的媒介，具備理性的心理能量，對本我與超我進行協調，以現實為原則。

超我，是泛道德、倫理角度的「我」，代表著社會規範的個體的良心，以道德規範為行為準則，指導自我，約束本我。超我追求完美，在現實允許範圍之內的。

本我、自我、超我共同構成個體的自我意識。本我和超我是相互對立的，前者源自個體的慾望，想要獲得絕對的快樂和自由；而後者則源自社會的需求，體現絕對的道德規範。自我反映了個體對周圍世界的主動性與適應性，是對兩者的協調。

(二) 自我發展三階段論

中國心理學家在總結梳理國內外研究的基礎上，從自我意識的內容角度和發展角度，提出自我意識的發展要經歷生理自我、社會自我、心理自我三個階段。生理自我是個體對自己的身高、體重、相貌等身體的意識；社會自我是個體對自己在社會關係中的地位、權利、身份等的社會角色意識；心理自我是個體對自己的性格、能力、情緒等的心理意識。

生理自我、社會自我與心理自我是彼此聯繫、連續發展形成的。個體先是透過自己的身體感知自己的存在，對身體的屬性形成清晰的認知而形成生理自我；隨著個體的成長，在與他人的交往過程之中，根據交往反饋的資訊，逐漸形成對社會自我和心理自我的認知。

(三) 知、情、意三層次論

從知、情、意三個層次來看，可以將自我意識劃分為自我認識、自我體驗和自我調控。三個層次的統整構成個體完整的自我意識。

1. 自我認識

自我認識 (self-knowledge) 是個體透過觀察自己，並進行分析綜合，認識到自己的本質特點，形成對自己各個方面的價值判斷。自我認識包括自我觀察、自我分析、自我評價等方面。個體只有形成正確的自我認識，才能將自己的心理、行為與社會協調起來，否則就會自卑或盲目自大，對個體的健康發展起到負面作用。

個體的自我認識是一個複雜的心理過程，既有對自己縱向的比較和審視，也有與他人進行的橫向比較；既會受到他人評價反饋的影響，也會受到自身需要、動機等心理因素的影響。

2. 自我體驗

自我體驗 (self-experience) 是自我意識中的情感成分，是個體根據主我與客我之間的關係，對自己持有的情感體驗。個體的自我體驗是以自我認識為基礎的。個體對自我進行觀察、分析，並結合社會價值規範進行自我評價。根據自我評價的結果，個體會產生自尊、自信、自卑、自責等自我情感體驗。自尊感對於個體的發展十分重要。個體只有具備自尊與自信，才會產生積極的自我肯定，激勵自己更加努力進取。

3. 自我調控

自我調控 (self-regulation) 是個體自我意識中的意志成分，體現為主我對客我

的調控。個體會對自己的行為進行自我檢查、監督，並進行控制，主動掌握自身的心理與行為，調整自己的動機和行動，以符合社會規範要求。

四、自我意識對青年的意義

1. 是青年正確認識自我和周圍世界的基礎

青年自我意識的產生，使得青年能夠區分自我與周圍世界的關係，把自我和周圍世界作為認知評價的客體，這是青年社會化的重要組成部分。透過自我意識，青年可以逐漸豐富和完善對自我和周圍世界的認知與評價，形成對自我與周圍世界的關係的正確認識。

2. 對青年的心理發展具有推動作用

自我意識能促使青年客觀地審視和反省自己，認識周圍世界，並能針對自我與周圍世界關係的變化，不斷調整自我，使青年在前期自我的基礎上不斷發展和完善自我，促進心理不斷發展，實現自己的奮鬥目標。

擴展閱讀

如何研究青年的自我意識

如何研究青年的自我意識，心理學家創造了許多方法，這些方法主要有下面幾種。

1. 量表法。比較著名的是田納西自我概念量表（Tennessee Self-Concept Scale, TSCS），該量表由菲茨（Fitts, 1965）編制，共包含了100多個描述自我意識各維度的自陳專案，涉及兩大方面：一是在內容上，把自我意識分為生理自我、道德自我、倫理自我、心理自我、家庭自我和社會自我等方面；二是在結構上，把自我意識分為自我認同、自我滿意、自我行動等方面。例如，「我的身體健康」「我喜歡經常保持儀錶整潔大方」「我舉止端正，行為規矩」。要求被試就每個專案與自己的符合程度作出回答，然後研究者對被試的回答進行統計分析。

2. 形容詞檢測表法。該方法是給被試提供一張描述個性特徵的形容詞表，如聰明、能幹、大方、自信、衝動等詞彙，由被試從形容詞表中選出最適合自己的詞彙，然後研究者對此進行統計分析，以發現被試的自我意識的特點。

3.20問法。這是一種說明被試認識自我的方法。第一步，要求被試用20句話填寫「我是××」的句子。例如，「我是性格開朗的人，我是自尊心很強的人」。第二步，分析被試答案的數量與品質，以及答案內容的表現方式。如果被試寫出的答案少於7個，可能是過分壓抑自己。被試的答案有兩種情況：一是符合事實的，

如我是 20 歲的大學生；二是主觀解釋，如「我是自尊心很強的人」。如果被試在答案中，既談到了自己的優點，又談到自己的缺點，說明被試看問題比較客觀和全面，反之則比較片面。

復習鞏固

1. 自我意識的含義是什麼？自我意識對青年的意義是什麼？
2. 佛洛德的自我結構觀包括哪些內容？
3. 自我意識的知、情、意三層次論的要點是什麼？

第二節　青年自我意識的發展

自我意識並不是與生俱來的。嬰兒在生命的早期階段，處於物我不分的狀態中，並沒有自我意識。個體自我意識的發展大約是從三歲到青春期，逐漸從關注自我轉向關注周圍世界，不斷進行探索。

一、青年自我意識形成的來源

(一) 內省

內省可以使青年對自己有清晰的瞭解。這一方法在中國古代就已經存在。孔子在《論語・里仁》中講：「見賢思齊焉，見不賢而內自省也。」曾子也曾說：「吾日三省吾身。」青年透過內省會把自己作為觀察對象，在內心省察自己過去和現在的心理行為，進行觀察和分析，從而調整自我認識。

(二) 社會比較

美國社會心理學家利昂・費斯廷格 (Leon Festinger) 在研究人類的欲求問題時，提出了社會比較理論 (social comparison theory)。該理論認為，個體會把他人作為參考標準，將自己與他人進行比較，從而得出自我評價，成為自我完善的基礎。

根據這個理論，青年在人際交往中，會選擇與自己類似的他人作為比較的對象，從而確認自己與他人類似的屬性；也會選擇與自己不同的他人進行比較，從而發現自己與他人的差異。青年透過社會比較，才能確認自己在群體或社會中的位置，對自己的價值和能力做出較為正確的評價。

(三) 他人的資訊反饋

青年自我意識的形成過程，如同一個對鏡自照的過程。美國社會學家和社會心理學家庫利 (Charles Horton Cooley) 提出了「鏡像自我」(looking-glasself, 1902) 這一術語。他認為，自我是個體與他人面對面互動的產物，他人是自己的一面鏡子，青年可以從中得到他人對自己的評價、態度，並以此為基礎，瞭解和認識自己，形成相應的自我意識。

他人的資訊反饋，有時候是清晰直接的，有時候是模糊間接的。後者被稱為反射性評價。但無論哪類資訊反饋，對青年的激勵性評價會對青年形成一種推動發展的動力，對青年的否定性評價則使青年產生悲觀、憂鬱的感受，引發「習得性無助」的心理障礙，使青年對環境失去控制的信念，放棄自身的努力。

二、青年自我意識發展的特點

(一) 自我認識有較大提高

青年的生活空間和視野與少年相比得到了較大的拓展，且好奇心重、求知慾強。他們關注的不再是「小孩子」的問題，而是一些有深度的「成人」和社會問題，思考自己對社會、家庭的責任和義務，以及自己的發展前途和社會角色，更加積極主動地進行自我認識，使自我認識的廣度和深度都得到了很大提高。張進輔 (2002) 認為青年的自我認識具有廣泛性、獨立性、穩定性、適當性、矛盾性、深刻性等特點。賴文龍 (2009) 調查發現，道德自我和積極的個性自我意識是大學生自我意識的主流。隨著青年生活空間的不斷擴大，知識經驗越來越豐富，他們對自己的評價變得更加全面和客觀。

(二) 自我體驗矛盾而豐富

青年的自我體驗豐富多樣，甚至是矛盾、分化的。他們往往是自尊與自卑、高興與憂愁共存。青年對自己的洞察力和反思力比較活躍，因而自我體驗比較敏感，呈現出波動性、極端化的特點。羅崢等 (2012) 的調查發現，消極事件對大學生的積極情緒有顯著的負向預測作用，對消極情緒有顯著的正向預測作用。青年可能會因一時的成功，興高采烈、雄心勃勃；也可能因一時的挫折，悲觀失望、心灰意冷。張麗華 (2008) 的研究發現，大學生的自尊隨著年級的增長呈穩定發展趨勢。其中在重要感、勝任感、歸屬感維度上，大學生的年級差異顯著。這表明，大學生的自我體驗日漸全面和深刻。

(三) 自我調控能力增強

青年不再以自我為中心，開始將自己置於社會大環境中，並且認識到衝動並不能解決問題，其自我調控能力逐漸增強，盲目性和衝動性逐漸減少。青年充滿激情，成就動機較為強烈，開始進行具有理想色彩的人生規劃，並按照規劃對自己的發展不斷努力，進行調節和控制。

(四) 自我意識有待成熟與完善

青年的生理發育成熟，但心理成熟和社會成熟卻相對滯後。雖然青年跨入了成人的行列，但屬於一種「准成人」狀態。辛佔香 (2005) 認為，大學生自我意識的發展過多地關注自己，矛盾性比較突出，自我認識趨於客觀，但認識上仍有偏差；自我控制、自我教育能力有較大提高，但仍有明顯不足等特點。呂凱 (2010) 的調查發現，大學生能力的自我評價受到外部活動特點及其結果的重要影響，尚

不穩定。因為大部分青年還在大學求學，沒有進入社會工作，社會給予這些青年暫時合法地延緩承擔成人必須承擔的社會責任和義務。所以，青年沒有父輩那樣老練和穩重。

青年已脫離了父母與中小學教師貼身相伴的狀態，有獨立思考與行動的能力，需要他們去獨立面對生活的挑戰，解決各種問題。因此青年的自我意識既充滿自信，也充滿了自我懷疑；對踏入社會，承擔社會責任和義務，既充滿期待，也充滿猶豫。青年的自我意識需要經過多年的磨礪以後才能變得成熟與完善。

三、青年自我同一性的建立

自我同一性（self-identity）是個體關於自己是誰，在社會上應佔什麼樣的地位，將來準備成為什麼樣的人以及怎樣努力成為理想中的人等一系列的認知及感覺。自我同一性所解決的是過去的我、現在的我、他人眼中的我，以及這些是不是同一個我的問題。它的確立是青年期最重要的發展課題，若青年的自我同一性不能建立，則會導致其社會角色的混亂，甚至人格分裂。

埃里克森提出了個體同一性發展的四種狀態：(1)同一性獲得（identity achievement），指個體在涉及自己的理想、職業、人際關係等一系列問題上能夠認真思考，有比較確定和積極的想法，說明個體能較好地解決自我發展中的危機問題，具有良好的自我調節和社會適應能力；(2)同一性混亂（identitydifusion），指個體在尋找自我的過程中，對理想、職業、人際關係等一系列問題缺乏認真思考，沒有找到發展的方向和目標，說明個體的心智還不成熟；(3)同一性排斥（identityforeclosure），指個體在自我探索過程中缺乏自主性，對自己的前途、理想、職業等的選擇往往依賴於父母或其他人，缺乏獨立思考；(4)同一性延緩（identitymoratorium），指個體在理想、職業等選擇上，還沒有建立自己穩定的看法，還處於不斷地嘗試、探索的過程中。

自我同一性是青年期社會性發展的主要任務。青年初期的自我意識還不穩定，對他人關於自己的看法和評價非常敏感。隨著人生經驗的積累，青年需要對自我意識不斷進行修正。王樹青（2010）等的調查發現，大三學生比大一、大二表現出更高水平的同一性獲得；大學生的自我同一性獲得狀態可正向預測自尊，負向預測焦慮、憂鬱。王樹青等（2007）採用問卷法對594名大學生進行了調查，結果發現，大學生自我同一性延緩狀態佔67.5%，自我同一性的獲得狀態、早閉狀態、擴散狀態各佔10%左右。凌輝等（2010）調查發現，大學生的自我同一性狀態與父母教養方式密切相關，父母的關愛、鼓勵自主有利於子女的同一性獲得。

自我同一性的建立需要經過分化和整合的過程。青年會將自我分為不同的「我」，最基本的劃分為主我和客我。在將兩者整合的過程中，青年會進行反復的取捨，既有接納，也有排斥，最終形成穩定的自我意識。同一性的形成標誌著青年期的結束和成年期的開始。

(一) 自我同一性的發展狀態

　　詹姆斯·E. 馬西亞 (James E.Marcia) 是美國著名的臨床和發展心理學家，他對埃里克森的自我同一性理論進行了發展。馬西亞就個體如何發展自己的信仰、愛好等，訪談了許多被試。他認為自我同一性的建立主要以個體的職業身份 (ocupation) 和意識形態 (ideology) 為基礎。前者指個體在社會中的角色，包括工作角色、家庭角色等；後者指個體對宗教、政治等的基本信念。

　　根據訪談結果，馬西亞 (1966) 提出了四種自我同一性狀態，或者說是個體自我同一性發展可能要經歷的不同階段：

　　第一階段，自我同一性擴散期 (identity difusion)。該階段個體對自己是誰，自己想要什麼根本不瞭解，沒有堅定的觀點、願望或夢想，缺乏探索和承諾，經常感到孤獨，對世界有恐懼感。

　　第二階段，自我同一性閉鎖期 (identity for eclosure)。個體已經具有明確的信念和未來發展方向，但並不是經過批判性反思建立的，而是父母、教師等他人灌輸給個體，替其做出的選擇。

　　第三階段，自我同一性中止期 (identity moratorium)。中止期可以看作是與閉鎖期相對立的。閉鎖期是個體有明確信念，但從未真正思考過這些信念。中止期是個體持續進行探索嘗試，卻沒有形成明確的信念，沒有找到自己真正感興趣的發現。

　　第四階段，自我同一性達成期 (identity achievement)。個體已經探索嘗試了許多可能的信念的自我，發現了自我的獨特性，在自我、本我、超我，自我評價與他人評價的互動中獲得了對立統一的整體感，而且有了明晰的信念和未來發展方向，感受到自信、快樂和安全。該階段個體對自己是接納的，不再依賴於他人的贊同和肯定。

　　馬西亞認為，每一個體都要達到自我同一性達成期，建立自我同一性。否則，就會造成同一性混亂，甚至出現同一性擴散症候群。

（二）自我同一性擴散症候群

自我同一性擴散指個人在尋找自我的過程中，經歷了一段較長時期卻仍未形成一種強烈的、清晰的同一感。國外學者認為，同一性擴散的青少年常常無法發現自我，一直使自己處於一種散漫的、無所依附的狀態，有的甚至會出現同一性擴散症候群。日本著名精神分析學家小此木啟吾（Okonogi Keigo）指出，同一性擴散症候群有以下特點：(1)同一性意識過剩，陷入偏執於思考「我是什麼人」「我該怎麼做」的憂慮中而不能自拔，處於高度焦慮之中；(2)選擇的回避和麻木狀態，無法確定或限定自我是什麼，只能回避選擇和決斷，陷入一種麻痺狀態；(3)與他人的距離失調，無法保持適宜的人際距離，或拒絕與他人來往，或被他人孤立；(4)時間前景的擴散，不相信機遇、不期待對將來的展望，陷入一種無能為力的狀態；(5)勤奮感崩潰，無法集中於工作和學習；(6)否定的同一性選擇，參加非社會所承認的集團，接受被社會否定、排斥的生活方式和價值觀等。

李俊良、王建中（2009）認為自我同一性擴散是當代大學生心理問題的重要原因之一。當代大學生自我同一性擴散的表現主要有缺乏自我認知，沒有形成統一和連貫的自我意識；缺乏對環境和社會的認識，價值判斷混亂；缺乏解決各種矛盾和適應環境的能力等。羅賢、何特（2014）的調查發現，同一性擴散狀態對大學生的主觀幸福感有較大的負向影響。

日本小此木啟吾（Okonogi Keigo, 1977）在對日本社會現狀進行分析時，提出了延緩人群（Moratoriumu Ningen）的概念。在埃里克森的概念中，心理延緩期指青年人因為培訓或學習從而暫不承擔社會責任義務的時期。小此木啟吾認為，在日本社會中，延緩期人群已成為一種非常普遍的社會角色，傾向於非隸屬性關係（non-afiliation），排斥公民社會和拒絕履行社會中成人應該承擔的角色義務，產生幼兒化效應，如宅男宅女。延緩期人群將人際關係極度簡化，減少與外界社會的直接接觸，相對獨立地生活，導致出現自我同一性擴散症候群（identity difusion syndrome）和自我真空狀態（ego vacuum）。最後，個體與社會脫節，只能生活在自我解離（self-disociation）的超現實虛幻狀態中，逐漸產生自我懷疑感、無力感和孤立感，最終產生自我放任和放棄。

自我同一性的建立是青年一生中的重要課題，無法建立自我同一性則意味著青年自我意識的不完善或分裂，不能成為一個健康的社會化個體。

復習鞏固

1. 青年自我意識發展的特點是什麼？
2. 青年自我意識形成的來源是什麼？

3. 青年自我同一性的發展有哪些不同的觀點？

第二節　青年自我意識的發展

第三節　青年自我意識的矛盾與成因

青年開始從更多地關注外部世界轉向更多地關注自己的內心世界和在別人心目中的形象，自我反思增多，意識到了自我的許多細節，但青年的自我意識還不能統一，因此是不穩定和矛盾的。

一、青年自我意識的矛盾

青年自我意識的矛盾表現在許多方面，主要有以下幾點。

(一) 自我認識的矛盾

青年對自我認識的矛盾主要體現在主我與客我、理想我與現實我兩方面。主我是青年真實的自我，客我是青年自己和他人評價中的自我。理想我是青年追求實現的理想中的完美自我，現實我則是青年實際的自我。青年對自我往往有較高的估計和評價，具有激情和理想，成就動機較為強烈。但社會並沒有給予青年特別的關照和優待，這使得青年感覺到一種失落和巨大的反差。熊戀等 (2010) 選取6 所中學和 3 所大學的學生進行研究發現，青少年自我概念的發展是不穩定和不平衡的，且自我概念隨年級增長波動幅度較大。就大學階段自我概念總分來看，大三得分最高，大四得分最低。大三到大四學生自我概念的波動說明瞭青年自我認識中理想我與現實我的矛盾。

(二) 自我體驗的矛盾

青年自我體驗的矛盾主要體現在自負與自卑兩方面。隨著青年身心的成熟，從聽從父母、教師這些重要他人安排的被動生活中，有了可以自己決策的機會。他們渴望承擔社會責任與義務，並按照社會規範的要求去學習或工作，關注人生真諦，尋找人生知己，得到他人的尊敬。由於青年與父輩之間的代溝，以及父輩教育觀念的相對滯後，使得青年有時看不起父輩一代，狂妄自大、盛氣凌人、自我陶醉、唯我獨尊。但在殘酷的社會現實面前，青年還不能完全獨立地應對複雜的社會環境，由此產生了對自己獨立面對社會生活的擔憂、猶疑和恐懼，懷疑自己的能力，進而自我否定，產生自卑感。研究發現，青年的自卑心理是基於社會比較而產生的一種暫時不如人的心理體驗。自卑成為青年進步的動力抑或是障礙，取決於青年的自我調適能力。韓丕國 (2014) 的調查發現，社會比較方式不同的大學生，自卑心理水平存在顯著差異，向上比較比向下比較更多的大學生容易體驗到更多的自卑心理。

(三) 自我調控的矛盾

青年自我調控的矛盾主要體現在理性與感性兩方面。青年隨著知識與生活閱歷的增加，遇到問題會考慮社會的現實性以及客觀條件的限制、自身的素質及條件等因素，但有時候對事物的變化表現出急促的反應，遇事不夠冷靜，容易衝動，感情用事，看問題偏激和表面化。

二、青年自我意識矛盾的成因

(一) 心理失衡

在青年期之前，個體面臨的發展任務相對比較簡單，主要任務是搞好學習，處理好與父母、教師的關係，掌握一定的社會規範。但進入青年期之後，個體的發展任務不僅涉及個人，也涉及家庭、社會，比較繁雜。青年在自己有專長的發展任務方面，可以保持優勢，心態比較陽光，情緒比較穩定。當面對很多新的發展任務時，如面對就業的壓力，處理學習、工作、婚戀的關係與矛盾，人際關係的建立和交往技能的掌握等問題，心理優勢受到挑戰，容易產生心理衝突，出現焦慮、煩躁、自責、抱怨等不良心理與情緒，導致心理失衡。

(二) 環境緊迫

個體在進入青年期之前的生活環境比較封閉，其自我意識在很大程度上是在父母、教師等重要他人的影響或約束下被動發展。進入青年期的個體開始走進大學或社會，生活相對獨立。面對全新的環境，青年心裡比較敏感和緊張，內心動盪不安，情緒體驗更強烈且錯綜複雜。

(三) 經濟依賴

青年生理的發育成熟、心理的相對獨立，使青年有了成人感，而且自主意識增強，渴望人格獨立並獲得他人的尊重，在涉及人生的一些重大問題上能夠獨立地進行抉擇。但因為青年在經濟上的非獨立狀態，導致青年人格獨立的渴求受到一定的干預，使他們強烈地感受到理想的我和現實的我之間的距離，使得自我意識出現矛盾。

(四) 就業壓力

青年缺乏豐富的生活經驗，挫折體驗較少，對就業抱有較高的期待。他們沒有現實基礎的職業規劃和雄心壯志，在就業壓力的現實面前，往往感到無能為力，不知所措。如果體會到嚴重的心理衝突，會使其就業行為出現偏差，產生幻

想、偏執、自卑、虛偽等心理問題。

擴展閱讀

青年自我意識的整合類型

青年經過自我認識、自我體驗、自我調控三方面的相互作用，逐漸完成自我意識的整合，但並不一定意味著青年自我意識的健康成熟，其整合結果具有以下幾種類型。

1. 自我肯定。青年經過多角度、客觀地認識自我，以及對自我進行及時有效的調控，協調理想自我與現實自我的關係，最終成為一個尊重客觀現實、積極主動生活、遵循社會規範的人，這標誌著青年自我意識的健康成熟。

2. 自我否定。青年經過自我認識，也可能在社會現實面前退縮，不能接納自我，認為自己是沒有多大價值的人，導致胸無大志、悲觀絕望，甚至憂鬱，放棄生活。

3. 自我誇大。青年也可能將自我意識形成虛假的統一，使自己的定位脫離客觀實際，盲目自尊，產生唯我的自我意識，誇大自己的價值，不可一世，唯我獨尊，導致自我意識的虛幻。

4. 自我衝突。自我衝突型的青年，其自我意識實際上沒有完成整合，而是始終處於矛盾分化狀態，難以統一。在心理與行為上表現為兩面性，對自我的認識、體驗和調控自相矛盾，導致內心苦悶，無所適從，遇事猶豫不決。

復習鞏固

1. 青年自我意識的矛盾主要體現在哪些方面？
2. 青年自我意識矛盾的成因主要有哪些？

第四節　青年自我意識的完善

青年自我意識的發展雖然會經歷痛苦和迷茫，但只要青年能夠客觀地認識自我，就會逐漸形成成熟和正確的自我意識。青年如何才能完善自我意識呢？下面著重闡述一些對策。

一、要具備健康的自我意識

青年自我意識的完善首先要解決的是具備健康的自我意識問題。美國心理學家馬斯洛（A.H.Maslow）和密特爾曼（Bela Mitelmann）提出了心理健康的十條標準，其核心就是個體要具有健康的自我意識，認為心理健康的個體能夠充分瞭解自己，評價恰當，理想自我和現實自我符合實際，自我意識和諧統一、情緒表達適當，能在規範的標準內發揮自己的個性、滿足自己的需求。

美國心理學家庫姆斯（Arthur W.Combs）認為心理健康的個體具有四種特質：積極的自我、對他人有適當的認同、敢於接受和面對現實、有豐富的應對經驗。其核心依然是自我意識的健康，個體應有積極的自我認知和評價，能恰當處理與他人和現實的關係。

從自我意識的結構來看，青年健康的自我意識應包含以下三方面。

1. 自我認知準確，自我評價客觀。如果青年的自我認知不準確，自我評價片面主觀，就會導致盲目自大或盲目自卑。

2. 自我體驗積極、適度。積極適度的情緒、情感能激發青年的行動，提高學習或工作效率，促進身心和諧。消極的自我體驗會使青年喪失行動的動力。自我體驗的過度化也會使青年過於悲觀或盲目樂觀。

3. 自我調控有效。有效的自我調控包含兩方面：一是青年需要對過去的自我和現在的自我有統一感，二是青年需要對理想的自我和現實的自我有統一感。如果青年無法建立這種統一感，則會與社會現實脫節，只能生活在虛幻的世界中。

總之，青年健康的自我意識，意味著自我意識結構和功能的一致、協調、整合和完整。

二、透過他人對自己的態度來認識自我

青年想要正確認識自己，不是一件容易的事情。美國心理學家約瑟夫·拉夫特（Joseph Luft）和哈林頓·英厄姆（Harington Ingham）於1955年提出了一種方法，

用來幫助個體更好地認識自己，理解自己與他人的關係。該方法以兩人的名字命名，稱作喬韓窗口理論(Johari Window)，也被稱作自我意識的發現———反饋模型(見表5-1)。

表5-1　自我意識的發現———反饋模型

	自己知道的	自己不知道的
他人知道的	公開區A(公開自我)	盲區B(盲目自我)
他人不知道的	隱秘區C(隱秘自我)	未知區D(未知自我)

從表5-1可見，公開區A(公開自我)，是個體自己和他人清楚認識到的自我部分；隱秘區C(隱秘自我)，是個體自己和他人都沒有認識到的自我部分；盲區B(盲目自我)，是他人知曉，但個體自己不知曉的自我部分；未知區D(未知自我)，是個體自己與他人均不知曉的自我部分。喬韓窗口理論認為，如果個體能夠把隱秘的自我轉變為公開的自我，且能夠對未知的自我有更深刻的瞭解和認識，就會促使個體更好地瞭解自己、認識自己，揚長避短，真正發揮自己的潛力。

俗話說：「旁觀者清，當事者迷。」如同人要看到自己的相貌，需要借助鏡子一樣，青年要真正認識自己，也需要借助鏡子———他人。如果青年能把他人對自己的態度當作一面鏡子，有助於認清自己是怎樣一個人。比如，教師委託某個大學生擔任一些工作，說明這個大學生受到教師的重視，具有某方面的能力。青年要特別注意從教師、父母、同學的批評中來認識自己。人的天性往往是喜歡聽表揚、讚美的話，喜歡誇大、宣傳自己的優點、成績、功勞，而不願意聽批評意見，揭露自己的缺點和過錯。青年要做到以他人批評作為改正自己的一面鏡子，就需要超越戴「高帽子」和不喜歡揭短的天性，把批評看成是「良藥苦口利於病，忠言逆耳利於行」。只有從內心深處真正接受他人的批評，才能勇於改正自己的缺點和過錯，不斷取得進步。當然，他人的態度並非完全正確，關鍵是要重視那些與青年接觸比較多的人的異口同聲的評價，因為它更能真實地反映青年的真實情況，對青年認識自己有更大的價值。

■三、透過與他人的正確比較來認識自我

青年總是在與他人的比較中來認識自己的美與醜、優點與缺點、先進與落後、進步的快慢、能力的高低，但比較的結果常因比較方式的不同而大相徑庭。

首先，青年要與自己地位、條件相似的同學、同事進行比較，以便找到自己的發展坐標，對自我有恰當的認識與定位。但要防止以與同學、同事過多地比較家庭的經濟情況、容貌身材、穿著打扮、物質條件是否優越等來作為認識自我的

依據，應該和同學、同事比志氣、比貢獻、比責任、比知識與能力、比學習勤奮等。青年在選擇參照他人時，應切合自己的實際情況，比較自己與他人相比身上可以變化的因素，如知識、學問、能力、修養等，而不能比較家世出身等不可變化的因素。

其次，青年要與歷史上和當今社會的賢人、英雄、學者、先進人物進行比較。值得注意的是，青年在與這些優秀人物進行比較時，比較的應該是他們立身的准則、處世的態度、認真治學及治事的精神、不屈於困難或逆境的勇氣等優秀個性品質，而不是他們的豐功偉業。若是將兩者的輕重顛倒過來，將會失去比較的意義。因為青年無論在智慧、品德方面都有待提高，還不是那麼出類拔萃，如果拿優秀人物的豐功偉業來衡量青年，不少青年會自慚形穢，把自己看成是失敗者。

四、嘗試不同的經驗來正確認識自我

青年對外界的反映與參與活動，可以使自身的體力、智力、品德、興趣、能力等內部世界更為具體化，並把它們表現出來。所以，青年要積極參加各種實踐活動，嘗試不同的經驗，這是青年正確認識自我、完善自我的途徑之一。例如，青年透過參加大學的社團活動和競賽活動，能夠認識自己的能力水平，豐富自己的實踐經驗，從中知道自己的興趣、才能，發現自己的長處與不足，對自己有更清晰的認識和瞭解，找到適合自己的發展方向。

五、學會採用內省法反思自我

青年已具有相對成熟的思維，應該學會每日三省己身，對自我進行客觀的反思。青年可以採用反思日誌的形式，對自己定期進行積極主動的檢查、審視，注意收集和虛心接受他人的意見，對自我再認識、再思考。青年要透過內省法，對客觀的我、他人心目中的我、理想的自我有全面的認識，要理解理想的我與現實我的差距，立足社會現實，設定理想自我，並在實踐活動中對自我進行不斷的檢驗和修正。青年要用發展和辯證的眼光，看待自己的成長和不足，對自我進行綜合的全面分析，才能形成客觀的自我認識。

六、豐富自我體驗，對自我進行調控

青年正處於求知慾和探索欲旺盛的時期，可以透過大量閱讀人文社科類書籍，學習和借鑒他人的生活經驗，豐富和完善自己的自我體驗，逐步形成自己的生活哲學觀，形成積極的自我體驗，學會適當表達自己的情緒情感。青年要透過

與他人的交往與溝通,來建構積極的自我情感支持體系,這也有助於青年發展積極的自我體驗。同時,青年要不斷培養自己正確的人生觀和積極的人生態度,從而保持積極自我體驗的動力作用。

青年遇事不夠冷靜,容易衝動,這就需要多學習和借鑒,要遵循「理想要現實,行動要計劃,意志要健全」的原則對自我進行一定的調控。青年應該加強鍛鍊自己面對困難和挫折不氣餒、不畏縮、勇於探索的意志品質,從而激勵自己形成穩定的自我調控機制,不斷進取,開拓創新。

復習鞏固

1. 青年健康的自我意識包括哪些內容?
2. 青年如何透過正確的與人比較來認識自我?
3. 青年應該如何反思自我,豐富自我的體驗?

要點小結

1. 自我意識是個體對自我、周圍世界,以及自我與周圍世界關係的意識反映。關於自我意識的心理學理論有很多,較為經典的有詹姆斯的自我論、哈特曼的自我心理學、埃里克森的同一性理論。

2. 自我意識是一種多維度、多層次的心理系統。對其結構,心理學界有幾種不同的觀點。弗洛伊德將自我劃分為本我、自我和超我。中國心理學家提出自我意識的發展要經歷生理自我、社會自我、心理自我三個階段。另外,從知、情、意三個層次來看,可以將自我意識劃分為自我認識、自我體驗和自我調控。

3. 青年自我意識形成的資訊來源:內省、社會比較、他人的資訊反饋。青年自我意識發展的特點是自我認識有較大提高,自我體驗矛盾而豐富,自我調控能力增強,但青年的自我意識還有待成熟與完善。

4. 自我同一性是指個體關於自己是誰,在社會上應佔什麼樣的地位,將來準備成為什麼樣的人以及怎樣努力成為理想中的人等一系列的感覺。如果自我同一性不能建立,會導致個體社會角色的混亂,甚至出現自我同一性擴散症候群。

5. 青年自我意識矛盾體現為自我認識的矛盾、自我體驗的矛盾和自我調控的矛盾,其根源為心理失衡、環境緊迫、經濟依賴、就業壓力。

6. 青年可透過以下途徑完善自我意識:要具備健康的自我意識,透過他人對自己的態度來認識自我,透過與他人的正確比較來認識自我,嘗試不同的經驗來正確認識自我,學會採用內省法反思自我,豐富自我體驗,對自我進行調控。

關鍵術語

自我意識	self-consciousnes
自我認識	self-knowledge
自我體驗	self-experience
自我調控	self-regulation
自我同一性	self-identity

復習題

一、單項選擇題

1. 個體對自己的身體、衣服、財物、家人、家庭等的意識屬於（　）。

　　A. 生理自我　　B. 物質自我　　C. 社會自我　　D. 精神自我

2. 埃里克森認為，20~29歲青年的社會心理危機主要是（　）。

　　A. 主動性對內疚感　　B. 親密對孤獨

　　C. 勤奮對自卑　　D. 自主對羞怯、懷疑

3. 超我，是泛道德、倫理角度的「我」，代表著（　）。

　　A. 社會規範的個體的良心　　B. 潛意識

　　C. 非理性心理能量　　D. 意識

4. 個體透過對自己的觀察，進行分析綜合，認識到自己的本質特點，形成對自己各個方面的價值判斷，這是（　）。

　　A. 自我體驗　　B. 自我調控　　C. 自我認識　　D. 自我提高

5. 個體對自己的理想、職業、人際關係等一系列問題能夠認識思考，有了確定和積極的看法，這是屬於（　）。

　　A. 同一性混亂　　B. 同一性排斥　　C. 同一性獲得　　D. 同一性延緩

二、多項選擇題

1. 奧地利心理學家哈特曼自我心理學的觀點有（　）。

　　A. 個體的自我發展並非必須在本我和超我的衝突與防禦中發展

　　B. 無衝突的自我領域是存在的

　　C. 自我是個體所擁有的一切的總和

　　D. 本我與自我均來自於遺傳

2. 青年自我意識形成的資訊來源主要有（　）。

A. 他人的監督　　B. 社會比較　　C. 內省　　D. 他人的資訊反饋

3. 美國臨床和發展心理學家詹姆斯‧E. 馬西亞認為，個體自我同一性發展可能要經歷的不同階段有（　）。

A. 自我同一性擴散期　　B. 自我同一性解離

C. 自我同一性閉鎖期　　D. 自我同一性中止期

4. 青年自我意識的整合結果有多種類型，包括（　）。

A. 自我肯定　　B. 自我否定　　C. 自我誇大　　D. 自我衝突

5. 青年自我意識矛盾的成因有（　）。

A. 心理失衡　　B. 環境緊迫　　C. 經濟依賴　　D. 心理壓力

三、判斷對錯題

1. 青年自我同一性不能建立，將導致人格分裂。（　）

2. 自我意識是意識發展的高級階段，被視作人與動物的心理分界線。（　）

3. 自我同一性擴散症候群個體會產生自我高估、自我驕傲、自我懷疑。（　）

4. 青年非常有必要建立與他人的親密關係，這是青年適應社會，健康成長的生活基礎。（　）

5. 青年要透過與他人的正確比較和嘗試不同的經驗來認識自我。（　）

第六章　青年的道德價值觀與教育

本章你要學習什麼？

在各種文化思潮泛濫、價值多元的社會，道德價值觀對青年的社會適應和生存發展具有重要的意義。本章將帶你瞭解青年道德價值觀的含義及意義，認識道德價值觀的理論，分析青年道德價值觀的特點及影響因素，探討青年道德價值觀的培養途徑和教育策略。透過本章的學習，你將能夠把握正確的道德航向，建立正確的道德價值觀，並能用正確的道德價值觀為自己的發展保駕護航。

第一節　概述

　　道德價值觀是青年道德社會化的主要內容，影響著青年道德境界的高低。作為處在時代發展前沿的青年，應該樹立正確的道德價值觀，才能在現代社會立足，得到更大的發展。

一、道德價值觀的含義

　　道德價值觀（moral values）是價值觀的一種。價值觀（values）是個體對事物的重要程度、偏好程度的評斷與看法，是一種獨特、持久的信念。道德價值觀是個體根據自己的道德需要對各種社會現象是否具有道德價值做出判斷時所持有的內在尺度，是個體堅信不疑的各種道德規範所構成的道德信念的總和。

二、道德價值觀的分類

　　學術界對道德價值觀的分類不盡相同。

　　第一種是把道德價值觀分為做人與做事兩個層面：(1) 做人層面，例如，寬恕、誠信、忠貞、睦鄰、禮節、孝悌、良心、正義、知恥、仁愛、和平、節儉、廉潔、謙虛、容忍、毅力及勇敢等；(2) 做事層面，例如，守法、服從、合作、團結、負責、有恆、服務、整潔及安分守己等。

　　第二種是把道德價值觀分為公德與私德兩個領域：(1) 公德，指存在於社會群體中的道德，例如，和平、愛國、睦鄰、服務、團結、正義、助人等；(2) 私德，指存在於私人生活中的道德，例如，良心、寬恕、真誠、禮節、孝順、友愛、誠懇、知恥、守信、守法、謙虛、仁愛、廉潔、節儉、勇敢、負責、有毅力等。

　　第三種是就道德價值觀的規範對象而言，分為三個層面：(1) 規範自己與非特定對象，例如，公正、正義、助人、和平、博愛、寬恕、禮節及服務等；(2) 規範自己與特定對象，例如，友愛、合作、守法、孝順、信實、愛國、睦鄰、團結、忠貞及容忍等；(3) 規範自己，例如，良心、知恥、負責、勇敢、節儉、勤學、服從、謙虛、毅力及廉潔等。

三、道德價值觀對青年發展的意義

　　2001 年 10 月，中國頒布了《公民道德建設實施綱要》，提出了「愛國守法、明禮誠信、團結友善、勤儉自強、敬業奉獻」的基本道德規範，以及「文明禮貌、

助人為樂、愛護公物、保護環境、遵紀守法」的社會公德,「愛職敬業、誠實守信、辦事公道、服務群眾、奉獻社會」的職業道德,「尊老愛幼、男女平等、夫妻和睦、勤儉持家、鄰里團結」的家庭美德。2012年,中國共產黨的十八大報告用24個字概括了社會主義核心價值觀,從國家層面看,是「富強、民主、文明、和諧」;從社會層面看,是「自由、平等、公正、法治」;從公民個人層面看,是「愛國、敬業、誠信、友善」。這些核心價值觀涵蓋了社會生活的各個領域,適用於不同社會群體,是每個公民都應該遵守的行為準則,也是青年道德價值觀發展的目標和方向。

青年期是道德價值觀發展的時期,良好的道德價值觀對青年的身心發展起到調節和促進作用。首先,良好的道德價值觀有助於青年遵循社會主義道德規範,掌握道德准則,消除陳規陋習,培養良好的道德品質,符合社會主義精神文明的要求;其次,良好的道德價值觀可以使青年正確認識自我、改造自我、促進自我意識均衡發展,達到積極統一;最後,良好的道德價值觀有利於青年端正認知和行為動機,培養高尚、健康的興趣,形成積極的性格。

四、道德價值觀的測量

(一)重要性排序法

該方法要求被試從量表所提供的多項道德價值中,選擇多個項目並依其重要性作出排序。例如,在美國心理學家羅克奇(M.Rokeach)的價值量表中,道德價值內涵包括整潔、勇敢、寬恕、服務、真誠、親愛、服從、禮節及負責九個項目,被試依自己的想法,將每一項目依其重要性排列等級,以此顯示每個價值項目的相對重要性,並據此推知被試的價值體系。在「社會道德反應測驗」中,包括信守諾言、不說謊、反對偷竊、助人、拯救生命、遵守法規、履行職責等道德價值觀,要求被試進行重要性選擇排序,盡可能詳細地解釋排序及選擇的理由,然後研究者對他們的回答進行分析與研究。

(二)道德兩難情境法

該方法主要由美國著名心理學家科爾伯格(L.Kohlberg)創造。要求被試對兩難的道德情境做出道德判斷,並闡明判斷的理由。研究者可以透過信效度比較高的道德兩難問卷,探究被試做出道德判斷的理由,從而推論被試的道德認知階段與道德發展情形;或者自編道德判斷問卷,對被試進行個別訪談,以瞭解被試道德判斷能力的高低;也可以給被試提供道德反應的背景情境,要求他們做出道德抉擇,並闡明抉擇的理由。

（三）李克特量表法

該方法是研究者先確定道德價值觀量表的構想，根據構想編制簡短的語句，要求被試根據其重要性或符合性作答。例如，「在公交車上青年人不給老年人讓座是一種可恥的行為，你的意見是以下哪一個選項？」要求被試從「非常贊同、贊同、不知道、不贊同、非常不贊同」五個等級中選出一個認同的選項。

上述各種測量道德價值觀的方法各有利弊。重要性排序法可以看出被試重視或不重視的道德價值項目，但不宜呈現過多項目，否則容易因被試缺乏耐心亂填而失去信度；道德兩難情境法能夠深入探究被試做出道德判斷的理由，但因訪談人員需要經過專業訓練、訪談花費的時間及人力較多，解釋不易，較少為一般研究者使用；李克特量表法的優點是適合團體施測、經濟省力，但可能無法測量被試真實的感受與當時評定的理由。所以，在測量道德價值觀時，要考慮使用多種方法，以便取長補短。

復習鞏固

1. 什麼是道德價值觀？它對青年的發展有何意義？
2. 道德價值觀的測量方法有哪些？

第二節　道德價值觀的理論

對於道德價值觀的研究，許多研究者提出了自己的理論。這些理論從不同的角度探討了道德價值觀的形成，對青年更好地認識和理解道德價值觀具有啟發作用。

一、班杜拉的社會學習理論

美國著名心理學家班杜拉(Bandura, 1977)的社會學習理論(social learning theory)強調環境、個人與行為三者的交互影響關係，認為個體可以透過觀察和模仿從而習得道德行為，獲得正確的道德價值觀。

班杜拉認為觀察學習由四個階段構成：(1)注意階段。這是觀察學習的起始環節，示範者行動本身的特徵、觀察者的認知特徵以及觀察者和示範者之間的關係等諸多因素影響著學習的效果。(2)保持階段。在這一階段，示範者雖然不再出現，但其行為仍給觀察者以影響。要使示範行為保持在觀察者的記憶中，需要把示範行為進行言語編碼並加工為表象，以便示範行為能夠保持在觀察者的長時記憶中。(3)動作復現階段。這一階段是把記憶中的符號和表象轉換成適當的行為，即再現以前所觀察到的示範行為。這一過程涉及運動再現的認知組織，根據資訊反饋對行為進行調整等一系列認知和行為操作。(4)動機階段。觀察者是否能夠經常表現出示範行為要受到行為結果因素的影響。行為結果包括透過外部因素對觀察者行為的直接強化，也包括觀察者看到榜樣受到強化，使自己傾向於做出相同榜樣行為的替代性強化，以及當人們達到了自己制訂的標準時，以自己能夠控制的獎賞來加強和維持自己行動過程的自我強化。班杜拉把直接強化、替代性強化、自我強化看成是學習者再現示範行為的動機力量。

班杜拉根據觀察學習的原理提出了一套建立良好的道德行為、改正不良的道德行為的方法，即利用道德榜樣的力量，使學習者能夠抑制不良行為，增加道德行為，建立較實際的自我道德評價標準，培養自我道德控制能力。

1. 在觀察學習方面，個體的道德行為和道德價值觀的形成是透過對父母、師長、同伴等榜樣的觀察與模仿學習而來。道德教育應重視提供良好的榜樣，善於利用榜樣來教育觀察者。

2. 在示範作用方面，道德行為的示範作用能傳遞給觀察者行為的資訊，如什麼樣的行為會帶來什麼樣的後果，道德判斷的選擇條件等。此外，道德行為的示範作用也能引發或助長觀察者已具備卻受到抑制的道德行為，激發觀察者的道德

感並使其形成穩定的道德價值觀。因此，道德教育應盡量使榜樣的示範作用發揮最大效力。

3. 在強化作用方面，許多道德行為都因強化而保留或持續。道德教育應適時提供外在強化、替代性強化以及自我強化，使得個體形成正確的道德價值觀並持續表現已有或已習得的道德行為。

4. 在自我調節方面，個體因為能進行自我調節，所以可以察覺到環境中對自己具有吸引力的各種誘因，並能透過預期自己行為可能產生的後果來調節並控制自己的行為。道德教育應重視引導個體發展自我評價和自我反省能力，才能使其形成正確的道德價值觀並自覺調節道德行為。

二、科爾伯格的道德發展階段論

美國著名心理學家科爾伯格 (L.Kohlberg, 1977) 在皮亞傑的研究基礎上，採用「海因茲偷藥」的道德兩難故事，研究了青少年的道德判斷，提出了道德發展階段論。

擴展閱讀

科爾伯格的道德兩難研究———海因茲偷藥的故事

科爾伯格對道德認知發展的研究方法最初直接來源於瑞士著名的心理學家皮亞傑的對偶故事法，即透過向被試講解故事的方法讓他們判斷研究者所設計的行為問題類型，從被試對特定行為的評價中去分析他們的道德認知。科爾伯格把皮亞傑的對偶故事法改成道德兩難故事。道德兩難故事保留了對偶故事法的簡潔故事形式和衝突性特點，其中最典型、最為人熟知的便是「海因茲偷藥」的故事。

故事情節是：歐洲有個婦女患了癌症，生命垂危。醫生認為只有鐳化劑這種藥才能救她的命。一個藥劑師發明了鐳化劑，而他竟將這種藥索價為 2000 元。

病婦的丈夫海因茲到處向熟人借錢，總共才借到 1000 元，只夠藥費的一半。海因茲不得已，只好告訴藥劑師，他的妻子快要死了，請求藥劑師便宜一點兒把藥賣給他，或者允許他賒欠。但藥劑師說：「不成！我發明該藥就是為了賺錢。」海因茲走投無路，在夜晚竟撬開藥店的門，為妻子偷來了藥。

研究者問受試的兒童：(1) 海因茲應該偷藥嗎？為什麼？(2) 他偷藥是對還是錯？為什麼？(3) 海因茲有責任或義務去偷藥嗎？為什麼？(4) 人們竭盡所能去挽救另一個人的生命是不是很重要？為什麼？(5) 海因茲偷藥是違法的。他偷藥在道義上是否錯誤？為什麼？(6) 仔細回想故事中的困境，你認為海因茲最負責任的行

為應該是什麼？為什麼？

科爾伯格所關心的並不是受試者對這些兩難問題回答「是」或「否」，而是他們回答問題時如何推理。研究者在與受試者的交談的過程中還可以提出新問題來幫助理解他們的推理，並注意他們回答背後的推理，根據受試者對這些問題的反應劃分出個體道德判斷的發展階段。

科爾伯格認為，道德發展的基礎是道德推理。道德發展具有固定順序的階段，即由低級階段進入高級階段。它不是透過直接的生物成熟，也不是透過直接的學習經驗，而是透過機體與環境相互作用的心理結構的重新組織過程而實現的。道德價值觀教育的基本目的是促進這些階段的發展。科爾伯格透過研究把青少年的道德判斷分為三級水平六個階段（見表6-1）。

表6-1　科爾伯格道德判斷的三級水平六個階段

道德判斷水平	道德判斷階段	對海因茲偷藥故事的反應
第一級，前習俗水平 根據行為的直接後果和自身的利害關係判斷好壞是非。	階段1，服從和懲罰定向 評定行為好壞著重於行為結果，服從權威，受贊揚的行為是好的，反之則是壞的。	贊成者認為，海因茲偷藥是因為他先提出請求，沒偷大的東西，不該受罰；反對者認為，海因茲偷藥會受到懲罰。
	階段2，樸素利己主義定向 評定行為的好壞，主要看是否符合自己的要求和利益。	贊成者認為，海因茲妻子需要藥，他要與妻子生活；反對者認為，海因茲妻子在他出獄前可能會死，偷藥沒好處。
第二級，習俗水平 著眼於社會的希望和要求，依據行為是否有利於維持習俗秩序，是否符合他人願望進行道德判斷。	階段3，好孩子定向 凡取悅、幫助別人以滿足他人願望的行為是好的，否則是壞的。	贊成者認為，海因茲做了好丈夫應做的事；反對者認為，海因茲的做法會給家庭帶來苦惱和喪失名譽。
	階段4，維護權威和社會秩序的定向 正確的行為是盡到個人責任，尊重權威，維護社會秩序，否則是錯誤的。	贊成者認為，海因茲不該這麼做，他要為妻子的死負責；反對者認為，海因茲救妻子的命是自然的，但偷東西犯法。
第三級，後習俗水平 開始考慮全人類的正義和個人的尊嚴，認識到法律的人為性，著重根據個人自願選擇標準進行道德判斷。	階段5，社會契約定向 法律的道德准則是大家商量約定的，可以改變，不能以不變的規則去衡量人。	贊成者認為，法律沒有考慮海因茲的具體情況；反對者認為，海因茲無論情況多麼危險，不能採用偷的手段。
	階段6，普遍的倫理原則定向 考慮到他人具體情況，關心他人幸福，認為個人依據自己選定的道德原則去做是正確的。	贊成者認為，尊重生命、保存生命的原則高於一切；反對者認為，別人是否存在海因茲妻子急需這種藥的情況，要考慮所有人生命的價值。

科爾伯格認為，青年的道德判斷一般處於第三至第五階段，後習俗水平經常在大學生中產生。在實際生活中一些青年達不到後習俗水平，他們的道德判斷未超越第三或第四階段。

三、吉利根與諾丁斯的關懷倫理學

關懷倫理學（care ethics）最早始於美國女性主義心理學家吉利根（C.Giligan），她針對傳統偏執於男性的道德心理學盲點提出質疑，接著美國的諾丁斯（N.Noddings）從哲學的立場指出關懷應是道德的重要成分。吉利根與諾丁斯均認為道德的認知應該在真實的脈絡中作靈活的判斷，不能受制於孤立抽象的原則。其差異在於吉利根從心理學的角度切入，諾丁斯則採用哲學的觀點認為人類的道德發展是在母性自然的關懷天性中逐漸發展而成。

（一）吉利根的女性道德發展思想

吉利根指出，在道德發展研究的理論建構時期，女性是被排除在外的。吉利根同意男女有別的事實，但卻不認為可以對這些差別賦予價值判斷。傳統的道德理論總是先對「善」做界定，要求女性要符合男性發展觀點規範下「善」的角色，然後再依照男性的道德判斷標準認定女性在道德發展階段上屬於較低層級。然而女性的道德發展確實有別於男性，包括對人際關係、男女關係及兩性與子女關係的認識都與男性有所不同。

吉利根將女性道德發展分為三個階段及兩個過渡時期。

自我生存的道德階段。該階段的道德發展是自我生存的自利導向，個體以自我生存為主要考慮因素，選擇什麼是實際的，是對自己最好的，會遵從規則以獲得獎賞並避免懲罰，只有在自身的需求有衝突時才會產生道德的問題。

在進入第二階段時會經歷第一個過渡期，此過渡期是由自私轉變為責任的時期。個體把自身界定在與他人的互動接觸範圍內，個人的意願與對他人的責任之間的衝突可視為「願意做」與「必須做」之間的衝突。

2.自我犧牲的道德階段。該階段的道德判斷來自社會規範與社會認同，主要考慮他人的需求以及對自己的期許。個體相信為了成為他人眼中的好人並為他人所贊許，必須犧牲自己的需求以滿足他人的需求。

第二階段到第三階段間將出現第二個過渡期，這一過渡期是由「善」轉變到真理的時期。女性開始懂得關懷的道德，包括對自己與他人的關懷，認為行為的情境、意圖與後果重於對他人的評價，將「善」界定為自我犧牲與和諧的關係。

但自我犧牲是手段,其目的仍在於滿足自己與他人的需求。

3. 不傷害的道德階段,這是道德發展的最高層次。個體視自己的需求與他人的需求同樣重要,由犧牲自己以取悅他人的想法轉而認為團體要盡可能地滿足每個人的需求。當不同個體的需求無法全部獲得滿足時,就需要所有人共同犧牲。個體不會訴諸暴力,認為故意傷害自己與他人是不對的,關懷成為普遍的道德義務與責任,個體與他人需求間的平衡是透過和諧與不傷害的原則來解決的。

生活中的心理學

> **案例:2013 感動中國十大人物———最美女教師張麗莉**
>
> 張麗莉,女,28 歲,黑龍江省佳木斯市第十九中學初三 (3) 班的青年班主任。2012 年 5 月 8 日放學時分,張麗莉在路旁疏導學生。一輛停在路旁的客車,因司機誤碰操縱桿失控,撞向學生。危急時刻,張麗莉向前一撲,將車前的學生用力推到一邊,自己卻被撞倒了。車輪從張麗莉的大腿輾壓過去,肉都翻捲起來,路面滿是鮮血,慘不忍睹。被軋傷後她有時清醒有時昏迷,在送醫院的途中,還對大家說:「要先救學生。」昏迷多天後,張麗莉醒來的第一句話是:「那幾個孩子沒事吧?」
>
> 經過搶救,張麗莉被迫高位截肢。她的親人和醫護人員都不敢想象她知道真相的後果會是怎樣,但張麗莉很快接受了事實,還反過來安慰父親說:「當時車禍的場景我還記得,很幸運,如果車輪從我的頭碾過去,你們就看不到我了,我救了學生,也保住了命,今後一定會幸福的。」有人問張麗莉,「你後悔嗎?」她回答:「不後悔。這樣做是我的本能。我已經 28 歲了,我已和父母度過 28 年的快樂時光。那些孩子還小,他們的快樂人生剛剛開始。」

(二)諾丁斯的關懷倫理學

諾丁斯以女性經驗為基礎,強調女性經驗有其獨特性,甚至有其優越性。大多數女性並不把道德問題當成是原則、推理及判斷的問題,相反,女性透過對情境中具體因素的考察,用關懷的態度來對待自己與他人。

諾丁斯主張關懷是人性共同的天性潛能,是男女都應發揮的人性與道德之善。它是一組愛的情感,在關係中產生,也在完滿的關懷關係中透過助人與自我實現來完成,且透過後天的經驗(特別是接受關懷鼓勵與啟發)會發展得更廣。對他人的關懷並不是用普遍化的法則去等同所有人,而是把自我與他人的關係納入類似母性關係的關懷情境中,要特別重視他人在不同情境的不同需求。重視他人表現在人際脈絡中發自內心的珍視他人的情感、想法、需求並給予恰當的回

應,是在人際互動中的專注與關懷,不同於訴諸不帶情感或是用公平原則來分配的普遍法則。

由吉利根與諾丁斯所開創的關懷倫理學是女性主義重要的倫理學基礎,它在道德哲學上提出相對於男性精神的女性精神,相對於道德推理的道德態度,以及相對於父系語言的母系語言。關懷倫理學主張道德源於關懷,源於人最深刻的感受,而感受則根植於接納、關係與回應中。此外,關懷倫理重視人的情感和意志,重視具體他人與特殊的關係情境,強調實踐與責任;關懷倫理學相對於傳統道德認知理論關注「何謂道德」的問題,更為重視「如何道德地與他人相遇」。關懷倫理不僅彰顯了女性的道德意識,也引起了哲學界、心理學界,甚至是其他女性主義學者的思考。

復習鞏固

1. 班杜拉的觀察學習分為哪幾個階段,對道德教育有何啟示?
2. 科爾伯格的道德發展階段理論的要點有哪些?

第三節 青年道德價值觀的特點

自改革開放以來，中國青年的道德價值觀發生了很大的變化，表現出自己的一些特點。本節將從青年道德價值觀的一般特點和階段性特點進行分析。

一、青年道德價值觀的一般特點

進入青年期之後，個體一項重要的發展是以整體的道德價值觀來取代兒童少年期的道德觀念，行為也更有自制，不再像以前那樣經常需要父母、教師的限制與管教。青年必須承擔起先前父母、教師所承擔的自制任務，要對以前習得的某些道德觀念加以評價和修改。

(一) 青年道德觀念的特點

青年對父母、教師所認為的「是非」觀念，不再像兒童少年期一樣毫不遲疑地一概接受，而是以過去建立的道德觀念為基礎，建立自己的道德意識，以合乎更成熟的標準。

中國陳欣銀(1987)對大學生的道德判斷進行了調查研究，結果表明，在大學生心目中的道德判斷的重要性從大到小依次是：真誠、平等、利他、尊老、集體、責任、報答、律己。寇彧(2002)對不同青少年的價值取向所做的研究發現：大學生對「接受權威」的評價最低，並呈現出隨大學生年級增高而評價降低的趨勢。大學生將「個人主義」的價值取向放在第一位，將「平等」的價值取向放在第二位，而對」接受權威」的價值取向最不重視。這些研究表明，對大學生來說，集體觀念和權威觀念的價值比中小學生降低了，而個人主義和需要表達、真誠、平等、利他等觀念被看得更重。總之，青年的道德觀念已有較大的發展變化，但仍然不完備。

(二) 青年道德判斷的特點

1. 道德判斷的深刻性

青年智力上的成熟、思維能力的發展，以及自我意識的形成，促使他們形成真正道德意義上的道德判斷。邏輯思維能力是道德判斷的主要條件。兒童的思維只是對具體事物直觀的認識，表現在判斷上只是一種膚淺的簡單判斷。例如，兒童能判斷：「偷東西是壞孩子」「幫助同學，應該表揚」，等等。這些判斷命題對青年來說，就需要從多方面來深刻分析「為什麼會偷東西？偷了什麼東西？是否偷到？」然後才能做出道德上的判斷。

中國張將星（2011）調查分析了大眾媒體對青少年道德價值觀的影響，指出大學生對媒體的道德價值觀影響已經具有一定的判斷能力，對媒體的道德價值觀傳播是選擇性接受。絕大多數大學生能夠正確持有媒體參與過程中的道德價值觀，對侵犯別人隱私和權利的做法表示反對。大學生上網更傾向於選擇閱讀和觀看新聞、電影題材作品，更傾向於接納媒體的責任、寬容、感恩等道德價值教育。60% 以上的大學生能夠理性對待網路遊戲附著的價值觀影響，對遊戲中含有的攻擊、自私、浪費等負面內容能夠正確認識。可見，青年的道德判斷要比兒童少年深刻得多，考察人的行為價值已經深入內心世界，要兼顧個人與周圍世界廣泛的聯繫。

2. 道德判斷的矛盾性

主要表現為青年對自我評價過高或過低。例如，青年對自己的評價有時比較自信，有時又妄自菲薄。在青年對他人的社會評價中，一方面，青年的自我意識產生了獨立批判性、不盲從性；另一方面，青年的自我意識在堅持獨立性時，也會產生盲目性，表現為有時把正確的東西都一概否定。中國邱玲、龔春明（2004）對江西大學生道德價值觀的研究指出，76.9% 的學生認為「人應該講信用」，78.5% 和 73.8% 的學生反對考試舞弊、論文抄襲等非誠信行為，但同時有 46.1% 的學生有過不守諾言的事實。大學生不守信用、不重承諾現象時有發生，考試舞弊現象屢禁不止。李曉冉、韋亞星（2010）對高職院校大學生的研究也發現，他們一方面希望人格高尚、獲得幸福以及內心平靜，另一方面並不排斥追逐金錢、升官晉級和明哲保身。這種矛盾性說明瞭青年對社會道德現象的認識還不夠深刻、成熟，也是判斷能力不強的表現。

(三) 青年良心的特點

良心（conscience）是個體在同他人和社會關係上對自己的行為負有道德責任的自覺意識，通常是捍衛一定的道德內容，維護社會生活中鞏固下來的道德價值體系。良心作為一種自覺的道德意識，最敏銳地表達了道德滿足或不滿足的感覺，是個人道德自我意識和自我覺知的表現，是理性意識和感性體驗的特殊混合物。良心既包含對自己行為是非善惡的認識，又包括責任感、同情感、羞恥感、罪疚感等道德情感，還涉及在一定道德認識和情感的推動下的道德意志和行為，是道德的知、情、意、行諸多心理因素的綜合統一。

良心對青年道德的作用主要表現在：在行為之前，良心能幫助青年進行行為選擇；在行為中，良心是青年行為的監督和調節者；在行為之後，良心能對青年的自我評價產生作用。因此，人們形象地把良心比作「道德的衛士」「內心的道

德法庭」或「內在法庭的審判官」是有一定道理的。但良心對青年個人行為究竟起多大作用，最終要靠社會實踐來檢驗。

在青年期，人際關係的和諧融洽是青年最希望達到的效果（李曉冉、韋亞星，2016）。社會期望青年能有控制行為的動機，從而促使青年良心的發展。在青年良心的發展過程中，被群體所接受的行為，伴隨的是愉快的情感體驗；而不受群體贊賞的行為，伴隨的是不愉快的情感體驗，由此產生罪疚感與羞恥感。罪疚感是一種內在的控制，其功能是當青年覺察到自己的行為不合乎社會的要求時，隨即產生不良的情感反應。羞恥感是當青年知道別人對自己的行為有不良評價時產生的不良情感反應。罪疚感受到「內在的指引」（inner directed），羞恥感則受到「外在其他因素的指引」（other directed）。這兩種道德情感對青年行為的控制，都具有極大的重要性。良心譴責會給青年帶來痛苦，並能達到持久和強烈的程度，使其感到內疚和羞恥，阻止非道德行為的產生，促進道德行為的實現。

二、青年道德價值觀的階段性特點

青年道德價值觀的發展具有明顯的階段性，要經歷從不完善向完善、不穩定向穩定、不平衡向平衡、不成熟向成熟的發展過程。青年期道德價值觀的發展包括以下三個階段。

（一）青年早期道德價值觀的特點

隨著青年認知能力、自我意識的發展和生活經驗的增加，其早期的道德觀念有了較大的發展，對道德概念的理解更加深刻，道德判斷有了明確的獨立性和批判性；道德情感的體驗更加豐富；道德意志的堅持性及道德行為的目的性、主動性、持久性都有了長足發展。但由於知識經驗的局限，思維發展的不平衡，尤其是實踐鍛鍊的缺乏，青年早期道德概念的掌握仍停留在對現象的認識上，容易產生偏激。所以青年的道德判斷常帶有一定的簡單盲目性；道德情感易受具體情境的影響，理智性還不太強；道德行為常受情緒影響，道德認識與道德行為常出現脫節的情況，有時存在言行不一、動機與效果相悖、理通情不達等現象。這一時期的青年道德價值觀還未成體系。

（二）青年中期道德價值觀的特點

青年中期對道德概念的把握更加廣泛深刻，道德信念初步形成，能對一些複雜的道德現象做出正確的判斷；道德情感開始與重大的社會問題、人生問題和理論問題相聯繫，表現出了明顯的原則性和理智性；道德行為的自控能力和平衡性

大為增強。青年道德價值觀的體系結構已具雛形。但由於社會實踐和人生經歷還不夠廣泛深入，青年中期對一些複雜的道德現象和道德關係仍看不透、摸不准，道德信念尚不穩定，道德認知與道德行為的不平衡仍比較明顯。道德價值觀雖然有了進一步的發展，但還不夠成熟和完善。

(三) 青年晚期道德價值觀的特點

青年晚期的辯證邏輯思維能力迅速發展，實踐經驗也豐富起來，對社會、人生，特別是人與人的關係有了深刻的認識和理解，世界觀、人生觀、價值觀都已形成。因而青年對許多複雜的道德現象和道德關係有著獨立的深刻認識，形成了穩定的道德觀念，而且道德情感具有穩定性，道德行為表現出理智性和平衡性。多數青年的道德價值觀在這一階段日臻成熟和完善。

復習鞏固

1. 青年道德價值觀的一般特點是什麼？
2. 青年道德價值觀的階段性特點有哪些？

第四節　青年道德價值觀的影響因素

青年道德價值觀的形成是一個系統工程，受多種因素的影響，個人、家庭、學校、社會等因素都對青年道德價值觀的形成起到重要的作用。

一、青年的個人因素

一些研究發現，青年的年齡、性別、智力等因素都會對其道德價值觀產生重要影響。

(一) 年齡

青年期是兒童少年向成熟的成人期過渡的重要轉折期，中國社會轉型的高速度及各種不穩定、消極的因素，使青年的道德價值觀呈現出不穩定性與矛盾性的特點。有研究發現，青年時期道德認知水平和道德判斷能力的發展對其道德價值取向具有明顯的制約作用。一些青年的價值意識明顯表現為利己主義和個人主義佔上風，突出地表現在對學業成功的自我關注和物質金錢觀上，在價值觀上帶有公私融合、注重個人的特點。

(二) 性別

性別對青年道德價值觀的發展也會產生影響。中國楊韶剛、萬增奎 (2012) 對青少年的研究發現：男性在「信」和「恥」的認同上高於女性，而在「忠」上，女性的認同高於男性。這是因為男人不講信用、失去羞恥心，就會被他人戳脊梁骨。而女人更易受傳統倫理的影響，更看重對父母、家庭的忠心，不可背叛家庭倫理。另外，女性對平等和責任的認同高於男性，男性在「團結」「榮恥心」的認同上比女性排序靠前。在對嫖娼的態度上，男性的寬容性要高於女性，但在對離婚的態度上，女性的寬容性則高於男性。在對不孝敬父母、見死不救、性自由上，男性顯得更為寬容。

(三) 智力

智力作為一般認知能力對道德判斷的發展也有影響。美國心理學家赫胥和欣德朗 (Hirschi & Hindelang, 1997) 的研究表明，智商與犯罪之間存在著間接的因果關係，即低智商導致青年學業成績差，繼而對學校產生消極的態度，最後轉向從事犯罪行為；而高智商的青年學業成績好，對學校持積極態度，更容易接納和內化傳統價值觀和行為規範，也就不太可能從事犯罪行為。美國心理學家克羅克和霍金斯 (Crocker & Hodgins) 對 30 歲之前的青年進行研究並指出，智力遲緩的

青年在學校讀書時被安插到一些特殊班級中，更容易因犯罪而被判刑。但高智商並不能保證個體具有較高水平的道德意識和道德行為，缺乏社會經驗、父母教養方式不良、求學經驗不足等同樣會影響個體的道德意識和道德行為。可見，智力是道德價值觀發展的一個必要條件，而不是充分條件。

二、青年的家庭因素

家庭對青年道德價值觀的發展所產生的影響是最早、最深遠、最持久的。台灣王令瑩(2001)、吳明清(1983)等人從對不同家庭背景的研究對象中發現，父母的教育程度、職業、家庭狀況、管教方式等會影響青年的道德價值取向。下面主要從家庭氛圍和家庭教養方式進行闡述。

(一) 家庭氛圍

家庭氛圍指的是家庭成員之間交往互動時發生的某種情緒和所採用的方式。家庭氛圍會影響青年形成不同的道德價值觀。家庭籠罩著權力與強制，家庭情感處於霸道與無理性之中，在這種氛圍中成長的子女容易滋生任性、自私、無同情心或者是暴虐、退縮的情感與行為。在家庭缺少情感交流和心靈溝通氣氛中成長的子女，易患現代社會「道德冷漠綜合症」，表現出事不關己、無動於衷、自我封閉等問題。在相互關心、相互支持的家庭氣氛中長大的子女能形成自尊自愛、關心他人、關愛家庭和關注社會的情感與行為。郭俊偉等人(2008)利用家庭環境量表對青年暴力罪犯(實驗組)和某學校青年職工(對照組)比較研究表明，青年暴力罪犯組的家庭親密度、情感表達、娛樂性、組織性明顯低於對照組。青年暴力犯罪組的家庭氣氛不融洽、家庭成員間經常表現出憤怒、敵意和攻擊性，家庭文化娛樂活動較少，家庭生活沒有秩序，這些都會影響青年道德價值觀的形成並導致青年暴力犯罪行為的產生。

(二) 父母教養方式

心理學家採用不同的方法對父母的教養行為進行研究後一致認為，「接受—拒絕」和「限制—容許」是父母教養方式的兩個主要維度。父母是尊重子女的選擇、肯定子女的積極品質，還是在道德教育中以喋喋不休代替嚴格要求，對子女不放手、不放心、過多包乾包攬，或者很少向子女提要求，也不強調家庭禮儀，聽之任之，親子關係冷淡，這對子女道德情感的培養和道德價值觀的形成都會產生不可低估的作用。郭俊偉等人(2008)對青年暴力罪犯的父母教養方式的研究結果表明，父母給予子女情感溫暖和理解越少以及過分干涉和保護越多，子女越可能多地表現出孤獨、冷漠、殘忍、敵意、有攻擊性、倔強和難以適應外部環境等

精神質特點。青年暴力罪犯的父母教養方式表現出低情感溫暖、低理解、高嚴厲懲罰、高拒絕否認和過分偏愛的特點，使這些子女幾乎沒有體驗到溫暖支持的父母教養方式。

三、青年的學校因素

學校是青年進行正規教育的場所，是對青年實施德育的主陣地。由於中國一些學校長期以來未從根本上擺脫應試教育模式的困擾，學校德育實施不力，德育工作難以落到實處，因而青年的德育效果不是很理想。學校對青年道德價值觀的影響主要表現在以下幾個方面。

(一) 教學目標、內容和方法

傳統的教學思想以傳授知識為宗旨，以教師和課堂為中心，把學生放在被動的地位，重智育、輕德育，不重視他們的全面發展。有的教育者認為學校思想道德說起來重要，實際工作中不重要，忙起來就可以不要，因此只注重對學生知識和技能的培養，忽視學生身心的和諧發展，造成學生道德觀念的淡薄。

隨著時代的發展，許多道德觀念和教材內容急需補充新的內涵，否則會離現實生活太遠，難以被學生接受和認同。同時，傳統的以灌輸為主的道德說教，缺乏情感體驗和道德實踐能力的舊德育模式，很難使學生真正把道德知識內化，並用道德規範來約束自己的行為。

(二) 師德

師德是教師和一切教育工作者在從事教育活動中必須遵守的道德規範和行為準則，以及與之相適應的道德觀念、情操和品質。教師與學生的關係十分密切，而師德是教師素質的核心。愛職敬業、教書育人和為人師表形成師德的一個有機整體，三方面缺一不可。教師只有在社會實踐中進行師德修養，才能依靠師德風範去潛移默化地影響學生。教師以高尚的道德為人師表，對學生的道德價值觀會產生積極的影響。

(三) 同伴群體

青年尤其是大學生最喜歡以同伴群體為交流對象。同伴之間的相互作用，能提高群體中多數成員的道德水平。同伴群體主要作為道德行為的控制者、強化者、道德價值觀的影響者而起作用。同伴群體對青年的道德發展究竟起促進作用，還是造成道德阻礙，或使道德倒退，取決於同伴群體的性質。處在積極同伴群體中的青年，交際範圍越廣泛，與周圍生活的聯繫越豐富，深入社會關係的範

圍越大，其內心世界就越豐富，個性發展越全面，道德價值觀相對較完善。而處在消極或破壞型同伴群體中的青年則相反。巴特爾（CurtR.Bartol）在所著的《犯罪心理學》中指出，同伴交往是青年犯罪的一個最主要、最穩定的因素，有嚴重犯罪行為的青年身邊總有一群有犯罪行為的同伴。約翰遜（Richard Johnson）和他的同事的研究也發現，同伴對青年吸毒的種類和頻率有著重要的影響。

(四) 校園文化

校園文化的靈魂核心就是校園精神。校園精神是深層次的群體意識，是群體內的凝聚力，是校園群體共同的價值取向、心理特徵、行為方式。校園文化是師生共建的一種文化，不同的學校有不同的校園文化。校園文化是師生共同價值觀念的表現，在客觀上對學生的道德觀念和行為必然產生一種規範和約束的作用，影響其道德價值觀的形成，所以學校要充分利用櫥窗、板報、刊物、網路、影視等宣傳積極健康的校園文化，引導青年形成正確的道德價值觀。

四、青年的社會因素

(一) 社會轉型變化

中國正處在社會轉型變化期，各種文化思潮和價值觀念並存，而青年正處於人生觀、價值觀形成的時期，容易受社會的不良文化和風氣影響。社會上物欲橫流，欺騙、敲詐、行賄、腐敗、竊盜等案件不斷發生，給社會帶來不穩定因素，給青年道德價值觀的形成帶來負面影響。社會媒體中的暴力、淫穢、色情等不良內容在腐蝕著青年的心靈。青年由於血氣方剛、好奇心強、思想單純，容易因模仿而出現行為問題。例如，中國河南平輿縣的罪犯黃勇，出生於1974年，2003年12月被槍決。黃勇從2001至2003年，以資助上學、提高成績、外出遊玩和介紹工作為誘餌，先後將17名青少年騙至家中，捆綁灌醉，然後用布條勒死，並將受害人埋在家中。據其供述，犯罪動機竟然是12歲時看過一部凶殺片《自由人》，感覺殺手很酷，很想體驗成為一名殺手的感覺。

(二) 道德輿論

道德輿論的形成最經常和直接的是人們的評論和輿論，其傳播手段包括報刊、書籍、廣播、電影、電視、網際網路、會議等。道德輿論是一種精神力量，是對社會上人與人之間道德關係的主觀評價和反映。正確的道德輿論在促進個體道德內化過程中具有重要意義，它能倡導或譴責、贊賞或反對、鼓勵或鞭笞各種道德觀念和道德行為，對培養青年的道德品質具有很大的作用。道德輿論的形成

可以增強青年正確的道德信念，培養青年的善惡觀念和道德責任感，促使青年內心的矛盾鬥爭，提高青年對行為善惡的自我評價能力；同樣，青年道德責任感的增強，又會促進道德輿論的形成，使道德輿論能夠發揮更大的力量。值得注意的是，隨著網際網路的迅速發展和對外交流的進一步加深，一種以個人為中心的價值觀念正在青年中盛行。杜坤林、諸鳳娟(2012)對上千名「90後」大學生的道德價值取向的研究指出，71%的大學生反對先公後私、毫不利己的道德規範。因此，我們要向青年大力倡導社會主義核心價值觀，以此來促進青年形成正確的道德價值觀。

復習鞏固

1. 影響青年道德價值觀形成的因素有哪些？
2. 如何營造正確的道德輿論，來幫助青年形成正確的道德價值觀？

第五節　青年道德價值觀的教育

　　青年道德價值觀的教育是一項龐大的社會系統工程，不僅需要家庭、學校、社會等多方的合作配合，還需要選擇相應的策略才能完成目標。

一、青年道德價值觀的培養途徑

　　針對青年道德價值觀形成過程中各種因素的影響，可以從以下幾方面進行培養。

(一) 堅持集體主義的道德價值導向

　　集體主義是社會主義道德和價值導向的基本原則。因此，要引導青年更好地把國家、集體和個人利益三者有機地結合起來，成為青年自覺踐履的價值取向目標，並把集體主義原則滲透到青年的各項教育活動中去。然後在青年當中廣泛開展集體競賽活動，培養青年的參與意識和集體榮譽感，形成青年自覺的行為規範和標準，促進青年集體主義道德價值觀的形成。

(二) 建構學校、家庭和社會相結合的道德價值教育體系

　　一是要進一步發揮學校在青年道德價值教育的主管道作用。不斷改進和完善學校教育，大力加強對青年的品德教育與正確的道德價值觀教育，將社會現實問題貫穿於教學之中，並結合課堂教學開展課外實踐活動，引導青年認識和瞭解中國國情，認清社會，進行思考。二是要進一步重視家庭教育在青年思想道德建設中的重要作用。父母等長輩要以良好的道德修養成為子女的表率，透過自己的言行感染和引導青年養成正確的道德規範和生活方式。三是要進一步依靠社會教育的長期性作用。透過政府、社區等機構大力宣揚社會公德和家庭美德，建構合理高效「三位一體」的青年道德價值觀教育體系。

(三) 重視文化對青年的浸染作用

　　首先，要弘揚道德文化主旋律，重視道德輿論號召力，建立代表時代發展要求和社會前進方向、與社會主義市場經濟相適應、與中華民族的傳統美德相承接的德育體系，用先進文化感染青年。其次，要嚴格規範各類文化娛樂場所，加大對網咖的監管力度，取締有害青年身心健康的非法場所。要充分發揮影視和網路的教育作用，為青年提供更多的精神食糧。最後，要淨化青年成長的周圍環境。切實加強對黃、賭、毒等危害青年身心健康的醜惡現象的查處力度，防止奢靡生活和精神污染的滋生蔓延，堅決抵制一切社會不穩定因素對青年產生的消極影

響。

(四)教師要發揮榜樣的示範教育作用

教師職業的特殊性，決定了教師在青年道德價值觀教育中具有舉足輕重的作用。教師必須加強師德修養，完善自己的人格，以身作則、為人師表，真正發揮其道德形象的榜樣作用，既對青年有「言」的感染力，又有對青年「行」的感召力，無形中給青年學生形成示範，真正在廣大青年學生心中樹立起崇高的道德形象。

(五)限制和消除大眾傳媒的負面效應

大眾傳媒對青年道德價值取向的導向功能，既有積極的正面導向，也有消極的負面導向，這就要求我們必須對大眾傳媒的負面價值導向加以限制和消除。在加強監管的同時，必須制定相應的法規和政策，強化對大眾媒介犯罪的打擊力度，保護青年的身心健康。同時，要加強媒體從業人員的職業道德教育和藝術修養，提高他們的專業水準，增強其社會責任感，使他們熱愛工作、忠於職守、全心全意為人民服務。只有這樣，才能從源頭上限制和消除大眾傳媒資訊中那些不利於青年身心健康的東西。

(六)加強青年的社會道德實踐

社會道德實踐是青年道德價值觀形成的有效途徑。學校和社區要增加青年社會道德實踐的機會，讓青年融入社會之中。大學生在校期間要有計劃、有組織地參加社會調查、社會實踐和志願者服務工作，例如，主題團日活動，到養老院、孤兒院做義工，協助交警維持秩序，等等。透過這些實踐活動可以加深青年對道德的理解，形成社會責任感，提高青年的道德修養，促進青年良好道德價值觀的形成。

二、青年道德價值觀的教育策略

青年道德價值觀的教育策略常見的主要有以下幾種。

(一)榜樣教育策略

榜樣教育是教育者根據教育目的和青年的身心發展特點，選擇相應的榜樣，啟發、引導青年模仿、學習榜樣的行為習慣、知識技能、思想品德的過程和方法。

選擇榜樣。教育者要根據道德教育的目標選擇合適的榜樣。選擇的榜樣要使青年覺得可親、可敬、可信、可學。第二，提出學習榜樣的要求。讓青年明確學

習榜樣的目的，端正學習態度，制訂學習目標。第三，宣傳榜樣事跡。對榜樣的事跡進行總結梳理，使其系統化、形象化、生動化，透過報告會、故事會、參觀展覽、訪問榜樣、閱讀榜樣傳記等形式宣傳榜樣。第四，創設模仿情境。引導青年模仿榜樣的行為，經過模仿，榜樣的優秀品德就會在青年身上逐漸形成。第五，定期總結評價。引導青年將自己的行為和榜樣的行為做比較、找差距，瞭解自己的成績和不足，明確今後的努力方向。

(二) 課程訓練策略

台灣學者許易萍(2010)指出品德教育的課程模式可分為三種，一是屬於科目中心課程模式的正式課程；二是廣域課程模式或科際整合模式的融入式課程，以及機會教育的道德隨機課程。

李琪明(2009)提出品德教育融入學校課程的方法，可從三方面著手。(1)正式課程：重於認知層面，可單獨設置課程或融入各學科學習領域，有系統、有組織地進行完整的品德教育。例如，政治課可以採用道德兩難討論，中文課可以採用文學鑒賞來啟發道德思維等。(2)非正式課程：側重行動層面，重點在校園的各種活動與學校制度，如社團活動、班會、校規校紀與學生自治組織等，讓青年表達意見，彰顯民主參與的品德教育精神。此外，走出校園的社區服務學習，也是提供給青年品德實踐的絕佳機會。(3)潛在課程：重在情感層面，包括學校軟硬件環境的周全規劃與精心考量、校園道德氣氛、師生良好互動關係，使校園文化蘊含正義、關懷、尊重與自律的精神，強化品德教育的成效。

(三) 行為矯正策略

行為主義者認為，人類的社會行為大多是在條件反射基礎上建立起來的，透過改變外部條件能夠消除或糾正為社會所不允許的行為，建立良好行為。行為矯正技術對改變或糾正青年的打架鬥毆、竊盜、不遵守課堂紀律等不良行為十分有效。

在行為矯正過程中，教育者要從青年的身心發展特點出發，合理運用獎懲手段，做到正確公正。正確是指教育者給予的獎懲既要考慮青年行為的動機，又要注意他們的行為表現。公正是指教育者應拋棄自己的偏見和偏愛，對於青年出現的良好行為及時予以表揚並鞏固。在獎懲過程中，教育者要講明獎懲的依據，合理提出期望，使青年體驗到教育者的關心和尊重，促使其取得進步。

（四）價值澄清策略

價值澄清法的主要提倡者有美國的瑞斯（Louise Raths）、哈明（Meril Harmin）、西蒙（SidmayB.Simon）以及基爾申鮑姆（Howard Kirschenbaum）等人。相對於傳統品格教育直接、說教式的道德教學，價值澄清法要求教育者應保持價值中立，避免「道德化、批評、傳授價值或評價」以及將價值強加於青年。價值澄清法的倡導者相信價值概念是植根於人類潛能之上，人類有智力及自我指導行為的能力。因此，價值澄清法是透過客觀的教學策略，幫助青年澄清自我的價值觀，釐清自身的價值概念。其操作步驟如下（見表 6-2）：

表 6-2　價值澄清法的三個階段七個步驟

階段	步驟
選擇	1. 自由地選擇
	2. 從許多項目中來選擇
	3. 對每個選項的結果都深思熟慮後選擇
珍視	4. 珍愛喜歡所做的選擇
	5. 具有足夠的意願來公開肯定地表示所做的選擇
行動	6. 以自己的選擇採取行動
	7. 在某些生活形式中重複地行動

在實際教學中，教育者和青年需要進行一系列的釐清價值的理性思考教學活動，主要包含對話、填寫價值表、團體討論等活動。在價值觀澄清法的運用中，全靠青年個人去對價值觀做出選擇，並進行反思，然後公開表示自己選擇的價值，並透過不斷實踐來確信價值。該方法強調的是青年透過思考不同的選擇來形成自己的價值體系，有助於青年個體道德觀的發展。

生活中的心理學

2006 年 4 月 21 日晚 10 時，24 歲的許霆來到廣州天河區黃埔大道某銀行的 ATM 取款機取款。當他輸入卡號密碼和 100 元的取款額並按下確認鍵之後，取款機卻沒回應。於是他重新輸入，按了 1、0 鍵之後，又不小心按了「00」鍵，卻取消不了，可當他按下確認鍵之後，取款機卻吐出來 1000 元人民幣。他驚訝地發現銀行卡帳戶裡只被扣了 1 元，狂喜之下，許霆連續取款 5.4 萬元。許霆回到住處，將此事告訴了同伴郭安山。兩人隨即再次前往提款，之後反覆操作多次。許霆先後取款 171 筆，合計 17.5 萬元；郭安山取款 1.8 萬元。事後，二人各攜贓款潛逃。

同年 11 月 7 日，郭安山向公安機關投案自首，並全額退還贓款 1.8 萬元。經

廣州天河區法院審理後，法院認定其構成竊盜罪，但考慮到其自首並主動退贓，故對其判處有期徒刑一年，並處罰金1000元。而潛逃一年的許霆，17.5萬元贓款因投資失敗而揮霍一空，2007年5月在陝西寶雞火車站被警方抓獲。2007年12月，廣州市中院審理後認為，被告許霆以非法侵佔為目的，夥同同案人採用秘密手段，竊盜金融機構，數額特別巨大，其行為已構成竊盜罪，遂判處無期徒刑，剝奪政治權利終身，並處沒收個人全部財產。許霆隨後提出上訴。2008年3月，廣州中院認定許霆犯竊盜罪，判處有期徒刑5年。許霆再度上訴，2008年5月，廣東省高院二審駁回上訴，維持原判。2010年7月30日，因表現好，許霆被提前假釋出獄。

（五）公正團體策略

公正團體策略（just community strategy）是美國心理學家科爾伯格提出來的。它主要透過師生的民主參與活動，創造一種公正的集體氛圍，實現道德責任和履行道德行為，促進個人的道德發展。

公正團體方法在實施中有一定的組織結構，主要包括議事委員會、顧問小組、集體會議和紀律委員會。公正團體要求參加的學生人數不能太多，然後加上教師，共同構成團體的規模。公正團體的主要活動是集體會議，集體會議要制訂有關的規則和紀律，計劃集體活動和政策，處理違紀事件。其核心思想是民主參與，不管是教師還是學生，大家對問題的表決都是每人一票。對會議涉及的問題，顧問小組要進行審議，拒絕權威或官僚主義的解決問題方式。紀律委員會要勸告和引導違紀者以後遵守紀律，只有在確認合適的情況下，才給予懲罰。如果對懲罰不服，可以向更高級的議事委員會申訴。實施公正團體模式的方案不是一成不變的，在具體條件下，它有具體的內容。但這種方法作為一種具體的道德教育模式，在實踐上較難操作。

（六）關懷倫理教育策略

根據關懷倫理學的觀點，對青年進行道德教育的目的是培養青年成為一個具有關懷理想與關懷能力的人，讓青年擁有去關懷的實踐機會與被關懷的學習經驗。青年要學會關懷自己、關懷親密之人、關懷周遭熟識之人、關懷遠方不相識之人、關懷動植物及自然環境、關懷人文環境以及關懷理念等。關懷倫理教育具體包括以下四項內容。

身教（modeling），教育者與青年的關係是關懷者與被關懷者的關係。教育者要成為一個關懷者，成為青年的榜樣，青年只有在教育者的關懷中，才能學會關懷他人。

2. 對話（dialogue），教育者要關注青年，傾聽青年的立場，理解青年的需求，接納青年的感受；青年要檢視自己的生活，接受教育者的鼓勵去探討重大的人生問題。對話的重心不在於爭論是非對錯，而是使參與者體察關懷自己與他人的重要。這樣的體驗勝過道德論辯中的是非爭論。

3. 實踐（practice），強調從活動的實踐過程中發展關懷的品德，提倡社區服務及關懷倫理的合作學習模式，並認為青年可以從中學會關懷他人。

4. 認可（confirmation），關懷者肯定並激勵被關懷者的表現，關懷者和被關懷者能相互體察對方的需求，從而給予鼓勵與肯定。

復習鞏固

1. 培養青年道德價值觀的途徑有哪些？
2. 培養青年道德價值觀的教育策略有哪些？

要點小結

1. 道德價值觀是主體根據自己的道德需要對各種社會現象是否具有道德價值做出判斷時所持有的內在尺度，是個體堅信不疑的各種道德規範所構成的道德信念的總和。

2. 道德價值觀有不同的分類。道德價值觀的測量包括重要性排序法、道德兩難情境法、李克特量表法。

3. 道德價值觀的理論主要有班杜拉的社會學習理論、科爾伯格的道德發展階段論、吉利根與諾丁斯的關懷倫理學。

4. 青年道德價值觀的特點包括一般特點和階段性特點。一般特點主要包括青年的道德觀念、道德判斷和良心。階段性特點包括青年早期、中期和晚期的特點。青年道德價值觀的形成是一個系統工程，受個人、家庭、學校和社會等因素的影響。

5. 青年道德價值觀的教育途徑主要有堅持集體主義的道德價值導向，建構學校、家庭和社會相結合的道德價值教育體系，重視文化對青年的浸染作用，教師要發揮榜樣的示範教育作用，限制和消除大眾傳媒的負面效應，加強青年的社會道德實踐。

6. 青年道德價值觀的教育策略主要有榜樣教育策略、課程訓練策略、行為矯正策略、價值澄清策略、公正團體策略、關懷倫理教育策略。

關鍵術語

價值觀	values
道德價值觀	moralvalues
社會學習理論	social learning theory
道德發展階段論	stage theory of moral development
關懷倫理學	care ethic
良心	conscience

復習題

一、單項選擇題

1. 主體根據自己的道德需要對各種社會現象是否具有道德價值做出判斷時所持有的內在尺度，是個體堅信不疑的各種道德規範所構成的道德信念的總和，稱之為（　）。

　　A. 道德　　B. 價值觀　　C. 道德價值觀　　D. 品德

2. 好孩子定向階段屬於道德發展階段論中的哪一個水平？（　）

　　A. 前習俗水平　　B. 習俗水平　　C. 後習俗水平　　D. 以上都不是

3. 人們對自己的行為，在同他人和社會關係上負有道德責任的自覺意識，稱之為（　）。

　　A. 道德判斷　　B. 良心　　C. 道德意志　　D. 道德推理

4. 道德發展階段論是以下哪位心理學家提出來的？（　）

　　A. 班杜拉　　B. 斯滕伯格　　C. 科爾伯格　　D. 華生

5. 提出品德教育的整合模式的是（　）。

　　A. 里可納　　B. 班杜拉　　C. 科爾伯格　　D. 皮亞傑

二、多項選擇題

1. 班杜拉認為觀察學習由以下哪幾個階段構成（　）。

　　A. 注意階段　　B. 保持階段　　C. 動作復現階段　　D. 強化和動機階段

2. 科爾伯格認為，青年的道德判斷一般處於哪幾個階段（　）。

　　A. 二　　B. 三　　C. 四　　D. 五

3. 關懷倫理學的代表人物是（　）。

A. 班杜拉　　B. 斯金納　　C. 吉利根　　D. 科爾伯格　　E. 諾丁斯

4. 課程訓練策略可從以下哪幾方面著手（　）。

A. 正式課程　　B. 非正式課程　　C. 潛在課程　　D. 隨機課程

5. 青年道德價值觀的形成是一個系統工程，受多種因素影響，這些因素包括（　）。

A. 個人　　B. 家庭　　C. 學校　　D. 社會

三、判斷對錯題

1. 道德價值觀是個體偏好某種道德行為方式的持久性信念。（　）
2. 美國心理學家科爾伯格提出了社會學習理論。（　）
3. 對青年道德價值觀的教育需要採取多方面的途徑及方法。（　）
4. 智力是道德價值觀發展的充分條件。（　）
5. 青年道德價值觀的發展具有明顯的階段性。（　）

第七章　青年的成就與培養

　　你對自己在學業和工作上的表現滿意嗎？你覺得自己的表現與其他人有什麼差異？你對自己的未來是如何規劃的？成就對於青年的發展至關重要。本章將與你一起關注青年的成就，瞭解青年學業和職業成就的特點，分析影響青年學業和職業成就的因素，探索提高青年學業和職業成就的措施。透過這些學習，能夠幫助你瞭解青年成就的重要性，並努力取得成就。

第一節　概述

　　青年期是為進入社會生活、承擔社會角色做準備的時期。青年的學業和職業成就如何，對一生的影響很大。為此，許多研究者進行了探討。透過青年成就的研究，可以幫助青年早日取得成就，促進青年更好地發展。

一、成就的含義

　　成就（achievement）一詞，中國《辭海》解釋為取得的成績或業績。從廣義上看，成就指的是同接受評估情境中的表現有關的動機、能力、興趣以及行為方面的發展；狹義上指人們在學習和工作上的表現，以及對於將來學業和職業生涯的期望和規劃。本章中，青年的成就主要是指青年在學習和工作中的表現，以及與之有關的動機、學習和工作能力等各方面的發展。

二、成就的理論

（一）成就需要理論

　　成就需要理論（achievement need theory）是由美國哈佛大學著名心理學家戴維・麥克里蘭（David McCleland）透過對人的需求進行研究，於1950年代提出來的。麥克里蘭認為，人在生存需要基本得到滿足的前提下，最主要的有成就需要。成就需要是爭取在學業和職業上取得成功、追求優越感，希望做得最好的需要。麥克里蘭將具有高成就需要的人總結為以下特點：(1)能對任務進行分析，並透過對自我的認識，主動為自己設定具有一定挑戰性的目標；(2)在自主確定目標時，總會挑選難度適中的任務，不會避難就易，也不會自不量力；(3)喜歡透過自己的努力解決問題，不依賴偶然機遇坐享成功；(4)要求立即得到反饋資訊，清楚任務結果。

（二）成就動機理論

　　最早研究成就動機的是美國哈佛大學心理學家墨里（H.A.Mury）。墨里將成就動機解釋為：一種努力克服障礙、施展才能、力求盡可能又快又好地完成某事的願望或趨勢。美國心理學家麥克里蘭和阿特金森（J.K.Atkinson）接受了墨里的思想，並將其發展為成就動機理論。

　　麥克里蘭認為，成就動機高的人傾向於獨自承擔責任，並在完成任務中獲得滿足感。同時，成就動機的高低影響個體對職業的選擇。成就動機高的人傾向於

選擇具有開創性的職業，而成就動機低的人傾向於選擇風險小的職業。

阿特金森將麥克里蘭的理論進一步深化。他認為，個體的成就動機包含兩部分，一是追求成功的動機，即人們追求成功和由成功帶來的積極情感；二是避免失敗的動機，即人們避免失敗和由失敗帶來的消極情感。

根據這兩部分動機在成就動機中所佔的強度不同，可以把個體分為追求成功者和避免失敗者。研究表明，追求成功者往往會選擇成功概率約為50%的任務，因為這種任務能給他們提供現實的挑戰。反之，避免失敗者會傾向於選擇容易或困難的任務。因為選擇容易的任務可以免遭失敗，選擇艱難的任務，可以藉口任務太難而逃避失敗帶來的負面情緒。

擴展閱讀

成就動機的測量方法主要分為兩大類：一類為投射測驗，另一類為問卷測驗。

投射測驗中最常用的是主題統覺測驗（Thematic Apperception Test）。這種測驗是呈現給被試一系列圖片，要求被試就每張圖片進行說明或編寫一個故事。

故事內容包括圖片中發生了什麼事、圖片中的人物是誰、在想什麼、將來會發生什麼等。使用主題統覺測驗測量成就動機時，研究者要根據故事中所表達的成就資訊進行評分。

由於主題統覺測驗使用起來比較麻煩，加之評分的主觀性使測驗的信度受到影響。因此，從1950年代末開始，研究者開始設計問卷來測量成就動機。其中影響較大的是挪威心理學家傑西姆（Gjesme.T.）和尼加德（Nygard.R.）於1970年編制的成就動機量表（Achievement Motivation Scale）。該量表有30個題項組合，每題從不符合到完全符合共五個等級計分。其中文版本為中國心理學教授葉仁敏和挪威黑格維特（Hegtvet.K.A.）合作譯著，在中國得到了廣泛的應用。

（三）成就目標理論

成就目標理論（achievement goal theory）是美國心理學家德維克（Dweck）綜合對成就的研究成果，於1980年代提出來的。德維克認為，人們對能力持有不同的內隱觀念，主要有：(1)能力實體觀（entity view of ability），即認為能力是穩定、不可改變的特質，一些人會比另一些人更聰明，但是能力的量是固定的；(2)能力增長觀（incremental view of ability），即認為能力是不穩定、可以控制的，可以隨著知識學習和技能培養增強。透過努力工作、學習，知識能夠得到增長，能力也將得到提高。每個人持有不同的能力觀，而不同能力觀會培養出不同類型的目標及學習者（見表7-1）。

表 7-1　不同能力觀的目標及學習者類型

維度	類型	特徵
目標類型	表現目標	持能力實體觀，避免他人看不起，選擇成功可能性大的任務以展現自身的天資聰穎，傾向於將成敗歸因於自身的能力
	掌握目標	持能力增長觀，尋求真正鍛鍊自我的能力，專注於當前任務，有效地運用深層加工策略，保持積極的情緒，努力不懈
學習者類型	自我捲入型	持能力實體觀，關心是否能向他人證明自身的能力
	任務捲入型	持能力增長觀，關心能否掌握任務

根據德維克的成就目標理論，應根據青年所持能力觀的不同對青年進行引導和教育，因材施教，運用多種方法幫助青年提高能力，促進其在學業和職業上表現得更好，幫助提高其成就水平。

（四）成就歸因理論

成就歸因理論（atribution theory）由美國心理學家海德（F.Heider）提出。他認為，人們具有理解世界和控制環境的兩種需要，滿足這兩種需要的基本手段就是瞭解人們行動的原因，並預言人們將如何行動。人們做完一項工作後，往往喜歡尋找自己或他人之所以成功或失敗的原因。美國心理學家韋納（B.Weiner）在海德研究的基礎上認為，人們在分析成功或失敗的原因時，一般歸結為以下六個方面：（1）能力，個體評估自己對某項工作是否勝任；（2）努力，個體反省檢討自己在工作中是否盡力而為；（3）工作難度，個體憑經驗判定某項工作的困難程度；（4）運氣，個體認為工作成敗是否與運氣有關；（5）身心狀況，個體的身心狀況是否影響工作成效；（6）其他，指有關的人與事對成敗的影響，如他人幫助、是否公正等。韋納將它們歸入三個維度：因素來源———當事人認為其成敗因素的來源；穩定性———當事人認為影響成敗的因素在性質上是否穩定；可控制性———當事人認為影響成敗的因素是否能夠由個人意願所決定（見表 7-2）。

表 7-2　韋納的成敗歸因理論

歸因類別	因素來源		穩定性		控制性	
	內在	外在	穩定	不穩定	能控制	不能控制
能力	V		V			V
努力	V			V	V	
工作難度		V	V			V
運氣		V		V		V

| 身心狀況 | V | | | V | | V |
| 其他 | | V | | V | | V |

根據成就歸因理論，應引導青年進行積極歸因，將成就歸因於內在、可控的因素，以此激勵青年不斷努力，繼續取得成就。

三、青年成就研究的意義

(一) 現代社會的發展要求對青年的成就進行研究

青年是國家發展的希望，是社會的中流砥柱。青年的成就關係到國家的興旺發達，影響著社會的進步。麥克里蘭認為，在現代社會中，個體的成就、競爭和成功顯得尤為重要。一個人所接受的教育以及所從事的職業，作為成就的兩個重要指標為其自我概念的形成，以及在他人眼中的形象奠定了基礎。取得成就已經成為當代青年的共識。成就較高的青年更能肩負國家和民族賦予的使命，不畏艱難，努力拼搏，為自己的理想事業奮鬥，為社會和國家創造財富和價值。因此，對青年成就的研究是現代社會發展的要求。

(二) 青年的眾多選擇促使對青年的成就進行研究

當代青年一般在 25 歲之前需要面對形形色色的學業和職業方面的選擇。不只是要選擇從事何種職業，是否繼續學業等基本問題，更涉及許多具體問題。如在職業領域中究竟從事何種具體工作？為了更好的工作，繼續深造多少年合適？如何完成從學校到工作的過渡？又比如，對想要從事教師職業的青年來說，是主修教育學專業好，還是主修專門學科好，有無必要讀研究生進行深造？這些問題都需要青年做出選擇。青年的成就與其選擇密切相關。青年會根據自己已取得的成就對自己的未來做出判斷，並根據自己對職業的規劃做出選擇。研究青年如何才能取得成就，可以幫助青年進行更好的選擇，促進青年早日成才。

(三) 青年的成就差異，需要對青年成就進行研究

許多青年在高中所表現出來的學業成就能促進其在大學繼續深造，但也有不少青年不能如願進入大學繼續學習。即使進入大學學習的青年在學業成就方面也存在較大的差異。有研究發現，在智力水平相同的情況下，個性外向穩定的大學生比情緒不穩定、焦慮易怒的大學生學業成就要高。即使青年能夠順利完成學業並找到一份工作，青年之間的收入、地位以及對工作的滿意度等也有差異。透過對青年成就的研究，可以探索造成青年成就差異的原因，並提出相應的對策，對縮小青年間的成就差距、推動青年更好地發展具有重要作用。

復習鞏固

1. 什麼是成就？關於成就的理論有哪些？
2. 青年成就的研究有什麼意義？

第二節　青年的成就動機

青年為了取得成就而付出的努力是不同的，這種努力程度實際上反映的是青年在成就動機方面的差異。青年的成就動機在成就過程中具有重要的作用。

一、成就動機的含義

成就動機是青年的一種重要的內部動機。成就動機（achievement motivation）是青年在成就需要基礎上產生，激勵青年對認為有價值的或重要的任務樂意去做並且力求成功的一種內在驅動力。成就動機能夠說明青年為什麼努力學習和工作的原因，能夠激發青年的潛力，使其在學習或工作中表現出高漲的熱情、認真的態度、堅強的毅力，能夠經受成敗的考驗，最終取得成就。

二、青年成就動機的特點

青年富有朝氣與激情，渴望在社會中有所成就。大量研究發現，青年的成就動機在不同性別、不同專業、不同學校上存在不同的特點。

（一）青年成就動機的性別差異

中國景懷斌、肖志玲（1997, 2003）等人的研究發現，男生追求成功的動機高於女生，而女生在避免失敗的動機上則高於男生。黃甜（2009）的研究也發現，男女生在追求成功的動機水平上存在顯著差異，女生對成功的追求不及男生，但與男生相比，女生對失敗的顧忌較少。這是因為社會對男生往往寄予較高期望，希望他們樹立遠大志向，在事業上自強不息，成為家庭與社會的頂梁柱，而對女生的期望大多是在婚姻上有好歸宿。因此，男生追求成功的動機比女生要高。

（二）青年成就動機的專業差異

張興偉、馮維（2010）對免費師範生成就動機的研究發現，免費師範理科生的成就動機顯著高於文科生。肖志玲、石曉勇（2003, 2006）的研究發現，理科大學生避免失敗的動機要高於文科大學生，這是因為理科大學生所學的專業相對複雜與困難，他們必須把大部分的時間用於專業學習，而忽視了對自己其他能力的培養，因此他們對失敗表現出更多的擔心。佟麗君、張守臣的研究得出，文科專業的青年教師比理工科專業的青年教師成就動機水平要高。這說明青年的成就動機具有專業方面的差異。

（三）青年成就動機的學校差異

青年時期所受的教育以及所讀的大學對青年的成就動機具有重要的影響。馬單單（2013）的研究表明，專科生在追求成功和回避失敗兩個維度上得分高於本科生，說明專科生有更強的追求成功、避免失敗的動機。但總體上，本科生的成就動機水平較高。有研究發現，在避免失敗的動機上，師範大學生顯著低於醫學、理工的大學生，可能是師範院校注重對師範大學生各方面能力的培養，加之教師職業聲望及薪資待遇得到了較大改善，師範大學生在成為一名教師方面有得天獨厚的優勢，因此，他們對失敗的逃避較少。也有研究發現，體育院校大學生的成就動機高於普通院校大學生，可能是體育專業的大學生大多經歷過長期刻苦且目標明確的訓練生涯，經常在劇烈的運動情境里拼搏，無數成功的經歷和體驗促成了其求勝的信念和決心，因而他們的成就動機較高。

三、青年成就動機的意義

（一）影響青年奮鬥目標的確立

奮鬥目標是青年行動的指南和動力，合理的奮鬥目標對青年成就的取得十分重要。成就動機高的青年往往具有較強的奮鬥目標，能實事求是地評價自己，並透過實際行動向著自己的奮鬥目標不斷前進，最終取得成功。而成就動機低的青年往往態度消極，不能正確認識自我，對自身發展及規劃不清晰，奮鬥目標較弱，未能提出適合自己的奮鬥目標，不利於自己的發展。

（二）影響青年價值觀的形成

價值觀是對於某類事物是否具有價值，以及具有何種價值的根本看法。正確的價值觀能夠促進青年發展。孟紅（2003）透過對青年成就動機與價值觀關係的研究發現，成就動機較高的青年較遵從社會規範。由此可見，成就動機對青年形成正確的價值觀具有影響。正確的價值觀對青年自我價值的實現和有效發揮有促進作用。

(3) 影響青年對困難的態度和潛能的發揮

高成就動機的青年在學習和工作中往往持積極態度，面對困難時能認真分析困難的性質，不輕易放棄，困難越大，越有挑戰性，越能激發其上進心，促使其想方設法解決困難。而低成就動機的青年對外界環境持消極態度，面對困難容易放棄或消極應對，將困難歸咎於環境和非人力可以控制的因素，在困難面前束手無策。美國弗倫奇和托馬斯（E.G.French & F.Thomas）曾讓不同成就動機的被試解

決複雜的問題，結果發現，高成就動機者比低成就動機者學習積極性高，解決問題的毅力更強。韋納的研究發現，成就動機高的被試在執行某項任務失敗以後，比成就動機低的被試有較大熱情，有更多完成任務的信心及行動努力。

(五) 影響青年健康人格的發展

中國韓琴 (2012) 的研究發現，青年的成就動機與內外傾人格之間有顯著的正相關，與人格的神經質、精神質有顯著的負相關。孟雁鵬 (2012) 的研究發現，大學生追求成功的成就動機與積極人格特質呈顯著正相關，避免失敗的成就動機與積極人格特質呈顯著負相關。一般來說，高成就動機青年活動積極性高，善於探索，其潛能得以充分發揮，能取得較高的教育和職業成就，形成較強的自信心和自我效能感，有利於其健康人格的發展。

▎四、青年成就動機的激發

(一) 青年要樹立遠大的理想，明確恰當的奮鬥目標

理想是人們對未來社會和自身發展的嚮往與追求，是合理的想象或希望。遠大的理想有利於青年明確自己的追求和奮鬥目標，為青年的前進提供動力，激發青年不斷努力的動機，最終取得成功。目標是青年學習和工作的結果，是奮鬥的方向。恰當的目標指學習和工作目標的難度要適合青年的能力，是青年透過努力可以達到的。學習和工作目標只有細化為具體的目標後，才對青年有激勵作用。所以，青年要明確恰當的奮鬥目標，使之能夠激發自己的成就動機。

(二) 培養青年的好奇心與求知慾

青年正處於求知的黃金時期，求知慾與好奇心能激發青年的成就動機。教育實踐表明，創設問題情境是激發青年求知慾和好奇心的一種有效教學方式。創設問題情境是指教師提供的學習材料、條件、實踐和操作能使青年產生疑問，渴望透過活動探究問題的答案。有效的教學在於形成一種使青年似懂非懂、不確定的情境，由此產生的矛盾、疑惑最能引起青年的求知慾和學習興趣，使其產生學習的願望。同時應鼓勵青年大膽質疑。青年時期是喜歡質疑、探索的時期，青年對新事物、新知識極為敏感，教師應利用這種敏感性，啟發青年發現疑問，引導其進行科學的解疑，激發青年的求知慾。

(三) 正確使用獎懲手段，提高青年的成就動機

獎勵與懲罰是常用的強化方式。青年的需要往往是多種多樣的，因此應結合青年情況，機智地考慮多種強化方式，以激發青年的成就動機。要注意獎勵的分

寸，過度的獎勵非但不能激發青年的成就動機，反而會產生不良影響。正確的做法是：獎懲必須堅持實事求是、客觀公正的原則，避免負作用的產生；要多用獎勵、慎用懲罰；獎懲要考慮青年的個別差異以及具體情況，有針對性；要及時反饋青年的學習和工作結果，使青年及時知道自己在學習和工作上的情況，取得了哪些成就，存在哪些問題，是否達到了目標，從而進一步激發青年的成就動機。

(四)鼓勵青年參與適當的競爭活動

競爭是激發青年成就動機的重要手段。競爭能喚起青年的高昂鬥志，促使青年積極投入學習和工作之中，克服困難，獲得優異成績。競爭也是青年之間互相學習與交往聯繫的形式。透過競爭，青年能夠發現自己的局限性和尚未顯示出來的潛力，減輕學習與工作的單調感，增強學習與工作樂趣。但頻繁的競爭，會加重青年的學習與工作負擔，導致緊張、焦慮、敵對、報復等心理問題的產生，甚至引起能力差的青年的不勝任感，降低他們在集體中的地位，形成自卑感；使勝利者驕傲自滿，目中無人，或為了保住第一，循規蹈矩，不敢創新。因此，要教育青年認識競爭的利弊，教給青年公平競爭的方法，使其學會正確競爭。

復習鞏固

1. 為什麼青年需要成就動機？青年的成就動機有何特點？
2. 如何激發青年的成就動機？有哪些主要的途徑或方法？

第三節　青年的學業成就

學業成就是青年在學校教育階段所取得的主要成果，也是青年在學生時期發展的重要目標。作為青年成就的重要部分，青年的學業成就關係到青年未來的發展。因此，對青年學業成就的關注十分必要。

一、學業成就的含義

學者們透過對學業成就（academic achievement）的研究，對學業成就有不同的解釋。中國著名心理學家朱智賢（2010）將學業成就定義為，個人透過學習和訓練所獲得的知識、學識和技能。美國尼茨爾（M.T.Nietzel）指出，學業成就是指透過學習和訓練所習得的知識和技能；中國心理學家鄭日昌（2009）認為，學業成就指的是經過一定的教學或訓練所學到的，是在一個比較明確、相對限定的範圍內的學習效果。吳明清（2009）認為學業成就是學生在學校教育中的主要成果，也是學生發展的重要目標，不僅包括學生的課業成績與學習習慣等知識學習狀況，而且包括思想行為與學校集體生活情況。也有學者認為，學業成就是指個體在學業領域所具有的知識、技能或取得的成績水平。在本章中，青年的學業成就指的是青年透過學習所獲得的知識、技能和能力。

二、青年學業成就的特點

（一）準備性

青年期的學業成就一般是在大學獲得的。在大學，青年可以透過系統的學習、參加各種實踐活動提高自身的知識和技能。同時，大學的各種教育影響使青年逐漸形成對待事物的情感、態度和價值觀。處於大學階段的青年需要在學業方面做出許多努力，為未來的發展打下堅實的基礎。這一時期的學業成就直接影響到青年發展的前途，為青年進入社會做準備。

（二）差異性

雖然從小學開始，個體在學業成就上的差異就已經表現出來，但這些差異在青年期才被個體強烈地意識到。隨著青年自我意識的發展和自我概念的形成，青年以自己的能力、才華以及周圍人的評價為參照，以此來評估自己在學業方面的成就，並為未來做出規劃。青年期不同個體所獲得的學業成就往往具有較大的差異，對其發展影響很大。例如，在著名大學就讀的青年，其學業成就往往高於

普通大學的青年，這些對他們以後的就業、工作和婚戀等方面都會產生較大的影響。

(三) 決定性

在青年期，個體的身心發展較為成熟，需要在學業方面做出一系列的決定。青年一般可以自由地選擇想要讀的大學、學習的專業、選修的課程，也能自己決定未來的發展方向。這些決定影響著青年在學業上的表現以及未來的發展。例如，青年選擇醫學專業，在一定程度上決定了其未來的職業是醫生。由此可見，青年期的學業成就具有決定未來發展的作用。

(四) 累積性

青年所獲得的學業成就的高低，會受到一系列複雜因素的影響。如潛能較好、勤奮努力的青年，學業成就較高；家庭經濟條件較好的青年，能夠得到更多受教育的機會，學業成就較高等。另外，學業成就較高的青年往往能夠得到社會、他人更多的支持和鼓勵。如接受比同齡人更長時間的受教育年限，繼續深造等。青年的學業成就能使他們在勞動力市場中處於有利地位，找到更好的工作，促進其在職業生涯上取得較高的成就。

生活中的心理學

> **案例：鄧亞萍十年求學獲博士學位**
>
> 中國乒乓球界傳奇人物鄧亞萍 2008 年在英國劍橋大學被正式授予經濟學博士學位，圓了她的博士夢想。她表示拿到博士學位的激動心情不亞於奪得奧運會金牌。
>
> 鄧亞萍 1997 年結束運動員生涯後開始了 11 年的求學之路，分別在清華大學、英國諾丁漢大學和劍橋大學學習，先後獲得英語專業學士學位、中國當代研究專業碩士學位和經濟學博士學位。
>
> 從只會說中文，到如今英文達到母語水準，並用英文完成博士論文，鄧亞萍付出了艱苦的努力。鄧亞萍說：「我曾有一個想到劍橋讀博士的夢想，但覺得自己可能沒有這個機會。後來真的在劍橋讀博士，確實付出了非常多的代價。回過頭來想，是非常值得的。對 11 年的求學生涯做個總結，我覺得只要敢想，並且腳踏實地去做，是可以成功的。」

三、影響青年學業成就的因素

(一)社會環境因素

1. 城鄉教育的差異

城鄉教育差異對青年學業成就具有重要影響。研究發現，城市青年的學業成就明顯高於農村青年。這是由於中國城鄉教育發展的較大差別所致。城市學校較之於農村學校有更好的學習條件和資源，有更強的師資力量和教學水平，而且城市的發展水平比農村要高，能為城市青年提供更多、更好的學習機會和資源，利於城市青年學習潛能的發揮和能力的提升。中國農村青年多數是留守兒童，父母對他們的關心和幫助較少，對學業方面的指導幫助不夠。蔣國河、閆廣芬(2006)的研究表明，城鎮青年在學業上能獲得更多家庭經濟、文化和社會資本的支持，農村家庭青年相對處於劣勢地位，並因此在學業成就上與前者形成差距。

2. 同伴的影響

青年成長過程中的大部分時間是跟同伴在一起的，因此同伴對青年的學業成就具有重要影響。楊渝川等(2003)的研究表明，絕大多數青年都有自己的同伴。同伴在學業成就上有很高的同質性，而同伴對青年學業成就的影響，取決於同齡人群體的學習傾向性。成績較好並希望積極上進的同伴能夠提升青年的學業成就，而成績較差並不看重成功的同伴則對青年的學業成就不利。一項對同伴的研究發現，隨著時間推移，青年會因受同伴學業成就的影響有所變化。擁有高學業成就同伴的青年，其學業成就可能會有所提升。

(二)學校環境的因素

1. 校園文化的作用

青年成長的大部分時間是在學校度過的，因此學校是青年成長的重要地方。校園文化作為一種無形的教育力量，具有隱性教育作用，對青年的學業成就具有重要影響。整潔優美的校園可以為青年提供良好的學習環境，圖書館可以為青年探索新知識提供便利，名人雕塑可以激勵青年對科學知識的探索，這些都在不同程度上滿足青年的需要，激發青年的求知慾，對青年的學業成就具有重要作用。另外，良好的學校教育制度、校風可以陶冶青年的情操，引導他們樹立正確的學習目標；學校的宣傳欄可以宣傳各種科學文化知識；豐富的校園文化活動，能夠拓展青年的知識和能力。鮑振宙等人(2013)的研究發現，校園氛圍對青少年的學業成就具有正向預測作用。也有研究表明，校園氛圍會影響學生的學習能力以及學業成就。當學生在校園中體驗到安全感，受到他人關懷以及適當的支持時，會

推動他們去學習，提高學業成就。

2. 教師的作用

美國威廉(Wiliam)的研究發現，教師期望影響教師對學生學習成績的評定，導致了不同學生的分數與他們的成績差異。美國伊萊亞斯(Elias, 1974)的研究表明，教師期望比性別差異、種族差異對學生的學業成就的影響更大。他們指出，在某種情況下，教師抱有高期待或者低期待，會使同一水平上的學生成績出現一個標準差的浮動。台灣學者的研究發現，教師對學生的期待、喜愛與學生學業成就有顯著正相關。在教師期望組中，內控學生的學業成就顯著高於外控學生的學業成就；教師的民主式主管行為有利於學生學業成就的提高，教師的權威式和放任式行為無助於或不利於學生學業成就的提高；教師的溫暖關心對男生的學業成就作用大，教師的懲罰嚴厲對女生的學業成就作用大；教師對學生能力的期望會影響女生追求成就的傾向，影響男生逃避失敗的傾向。魏翠翠(2008)的研究也發現，教師期望與學生學業成就呈顯著正相關。教師對學生學習、生活及工作各方面的指導和鼓勵對提高學生的學習表現具有促進作用，能幫助學生樹立正確目標，制訂合理的學業規劃，提高學生的學業成就水平。

(三) 家庭環境因素

1. 家庭社會經濟地位

家庭社會經濟地位是青年學業成就強有力的影響因素。中國張曉、陳會昌、張銀娜和孫炳海(2009)的研究發現，家庭社會經濟地位能夠顯著預測學生的學業成就，較低的家庭社會經濟地位會在一定程度上損害學生的學業成績。美國珍克斯(Jencks)的研究發現，家庭的社會經濟地位比學校因素更能說明學生的學業成就差異。斯維爾(Swel)和霍瑟(Hauser, 1976)的研究也提出，家庭社會經濟地位與學生的學習成績有很強的正相關。列文尼(1996)認為不同社會階層家庭會為子女創造不同環境。中產階級家庭選擇住在最好學校的附近或把孩子送到最好的學校，因此中產階級家庭的孩子會或多或少地為好的學習成績做準備。

2. 父母教養方式

父母教養方式是父母在撫養和教育子女過程中採取的手段和方法。社會學家桑得福・多恩布什(Sanford Dornbusch, 1987)和其同事的一項研究表明，民主型的父母教養方式對子女學業成就的影響好於其他類型的父母教養方式，而父母教養方式變化不定的子女的學業成就水平更低。張新勞(2008)的研究發現，民主型父母的教養方式最有利於子女的學業成就，而放縱型父母的教養方式對子女的學業成就最為不利。陸亞男(2004)的研究發現，學業成就良好的學生中，父親的教

養方式屬於溫暖理解的比例高於其他類型；採用積極教養方式的家庭中，學生獲得高學業成就的可能性較大。一些研究還發現，專制型、溺愛型和忽視型的父母教養方式與子女學業成就呈負相關，民主型的父母教養方式與子女學業成就呈正相關。

3. 父母期望

父母期望是父母心中子女的成長模式、發展軌跡和目標。父母期望對子女的學業成就具有重要影響。龐維國等人（2013）的研究發現，父母期望對子女的學習成就有顯著影響。父母對子女期望越高，子女的學業成就越好。美國塞維爾（Sewel, 1986）和豪捨（Hauser, 1987）提出，儘管社會經濟地位與子女的學習成就在統計學上相關，但社會經濟地位的影響不是簡單和直接的，而往往是父母期望等許多參與變量發揮中介作用的結果。他們的研究發現，父母期望等社會心理變量解釋了 60%~80% 的階層背景和其子女學習成就之間的關係，表明瞭父母期望對子女學習成就的重要性。美國戴馳爾・勞瑞（Datcher・Loury, 2001）的研究也發現，父母具有較高的教育期望對子女學習成就有顯著和長期的影響。

（四）青年個體的因素

1. 青年的性別差異

性別差異對青年學業成就具有重大影響。一方面，兩性生理功能存在差異，導致其氣質、性格等方面存在差異，影響其學業成就；另一方面，社會傳統觀念對男女社會角色的認知存在差異，導致其在學習成就上存在差異。有研究（2003）認為，女性的成熟早於男性，使得女性更易於形成良好的學習習慣，造成女性學業成就高於男性。男生與女生相比，比較外向、朋友多、好動，而女生相對安靜、不善交際，對道德價值看得較重，多愁善感、多煩惱、易激動，這種男女生之間的個性特徵差別可能是導致其學業成就差異的重要原因。姚本先、陶龍澤（2004）的研究表明，男女大學生在學業成就，尤其是學習成績方面存在顯著差異，這主要與男女間智力因素（如記憶力、觀察力等）、非智力因素（如成就動機、興趣等）的差異有關。王舒（2012）的研究發現，不同性別的學生在學業成就中的知識收穫、能力收穫和自我概念發展收穫上存在差異，男生在知識的涉獵能力、批判思維能力和合作能力上較為優秀；女生在專業知識技能、口頭表達能力、書面表達能力、組織領導能力、資訊技術能力、自主學習能力和認識自我上較為優秀。

2. 青年的人格特質

青年的人格特質，如氣質、能力、性格等會制約青年的學業成就。青年往往根據自身人格特質對學業進行選擇，並根據自身需要進行規劃。不同人格特質的

青年在學習中表現不同，對其學業成就具有重要的影響。姚慧等人（1999）的研究發現，在智力水平相同的情況下，個性外向穩定的人比情緒不穩定、焦慮易怒的人學業成就高。因為過度內向的人無法化解自我與環境的矛盾，從而影響學業成就。中國趙小雲（2007）的研究表明，學生的宜人性、謹慎性和開放性人格特質與其學業成就存在著顯著的正相關，其中開放性和宜人性人格特質能有效預測其學業成就。不同學業成就的學生在宜人性、開放性和謹慎性人格特質上存在顯著差異。

3. 青年的成就動機

成就動機對青年的學業成就具有一定的預測作用。曹守蓮、石沙泉（2006）的研究發現，軍校大學生追求成功的動機與學業成績呈顯著正相關，避免失敗的動機與學業成績呈顯著負相關；在追求成功的動機上，學業優良的軍校大學生明顯高於學業一般和較差的大學生；在避免失敗的動機上，學業優良的軍校大學生明顯低於學業較差的大學生。王靜（2012）的研究表明，高職生成就動機及其各維度，與學業成績呈顯著正相關，成就動機對學習成績具有正向預測作用。陳權（2007）對大學生的成就動機與學業成就的研究指出，成就動機過強導致壓力過大，不利於取得高的學業成就；而過度避免失敗，對學業漠然置之，甚至退縮、逃避，也無法達到高的學業成就。只有當成就動機處於最佳水平時，才會使學習活動產生最佳效果。

四、青年學業成就的促進

（一）加強對青年的立志教育，激發青年的成就動機

遠大的理想和志向可以推動青年不斷努力學習和進步，取得學業成就。透過立志教育能夠幫助青年認識到學習的意義，把自己的奮鬥理想和祖國的繁榮富強聯繫起來，增強青年的責任感與使命感，啟發青年自覺勤奮學習。成就動機是在一定社會、教育條件下形成，並透過一定訓練培養和提高的。要加強對青年的立志教育，透過成就動機的訓練可以提高青年在學業上的表現，提升能力。成就動機訓練一般分為以下幾個步驟。

表 7-4　成就動機的訓練步驟

階段	訓練內容
意識化	透過對青年的講授、談話、討論，使他們意識到成就動機的重要性，注意到與成就動機有關的行為
概念化	透過多種方法，使青年理解和成就動機有關的概念，如目標、風險、努力、勤奮、挫折等，並瞭解這些概念與成功之間的關係

體驗化	透過體驗活動，使青年體驗成功，獲得成就的經驗和感受
練習	透過多次練習重複，不斷加深青年對成功的理解和體驗
遷移	促進青年將學到的對成就動機的理解、體驗、行為策略應用到其他場合，能夠舉一反三，觸類旁通
內化	青年將成就動機轉化為自身的需要，逐漸成為自己價值觀的一部分，能夠指導自己的學習和工作，知道如何獲得成功

(二) 父母要採取正確的教養方式，創造良好的家庭氛圍

父母的教養方式對青年學業成就具有重要影響。專制型父母的教養方式要求子女按家長意願做事，束縛子女的發展空間，降低了子女的學業成就；溺愛型父母的教養方式使子女在父母庇護下成長，當子女遇到困難時往往求助於父母，造成子女的學業成就不高；忽視型父母的教養方式對子女的教育不聞不問，子女在成長過程中遭遇困難無人幫助，因而學業成就較低；民主型父母的教養方式給予子女充分自由，對子女成就有較為合理的期望，必要時給予指導幫助，尊重子女，重視對子女獨立能力的培養，因此子女的學業成就較高。所以，父母要努力為子女營造一個和諧平等的家庭環境，使子女感受到父母的關愛。父母應當以積極的心態面對生活中的壓力，並具備高度的家庭責任感，展現出積極、樂觀的人生態度和自強不息的精神風貌，這樣子女才能情緒穩定、意志堅定，具有較高的成就動機，才能更好地促進學業成就的發展。

(三) 教師要關心愛護學生，營造良好的校園文化

教師的關心和愛護對青年學業的發展具有十分重要的作用。教師應採取正確的教育教學方式，加強與學生的溝通，激發學生的學習興趣，充分調動學生的學習積極性。教師對所有的學生要一視同仁，要關心愛護學生，得到學生的信任和真心，引導學生相信自己的能力，培養學生的自尊心、自信心和獨立自主意識，讓學生瞭解自己的長處，激發其成就動機。此外，學校還應開展豐富多彩、積極向上的活動，為學生營造良好的校園文化，幫助學生形成積極的心理品質，樹立遠大理想，促進學生取得學業成就。

復習鞏固

1. 青年學業成就有哪些特點？
2. 影響青年學業成就的因素主要有哪些？
3. 如何促進青年的學業成就？

第四節　青年的職業成就

職業生活在人的整個生涯中佔有重要的位置。青年期是職業生活開始和不斷發展的時期，青年的職業成就決定著青年職業生涯的發展前途。

一、職業成就的含義

關於職業成就（profesional achievements），不同的學者有不同的解釋。英國學者斯頓夫（S.A.Stumpf, 1982）將職業成就解釋為一個人在其工作經歷中所累積起來的積極的、心理上的或是與工作相關的成果或成就。美國賽貝爾（Seibert, 1999）等人認為，職業成就指的是個體在工作經歷中逐漸積累和獲得的心理感受及與工作相關的表現水平。本章中，青年的職業成就是青年在工作過程中積累和獲得的客觀物質財富和地位聲望，以及產生的主觀心理感受。

二、青年職業成就的特點

（一）青年所獲得的客觀職業成就不同

客觀的職業成就（objective carers）指的是從外部的視角採用可觀察的指標來描述個體職業生涯狀況，這種描述往往來自於社會的標準。客觀職業成就可以用報酬、晉升次數、可支配的權力、擁有財富的多少等外部尺度來衡量。美國奈傑爾‧尼科爾（Nigel Nicholson, 2005）等人對客觀職業成就的標準做了深入探討，認為客觀成就由職業旅途中所取得的可證實的、可觀察到的價值成果構成，包括地位和頭銜（等級位置），物質成功（財富、財產、收入能力），社會聲譽與尊敬、威望、影響力，知識與技能，友誼、社交網路，健康與幸福等標準。

中國劉慶（2007）的研究發現，大學青年教師的工作生活品質普遍較高，但多數青年教師不滿足於現狀，而將學習和深造作為今後努力的方向，以期能進一步提高工作生活品質。羅鴻超（2012）的研究發現，青年護士工作變化、自我成長及人際互動得分在中等水平以上，而升遷制度、工作福利、工作保障、環境支持、參與決策則低於中等水平，其中升遷制度、工作福利得分最低。

（二）青年所獲得的主觀職業成就不同

主觀的職業成就（subjective careers）指的是個體對其職業的不同方面做出的主觀認識和評價，這種認識和評價往往來自於個體的主觀感受。青年有不同的職業渴望，對收入、就業保障、工作地點、地位、工作進步、學習機會、工作和家

庭平衡等重視程度不同，主觀的職業成就也就不同。大多數情況下，主觀職業成就表現為工作或職業的滿意度。美國賈奇(Judge, 1997)認為工作滿意度是衡量主觀職業成就最有效的指標。博得瑞(Boudrean, 2001)、賽貝爾(Seibert, 2001)認為職業滿意度是衡量主觀職業成就的最有效標準。亞瑟(Arthur)指出主觀職業成就包括對於取得的成就感到驕傲、內在的工作滿意度、自尊、對工作角色或者制度承諾、恪守相互關係、精神上感到滿足等。赫斯林(Heslin, 2005)則認為一個人對自己實際的和期望的成就的心理感受不只是一時的工作滿意度，而應包括更多內容，如自我認同、目標的實現、工作與生活的平衡等。

在這裡，我們著重討論青年的工作滿意度和職業滿意度的問題。工作滿意度是指青年對工作內容、工作性質、工作的條件等工作要素的一種心理感受和態度。職業滿意度是指青年對所從事的職業整體的滿意評價。研究發現，從事不同職業青年的工作滿意度和職業滿意度是不同的。葉先寶等人(2011)的研究發現，青年鄉鎮基層幹部的工作滿意度相對較低。胡月星、李建良(2011)的研究發現，青年基層幹部的工作滿意度在個人發展維度上顯著高於其他年齡段的基層幹部。劉海兵(2011)的研究發現，青年武裝文職幹部的工作成就感不強，工作待遇相對較低，薪酬待遇滿意度不高，但在升遷發展維度上滿意度較高。董峰(2012)的研究發現，大學青年教師的整體職業滿意度水平較高，他們對職業滿意度各因素的滿意狀況由高到低依次是：工作認同、自我實現、物理環境、人際關係、人職匹配、制度環境、工作收入、工作壓力。翟福方(2012)的研究發現，青年公務員的整體工作滿意度較低，他們對工作滿意度各因素滿意程度由高到低依次為：同事關係、上級、管理制度、工作本身、自我發展、工作條件、薪資福利。童夷的研究發現，中小型民營企業青年員工的工作內部滿意度較高，而工作外部滿意度較低。青年員工對中小型民營企業的薪酬制度不滿意。劉春華(2011)的研究發現，大學生村官對工作的滿意度整體較低，其中對工作回報、自身發展滿意度較低，對領導管理、工作本身滿意度呈中等偏下水平，對人際關係滿意度呈中等偏上水平。

三、影響青年職業成就的因素

(一)青年的人力資本

人力資本(human capital)是指勞動者受到教育、培訓、實踐經驗、遷移、保健等方面的投資而獲得的知識和技能的積累。賈奇(Judge, 2001)等的研究發現，人力資本與主客觀職業成就呈顯著正相關，擁有碩士學位、主修工商或法律、就

讀於名校的青年能獲得較高的薪酬而擁有國際工作經歷、工作經驗較豐富的青年會獲得較多升遷機會；工科專業、名校畢業的青年的職業滿意度較高，工作經驗較豐富、非名校畢業的青年的職業滿意度較低。也有研究表明，青年所讀學校的綜合水平可正面預測主觀職業成就。奈傑爾·尼科爾（NigelNicholson, 2005）等人的分析表明，工作時數、工作投入、工作任期、工作經驗、轉換工作意向、教育程度、職業生涯規劃、政治知識與技能等人力資本因素對薪資水平等客觀職業成就因素有著顯著的正向預測作用。美國哈山（Hasan, 2007）的研究顯示，人力資本變量，包括教育水平、工作投資、工作經驗及工作時間與職業成就存在顯著正相關。

（二）組織對青年的支持

組織支持（organizational support）是指組織對於員工的幫助和指導，以協助員工達成職業成就。組織支持資源包括職業支持、上級支持、教育培訓或技能發展的機會等。由於激烈的市場競爭，組織為了持續發展的需要，會對青年員工進行投資，但是這種培訓機會對於每個青年員工來說並不是均等的。那些獲得較多上司支持、有機會接受技能培訓的青年員工，較易獲得職業成就。

奈傑爾·尼科爾（Nigel Nicholson, 2005）等人的研究發現，職業支持、上級支持、教育培訓或技能發展的機會和組織資源與薪資水平呈顯著相關；職業支持和教育培訓或技能發展的機會與晉升弱相關；職業支持、上級支持和教育培訓或技能發展的機會與職業滿意度呈顯著正相關。

（三）青年的性別、婚姻狀況

青年的性別、婚姻狀況等也是影響其職業成就的重要因素。中國翟福芳（2012）的研究表明，與女青年公務員相比，男青年公務員對上級主管的滿意度較高，未婚青年公務員對同事關係的滿意程度高於已婚者。童夷（2012）的研究發現，中小型民營企業中，女青年員工的工作滿意度高於男青年員工，已婚青年員工的工作滿意度高於未婚青年員工，差異顯著。美國依伯比亞（Igbaria, 1990）的研究發現，在對年齡、工作經驗、職位這些變量進行控制的情況下，女性的薪資水平比男性低，可能是女性在人們心中的刻板印象是低效率、容易離職，所以女性往往任職於組織中的低層工作職位，薪資水平低。已婚的員工獲得較高的報酬而且晉升次數也多，但他們的工作滿意度卻並不高。

(四)青年的個性特徵

個性特徵與職業成就存在密切聯繫。賈奇(Judge, 1999)的研究發現，責任心能夠很好地預測主客觀職業成就，那些責任心比較強的人更容易獲得職業上的滿足感、較高的薪酬以及晉升到更高的職位。而神經質對於職業成就的影響是負向的，外傾性與主觀職業成就並不存在相關性，但卻對客觀職業有顯著的正向影響。也有研究發現，宜人性與客觀職業成就呈負相關，與主觀職業成就呈中度正相關。開放性與薪資水平呈弱正相關，與晉升次數不相關，與職業滿意度呈中度正相關。由此可見，青年的職業成就也受到個性特徵的影響。

生活中的心理學

案例：馬雲：來自「草根」的商業精英

1999年，一個中國年輕人在美國矽谷融資被拒絕了20多次。他有點沮喪地來到一家餐廳吃飯，突然問女服務員，知不知道「阿里巴巴」是什麼意思。服務員說，知道啊，芝麻開門嘛！他興奮地跑到街上，又問了差不多20個人。人們以為他瘋了。其實，他只是想給自己未來的跨國公司起個全世界都懂的名字。

15年後的9月19日，一家名叫阿里巴巴、被譽為「中國經濟重量級選手」的企業，正式登陸美國紐約證券交易所(New Yorkstockexchange)，發行價68美元，股票代碼BABA。阿里巴巴以218億美元的融資額創造了美股史上的最大規模的首次公開募股(Initial Public Offerings)。這家企業的掌門人，就是當年那個不少人眼裡天馬行空甚至有點「瘋狂」的中國年輕人————馬雲。

與中國網際網路多數「海歸派」「技術派」的風雲人物不同，馬雲的教育背景相當一般。他就讀於一所很普通的小學，雖然成績在班上是最好的，但全校沒有一個人考上重點中學。高考失利後，因為家裡沒有背景，馬雲被警校、肯德基速食店甚至一家酒店的洗衣坊拒絕。他曾經做過一名運送雜誌的三輪車夫。如果說馬雲跟其他「草根」有什麼不一樣的話，那就是馬雲總是在別人還在抱怨時，已經跑去想辦法改變現狀了。

「無背景、無資金、無人脈」，多數人認為，在中國做生意，如果是這種「三無」條件，實在太難。馬雲「下海」之初也體味到了這一點。1992年，馬雲辭掉英語老師的工作開始經商。做生意遠比他想像的難得多，開翻譯社、販賣義烏小商品，都沒能掙幾個錢。他不停地尋找心目中新鮮、帶勁的專案。終於有一天，他知道了「網際網路」這個東西，於是馬雲當機立斷創辦了中國黃頁。他騎著自行車把半個杭州城老闆的門都敲了一遍去拉廣告，多數人都把他當成騙子。

> 也許，面對這種情況，99%的人都可能選擇放棄，但馬雲卻萌生了一個想法：既然做生意這麼難，我就自己辦一家企業，「讓天下沒有難做的生意」。
>
> 10年前，很少有人相信馬雲可以成功。因為，中國沒有徵信體系、沒有配套物流，不具備電子商務的社會基礎，甚至馬雲創辦淘寶網後，也有很長一段時間有流量沒交易，因為沒人相信陌生人。在各種條件都欠缺的中國市場夾縫中，阿里巴巴逐漸發展壯大，創造了經濟奇跡。

四、青年職業成就的提高

(一)組織要加強對青年的關心與支持

組織對青年的關心與支持，對青年職業成就的提高具有重要影響。組織要加強對青年職業成就的關注，為青年提供良好的工作條件、提供職業發展資訊、開展職業生涯管理活動等激發青年的職業興趣、職業堅定性和職業發展願望，提高青年的適應和創新能力。組織要對青年獲得的成就及時給予支持、鼓勵與表揚，給青年提供公平、公正的競爭環境，幫助青年制訂職業生涯發展規劃、逐步實現職業成就目標。同時，組織要關心青年的各種需要，關心青年的生活情況，滿足青年的合理需要，促進青年努力工作，幫助青年取得更高的職業成就。

(二)培養青年的工作責任心

工作責任心是個體在工作中認識到工作職責，並將職責內化成自己應該履行的義務，主動為職責承擔相應後果的穩定的心理特質。青年的工作責任心對提高職業成就具有積極意義。培養青年的工作責任心至關重要。有關部門應對青年進行鼓勵和肯定，使青年獲得對工作的歸屬感，加強青年對工作的認同；使青年認識並明確自己的工作職責，認識到工作的重要性，喚起工作責任感。要多與青年溝通，瞭解青年的工作情況及工作中遇到的困難，幫助青年提高職業成就。

(三)提升青年的工作執行力，加強對青年的教育培訓

工作執行力是個體在工作中理解、貫徹、落實、執行決策的能力。較強的工作執行力可以提高青年的職業成就。無論青年從事何種工作，都需要有工作執行力。沒有工作執行力的青年最終都會被工作職位拋棄。因此，提升青年的工作執行力十分必要。此外，要加強對青年的教育培訓。當前社會發展快速，青年要適應職場中的變化只有透過不斷學習才能達到。知識和技能是青年生存和發展的資本，有知識和技能的青年才有能力承擔工作職位賦予的責任，創造更大的工作價值，取得更大的職業成就。要不斷提高青年對工作技能的掌握水平，提升其業務

能力，發掘青年的潛力和價值，引導其發揮自身優勢；要培養青年積極進取、腳踏實地、開拓創新的精神，充分發揮其主觀能動性，使青年能夠創造性地開展工作；要進一步完善對青年的激勵機制和監督約束機制，激發青年對工作的積極性和創新性，督促青年對工作任務的執行，提升其工作執行力，提升青年的職業成就。

復習鞏固

1. 青年職業成就有哪些特點？
2. 影響青年職業成就的因素有哪些？
3. 如何提高青年的職業成就？

要點小結

1. 青年的成就指的是個人在青年時期的學習、工作表現，和與之有關的動機、能力、情感以及行為等各方面的發展。成就的理論主要有成就需要理論、成就動機理論、成就目標理論、成就歸因理論等。

2. 青年成就研究的意義在於：現代社會的發展要求對青年的成就進行研究；青年的眾多選擇促人們使對青年的成就進行研究；青年的成就差異需要人們對青年成就進行研究。

3. 成就動機是青年在成就需要基礎上產生，激勵青年認為有價值的或重要的任務樂意去做並且力求成功的一種內在驅動力。青年的成就動機在不同性別、不同專業和不同學校等方面存在差異。

4. 激發青年的成就動機應做到：青年要樹立遠大的理想，明確恰當的奮鬥目標；培養青年的好奇心與求知慾；正確使用獎懲手段，提高青年的成就動機；鼓勵青年參與適當的競爭活動。

5. 青年的學業成就指的是青年透過學習訓練所獲得的知識技能、能力以及情感態度和價值觀等各方面的發展水平。青年的學業成就具有準備性、差異性、決定性、累積性的特點。

6. 提高青年的學業成就應做到：加強對青年的立志教育，激發青年的成就動機；父母要採取正確的教養方式，創造健康的家庭氛圍；教師要關心愛護學生，營造良好的校園文化氛圍。

7. 青年的職業成就是青年在工作過程中積累和獲得的客觀物質財富和地位聲望等（即工作生活品質）以及產生的主觀心理感受。提高青年的職業成就應做到：

加強組織對青年的關心與支持；培養青年的工作責任心；提升青年的工作執行力，加強對青年的教育培訓。

關鍵術語

成就	achievement
成就理論	achievement theory
成就動機	achievement motivation
學業成就	academic achievement
職業成就	profesional achievements

復習題

一、單項選擇題

1. 個人在青年時期的學習和工作表現，以及與之有關的動機、能力、情感以及行為等各方面的發展稱之為青年的（　）。

　　A. 動機　　B. 成就　　C. 發展　　D. 前途

2. 成就需要理論是由下列哪位美國著名心理學家提出來的（　）。

　　A. 麥克里蘭　　B. 阿特金森　　C. 默里　　D. 韋納

3. 在成就需要基礎上產生，激勵青年認為有價值的或重要的任務樂意去做並且力求成功的一種內在驅動力稱為青年的（　）。

　　A. 任務動機　　B. 歸屬動機　　C. 內部動機　　D. 成就動機

4. 成就目標理論的提出者是美國心理學家（　）。

　　A. 德維克　　B. 阿特金森　　C. 韋納　　D. 默里

5. 青年透過學習訓練所獲得的知識技能、能力以及情感態度和價值觀等各方面的發展水平稱為（　）。

　　A. 工作成就　　B. 職業成就　　C. 學業成就　　D. 知識成就

二、多項選擇題

1. 研究青年成就的意義在於（　）。

　　A. 現代社會強調對青年成就的研究

　　B. 青年的個人發展要求對青年的成就進行研究

　　C. 青年的眾多選擇要求對青年的成就進行研究

D. 青年的成就差異需要對青年的成就進行研究。

2. 青年的成就動機具有以下特點（　　）。

A. 性別差異顯著　　　B. 專業差異顯著

C. 學校差異顯著　　　D. 地區差異顯著

3. 激發青年的成就動機應做到（　　）。

A. 青年要樹立遠大的理想，明確適當的奮鬥目標

B. 要培養青年的好奇心與求知慾

C. 正確使用獎懲手段，提高青年的成就動機

D. 鼓勵青年參與適當的競爭活動

4. 青年的學業成就具有（　　）。

A. 準備性　　B. 差異性　　C. 決定性　　D. 累積性

5. 提高青年的職業成就應做到（　　）。

A. 加強組織對青年的關心與支持　　　B. 培養青年的工作責任心

C. 提升青年的工作執行力　　　D. 加強對青年的教育培訓

三、判斷對錯題

1. 青年的成就動機對其積極人格具有重要影響。（　　）

2. 青年的學業成就只受社會、家庭、學校三個方面影響。（　　）

3. 培養青年的工作責任心對青年職業成就提高具有重要作用。（　　）

4. 韋納的成敗歸因理論認為，能力是外在不穩定的因素。（　　）

5. 加強立志教育，激發青年的成就動機可以提高青年的學業成就。（　　）

第八章　青年的人際關係與改善

本章你要學習什麼？

人際關係不僅是青年日常生活的潤滑劑，也是青年事業成功的催化劑。正處於青春年華的青年，對人際交往的需求尤為強烈。哪些人際關係對青年的影響更為重要而長久？青年應該如何營造並維繫良好的人際關係？本章將對這些問題進行闡釋。希望透過本章的學習，能讓人們認識到青年人際關係的重要性，並學會如何更好地處理人際關係。

第一節　概述

每個青年都不是孤立地生活在社會上，總要在社會生活中與他人結成各種關係、發生各種聯繫。青年是否具有良好的人際關係直接影響到自身的成長成才。青年只有處理好人際關係，才能更好地生存和發展。

一、人際關係的含義

人際關係（interpersonal relation）的概念是在20世紀初由美國人事管理協會最先提出來的。青年的人際關係是為了滿足某種需要，透過交往而形成的彼此間比較穩定的心理關係。從這個定義可以看出，青年的人際關係以需要為基礎，其發展變化取決於雙方需要滿足的程度。同時，青年的人際關係以情感為紐帶，以交往為手段，交往頻率越高，人際關係越容易向縱深發展。

二、人際關係的類型

人際關係的錯綜複雜使得心理學家對人際關係的分類眾說紛紜，也因此把人際關係劃分為不同的類型。

（一）按人際關係的媒介分類

主要有：(1)血緣人際關係，指因血緣聯繫而形成的人際關係，如親子關係、夫妻關係、婆媳關係等；(2)地緣人際關係，指人們因共同的生活空間而形成的人際關係，如鄰居關係、老鄉關係、校友關係等；(3)業緣人際關係，指人們在職業、行業、專業、事業的基礎上建立的人際關係，如同事關係、上下級關係、合作關係等；(4)趣緣人際關係，指人們因情趣愛好相投建立的人際關係，如喜愛旅遊形成的人際關係、喜愛體育或文藝活動而形成的人際關係等。

（二）按人際關係的性質分類

主要有：(1)主從型人際關係，指在交往雙方中，一方處於主導和支配地位，另一方則處於服從或被支配地位；(2)合作型人際關係，指交往雙方為了達到共同的目標而達成的互相配合、互相幫助的人際關係；(3)競爭型人際關係；指交往雙方為了各自的目標而互相競賽、互相排斥的人際關係。

(三) 按個體與他人關係的表現形式分類

主要有：(1) 謙讓型人際關係，其特徵是「朝向他人」，在人際交往中考慮他人的感受，希望得到他人的認同和接納；(2) 進取型人際關係，其特徵是「對抗他人」，在人際交往中想知道他人力量的大小，及是否對自己有用，而且對地位高於自己的人容易趨炎附勢，對地位不如自己的人則會「橫眉冷對」；(3) 分離型人際關係，其特徵是「疏離他人」，這類人常想到的是他人是否會打擾自己的生活，盡量避免和他人有過多的接觸。

除上述分類外，還可以根據人際關係的構成基礎將其分為一對一、多方一對、多方多對、群體復合的人際關係；根據人際關係的聯結方向分為橫向和縱向的人際關係；根據人際關係心理聯結的性質分為以感情或利害為基礎的人際關係、或陌路的人際關係；根據人際關係情感融合的相對程度，分為輕度捲入、中度捲入和深度捲入的人際關係；根據人際交往的固定程度分為固定和非固定的人際關係；根據人際關係的影響程度分為利害和非利害的人際關係，等等。

三、人際關係的理論

人們為什麼需要人際關係？人際關係是如何形成的？心理學家從多方面進行了不同的詮釋。

(一) 本能論

這種理論認為，需要人際關係是人類的一種本能，是人類生物進化的自然選擇。因為人類的祖先生活在惡劣的自然環境中，必須依靠群體的力量來共同面對和抵禦自然災害、毒蛇猛獸等的侵害，才能生存下來。因此，人類形成了合群的習性，並透過遺傳基因傳遞給後人。人類有交往，渴望得到別人的接納認同。人類透過人際關係才能夠獲得歸屬感、安全感。人類有親合動機，即希望與家人、朋友等建立親密聯繫，保持來往，獲得愛情、親情和友誼的需要，與群體保持一致的需要。心理學家透過研究發現，許多動物，如魚、螞蟻、蜜蜂、大象、猴子等也有合群的本能。為了證實這種理論，心理學家進行了大量實驗。例如美國心理學家哈洛（H·Harlow）等人以恆河猴為例做過一個著名的「社交剝奪」實驗。他們將實驗的恆河猴關在一個不鏽鋼的籠子里，其餵養工作全部自動化，隔絕這些恆河猴與其他猴子的溝通。結果顯示，與有正常溝通的恆河猴相比，缺乏溝通經驗的恆河猴明顯缺乏安全感，不能與同類進行正常交往。將這些恆河猴與正常餵養的猴子放在一起，它們總是蜷縮在籠子的一角，表現出極大的驚恐，甚至一些本能的行為也受到嚴重的影響。猴子尚且如此，更何況是生活在社會中的人

類。所以,渴望人際關係是人類的一種本能需要。

(二)人際需要的三維理論

美國社會心理學家舒茨(W.Schutz)提出的人際需要三維理論包括兩方面,一是提出了三種基本的人際需要,即包容需要、支配需要和情感需要;二是根據個體在表現上述三種基本人際需要時的主動性和被動性,將人的社會行為劃分為六種人際關係的行為模式(見表8-1)。個體與社會情境之間的聯繫是由這三種人際需要決定的,如果這些需要得不到滿足,就可能會出現心理障礙,影響心理健康。

表 8-1　人際關係行為傾向表

需要種類	行為傾向	
	主動性	被動性
包容需要	主動與他人交往	期待與他人交往
支配需要	支配他人	期待他人支配
情感需要	主動表示友好	期待他人情感表達

(三)社會交換理論

美國社會學家霍曼斯(G.C.Homans)採用行為主義的強化原理和經濟學的原理來解釋人際關係,提出了社會交換理論。他認為人際交往活動具有社會性。當個體做出某種交往行為時,必定會引起交往對方相應的行為,所以人際交往活動實際上是一種交換活動。在人際交往中,人們需要付出精神與物質上的交往成本,如對他人的關心、幫助、支持、送禮、金錢等。人們透過付出交往的成本而得到回報,即得到物質和精神方面的利益。人們總是希望交往雙方保持賬目平衡,能夠獲得更多的利益。

社會交換理論暗含著人際交往中的「分配公平」的原則。在人際交往中,個體如果發現自己獲得的利益與付出的成本,與交往對方的這一比例大致相同,則認為實現了「公平分配」,心理上是平衡的,人際交往可能進一步持續下去。如果個體發現自己的利益與投入之比低於交往對方,則感覺到心理不平衡,產生抱怨情緒,從而中斷原來的人際交往。這個理論能夠解釋社會上部分的人際關係情況,但不能解釋全部複雜的人際關係現狀。它把人際關係看成是赤裸裸的交換關係,忽視了人與人之間的無私奉獻,甚至為了幫助他人勇於獻身的行為,這是其缺陷。

(四) 人際交往分析理論

美國心理學家伯恩(Eric.Berne)經過大量實踐分析，提出了一種人際相互作用的心理分析理論。他認為，每個人都有三種意識形成的三種人格角色，即父母意識支配下的「父母角色 P(Parent)」，成人意識支配下的「成人角色 A(Adult)」，孩童意識支配下的「孩童角色 C(Child)」。

父母角色以權威和優越感為標誌，表現為統治人、訓斥人等權威式的作風。當個體的人格結構中 P 成分佔優勢時，其行為表現為憑主觀印象辦事，獨斷專行，濫用權威。成人角色表現為客觀與理智，其行為表現為待人接物冷靜、慎思明斷，對自己負責、對他人尊重。孩童角色有兒童式的衝動，表現為服從、任人擺布、喜怒無常、感情用事、不負責任、遇事無主見、逃避、退縮、自我中心。

在 P、A、C 三種人格成分中，P、C 具有盲目性、被動性和兩面性，而 A 具有理智性、自覺性、客觀性，致力於瞭解事物真相，能夠站在別人的角度審視自己，具有反省能力。在人際交往中，成人角色的心理狀態是解決問題的主要途徑。成人的交往刺激往往引起對方做出成人的反應，使人際互助的關係持續下去。所以，在人際交往中人們應擺脫 P 的專斷和 C 的衝動。

生活中的心理學

案例：如何測量人際關係？

人際關係常用的測量方法主要有社會測量法和參照測量法。

社會測量法是由美國心理學家莫雷諾(J.L.Moreno)於 1934 年創立的一種用來測量和評估社會人際關係的方法。這種方法是透過提出一些人際選擇性的問題，讓被測群體內的成員對相互關係進行判斷和選擇，然後把人們互相選擇的結果透過圖表或統計資料的形式反映出來，揭示出該群體的人際關係狀況。

社會測量法可以測量以下內容：(1) 個體在群體中的地位，如哪個人能夠得到大家的接納和喜歡；(2) 揭示人們相互之間的關係，如誰與誰的關係親密，誰同誰的關係疏遠；(3) 發現群體內的亞群結構，如哪些人在群體內結成緊密聯繫的小團體等；(4) 把握人際關係整體結構的性質、類型和層次，如整體的凝聚力的強弱、和諧程度的高低等。該方法的實施要求明確測量的主題體、製作問卷、實施測量、結果處理等步驟。社會測量法具有廣泛的適用性，可以測量不同類型的團體的人際關係，尤其對於鬆散的群體更為有效。

參照測量法是蘇聯心理學家彼得羅夫斯基創立的方法，這是一種測量群體中最能發揮作用和最有影響力人物的一種方法。

該測量方法的步驟如下：(1) 群體成員之間相互進行書面評價；(2) 為每位成員準備一個信封，將其他成員對他的評價全部集中放入信封；(3) 允許成員自由選擇看群體中 10% 的人對自己的評價。參照測量法的優點是隱去了測量的真實目的，被試在不知不覺中反映了自己的真實動機，從而揭示出個人重視的人物。缺點是測量的群體人數較多時，評價較難，費時較長，因此一般應用於人數較少的團體測量中。

四、人際關係對青年的重要性

（一）滿足青年歸屬與愛的需求

良好的人際關係不僅能給青年以心理的滿足與愉悅，而且還會帶給青年極大的安全感，消除他們的孤獨、寂寞與不安情緒。美國著名心理學家馬斯洛（Maslow）認為，人類有生理需要、安全需要、歸屬與愛的需要、自尊需要和自我實現的需要。其中第三層次的歸屬與愛的需要來自個體之外的他人和群體，必須透過社會交往所形成的人際關係網路才能實現。在這種人際關係網中，青年使自己歸屬於家庭、同事、朋友和其他群體，並從中獲得關愛、友情和其他慰藉。

（二）促進青年深化自我認識

青年是在一定的文化環境中，透過與他人的相互作用、相互影響而認識到自己的優缺點，以及與別人的差異，更好地瞭解自己、完善自己。透過人際關係，有助於青年弄清楚「我是誰」和「我在別人心中的地位及形象」，找准自己的社會角色和發展方向。

（三）促進青年的社會化

人際交往是個體社會化的起點和必經之路。青年的社會化進程是伴隨著人際交往逐漸實現的。青年無論是學習文化知識和技能，還是掌握並遵守社會規範，養成良好的習慣，都依賴於與社會和他人的持續交往。青年學會與人平等交往，才能立足於社會，在交往中獲得更多的資訊和知識，保持與社會的聯繫，不斷接受社會的教育和引導，明確自己的社會責任，獲得社會的認可，成為一個成熟的、合格的、社會化的人。

（四）有利於青年的心理健康

社會心理學家認為，人類心理疾病的產生大多是由於人際關係的不適應。能夠建立和諧的人際關係是衡量青年交往能力和心理健康的重要標誌。良好的人際關係，能使青年感到被人接納尊重，不僅有助於青年提升自我價值感，還能使青

年保持愉快的情緒，有益於身心健康。反之，青年的人際關係失調，就會產生消極的情緒，導致挫折感、心情沮喪、心理失調，產生心理疾病。因此，良好的人際關係能夠促進青年的心理健康。

復習鞏固

1. 什麼是青年的人際關係？人際關係的類型主要有哪些？
2. 比較人際關係理論的異同。
3. 簡要闡述人際關係對青年的重要性。

第二節　青年與父母的關係

家庭是青年成長的重要場所，父母在青年的成長中扮演著重要的角色。青年對於獨立自主的渴望尤為強烈，所以他們與父母的關係在該階段也會呈現出一些新的特點。

一、青年與父母關係的含義

青年與父母的關係是指青年與其存在血緣關係並共同生活的父母之間互動所構成的人際關係。父母與子女的關係是青年成長過程中最早的人際關係，是所有人際關係中最穩定、交流時間最長、最頻繁和最具有深遠影響的關係。青年與父母之間關係的好壞，不但對家庭氛圍、家長的教育效果有影響，對青年的人生觀、價值觀和世界觀的形成，以及他們的身心發展、個性特徵、行為處事方式、人際交往的健康發展都起著至關重要的作用。

二、青年與父母關係的特徵

(一) 具有持久性和不可替代性

青年與父母的關係是以血緣關係為基礎的，只要親子雙方存在，這種關係就永遠存在，這是同伴關係、師生關係等所不能替代的。正是由於這種關係的持久性和不可替代性，更加凸顯了青年與父母關係的獨特性和重要性。這也要求青年務必重視並認真對待，努力建立與父母良好的關係。

(二) 對父母的依戀減少

隨著生理、社會性與認知等方面發生明顯的變化，青年開始強烈要求父母把自己當作成人看待，要求擁有自己的隱私權，並且希望在髮型、著裝、交友等方面擁有更大的自主權，不再像兒童時期那樣完全接受父母的安排和控制。同時，對父母的依戀逐漸消失，從情感、行為、觀點上逐漸脫離父母，渴望擺脫對父母的依賴，並與同伴建立起親密聯繫。

(三) 與父母的關係不斷變化發展

青年與父母的關係隨著年齡的變化而變化。青年在早、中、晚期與父母的關係呈現出不同的特點。在青年早期，親子衝突不斷增加，親子雙方都認為沒有兒童期的親子關係那麼和諧，父母對子女的控制和限制日益減弱。Montemayor(1983)針對青少年發育的時間和狀態與親子衝突的研究後發現，父母

與青少年衝突呈倒 U 形發展。另有研究表明，青少年對父母的消極情感呈線性增加，在 15~16 歲之間達到最高，接著有所下降；而父母對青少年的消極情感則呈拋物線，最高峰是在 15~16 歲之間，接著有所下降 (Kim, Conger, Lorenz, etal, 2001)。青年中期，他們追求獨立，但仍希望父母是朋友或者參謀，能夠在升學、就業等重大問題上提供幫助。青年晚期，他們開始了自己的職業生活和婚姻生活，越來越獨立，表現出對父母日益強烈的尊敬和感謝。

三、父母對青年的影響

(一) 父母教育觀念對青年的影響

父母是家庭教育的組織者和實施者，父母的教育觀念決定著家庭教育的具體內容、方法及其走向。觀念是靈魂，是行動的先導，父母教育觀念對青年的個性、心理、社交能力等都產生深遠的影響。父母教育觀念是指父母在撫育子女過程中，對子女發展的期望及對子女在教育方面所持有的看法和認識。它直接影響父母對子女的態度，對子女的教育期望，對子女教育的目標、途徑、策略、方式及行為，並對子女的發展產生重要的影響。VanderSlik(1996) 的研究表明，母親有關子女發展的概念與子女的個性、認知發展和社會性發展之間有顯著關係。武世龍 (2002)、付昌輝 (2004) 認為父母的教育觀念對子女形成健康的個性品質、健全的人格，促進其成長成才有著舉足輕重的作用。

(二) 父母教養方式對青年的影響

在家庭的各種因素中，父母教養方式對子女的性格發展等起著至關重要的作用。吳文春等 (2010) 的調查顯示，大學生的自信心與父親的情感溫暖理解、母親的情感溫暖理解、父親的拒絕否認、母親的拒絕否認呈顯著正相關，與父親的偏愛、母親的偏愛呈顯著負相關。單銘磊 (2010) 的研究發現，大學生羞怯的特點與父母教養方式關係密切，與父親和母親情感溫暖理解相關最大，與父親過分干涉、母親偏愛的相關最小。張磊 (2011) 的研究表明，大學生的人際交往總體水平與父母良好的教養方式呈顯著正相關，與父母不良的教養方式呈顯著負相關。陳詠梅等 (1999) 的研究表明，20-35 歲的青年女性吸毒者的父母教養方式存在許多缺陷，是導致她們吸毒的重要原因。

許多研究還表明，父母教養方式是影響大學生心理健康的重要因素，不同的父母教養方式對子女的心理健康有不同的影響。大學生父母教養方式對子女心理健康的影響存在著一致性。王玉潔 (2005) 的研究表明，接受父母拒絕否認、過分干涉、懲罰嚴厲的教養方式的大學生有不同類型的心理不健康表現。王倩倩

(2010)等對本科生的調查發現，父母教養方式和大學生的依戀是其憂鬱的重要影響因素。

(三) 父母人格特徵對青年的影響

Hafiner(1996)的研究發現，青少年憂鬱症患者父母的人格有其特徵性，這種獨特的人格特徵既可能透過遺傳的方式，也可能透過人格特徵所表現出來的不良行為方式作用於患者，從而成為青少年憂鬱症發病的促發因素。曾玲芸(2007)等的研究發現，青少年社交焦慮障礙患者父母的人格特徵具有內向、易安靜、內省、離群、不喜歡接觸人，人際交往困惑、憂鬱、焦慮、恐怖和偏執等特徵。劉彩誼等(2011)的研究發現，父母的人格對男性青少年網路成癮患者的人格特徵有影響。這些研究都說明，父母的人格特徵對青年有很大的影響。

四、青年與父母的衝突

(一) 青年與父母衝突的含義

「衝突」源於拉丁文 Conflictus 的字根，原意是互相投擲和攻擊。後來「衝突」一詞被引用於人際衝突和社會衝突等不同領域的研究，但學者們對衝突的理解各有差異。例如，Smetana(1988)認為衝突是針對日常的時間、問題以及情緒上的壓力產生的，其特徵是爭吵和不愉快。台灣學者張德銳(1994)認為衝突是兩個以上的角色，或兩個以上的人格，因意識、目標或利益的不一致所引起的思想矛盾、語言攻擊、權利紛爭或行為紛爭的互動過程。

我們認為，青年與父母的衝突是青年和父母之間的一種對立性的互動過程，既包括行為上的對立，如爭吵、爭論、謾罵、身體上的攻擊等，也包括心理上的不一致，如互相反感、情緒對立、沈默、冷戰、漠不關心等。

(二) 青年與父母衝突的類型

青年與父母衝突的類型可以分為兩大類：一是隱性衝突。這類衝突是青年與父母在心理上的回避、阻斷、排斥、隔閡、冷戰，它沒有明顯激烈的外在表現，主要是一種心理上的相互拒絕。由於隱性衝突雙方沒有語言或情感上的溝通，潛伏期較長，所以何時爆發明顯的衝突難以預測。二是顯性衝突。這類衝突一般分為語言衝突和行為衝突兩種。語言衝突主要是指青年與父母因在認識、情感、思想等方面的分歧和矛盾激化而採取的語言上的對抗，表現為相互爭吵或惡語攻擊。行為衝突表現為拳打腳踢、相互攻擊，往往會造成出許多不可預料的後果。

(三)青年與父母衝突的成因

1. 青年心理發展的特點

青年隨著自我意識的覺醒及成人感和獨立意識的增強，渴望能夠得到父母的認同、理解與尊重，但他們更多的是關注自我，不善於從父母的角度思考問題，往往用自己的標準來衡量父母的行為表現。如父母管教太多，青年會認為父母缺乏對自己的信任和尊重，以消極的態度應對父母的管教，甚至以極端的對抗行為來反對父母的教育，繼而產生矛盾和衝突。此外，青年的問題行為、不良心理健康狀況也是導致親子衝突增加的原因之一。

2. 家庭環境及父母方面的原因

家庭環境是影響青年與父母衝突的重要因素。Manha(2000)的研究表明，家庭氛圍對親子衝突的行為具有預測作用。Martha和Rand的研究表明，在關懷、支持的家庭氛圍中，親子之間分歧較少；而在充滿敵對、專制的家庭環境中，親子之間往往缺乏溝通和交流，相互抱怨，衝突較多。Sunivan等的研究顯示，離家讀大學的青年比經常在家的青年與父母的關係更好、衝突較少。

父母的教養方式、思維習慣等也會引發青年與父母的衝突。在父母眼裡，孩子永遠長不大，覺得孩子永遠都需要自己照顧，這種思維習慣讓父母不由自主地將對子女的愛轉化為一種控制。當子女的自我意識越來越強，父母的這種教育就變成一種約束，直接導致青年和父母之間的衝突。研究表明，透過改變父母的教養方式，干預親子衝突以建設健康的親子關係，效果顯著。透過親子教育訓練後，親子衝突大大降低(孔海燕，2004)。

3. 兩代人之間的差異

青年與父母之間由於生活閱歷、社會環境、成長經歷、所受教育等各方面的差異，相互之間會發生思想、觀念、價值觀等方面的矛盾衝突，從而產生代溝。Fisher, Johnsen(1990)認為父母對子女不能提供情感性支持，對子女期望太高以及親子在家庭和社會價值觀上的差異容易引發親子間的衝突。陳竹華(1992)認為兩代之間的觀點分歧常是不和諧親子衝突的來源。黃德祥(1994)認為，父母和青年之間存在年齡差距，各自的生活體驗不同，因此兩代人之間的思想觀念和價值態度的明顯差異，是引發親子衝突的主要原因。李介至(1999)指出親子衝突是因父母在生活責任或是價值認知觀點上與子女的差異，會導致子女感到不被尊重、不被信任，被過度期望和過度限制等。

4. 親子之間缺乏有效的溝通

中國父母的家長權威意識比較強烈，容易把子女視為自己的私人財產，自己

的附屬物,從而忽視了子女與父母的相互作用。父母更多關注子女的學習,而對子女的精神世界關注較少,造成雙方心理上的溝通發生困難。另外,許多父母不善於表達愛,情感教育薄弱,在與子女的溝通中,反覆用否定詞來指導子女的行為,以致溝通雙方難以進行。此外,子女渴望有一個不受干擾的個人空間,不願意說出自己的真實想法,這也是造成青年與父母之間缺乏溝通的重要原因。

復習鞏固

1. 父母對青年的影響體現在哪些方面?
2. 青年與父母的衝突表現在哪些方面?是如何形成的?

第三節　青年與同伴的關係

隨著青年多方面的成長，青年與同齡人的交往日益密切。在青年時期，同伴關係將代替親子關係成為最重要的一種人際關係。

一、青年與同伴關係的含義

青年的同伴關係（peer relationships）主要指同齡人之間或心理發展水平相當的個體之間在交往過程中建立和發展起來的一種人際關係。同伴關係對青年的學習、社會能力和心理健康諸多方面都有深刻的影響。良好的同伴關係能為青年提供心理支持，有助於青年克服學習或工作上的困難，發揮自己的潛力，更好地適應社會生活。同時，良好的同伴關係對青年肯定和接納自我，形成積極的情緒和健康的人格，提高人際交往的能力有著極大地推動作用；而不良的同伴關係往往是青年產生自卑、孤僻、緊張、焦慮、冷漠、攻擊性等不良個性和情緒的一個重要來源。

二、青年同伴關係的類型

根據青年同伴交往的情況分為：(1)互動的同伴關係，指一方的行為是對對方行為的刺激或反應；(2)二元的同伴關係，指彼此熟識的兩個人之間的一系列互動，其核心在於關心雙方，能使這一關係長久維持，更深刻和親密；(3)同伴群體，指處於共同的興趣或環境而自發形成的同伴關係。

根據青年同伴關係的相互吸引或排斥分為：(1)友好型的同伴關係。這是彼此心理相容、互相悅納，願意將心裡話告訴同伴，相互知曉對方、坦誠交流的人際關係；(2)衝突型同伴關係。這是心理上不能相容，行為上不能合作，表現為摩擦、衝突或對抗的人際關係；(3)疏離型同伴關係。這是彼此之間相互忽略、冷淡對方、若有若無的人際關係。

根據青年同伴交往的親密度分為：(1)一般型同伴關係，指能與同伴友好相處，但沒能與同伴建立特別密切的關係，被同伴接納的程度處於一般水平的人際關係；(2)拒斥型同伴關係，指與同伴交往不利，存在攻擊、退縮、敵意等不良行為，被大多數同伴回避甚至厭惡的人際關係；(3)密切型同伴關係，指與同伴建立良好關係，擁有親密的友誼，獲得大多數同伴積極評價的人際關係。

三、青年同伴關係的特點

(一) 講求平等互助

隨著青年年齡、知識水平、閱歷、獨立意識和自尊心日益增強，對友誼的平等性要求越來越高。他們希望雙方能夠在心理上互相平等，彼此坦誠相見，任何一方都不要把自己的意志強加於人。青年喜歡結交比較能寬容他人、理解他人的同伴，渴望相互間理解、尊重和平等的相處。

(二) 注重精神交流

青年的交友動機相比其他成人要單純一些，功利意識較少。多數青年以滿足精神需求、互相學習、共同參與活動為主要交往目的。同伴關係一般都比較重義輕利，比較注重精神領域的交流。青年擇友的條件大多為性格相合、興趣相投和感情相容。因此，青年之間的交往比較真誠、自然，較少虛偽和世故。

四、影響青年同伴關係的因素

(一) 外表與特長

青年的長相、穿著、儀表、風度等因素會明顯地影響交往雙方的相互吸引。一般來說，外表英俊、衣著整潔、舉止文明的青年，在同伴交往中會給對方留下良好的印象，評價相對較高。Brodsky 與 Lerner 的研究表明，擁有運動型身材的男青年特別受歡迎。Kennedy(1990) 的研究發現，外貌吸引人的青年比外貌不夠吸引人的青年更受歡迎。Boyatais 等 (1998) 的研究也發現，青年對長相好的同伴有較高的評價。

青年如果在能力與特長方面比較突出，使人們欣賞、欽佩其才華，在同伴交往中會有很強的吸引力。但有一個很有意思的現象，即十全十美的青年並不具有最大的吸引力，因為人們會覺得其高不可攀，會敬而遠之；而那些才能卓越又有些小缺點或弱點的青年，反而更討人喜歡。

(二) 時空的鄰近性

俗話說：「近水樓台先得月」「遠親不如近鄰」。這說明時空距離是形成密切人際關係的一個重要條件。因接近的機會多而相識，因相識而彼此吸引，最終建立友誼，形成較為密切的人際關係，是十分尋常的事情。青年由於年齡相當，或同在一所學校學習、同住一個寢室，或在一起工作，經常接觸，容易有共同的經驗、共同的話題、共同的體會，從而建立起較為密切的同伴關係。

美國社會心理學家費斯廷格（L.Festinger, 1950）曾對美國麻省理工學院已婚大學生的人際關係進行調查，結果表明，住居越近者，交往次數越多，其關係越親密。在同一層樓房中，緊鄰戶交往的概率為41%，隔一戶交往的概率為22%，隔3戶交往的概率為10%。之所以產生這種情況，是因為近鄰更便於交往、相互瞭解和互相幫助，彼此能更快地熟悉，更有安全感的緣故。

（三）個性品質

大量研究表明，個體良好的個性品質是贏取同伴歡迎的重要因素。一項研究發現，在青年的友誼關係中，人際因素比成績或物理特徵都重要（Tedesco & Gaier, 1998）。中國著名心理學家黃希庭曾研究了大學生的人際關係，發現人際關係良好的大學生具有尊重他人、關心他人、對人一視同仁、富有同情心、持重、耐心、忠厚老實、熱心班級活動、對工作負責、熱情、開朗、喜歡交往、待人真誠、聰穎、愛獨立思考、成績優良且樂於助人等良好的個性特質。

（四）相似與互補

人們對某種事物或事件具有相同或相似的態度，具有共同的理想、信念和價值觀，感情上就容易產生共鳴，形成密切的人際關係。所謂「物以類聚，人以群分」就是這個道理。美國心理學家紐卡姆（T.M.Newcomb, 1961）用實驗法研究過大學生的態度相似性問題，結果發現，大學生在人際交往中更看重彼此之間的態度、價值觀和個性特徵是否相似，超過了空間距離的重要性。Kindermann（1995）的研究發現，學業動機上相似的青年會選擇組成同伴團體。潘玉進（2009）的研究發現，大學生同伴團體在某些方面，如學業成績、社會行為上具有很高的同質性。

研究還發現，當交往雙方在個性需求、社會特徵等方面既有一定差別，又能互相包容時，會產生強烈的吸引。如性格外向的青年喜歡與內向的青年交朋友，一個能力強、喜歡指點別人的青年容易和相對能力較差、希望受到別人指導的青年成為親密夥伴。

（五）社會交往能力

青年能否與其他同伴友好相處，社會交往能力是主要的內在因素之一。Newcomb等（1993）的研究發現，受歡迎的青年是因為他們有更強的社會交往能力，而不受歡迎的青年往往缺乏社會性技能。青年怎樣與他人進行交往是決定其社會地位高低的主要原因，社會交往能力強的青年，能迅速意識到在一個不熟悉的社會環境中可能發生的情況，並能相應地進行調整。桑偉林（2010）的研究發現，目前一些大學生的人際交往能力令人堪憂，應透過各種有效路徑和策略培養

大學生的人際交往能力,以期促進大學生的同伴交往,並不斷提高其自身的綜合素質。

復習鞏固

1. 青年同伴關係的類型主要有哪些?
2. 影響青年同伴關係的因素有哪些?

第四節　青年與教師的關係

教師在青年的成長成才過程中，尤其是在大學生的學習與生活中扮演著極其重要的角色。師生關係是大學生最重要的一種社會關係。擁有什麼樣的師生關係直接關係到大學生的身心健康和學業狀況。

一、青年與教師關係的含義

什麼是師生關係？《中國大百科全書》將其界定為「教師和學生在教育教學過程中結成的相互關係，包括彼此處的地位、作用和相互對待的態度等」。黃希庭教授（2004）認為，師生關係是人際關係的一種類型，是指在教育系統中教師和學生因其各自地位、任務及規範行為不同所形成的一種相互關係。楊繼平（2005）認為，師生關係主要包括以教學內容為媒介的教學關係、以社會道德規範為基礎的社會倫理關係，以及以心理交往為基礎的人際關係。

我們認為青年與教師的關係是指大學生和教師在共同的教育教學過程中，因其各自的地位、任務及規範行為的不同，透過相互影響和作用而形成並建立起來的一種特殊的人際關係。

二、青年與教師關係的特點

青年與教師的關係既有一般師生關係的特點，又有其特殊性。從一般師生關係的特點看：一是教育性。師生的交往和師生關係的形成，必須以教育教學任務的完成和教育教學目標的實現為出發點和歸宿。師生交往是教育工作的神聖要求，教師應對所有大學生保持始終如一的熱愛和關懷。二是普遍性。教師對所有大學生都負有同樣的社會責任和義務，心中得裝著所有的大學生，與所有大學生交往。

從青年與教師關係的特殊性看，主要表現為：(1) 關係相對民主，大學生比高中生人格更獨立，思維更具活躍性、獨立性和批判性，遇事喜歡刨根問底和爭論。因此，大學教師常採用探討和交流的方式和大學生互動來滿足他們的心理需要。這種交流模式使大學師生間的關係相對民主和自由；(2) 具有共享性，共享是指師生在教育教學活動中攝取雙方創造的經驗和智慧。師生雙方在教學、寫論文、做實驗、科研等活動中共同探討，發現問題、解決問題，共同提高、共同受益、獲得新知，教學相長明顯。

三、教師對青年的影響

教師是大學生的良師益友，是學校活動的主要組織者，在大學生心目中具有崇高的地位，對大學生的成長成才無疑具有重要的作用。

（一）教師對青年學習的影響

《學記》中有句名言叫「親其師而信其道」。可見教師對大學生的學習有著至關重要的作用。教師對大學生熱情關懷，會使他們獲得學習的自信心，更加熱愛學習。教師淵博的知識會使大學生佩服，使他們樂於接受教師的教誨與指導，促進他們提高學習動機和學習興趣。相反，如果教師對大學生漠不關心，上課照本宣科，大學生感受不到來自教師的關心與幫助，而且對呆板的教學感到厭煩，久而久之便會失去學習興趣，進而荒廢學業。王佳權（2007）的研究發現，師生關係與大學生學習動機的關係是相互的，師生關係不僅會對大學生的學習動機產生影響，而且大學生正確的學習動機也會促進良好師生關係的形成。

（二）教師對青年個性發展的影響

教師在向大學生傳授知識的同時，以自己的人格言傳身教地影響著大學生。研究表明，好教師的人格特徵內核是「促進」，包括理解別人、能與別人相處和瞭解自己三個方面（黃希庭、郭亨傑，1997）。理解別人是指教師能心胸豁達地擺脫對學生的先入之見，表現出靈活性、體察性；能敏銳地發現師生人際關係中的變化並及時做出反應，設身處地地考慮學生的情感。能與別人相處是指教師能在學生面前真誠而適度地表達自己的情感，對要求幫助的學生能積極相待；能自覺拒絕教師權威的誘惑而平等地對待學生，甚至允許學生犯錯誤、認識錯誤，鼓勵他們跌倒了再爬起來。瞭解自己是指教師能瞭解自己的長處和短處，並以正確的態度對待自己的短處，能懂得愛學生才能為學生所愛，並把愛付諸實踐。教師所具有的良好個性品質，如善於學習、為人謙遜、自信、嚴於律己等會潛移默化地在青年學生心目中樹立模仿學習的榜樣，對青年學生的個性發展產生深遠的影響。

（三）對青年心理健康的影響

對於大學生來說，他們特別重視與教師的關係，甚至超過與父母的關係。如果教師接納和信任大學生，與他們建立良好的師生關係，他們就能感受到師愛的溫暖和情義，相信人世間的真誠和美好，從而感受到自己的價值，變得喜歡集體生活，對人生充滿希望，培養自己善良、樂觀、積極、自信、合作等良好的心理品質。有研究表明，貧困大學生的師生關係各因子對其心理健康各因子有較強的

預測力。由此可見，教師對青年學生的心理健康有重要的影響。

四、青年與教師關係的衝突

(一) 師生衝突的含義

關於師生衝突，不同的研究者往往有不同的理解。沈振中 (2000) 認為，師生衝突是師生由於在目標、價值觀、資源多寡等方面的差異而產生的對立、分歧和相互干擾的教學互動。白明亮 (2001) 認為，師生衝突即師生之間直接和公開的旨在遏止對方並實現自己目標的互動。我們認為，師生衝突是大學生與教師由於在目標、價值觀、資源多寡等方面的差異而產生的，或內隱或公開，由此造成的相互干擾教育教學的互動過程。

(二) 師生衝突的類型

從不同的角度來看，師生衝突可以分為多種不同類型。

1. 根據師生之間的對立和對抗程度，分為一般性的師生衝突和對抗性的師生衝突。前者是指師生之間有對立或對抗行為的發生，但表現不嚴重，是在教師可以控制的範圍之內。後者是指教師和學生之間發生激烈的對抗行為，教師失去了對參與衝突的學生行為控制的可能性，甚至失去了對自己行為的控制性。

2. 根據師生衝突的表現形式，分為隱性的師生衝突和顯性的師生衝突。前者是師生之間在價值觀、興趣愛好、對對方的要求等多方面存在一定的分歧與矛盾，但雙方沒有完全意識到這些差異，衝突只是隱性存在，沒有激烈暴露出來。如有的大學生消極抵制或違反教師合理的要求，不遵守課堂紀律、不專心聽課、不完成教師佈置的任務等。後者表現師生之間強烈意識到各自的差異、分歧與矛盾，表現為各執一端、對抗、爭吵、攻擊或詆毀等。

3. 根據師生衝突目的的不同，分為手段性師生衝突與目的性師生衝突。前者是對對方特定要求的實現受到挫折而產生的衝突，其目的是要獲得預想的受挫目標。後者是互動雙方為了發洩情緒、表達不滿而產生的衝突行為，其目標就是衝突行為本身。

4. 根據師生衝突對組織和群體的影響，可將其分為建設性師生衝突與破壞性師生衝突。前者是指這種衝突對師生的生存和發展，以及師生關係的建構具有促進作用。後者是指這種衝突對師生的生存和發展，以及師生關係的建構具有不利影響。

5. 根據師生衝突的性質，可分為良性師生衝突與惡性師生衝突。前者指師生

之間雖然有矛盾，但沒有根本性的對立，只是存在一些差異，而且這種差異可以透過解釋和協商解決。後者指師生之間存在著根本性的、原則性的矛盾對立，雙方的衝突難以透過協商解決。

（三）師生衝突的原因探析

1. 師生缺乏有效的溝通

中國自 1999 年大學擴招以來，大學學生人數急劇增多，許多大學存在資源緊缺的情況，學校不得不安排大學生大班上課，致使師生在課堂的交流受到很大限制。加之大學缺乏完善的師生溝通機制，加強師生溝通的努力大多局限於軟性的口頭提倡，缺少硬性的制度保證。由於師生之間溝通的機會少，溝通的品質不高，導致師生之間互相關心少或心存誤解，長此以往就會引發師生衝突。

2. 師生之間的差異

教師承擔著教育大學生的職責，教師的權威性會在自覺與不自覺當中給大學生形成一種壓力，讓他們有一種難以接近的可敬而不可愛的感覺，使大學生對教師缺乏足夠的信任，不會輕易向教師敞開心扉，從而妨礙了師生之間的交流與溝通。另外，大學生正處在社會化的過程中，各方面尚未定型，他們的世界觀、價值觀和人生觀都不太成熟，並且思想活躍，極易受到社會上各種思潮的影響，這就容易與教師傳授的思想觀念、價值觀看法不一致，產生矛盾，從而導致師生之間的衝突。

3. 師生雙方的個性缺陷

師生之間的衝突與雙方的個性特徵密切相關。現在的大學生多為獨生子女，習慣於以自我為中心，遇事先考慮自己。遇到與別人意見不一致時，往往針鋒相對，不夠冷靜，容易導致師生之間的衝突。有的大學生存在消極的心理，如自卑、退縮、不善於與人溝通交流、喜歡獨來獨往，對人冷漠、具有敵意，會造成教師無法與之溝通。有調查顯示，經常與教師交往的大學生多是外向型的，佔 22.9%，而內向型的大學生僅佔 4.8%，內外性格兼有的大學生佔 7.8%。另外，有的教師對大學生的要求過於嚴厲、偏激、易怒、情緒化等個性特徵會激發大學生的叛逆心理，導致師生關係緊張，產生衝突。

復習鞏固

1. 教師對青年的影響表現在哪些方面？
2. 師生之間產生衝突的原因主要有哪些？

第五節　青年人際關係的改善

　　對於青年來說，學會改善自己的人際關係，提高自己贏得美好人際關係的能力，是人生中的一大重要任務。下面著重闡述青年改善人際關係的主要策略。

一、青年要善於設身處地、推己及人，具有寬容的心態

　　人與人之間交往的基礎是互相理解、信任，因此要學會多站在別人的角度上思考問題，換位思考。因為「人同此心，心同此理」。一個人善於設身處地，推己及人，才能理解他人，對他人表示尊重、關懷、愛護、同情和支持，避免人際之間的矛盾和衝突，建立和諧的人際關係。這不僅是處理好人際關係的重要的原則，也是為人處世的崇高境界。

　　青年在與他人發生衝突時，應學會控制自己的情緒，保持冷靜克制，學會站在他人的立場來看待自己的觀點和行為，體驗他人的感受，尤其是要理解父母、教師的良苦用心。要學會尊重父母與教師，虛心接受他們的教誨，不要當面頂撞他們，避免沒有意義的爭辯，將問題擴大化，致使雙方的關係惡化。青年要明白一個道理，父母、教師都不是完美無缺的人，青年發現他們的不足要持理解的態度，向他們提意見要語氣委婉，選擇恰當的時機與他們溝通，尤其是涉及一些敏感的問題，要待雙方都心平氣和再說。掌握這樣的技巧，對於維護良好的親子關係、師生關係至關重要。

　　寬容，是一種處理人際關係存在的差異、矛盾和衝突時所表現出的人生態度。寬容的心態則是對不同己見的思想與行為的包容和對人性弱點的容忍。青年要保持寬容的心態，就意味著要正確對待和包容自己與父母、教師、同伴的差異性。當雙方在交往中出現不同意見和看法時，要及時進行溝通，說出自己的不同看法以及產生這種想法的原因。溝通的目的是尊重差異或建立對話機制、達成共識。青年在與他人產生摩擦、矛盾時，應有「退一步，海闊天空；忍一時，風平浪靜」的氣度和胸襟。如果是自己的錯誤，要學會接受他人的批評，向他人道歉，這樣就容易化干戈為玉帛，擁有寬鬆和諧的人際環境。

擴展閱讀

如果你常和父母發生衝突怎麼辦？

　　如果你常和父母發生衝突，不妨嘗試下面的方法，相信會對你有所幫助。一是避免與父母爭辯。抗爭是溝通的毒藥。願意被子女說服，承認自己錯誤的父母

比較少，縱使你的抗爭獲勝，結果也不會融洽，這不是溝通的原則。

二是付出和行為相配合。在與你的要求相關的事物上，做出令父母信任的行為。例如，你爭取隱私權，不希望父母拆看你的信，你要表現正常，沒有「神秘客」與你交往，沒有「怪」電話找你，按時回家，這些都是令父母信任你的行為。在你做到這些之後，再要求隱私權，十之八九可以如願以償。

三是用沸騰的水泡茶。喜歡喝茶的人都知道，要泡一杯好茶，除了用上好茶葉外，一定要用沸騰的水。如果水不開，則茶葉不落，泡不出味道來。所以，泡茶時要用滾開的水，絕對不要「哪壺不開提哪壺」。溝通要應用這一泡茶原理，不要用「不開」的水去泡茶。什麼是沸騰的水呢？就是「投其所好」，用父母喜歡的方式表達，你與父母的溝通就容易達成。

二、青年要打破心理封閉，適當的自我表露，克服自我中心

一些青年處於心理封閉狀態，不願意主動與人交往，對他人的心理防範程度比較高；但另一方面，又渴望他人能夠接納和理解自己，與他人尤其是同伴建立真摯的友誼。這是一種矛盾的心態。如果一個青年不主動邁出第一步，不向他人傳達交往的意願，要建立人際之間的友好關係顯然是不現實的。

打破心理封閉的最有效的方法是拋棄冷漠的面孔，真誠地微笑，並主動與人交往。青年要想交到知心朋友，與他人建立真摯的友誼，就應該善於與人交心，袒露自己的心曲，進行恰當的自我表露。一個青年不敢自我表露的主要原因是害怕受到傷害，擔心自己的弱點和缺點顯露出來成為他人的笑柄。心理學的研究表明，適當地表露自己的真實感受和想法，不僅能縮小人與人之間的心理距離，改善人際關係，而且能夠更好地看清自己，有助於自己的心理成長和成熟。

青年在自我表露心曲時，要選擇恰當的時機，注意表露的分寸，因為過度的自我表露容易使他人產生口無遮攔、反感的印象。同時，青年在人際交往中，要拋開自我中心的意識，好好想一想他人需要什麼，他人對什麼感興趣，而不是自己需要什麼，自己對什麼感興趣。要注意克服趾高氣揚、誇誇其談、自我吹噓、自負自大的缺點，要善於談論他人感興趣的話題，善於傾聽他人的感受和意見，鼓勵他人談論他們自己，這樣才能建立良好的人際關係，獲得真摯的友誼。

三、青年要加強自我修養，完善自己的人格品質

心理學的研究發現，具有良好個性特徵的人往往擁有良好的人際關係。因為心地善良、胸懷坦蕩、為人正派、對人誠實是做人的基本准則，也是能夠與他人

和睦相處的最基本的要求。在生活中，人們都不願意與心術不正、老奸巨猾、兩面三刀、工於心計的人打交道。因此，青年應透過學習加強自我修養，完善自己的人格品質，要樂於助人、與人為善、寬以待人，對人真誠平等，讓人覺得你值得信賴。尤其是當朋友、父母、教師遇到困難時，要提供力所能及的同情、幫助和支持，要克服自私自利、虛偽、多愁善感、猜疑、孤僻、嫉妒、盤算等不良品質，做一個品德高尚、為人正派、積極向上、受他人接納和喜歡的人。

生活中的心理學

案例：自尊的典範———鞋匠之子

第16屆美國總統亞伯拉罕·林肯出身於一個鞋匠家庭，當時的美國社會非常看重門第。林肯競選前夕，在參議院演說時，遭到了一個參議員的羞辱。那位參議員說：「林肯先生，在你演講之前，我希望你記住你是一個鞋匠的兒子。」

「我非常感謝你使我想起我的父親，他已經過世了，我一定會永遠記住你的忠告，我知道我做總統無法像我父親做鞋匠做得那麼好。」

參議院頓時陷入一片沉默，林肯轉頭對那個傲慢的參議員說：「就我所知，我的父親以前也為你的家人做過鞋子，如果你的鞋子不合腳，我可以幫你改正它。

雖然我不是偉大的鞋匠，但我從小就跟隨父親學到了做鞋子的技術。」然後他又對所有參議員說：「對參議院的任何人都一樣，如果你們穿的那雙鞋是我父親做的，而它們需要修理或改善，我一定盡可能幫忙。但是有一件事是可以肯定的，我無法像他那麼偉大，他的手藝是無人能比的。」說到這裡，林肯留下了眼淚，所有的嘲笑都化成了真誠的掌聲。後來，林肯如願以償地當上了美國總統。

作為一個出身卑微的人，林肯沒有任何貴族社會的硬體，他唯一可以倚仗的只是自己出類拔萃的、能夠扭轉不利局面的才華，這是一個總統必備的素質。正是關鍵時的一次心靈燃燒使他贏得了別人包括那位傲慢的參議員的尊重，抵達了生命的輝煌。

王侯將相甯有種乎？出身並不決定你的一生，關鍵時不要自己瞧不起自己。不要否認，不要辯解，坦然面對這一切，這樣才能贏得別人的尊重。

四、青年要評估自己的人際狀況，提高人際交往技能

人際交往中的技能是人際關係的潤滑劑，可以幫助人們在交往活動中加強彼此的溝通和瞭解，縮短心理距離，建立良好的人際關係。一些青年之所以存在人際交往的障礙，主要原因是沒有完全掌握人際交往的技能。要改變這種情況，青

年就需要評估自己的人際交往狀況，評價自己的溝通方式到底存在哪些問題。然後在此基礎上，提出改善人際關係的自我計劃。

青年改善人際關係的自我計劃應該包括四方面的內容。一是要發現自己需要改進的人際交往的問題在哪些方面。例如，是改變自己在社交方面的膽怯、退縮、害羞？還是擴大自己的人際交往圈子？抑或是改變自己與父母、教師、同伴的溝通方式？二是將選定的改善目標與實際生活相聯繫，並轉變為具體的操作。如自己交往不夠主動，規定自己必須定期與父母、教師溝通，主動向父母、教師談談自己的學習或工作收穫或體會，向他們袒露自己對一些事情的觀點與看法，彙報自己的情況。三是對計劃的執行監督。青年要利用日記、周記等來記錄自己人際關係的變化和執行的情況，評價分析自己在人際交往中的喜怒哀樂。四是對人際關係的改善情況進行自我強化。青年一旦改善了人際關係的情況，就可以鼓勵自己，比如獎勵自己看一場電影，或邀請朋友外出旅遊來強化自己的成功感受，然後再接再厲。如果自己的人際關係改善不明顯，就懲罰自己多做家務事、多學習等，同時要求同伴、父母、教師監督自己、提醒自己，使自己警醒，促進人際關係的改善。

復習鞏固

1. 青年改善人際關係的自我計畫應包括哪些方面？
2. 青年改善人際關係的主要策略有哪些？

要點小結

1. 青年人際關係是指為了滿足某種需要，透過交往而形成的彼此間比較穩定的心理關係。人際關係的理論主要有本能論、人際需要的三維理論、社會交換理論及人際交往分析理論。

2. 人際關係對青年的重要性體現在：滿足青年歸屬與愛的需求、促進青年深化自我認識、促進青年的社會化、有利於青年的心理健康四個方面。

3. 青年與父母的關係是指青年同與其存在血緣關係並共同生活的父母之間互動所構成的人際關係。其特徵是具有持久性和不可替代性、對父母的依戀減少、與父母的關係不斷變化發展。父母在青年的成長過程中扮演著重要的角色，父母的教育觀念、教養方式及人格特徵對青年有重大的影響。

4. 青年與父母的衝突是青年和父母之間的一種對立性的互動過程，既包括行為上的對立，也包括心理上的不一致。這一衝突主要有隱性衝突和顯性衝突。青年與父母產生衝突的原因主要有：青年心理發展的特點、家庭環境及父母方面的

原因、兩代人之間的差異、親子之間缺乏有效的溝通等。

　　5. 青年的同伴關係主要指同齡人之間或心理發展水平相當的個體之間在交往過程中建立和發展起來的一種人際關係。它具有講求平等互助、注重精神交流的特點。影響青年同伴關係的因素包括外表與特長、時空的鄰近性、個性品質、相似與互補、社會交往能力等。

　　6. 青年與教師的關係是指大學生和教師在共同的教育教學過程中，因其各自的地位、任務及規範行為的不同，透過相互影響和作用而形成並建立起來的一種特殊的人際關係。教師對青年的學習、個性發展、心理健康有重要的影響。

　　7. 師生衝突是大學生與教師由於在目標、價值觀、資源多寡等方面的差異而產生的，或內隱或公開的，由此造成的相互干擾教育教學的互動過程。它是由於師生缺乏有效的溝通、師生之間的差異及師生雙方的個性缺陷造成的。

　　8. 青年改善人際關係的主要策略有四種：善於設身處地，推己及人，具有寬容的心態；打破心理封閉，適當地自我表露，克服自我中心；加強自我修養，完善自己的人格品質；評估自己的人際狀況，提高人際交往技能。

關鍵術語

人際關係	interpersonal relation
親子關係	parent-child relationship
同伴關係	peer relationships
師生關係	the teacher-student's relationship

復習題

一、單項選擇題

1. 屬於業緣人際關係的是（　）。

　A. 親子關係　　B. 老鄉關係　　C. 同事關係　　D. 攝影協會

2. 下面的哪種行為反映的是青年與父母之間的顯性衝突（　）。

　A. 回避　　B. 隔閡　　C. 冷戰　　D. 爭吵

3. 調查顯示，大學生的自信心與父母的情感溫暖理解、父母的拒絕否認呈顯著正相關，與父母的偏愛呈顯著負相關。這是父母哪種因素對青年的影響（　）。

　A. 教育觀念　　B. 教養方式　　C. 人格特徵　　D. 溝通特點

4. 「物以類聚，人以群分」描述的是影響青年同伴交往的（　）。

A. 個性品質　　B. 時空的鄰近性

C. 社會交往能力　　D. 相似性

5. 教師和學生之間發生激烈的對抗行為，教師失去了對參與衝突的學生行為控制的可能性，甚至失去了對自己行為的控制性。這是指（　）。

A. 一般性的師生衝突　　B. 對抗性的師生衝突

C. 隱性的師生衝突　　D. 良性師生衝突

二、多項選擇題

1. 人際關係對青年的重要性體現在（　）。

A. 滿足青年歸屬與愛的需求　　B. 促進青年深化自我認識

C. 促進青年的社會化　　D. 有利於青年的心理健康

2. 導致青年與父母發生衝突的原因有（　）。

A. 青年心理發展的特點　　B. 家庭環境及父母方面的原因

C. 兩代人之間的差異　　D. 親子之間缺乏有效的溝通

3. 影響青年同伴關係的因素有（　）。

A. 個性品質　　B 相似與互補

C. 時空的鄰近性　　D. 社會交往能力

4. 青年師生衝突的原因主要有（　）。

A. 師生缺乏有效的溝通　　B. 師生之間的差異

C. 教師熱愛學生　　D. 師生雙方的個性缺陷

5. 青年改善人際關係的主要策略有（　）。

A. 善於設身處地，推己及人，具有寬容的心態

B. 打破心理封閉，適當地自我表露，克服自我中心

C. 加強自我修養，完善自己的人格品質

D. 評估自己的人際狀況，提高人際交往技能

三、判斷對錯題

1. 人際關係是人類的一種本能，是人類生物進化的自然選擇。（　）

2. 隨著多方面的發展，青年對父母的依戀逐漸減少。（　）

3. 父母的教育觀念對於青年子女的成長成才沒有直接的作用。（　）

4. 青年與同伴之間的關係講求平等互助，並且注重精神交流。（　）

5. 教師對青年的學習、個性發展、心理健康等都有重要的影響。（　）

第九章　青年的婚戀與調適

本章你要學習什麼？

戀愛與婚姻是人類永恆的主題，是青年人生中的一個重要課題。青年如何認識和處理戀愛與婚姻問題，將影響其一生。本章將帶人們認識愛情、婚姻的本質，瞭解青年戀愛的動機和特點，明白青年的擇偶意向與方式，分析青年婚戀中存在的主要問題，並提出調適對策。透過本章的學習，能夠幫助人們樹立正確的婚戀觀，正確處理好婚姻中遇到的一些問題。

第一節　概述

青年時期是開始戀愛、擁有甜蜜的愛情和建立婚姻家庭的必要時期。青年是否能夠找到心儀的對象，順利地解決自己的戀愛問題，建立和睦的家庭，關係到青年一生的幸福。

一、愛情與婚姻的含義

愛情（love）一詞，中國《辭海》解釋為：男女相愛的感情。古希臘哲學家蘇格拉底（Socrates）認為，愛情是愛一切的善，是一種動人的慾望。奧地利精神分析學家弗洛伊德（Sigmund Freud）認為，愛情是性本能的表達與昇華。由此可見，愛情是在性愛基礎上高度昇華的人類崇高的社會性情感，是兩性的一種特殊的社會關係。青年的愛情是一對男女基於一定的客觀物質基礎和共同的人生理想，在各自內心形成的對對方的真摯仰慕，並渴望對方成為自己終身伴侶的強烈、穩定的感情。

關於婚姻（mariage），中國《辭海》解釋為：因結婚而產生的夫妻關係。劉鋒（2007）認為，婚姻是對人類性行為的制度性規範。修艷玲（2007）認為婚姻是一種民事契約。青年的婚姻是男女兩性在愛情基礎上的合法自由結合而形成的一種特殊社會關係。

二、愛情與婚姻的要素

愛情與婚姻的要素指構成愛情與婚姻必不可少的因素。美國著名心理學家斯騰伯格（Sternberg, 1998）認為人類的愛情包括親密、激情和承諾三種成分。親密是指與伴侶間心靈相近、互相契合、互相歸屬的感覺，屬於愛情的情感成分；激情是指強烈地渴望與伴侶結合，是兩性產生浪漫和外在吸引力的動機，屬於愛情的動機成分；承諾包括短期承諾和長期承諾。短期承諾是指個體決定去愛一個人，長期承諾是指對兩人之間親密關係所做的持久性承諾，屬於愛情的認知成分。愛情中，激情維持的時間相當短，而親密和承諾的成分卻隨著時間的推移不斷上升。所以，理想的愛情應當是激情、親密和承諾三者的統一體。

中國心理學教授張進輔（2002）認為，愛情最基本的結構可分為性愛和情愛兩部分。性愛是愛情的自然屬性，生理的成熟是愛情產生的生物學基礎；情愛是愛情的社會屬性，是人類的愛情與動物的本能本質區別之所在。

魏清沂認為，婚姻的構成要素主要有：(1)婚姻的主體，即婚姻關係的男女

雙方；(2)婚姻的內容，既包括男女共同的性生活，也包括經濟生活、情感生活等；(3)婚姻的永久性，即兩性關係在一定時間內的固定性和持續性、穩定性；(4)婚姻的社會認可性；(5)婚姻的排他性。

三、婚戀的類型

(一)戀愛的類型

戀愛是豐富多彩的，不少學者對此進行了研究。加拿大社會學家約翰・李(John Alan Le, 1973)將愛情分為六種類型：(1)浪漫式愛情，其特徵是將愛情理想化，強調愛情的完美無缺，追求精神與肉體融合為一的境界；(2)遊戲式愛情，其特徵是視愛情為遊戲，只求個人需求和慾望的滿足，不肯承擔愛的責任，常更換戀愛對象，尋求刺激與新鮮感；(3)佔有式愛情，其特徵是對戀愛對象賦予強烈的感情，並希望對方以同樣方式回應，對所愛之人有極強的佔有慾，只要對方稍有怠慢，就會對對方心存猜疑妒忌；(4)伴侶式愛情，其特徵是由友誼逐步發展為愛情，是一種細水長流、寧靜、融洽、溫馨和共同成長的愛情；(5)奉獻式愛情，其特徵是帶著一種犧牲奉獻的態度，甘於付出、不求回報，願為所愛之人犧牲一切，是一種無怨無悔、純潔高尚的愛情；(6)現實式愛情，其特徵是將愛情看作生活的一部分，只求彼此現實需求的滿足，不求理想的追求。

美國心理學家伊萊恩・哈特菲爾德(E.Hatfield, 1988)等將愛情分為激情愛(passionate love)和夥伴愛(companionate love)兩種。激情愛是希望和對方融為一體的強烈的情感狀態；夥伴愛是希望與自己生活在一起的伴侶，能夠彼此理解、尊重，互相依賴，像親人一樣。

美國心理學家薩克斯通(L.Saxton, 1990)將愛情分為：(1)浪漫之愛，這是一種相當理想化的愛情模式，彼此深受對方吸引，充滿感情，關心對方幸福，希望能為對方的快樂與成長付出一切；(2)性慾之愛，愛情中含有性慾的成分。完美的性慾之愛並不只是建立在生理的性滿足或宣洩上，而是同時關注對方的需求滿足，追求施與愛的對等；(3)伴侶之愛，這種愛情較為穩定並具友誼色彩，彼此依附、愛慕，並且呈現知己之交的特質；(4)利他之愛，這是一種無私的愛，付出、關心並照顧對方，自己在付出的同時得到滿足。

美國心理學家斯騰伯格(Robert J.Sternberg)根據愛情中親密、激情、承諾這三種成分的多寡，把愛情分為七種類型：(1)喜歡式愛情，只有親密的關係，沒有激情和承諾，如友誼一般；(2)迷戀式愛情。只有激情，沒有親密和承諾，如初戀的衝動；(3)空洞式愛情，只有承諾，缺乏親密和激情，如純粹為了結婚的

愛情；(4)浪漫式愛情，只有激情和親密，沒有承諾，這種愛情崇尚過程，不在乎結果；(5)伴侶式愛情，只有親密和承諾，沒有激情；(6)愚蠢式愛情，只有激情和承諾，沒有親密，沒有親密的激情頂多是生理上的衝動，而沒有親密的承諾不過是空頭支票；(7)完美式愛情，包含激情、承諾和親密。在這種愛情中，才能看到愛情的廬山真面目。

(二) 婚姻的類型

根據婚姻的不同特徵，可以把婚姻分為不同的類型，主要有：

1. 愛情型。分為肉體派愛情型和人格派愛情型兩類。肉體派愛情型的夫妻是根據對方的美貌與性的吸引產生的結合。這種類型的婚姻潛伏著風險，當對方的美貌與性的魅力逐漸減退以後，婚姻則面臨危機，可能導致婚姻的破裂；人格派愛情型的夫妻是以雙方人格的相似性或互補性作為基礎的結合。由於人格具有相對的穩定性，不容易發生變化，這種類型的婚姻一般比較平穩、和諧與幸福。

2. 功利型。其特徵是以愛情之外的出身、門第、學歷、財產、社會關係等條件為基礎的結合。當雙方的收益與成本基本平衡時，雙方感到滿足，婚姻能夠持續。如果雙方的收益與成本不能平衡時，往往會產生對對方的不滿意，導致婚姻危機或婚姻破裂。

3. 平等合作型。其特徵是夫妻雙方都能夠認識到自己在家庭中的責任與義務，共同承擔家務，教育子女，家庭生活較為和諧、穩定。

4. 分工型。其特徵是夫妻雙方能夠揚長避短，根據自己的特點與長處合理分工，各自承擔對家庭的責任。

5. 一方依賴型。其特徵是夫妻的一方依賴於另外一方，也許是男強女弱，或是女強男弱，這種類型的婚姻由於一方強勢，另一方比較順從，安於聽命，較少產生衝突與矛盾，能夠平安無事，和睦相處。

6. 建設型。其特徵是夫妻雙方在成家立業、教育子女、發財致富、家庭幸福的共同目標下，勤勤懇懇地生活和工作，達到一個家庭目標以後又追求新的家庭目標，使家庭生活過得比較充實，但精神生活可能不太豐富。

7. 惰性型。其特徵是夫妻雙方對婚姻迅速失去熱情，缺乏進取心，安於現狀，無論是生活還是工作都不願意付出過多的勞動，沒有激情，貪圖享受。這種婚姻的生活品質低，對婚姻有渙散作用。

8. 失望型。其特徵是夫妻雙方對婚姻有很高的期望，但婚姻生活中的種種不如意，使他們心灰意冷，因而對婚姻感到失望。

四、婚戀對青年的意義

(一)滿足青年的多種需要，有利於青年的身心健康

婚戀能夠滿足青年性的需要，使其擁有親密的人際關係，得到安全感和歸屬感，獲得養育子女、享受天倫之樂，追求家庭幸福等各種心理與社會需要。美國著名心理學家埃里克森（Erik H.Erikson）認為，個體從18歲到25歲的主要發展任務是獲得親密感，體驗愛情的實現。如果青年不能順利與異性建立親密的關係，不能進行深層次的情感交流，就會感到孤獨和寂寞，影響心理健康。王暢（2005）對貴州研究生的調查發現：從沒談過戀愛和離婚的研究生的心理健康狀況較差。羅樂宣（2006）等對深圳不同婚姻狀況人群的調查發現，已婚人群的心理健康狀況相對最好。

同時，婚戀有利於提高青年的生活自理能力，使其建立和保持良好的生活習慣。風笑天（2004）對中國青年的調查表明：未婚獨生子女青年在做飯、做家務、獨立生活等方面的表現明顯不如同齡的非獨生子女青年。但已婚的獨生子女青年與非獨生子女青年在這些方面不存在明顯差別。這說明婚姻彌補了獨生子女青年在生活自理方面的一些不足。袁萌（2011）的調查發現，已婚人群在亞健康狀態方面的得分低於未婚、離異和喪偶人群，說明婚姻對健康有利。

(二)使青年獲得親密關係的支持，有利於學業與事業發展

戀人或夫妻是各種人際關係中最親密的一種關係，良好的婚戀能使青年獲得親密的人際關係，獲得婚戀對方的情感和物質的相互扶持。在遇到困難時，青年能夠透過親密關係的幫助，相互鼓勵、相互支持、攜手並進，增強了青年戰勝困難的決心和能力，能夠促進青年學業與事業的發展。馮濤等（2006）的調查表明，男大學生比女大學生更加贊同戀愛對未來發展有幫助。朱峰利（2011）的調查發現，女研究生在事業、家庭的角色扮演上希望能夠二者兼顧，共同發展。

(三)增強青年的包容能力，促進青年的人際協調能力

青年要使愛情在婚戀生活中得以延續，就必須處理好與對方及家庭的關係。由於婚戀雙方來自不同的家庭，雙方的生活習慣和思維方式的不同，在婚戀中必然會產生摩擦與矛盾。若要維持婚戀的和諧穩定，就需要雙方的理解與包容。劉學俊（2002）的研究發現，婚姻的滿意度受個性獨立性及移情能力的影響較大。相互寬容能使婚姻處於較穩定的狀態，互不寬容則易使婚姻變得不和諧。青年透過婚戀，能夠學會寬以待人、和睦相處，增強自己的包容能力，促進移情能力和人際協調能力的提高。

（四）減少青年的不良情緒，提高青年的生活滿意度

婚戀中的青年有深層次的情感交流，能夠建立並維持與對方的親密關係，減少不良情緒的困擾，提高生活的滿意度。有調查發現，「剩男剩女」的負面情緒超七成。77.4%的單身男性和58.9%的單身女性常感寂寞；54.5%的單身男性和33%的單身女性不滿意自己的單身生活；42.9%的單身男性和36.9%的單身女性想盡快結束單身，找個伴侶。由此可見，透過婚戀，青年能夠獲得更多的心理安全感，減少不良的情緒困擾，提高生活的滿意度。

復習鞏固

1. 什麼是愛情？戀愛的類型有哪些？
2. 什麼是婚姻？婚姻的類型有哪些？
3. 婚戀對青年有什麼意義？

第二節　青年的戀愛

愛情是一種崇高的社會性情感，戀愛對青年有極其重要的意義。當代青年的戀愛動機有哪些，其戀愛的特點是什麼，這些問題值得我們探討。

一、青年的戀愛動機

戀愛動機（love motivation）是引起青年產生戀愛行為，維持並促使其戀愛朝向某一目標的內部動力。青年的戀愛動機主要有以下幾種。

(一) 對戀愛的好奇與嚮往

戀愛對青年來說充滿了神秘與誘惑，青年對戀愛充滿了好奇與嚮往，渴望能夠親身體驗和感受愛情。有調查發現，有 22.7% 女大學生是因為「好奇、尋求刺激」而戀愛。還有調查發現，當代青年因為新鮮、好奇而戀愛的佔 21%。張曼琳等 (2011) 的調查也發現，15.9% 大學生戀愛是為了「選擇人生伴侶」，49.75% 的青年戀愛是為了「建立和培植專一的愛情」。

(二) 解除寂寞或無聊

青年在求學或工作之餘有大量的空閒時間，青年往往會透過戀愛來解除學習、工作的單調乏味、寂寞、無聊感。林麗菲 (2011) 的研究發現，33.4% 的女大學生是因為「空虛、寂寞時有人陪」而談戀愛。李猛 (2013) 的研究也發現，26.7% 的青年是因為孤獨寂寞而戀愛。

(三) 滿足功利心或虛榮心

部分青年把戀愛當作是炫耀的資本。透過戀愛來證明自己對異性有足夠的吸引力，並以戀愛對象良好的外形、富裕的經濟條件炫耀不已，滿足自己的虛榮心。有些青年把戀愛對象當作「提款機」，透過戀愛來滿足自己的物質慾望和功利心。這些都是不純潔的戀愛動機，應當引起青年的反思與警醒。劉碧強等 (2012) 對福建大學生的調查發現，大學生戀愛「證明自身魅力與價值」者為 31%，「出於經濟目的」者為 2%。52% 女性認為房子是結婚必需品，「90 後」「80 後」「70 後」女性對理想男友收入的最低要求為 5000~7000 元人民幣。

(四) 從眾心理

從眾是青年人中常發生的一種心理現象。有些青年暫時沒有戀愛的需求，看到身邊同伴戀愛，就會產生一種不平衡感，認為自己沒有戀愛吃虧，或缺乏對異

性的吸引力，從而激發了戀愛意識和戀愛行為。林運清等(2008)的調查發現，有3.8%的女大學生認為「不談戀愛，怕被別人瞧不起」，16.8%的女大學生談戀愛是因為「別人都談戀愛，自己不談很沒面子」。

二、青年的戀愛特點

（一）自主性

隨著時代的進步和社會文明的發展，以往「父母之命，媒妁之言」「組織指定」等拉郎配現象在當代青年戀愛中已經非常少見，當代青年的愛情具有了更多的自主性。無論是父母親朋的介紹，還是自己認識，最終決定戀愛與否的自主權還是青年本人，任何單位和個人不得以任何理由加以干涉。

（二）公開浪漫性

在傳統文化中，青年的戀愛表達方式委婉含蓄，而當代青年敢於公開示愛、大膽表白、高調秀愛。加之影視劇作品對戀愛的渲染，使青年的戀愛更具夢幻色彩。他們在戀愛中製造浪漫的情景，在網上曬戀愛的幸福時刻。

（三）強烈性

青年時期的情感豐富，青春荷爾蒙分泌旺盛。處於這個時期的青年男女一旦愛上對方，就會愛得轟轟烈烈，會有「山無稜，天地合，才敢與君絕」的誓言，會有「死了都要愛」的吶喊。這種強烈的想要和對方在一起的情感，甚至可以衝破世俗的禁錮與父母的反對。

（四）盲目性

青年時期是一生中情感最豐富、最容易衝動的時期，加之社會閱歷較淺，一些青年並未真正認識到愛情的本質，戀愛動機不純，為了戀愛而戀愛的不在少數，這樣的愛情具有一定的盲目性。肖曉鴻(2007)對大學生戀愛動機的調查發現，9%的大學生戀愛是為了愛情，31%的大學生是因為寂寞空虛，19%的大學生是因為自己的心理和生理成熟了，該戀愛了，31%的大學生是由於一時感情衝動，9%的大學生是為了尋求娛樂消遣的感覺。這說明，一些大學生的戀愛目的不是很清楚，具有一定的盲目性。

（五）開放性

隨著中國改革開放的不斷深入，西方各種思潮及價值觀念對當代青年產生了深刻影響。當代青年的婚戀觀與父輩相比發生了很大的變化，對婚前性行為的容

忍度和認同度越來越高。胡珍、程靜（2006）對成都市服務行業的青年農民工的調查顯示，僅有 1/4 青年農民工堅決反對婚前性行為，近四成青年農民工已發生婚前性行為。王東等人（2010）對北京大學生的調查發現，有 29.6% 的男大學生和 15.7% 的女大學生「贊同或完全贊同」戀愛同居。

（六）不穩定性

青年由於社會閱歷較淺，不擅長妥善處理戀愛中的矛盾、摩擦和糾紛，遇到與對方的問題動輒就與「愛與不愛」相聯繫，因而戀愛過程中分分合合，變化無常。他們「不求天長地久，但求曾經擁有」。肖曉鴻（2007）對大學生的調查發現，在問及「大學生談戀愛能成功與否」時，僅有 10% 的大學生認為能成功，認為絕對不成功的佔 45%。

擴展閱讀

愛情與喜歡的區別

許多青年人在與異性接觸的時候分不清楚什麼是喜歡、什麼是愛情，心理學家魯賓（Rubin）在 1970 年代將愛情與喜歡進行了區分。他認為，愛情的主要特徵是：(1) 高度依戀性，指雙方互相親近，形影不離，難分難捨；(2) 高度關注性，互相關心，互相幫助；(3) 高度信任性，完全信任對方，無保留地自我暴露；(4) 高度獨佔性或排他性，雙方互相獨佔對方的愛情，不准他人介入。而喜歡主要是異性之間彼此有好感，給對方積極的評價和尊重，而沒有嫉妒和獨佔對方之心。可見愛情和喜歡是兩種性質不同的人類親和行為。

但喜歡與愛情是有一定聯繫的。如果異性之間不具備彼此喜歡的因素，如缺乏互相尊重和好感，沒有相似的生活態度和價值觀，那麼既使兩個人有了愛情，走向了婚姻，這種婚姻也往往是難以幸福或持久的。

如何測量愛情呢？心理學家編制了一些愛情量表進行測量。其中著名的有亨德里克夫婦（Clyde Hendrick & SusanS.Hendrick, 1986）編制的《愛情態度量表》（Love Attitudes Scale，簡稱 LAS）。該量表以約翰・李（John AlanLee）的愛情類型理論為基礎，將浪漫式愛情、遊戲式愛情、佔有式愛情、伴侶式愛情、奉獻式愛情、現實式愛情 6 種愛情態度設為基本維度。例如，「我和他 / 她屬於一見鍾情型。」「我很難明確地說我和他 / 她是何時從友情變成愛情的。」透過測量來考查受測者屬於哪種愛情。該量表是公認的比較客觀、科學的測量愛情的工具。

又如，哈特菲爾德和斯普雷徹（Hatfield & Sprecher, 1986）設計了《激情愛情量表》（Passionate Love Scale，簡稱 PLS），用於測量人們對愛情的體驗強度。該問

卷包括認知、情感和行為 3 個分量表。認知成分是對愛情觀的刻板印象,指戀愛雙方彼此理解,對愛和彼此關係理想化。情感成分包括身體喚醒、性吸引力和期望結合。行為成分包括為對方付出,保持和對方身體上的親密接觸。受測者的得分越高,表示戀愛程度越強烈。

對愛情的測量,有助於青年瞭解愛情與喜歡的不同,更好地認識愛情。

復習鞏固

1. 青年的戀愛動機有哪些？
2. 青年的戀愛有什麼特點？

第三節　青年的擇偶

婚姻是青年愛情的深入與延續，擇偶是青年進入婚姻的必經階段。隨著中國改革開放和經濟的不斷發展，當代青年的擇偶意向、擇偶方式都發生了比較大的變化。

一、擇偶意向的含義

擇偶意向（mate-selection intention）是指青年內心中所持有的選擇婚戀對象的相對固定的標準在擇偶行為上的反映。心理學家伯納德‧默爾斯坦（Murstein）提出了擇偶的三階段發展理論，即刺激-價值-角色理論。這種理論認為，在刺激階段，個體的外貌、社會技巧、性格、聲譽和智力等因素決定了異性之間是否會相互吸引；在價值階段，對婚姻、性和生活的態度與價值決定了兩個人是否相處和諧；在角色階段，兩個人相互評估角色的相容。默爾斯坦認為，在一種相對「自由選擇」的文化背景中，大部分青年男女的戀愛過程都經歷了這三個階段。

二、青年擇偶意向的特點

青年的擇偶意向是婚戀觀在配偶選擇上的體現。西方婚戀觀念和中國傳統婚戀觀念的劇烈碰撞，導致青年在婚戀價值取向上呈現多元化和矛盾化趨勢，由此在青年的擇偶意向上也呈現出多元和矛盾的特點。

（一）物質化取向

伴隨著中國社會轉型和消費觀念的變化，青年的婚戀價值觀也呈現出物質化和功利化的取向，開始期望透過婚戀迅速改善自身的物質狀況，給自己帶來更多的安全感和滿足感。《中國青年報》對青年婚戀的調查顯示，67.9%的青年認為，與上一輩人相比，愛情在人們心目中的地位在下降，85.5%的青年認為這一輩人更看重對方的經濟條件。在擇偶過程中，青年對物質表現出更多的理性和務實性。中國婚戀網站百合網的調查發現，四成以上的單身男女認為應和條件合適的人結婚。多數女青年受傳統社會「男高女低」婚配模式的影響，希望未來配偶收入比自己高，以此獲得更多的安全感。71.8%的女青年認為男方有房才適合結婚，74.1%的女青年希望男方收入比自己高1倍以上。

(二) 重情感傾向

隨著社會的進步，婚戀品質成為一個熱門話題。高品質的婚戀預示著心理和情感需求的滿足。青年在擇偶意向中雖有物質化傾向，但也希望物質和愛情可以兩者兼得。有相當一部分青年認為，情感比財富更為重要。風笑天 (2004) 的調查發現，青年擇偶標準的第一位是兩人的感情。吳新慧 (2011) 對新生代農民工的研究發現，他們在擇偶過程中，開始注重精神因素，重視雙方「談得來」「感情好」「有共同語言」。張明澤、張明錄 (2013) 對女大學生的調查發現，有 40% 的人在擇偶時注重與對方是否情投意合。世紀佳緣網站 (2014) 的調查也發現，超九成的單身男女認為保持愛情長久最重要的因素是戀人之間的陪伴和理解，而不是金錢。

(三) 重人品和性格

青年從自身或周圍人失敗的婚戀經歷中汲取經驗，越來越意識到人品和性格在婚姻穩定、長久和幸福中的作用。羅媛媛 (2008) 對青年婚戀現狀的調查發現，有 77% 的男青年和 88% 的女青年在擇偶中看重人品，54% 的男青年和 63% 的女青年看重性格。人品和性格成為男女青年擇偶的首要標準。孟昉、黃佳豪 (2008) 對研究生婚戀觀的調查發現，40.7% 的男研究生和 45.2% 的女研究生看重人品個性。秦琛、傅新禾的調查還發現，有青年在擇偶時，把「孝敬老人」排在第一。這些都說明，青年在擇偶時重視對方的人品和性格。

(四) 重能力才幹和外貌

在傳統文化男才女貌婚配模式的影響下，女青年更注重未來配偶的能力與才幹，希望未來配偶有事業心和上進心。因為能力與才幹預示著較好的收入和經濟條件，能為家庭打下堅實的物質基礎；男青年則對未來配偶的外貌或氣質更為重視，因為美貌能賞心悅目、使人愉悅，提高自己的身份地位，得到他人的好評。羅媛媛 (2008) 對湖北青年的相親調查顯示，除人品和性格外，有 33% 的男青年擇偶標準中居於第三位的是外貌，有 28% 的女青年擇偶標準中居於第三位的是收入。百合網 (2014) 的調查報告也顯示，男青年擇偶更看重女方身體健康、外貌和情感經歷；女青年更看重男方的經濟條件、身體健康和職業。

生活中的心理學

案例：因為愛情，漂亮女孩嫁給殘疾小夥

2014 年 3 月 19 日的山東《齊魯晚報》報導了臨清小夥張濤和妻子秦曉璐的愛情故事。秦曉璐是煙臺招遠人，她的丈夫張濤是臨清人，6 個月時患小兒麻痺症，

下身殘疾。2005 年，張濤考入泰安醫學院，因唱了一首《我像雪花天上來》，順利進入大學藝術團。在藝術團裡，他認識了學特殊教育專業的秦曉璐。秦曉璐說，雖然張濤是殘疾人，但他很陽光，是他的歌聲吸引了她。秦曉璐被安排給張濤伴舞，第一次伴舞後，他們成了最佳搭檔，每次演出秦曉璐都會推著張濤上臺。張濤唱歌，秦曉璐在一旁翩翩起舞。相處時間長了，張濤越來越喜歡秦曉璐，終於忍不住向她表白。這讓秦曉璐手足無措，雖然彼此有了好感，但她還是拒絕了。後來的一天晚上，張濤再次鼓起勇氣向秦曉璐表白，讓張濤意外的是，這次秦曉璐答應了，並且說第一次拒絕是因為怕自己照顧不好他。

張濤和秦曉璐的戀情公開後，秦曉璐宿舍的姐妹都表示不能理解，勸秦曉璐離開張濤。張濤內心壓力很大，也覺得自己在拖累秦曉璐。2007 年，張濤向秦曉璐提出分手，但秦曉璐為了挽回兩人的感情，大膽提出去領結婚證。畢業後，秦曉璐跟張濤回到臨清，偷偷領了結婚證。這些事她一直沒勇氣告訴父母，於是她給父母寫了一封長信，信中把她和張濤相識、相戀和領結婚證的事一一道來。沒想到父母堅決反對。後來，父母讓她把張濤帶回去見面。見面後，秦曉璐的父母被張濤的真誠打動，他們最終放心地把女兒交給了張濤。

2010 年，兩人補辦了婚禮。婚後生活中，他們從沒紅過臉，秦曉璐無微不至地照顧張濤，和公婆的關係也很好。現在秦曉璐和張濤已有一兒一女，生活幸福。在別人看來，嫁給殘疾人需要很大的勇氣，但秦曉璐覺得很正常，她做這一切都是因為愛情。

三、青年的擇偶方式的特點

隨著社會的發展，時代的進步，青年的擇偶方式發生了很大的變化，主要有下面的一些特點。

(一) 擇偶的自主程度明顯提高

在新中國成立之前，「父母之命，媒妁之言」是青年擇偶的主要方式，這種擇偶方式在中華大地上流行了幾千年。而現代青年的擇偶自主程度明顯提高。吳魯平 (1999) 的研究發現，城市青年父母作主的婚姻大幅度下降，自主婚姻迅速上升。葉文振 (1997) 的調查也發現，父母包辦婚姻的比重自改革開放以來大幅下降。田曉虹 (2000) 的研究發現，父母對子女婚姻的關心程度達到近十年來的高峰，但不干預的比重也為歷史之最，父輩和子輩在擇偶問題上已找到一個較平和、完善的契合點。

(二) 擇偶的途徑更加開放廣泛

現代青年的擇偶途徑較之傳統已有較大改變，擇偶途徑更加廣泛。廣告徵婚、網路徵婚和電視徵婚越來越流行，婚介市場飛速發展，為青年提供了更多的婚戀平台。目前中國有 2 萬多家傳統婚介機構，網路婚介機構約 6000 多家。高學歷、高收入的青年男女徵婚比率日漸上升。世紀佳緣的調查顯示，57% 的受訪者身邊有透過婚戀網站找到對象的成功案例，其中北京市受訪者身邊成功的人數最多。這體現了現代青年擇偶方式的開放和廣泛。

(三) 擇偶的空間距離更加擴大

隨著現代交通工具的便捷，人口跨區域流動的加速，青年擇偶的空間距離有擴大化趨勢。周皓、李丁 (2009) 的調查發現，北京、上海、天津等大城市的跨省婚姻的比例達到了 20% 以上。肖坤冰、陳信寧 (2014) 的研究發現，農村青年擇偶的地理範圍擴大了，從傳統的族內婚制到現在的跨區域婚姻。農村宗族勢力的削弱和現代社會流動性增強是農村青年擇偶地理範圍擴大的原因之一。鐘純、梁海艷 (2015) 的調查發現，1990 年代以來，城市青年的跨省通婚在穩定增長。

復習鞏固

1. 什麼是擇偶意向？青年的擇偶意向有什麼特點？
2. 青年的擇偶方式有什麼特點？

第四節　青年婚戀的主要問題

青年的婚戀是美好的，但青年在婚戀中會遇到很多的問題。這些問題如果處理不好，必然會給青年的婚戀和生活帶來不良影響。在這裡，我們著重分析與闡述青年婚戀的主要問題。

一、婚戀焦慮

婚戀焦慮是指青年遇到婚戀中的問題、矛盾而產生的擔憂、害怕、煩惱等情緒體現，主要表現在：一是為婚戀的經濟成本感到焦慮。中國的高房價，使許多戀愛中的青年買不起婚房。有調查顯示，有 83.7% 的青年認為房價高難以接受，陷入了「婚房焦慮症」。二是為大齡未婚感到焦慮。中國大齡未婚女性主要集中在城市，大齡未婚男性主要集中在農村。百合網 (2014) 的調查顯示，42.9% 的單身男性和 36.9% 的單身女性想盡快結束單身，找個伴侶。農村中有大約 4% 左右的男性終生難以婚配。大齡未婚女性的焦慮更為突出。「城市剩女」因為未婚而存在著一種普遍的生存焦慮。如年齡焦慮，擔心年齡的增加會為自己預期的婚姻帶來阻礙；擇偶焦慮，因相親所帶來的恐慌感、挫敗感和疲憊感，能夠選擇的配偶對象達不到自己預設標準時，降低擇偶標準與否的內心博弈帶來的強烈焦慮感；婚姻焦慮，對婚姻表現出焦慮與恐慌，部分女青年對婚姻採取一種消極、畏懼或者觀望的態度。三是對婚姻缺乏安全感。青年對婚姻的不信任感有所增強，財產公證成為一些青年防範婚戀風險的無奈選擇，結婚、離婚都比較輕率，試婚成為單身青年追求理想婚姻的一股潛流。究其原因是青年婚戀的功利化心理，擇偶標準造成的「甲女丁男」現象，都市女性角色衝突對婚姻的影響，虛擬世界的開放性和現實社會的封閉性，外部社會特別是父母給予的婚戀壓力等造成的。

二、未婚同居

未婚同居是指單身男女未辦理結婚登記手續，在戀愛的基礎上共同居住和進行婚姻生活的行為。隨著青年性觀念的開放，未婚同居在青年人中已悄然流行。闞凱 (2011) 對北方五所大學的調查顯示，大學生同居發生率達到了 4.49%。宋月萍等 (1993) 的研究發現，在新生代農民工中，第一胎為婚前懷孕的比例佔 42.7%。世紀佳緣 (2014) 調查也發現，55% 的男性和 45% 的女性認為「如果感情到了談婚論嫁的地步，試婚同居比婚後後悔好」。

之所以部分青年會選擇未婚同居，其原因是複雜的。有的青年是出於試婚

目的為結婚做準備;有的青年是基於生理和情感的雙重需要,彌補親情關懷的不足。加之中國法律沒有明確禁止未婚同居,大眾對青年未婚同居的包容與不干涉態度,削弱了道德的輿論監督功能,使青年未婚同居的現象越來越普遍。

青年未婚同居存在諸多的危害。部分青年同居者動機不純,打著婚姻的幌子同居以滿足自身的慾望,騙取對方的感情和金錢。青年未婚同居還面臨避孕失敗的問題,為婚姻埋下了不幸福的隱患,給女性的身心帶來巨大的傷害。近年頻頻報導的「未婚女子,拋嬰棄嬰」就是憑證。因此,青年在進入未婚同居前要冷靜細緻地權衡利弊,不要因一時的衝動而帶來終身的悔恨。

三、閃婚

閃婚是男女雙方在極短的時間內從相識、相愛到結婚的一種婚姻模式。對於閃婚中從認識到結婚的時間,不同的學者有不同的看法。武曉偉、閆艷(2009)把閃婚時間規定為兩人在一個月內的相識後,只經過半年內(或者少於十次的)的交往後確立婚姻關係。趙藝、李松柏(2014)把閃婚的時間標準界定為從相識到結婚的時間在三個月之內。

依據閃婚的主體,可以分為城市青年的閃婚和新生代農民工的閃婚。城市青年的閃婚主要在於個性吸引,一見鍾情,是前衛、時尚與浪漫的表現,擇偶過程中個人的判斷大於家庭成員的意見。新生代農民工的閃婚則是趁過年回家等短暫的時間,完成從相親到建立家庭的一系列流程,先結婚後戀愛,先建立家庭後培養感情。新生代農民工的閃婚是一種集現實無奈與功能需求為一體的選擇。

閃婚在現代青年中並不少見。鄭彥華(2007)從某市婚介機構瞭解到,透過婚介機構認識並在一兩個月內就步入婚禮殿堂的不下 30 對,最快的一對相識 28 天就領了結婚證。陳鋒(2012)對江西某村的婚姻統計發現,閃婚佔 80% 左右。趙藝、李松柏(2014)對陝西某村的婚姻統計也發現,農村青年的閃婚佔 67%。

青年閃婚出現的原因主要是社會文化和經濟的變遷、競爭的加劇、交際圈的狹小、結婚和離婚程序的簡化及社會輿論的寬容,以及為縮減婚姻開支、減少適婚不婚而面臨的極大的壓力等。

閃婚既有存在的合理性,也會帶來一系列不良後果。閃婚缺少婚姻形成的兩個必要條件:一個是愛情,另一個是兩個人之間的互相瞭解及雙方在生活方式和心態上的相似性。閃婚中的許多問題不能妥善解決,就會導致閃離,產生一系列的問題,如離異雙方財產分割問題、離異雙方身心重構問題和子女的教養問題等。所以,青年要慎重對待閃婚。

四、婚外戀

婚外戀指已婚者與配偶之外的異性產生比較持久而鞏固的情感或親密行為。婚外戀在青年中具有一定的市場，並且部分青年對婚外戀給予理解和支持。吳銀濤、肖和平（2008）對青年農民工的調查顯示，有 37.01% 的男性青年農民工和 11.56% 的女性青年農民工自曝有婚外戀經歷。這些婚外戀者的平均年齡為 26.1 歲。馬麗萍（2009）調查了未婚研究生對婚外戀的態度，發現理解婚外戀的為 25.18%，認為「道德墮落」為 24.17%，認為「正常」的為 11.12%，「說不清」的為 7.19%，「反對」者僅為 3.17%。這顯示出研究生群體對婚外戀在一定程度上的理解，以及對婚外戀看法的多元化態度。

青年產生婚外戀的原因是錯綜複雜的，既包括婚外戀青年的個性品質、經濟狀況、價值觀、婚姻觀念、心理健康、夫妻的感情狀況、性生活和諧度等；也包括大眾傳媒的影響、社會觀念的變遷、道德觀和倫理觀的淡化、避孕手段的先進降低了青年對於發生婚外性關係後果的擔心，以及手機、網路等通訊手段的發展方便了青年之間的聯繫和交往。這些都可能會誘發婚外戀。青年的婚外戀行為容易導致離婚、家庭暴力等問題，降低夫妻對婚姻的滿意度。因此，青年的婚外戀應得到廣泛的重視。

五、離婚

離婚主要是指婚姻當事人雙方依照法律規定的條件和程序解除合法有效的婚姻關係的行為。從 1970 年代末開始，中國離婚人數和離婚率持續上升。據國家民政部 2013 年統計數據顯示，2013 年辦理離婚手續的有 350 萬對，比 2012 年增長 12.8%。從年齡結構看，22~35 歲人群是離婚主力軍。青年離婚的原因主要是性格不和、婚外戀、家庭暴力、缺乏愛情基礎，以及賭博、吸毒等惡習。離婚會對當事人的身心造成極大的消極影響。袁萌（2011）的研究顯示，離異人群在軀體表現、心理表現和社會適應等方面的亞健康狀態相較於未婚和已婚更嚴重。離婚還會對子女的身心發展造成極大的消極影響，如情緒情感障礙、適應性差、性格缺陷、學習困難、社會性發展不良等。所以，青年要慎重對待離婚問題。

復習鞏固

1. 什麼是婚戀焦慮？青年婚戀焦慮有哪些表現？
2. 青年未婚同居的原因有哪些？未婚同居的危害有哪些？

第五節　青年婚戀心理的調適

　　青年為了獲得與保持幸福的婚戀，需要正確認識並有效化解婚戀中存在的諸多問題。對婚戀心理進行調適，是保障青年幸福婚戀的有效路徑。下面著重闡述青年婚戀調適的主要對策。

一、青年要端正婚戀動機，建立正確的性愛觀

　　當前，青年的婚戀動機呈多樣性、複雜性和矛盾性特點。部分青年婚戀動機不純，缺乏認真負責的態度，視婚戀為兒戲，這極易引發糾紛和矛盾，導致青年產生苦惱、憤恨、憂鬱心理，影響青年的身心健康和社會的安定和諧。青年應正確解讀愛情的本質，認識到愛情是一種雙方相互傾慕、渴望對方成為終身伴侶的、強烈、純真、專一的情感，是人類最美好的情感之一。認識到愛情的最高層次是性愛與情愛的和諧與統一，其主要特徵是排他與守一、激情與韌性、自私與無私的統一。青年要端正婚戀動機，摒棄一些盲目的、不道德的婚戀動機，以追求愛情為出發點，努力達到愛情的最高層次，把婚戀建立在和諧愛情基礎上，才能獲得婚戀的幸福。

　　隨著中國改革開放的深入，社會變遷、人口的頻繁流動以及西方「性自由」「性解放」思想的傳入，當代青年的性觀念呈現開放的態勢。一些青年把身體和性都視為個人財產，可以隨意使用和支配。這是違背婚戀道德，更是對自己和對方不負責的行為，應受到道德的譴責和法律的約束。青年應樹立正確的性愛觀，明白愛情絕不僅是性慾的滿足而且是社會性情感的溝通與交流。青年應正確把握兩性交往的尺度，謹慎面對婚前性行為。婚戀中的雙方要彼此忠誠，杜絕一夜情、婚外情等亂性亂情行為。

二、青年要有合理的婚戀期待，樹立婚戀責任意識

　　婚戀期待是指個體對婚戀雙方在婚戀關係中所承擔的角色的期待。婚戀期待與婚戀滿意度、婚戀品質關係密切。一些青年婚戀關係解體的原因之一是因為婚戀期待落空而產生的挫折感、絕望感，導致最終放棄。青年要對婚戀有恰當的期望值，因為過高或過低的婚戀期望都是不合理的。過高的婚戀期望，把婚戀想象得過於完美，當婚戀中出現一些矛盾時，不能正確看待期望與現實的差距，對婚戀失望至極，就有可能導致婚戀的失敗。過低的婚戀期望會導致青年對婚戀沒有信心，遇事消極對待，不認真解決，最終也可能導致婚戀的失敗。

青年要懂得婚姻是愛情與責任的統一，愛情的歸宿是走向婚姻家庭，選擇了愛情也就選擇了一份責任。婚戀雙方要有道德意識和責任意識，理智地思考性、愛情與婚姻的關係，做一個負責任、有擔當的人。婚戀雙方要相互尊重、相互信任，對於婚戀生活中的一系列問題，要剖析前因後果，承擔起自己該承擔的責任，不衝動分手或輕率離婚，共同為經營好婚姻家庭而努力。

三、青年要理智對待失戀，善於調整心態

失戀是個體在戀愛狀態下，因各種因素的影響導致雙方出現情感困境，進而導致戀愛中斷、愛的交往停止，並給戀愛的一方或雙方造成不同程度心理挫折感的一種負性生活事件。失戀是青年戀愛中常見的現象。部分青年因失戀痛苦而難以自拔，甚至引發嚴重的心理危機。張海音（2008）對來訪大學生的咨詢問題進行歸類發現，他們的戀愛情感心理問題者最多，佔咨詢人數的 37.68%。情感因素已成為大學生自殺的誘因之一。因此，青年要理智對待失戀。

失戀青年要以積極的心態面對失戀事實，調整因失戀所帶來的不合理認知，要認識到失戀不等於失敗，失戀固然痛苦，卻是人生自我完善的過程。失戀也不是失志，戀愛只是生活的一部分，不是生活的全部。青年要對失戀進行正確的歸因，汲取經驗並反省、完善自我。要透過體育鍛鍊和文化娛樂等活動轉移失戀帶來的負性情緒，拓展新的人際交往圈子，化失戀的痛苦為發展的動力，力爭在學業或工作上有所作為。失戀更不是失德，青年應遵守戀愛道德，把握為人處事准則，不能因失戀做出有違道德與法律的事情。

四、青年要正確處理婚姻中的衝突

婚姻衝突是指夫妻間公開的或隱藏的對立和意見分歧。青年雙方由認識、好感、愛慕、熱戀進入婚姻，對婚姻生活充滿美好期待，並在新婚期逐漸加深對對方的情感依戀。新婚期過後，夫妻雙方的情感熱度逐漸消退，加之受困於現實生活中紛繁瑣碎的日常家庭事務和新的人際互動，青年婚姻進入磨合期。不同的家庭婚姻磨合期時間長短是不相等的，一般在 3~7 年之間。婚姻磨合期是婚姻衝突的高發期，許多青年夫婦因對婚姻衝突缺乏必要的瞭解和正確的應對策略而導致情感破裂，甚至離婚。

婚姻衝突在家庭中是客觀存在、不可避免的，其表現形式也是多種多樣的。楊阿麗、方曉義（2009）的調查發現，夫妻報告的前三項衝突是家務瑣事、不良習慣和交流解決問題。歐陽海燕（2010）透過對已婚人士的調查顯示，最嚴重的可能

導致婚姻破裂的因素是猜疑、冷淡、指責、把離婚掛在嘴上、在外人面前不給對方面子。婚姻衝突具有兩面性。從積極方面看，適當的婚姻衝突可以起到安全閥的功能，促進夫妻雙方瞭解彼此的立場、觀點、情感和行為模式。但婚姻衝突太多則會破壞兩人的親密關係，導致婚姻的破裂。

青年可以採用達成共識、建立機構、約定規則的制度化調節機制來解決婚姻的衝突。所謂「達成共識」，即婚姻雙方認可婚姻衝突客觀存在，不可避免。「建立機構」，即成立家庭事務管理機構，以談判、仲裁與調停來面對婚姻衝突。「約定規則」，即婚姻雙方制訂一些家庭規則並將這些規則制度化，以使婚姻衝突調解有據可循。賈茹(2012)的研究發現，婚姻品質高的個體則更多地使用妥協的方法解決婚姻衝突，婚姻品質低的個體更多地使用回避、分離、控制、服從和行為反應等應對方式解決衝突。青年要調整心態，採取積極的情緒和行為模式來處理婚姻衝突。學會寬容和退讓，而且能夠真誠地站在對方角度思考問題並理解和體諒對方。尊重和信任對方，不斷地改進溝通方式和溝通技巧，相敬如賓，減少不必要的婚姻衝突。

復習鞏固

1. 什麼是失戀？青年應如何對待失戀？
2. 青年應該如何端正婚戀動機，給予婚戀適當的期待？
3. 什麼是婚姻衝突？青年應如何處理婚姻衝突？

要點小結

1. 愛情是一對男女基於一定的客觀物質基礎和共同的人生理想，在各自內心形成的對對方的真摯仰慕，並渴望對方成為自己終身伴侶的強烈、穩定的感情。婚姻是男女兩性在愛情基礎上的合法自由結合而成的一種特殊社會關係。

2. 婚戀能夠滿足青年的多種需要，有利於青年的身心健康；能使青年獲得親密關係的支持，有利於學業與事業發展；能增強青年的包容能力，促進青年的人際協調能力；能減少青年的不良情緒，提高青年的生活滿意度。

3. 戀愛動機是引起青年產生戀愛行為，維持並促使其戀愛朝向某一目標的內部動力。青年的戀愛動機主要有：對戀愛的好奇與嚮往；解除寂寞或無聊；滿足功利心或虛榮心；從眾心理。青年的戀愛特點有：自主性、公開浪漫性、強烈性、盲目性、開放性、不穩定性。

4. 擇偶意向是指青年內心中所持有的選擇婚戀對象的相對固定的標準在擇偶行為上的反映。青年擇偶意向呈現出多元和矛盾的特點，主要有物質化取向、重

情感傾向、重人品和性格、重能力才幹和外貌。青年擇偶的自主程度明顯提高；擇偶的途徑更加開放廣泛；擇偶的空間距離更加擴大。

5. 青年婚戀心理問題主要有婚戀焦慮、未婚同居、閃婚、婚外戀、離婚。青年要端正婚戀動機，建立正確的性愛觀；要有合理的婚戀期待，樹立婚戀責任意識；要理智對待失戀，善於調整心態；要正確處理婚姻中的衝突。

關鍵術語

愛情	love
婚姻	marriage
戀愛動機	love motivation
擇偶意向	mate-selectionintention

復習題

一、單項選擇題

1. 將愛情劃分為浪漫之愛、性慾之愛、伴侶之愛和利他之愛四類的是美國心理學家（　）。

　A. 薩克斯通　　B. 斯騰伯格　　C. 約翰·李　　D. 伊萊恩·哈特菲爾德

2. 將愛情劃分為浪漫式愛情、遊戲式愛情、佔有式愛情、伴侶式愛情、奉獻式愛情、現實式愛情六種類型的是（　）。

　A. 薩克斯通　　B. 斯騰伯格　　C. 約翰·李　　D. 伊萊恩·哈特菲爾德

3. 男女兩性在愛情基礎上的合法自由結合而成的一種特殊社會關係是（　）。

　A. 戀愛　　B. 婚姻　　C. 友情　　D. 夫妻

4. 青年內心中所持有的選擇婚戀對象的相對固定的標準在擇偶行為上的反映，指的是青年的（　）。

　A. 擇偶意向　　B. 擇偶途徑　　C. 擇偶行為　　D. 擇偶目標

5. 引起青年產生戀愛行為，維持並促使其戀愛朝向某一目標的內部動力，指的是青年的（　）。

　A. 戀愛焦慮　　B. 戀愛緊迫　　C. 戀愛恐懼　　D. 戀愛動機

二、多項選擇題

1. 美國著名心理學家斯騰伯格認為人類愛情包括（　）三種成分。

A. 親密　　B. 浪漫　　C. 激情　　D. 承諾

2. 青年的戀愛動機主要有（　）。

A. 對戀愛的好奇與嚮往　　B. 解除寂寞或無聊

C. 滿足功利心或虛榮心　　D. 從眾心理

3. 青年婚戀心理的調適對策有（　）。

A. 青年要端正婚戀動機，建立正確的性愛觀

B. 青年要有合理的婚戀期待，樹立婚戀責任意識

C. 青年要理智對待失戀，善於調整心態

D. 青年要正確處理婚姻中的衝突

4. 青年的擇偶方式有下列哪些特點（　）。

A. 擇偶的途徑更加狹窄單一　　B. 擇偶的自主程度明顯提高

C. 擇偶的途徑更加開放廣泛　　D. 擇偶的空間距離更加擴大

5. 良好的婚戀對青年期的意義在於（　）。

A. 有利於青年的身心健康

B. 有利於青年的人際協調能力發展

C. 有利於青年的學業或事業發展

D. 有利於青年生活滿意度提高

三、判斷對錯題

1. 當代青年擇偶意向呈現出多元和矛盾的特點。（　）
2. 當代青年擇偶時看重經濟條件、輕視愛情，這是一種社會進步現象。（　）
3. 婚姻衝突會破壞夫妻親密關係，所以家庭要盡量避免婚姻衝突。（　）
4. 未婚同居存在諸多危害，因此青年進入未婚同居前要冷靜權衡利弊。（　）
5. 不論閃婚對象是城市青年還是新生代農民工，其緣由是一樣的。（　）

第十章　青年的職業心理與輔導

本章你要學習什麼？

職業在青年的一生中佔有重要的位置。一份好的職業不僅能夠讓青年衣食無憂，過著體面、有尊嚴的生活，而且能夠助其實現自我價值。透過本章的學習，你能夠瞭解青年職業心理的特點，認識影響青年職業選擇的因素，以及青年職業選擇的困擾，使你更加明確在職業準備中應該做什麼，如何對待自己的職業。

第一節　概述

成家和立業是青年期兩大重要的人生課題。青年的就業去向、職業選擇和職業狀況，決定著青年的生活品質和青年的發展方向與前途，對青年的一生有重大影響。

一、職業心理的含義

職業（vocation）是個體參與社會分工，利用專門的知識和技能持續為社會創造物質財富或精神財富、獲取合理報酬、滿足物質生活和精神需求的工作。這個定義包含如下特徵：(1) 經濟性，職業能給個體帶來合理的報酬，滿足養家糊口、解決生計的需要；(2) 社會性，職業是有特定工作經驗要求的角色體系。個體從事某個職業就必須接受這個職業的社會分工並履行相應的責任和義務；(3) 技術性，職業需要從業者具有一定的能力和技術，並為從業者提供發揮這些能力和技術的舞台；(4) 相對穩定性，職業具有一定的連續性，對個體的影響深遠而綿長。

職業心理（vocational psychology）是青年在職業活動中表現出的認識、情感、意志等相對穩定的心理傾向或個性特徵。

二、職業心理結構

職業心理由許多要素構成，主要包括下面的要素。

(一) 職業價值觀

職業價值觀（vocational value）是人們衡量社會上某些職業的優劣和重要性的內心尺度，是個體對待職業的一種信念，並為其職業選擇、努力實現工作目標提供充分的理由（黃希庭，2005）。職業價值觀反映了個體在求職過程中的關注點，以及如何組織自己的行動來實現這一目標。職業價值觀的核心是職業需要，並透過職業價值目標、價值手段和職業價值評價等形式表現出來。

正確的職業價值觀是青年職業選擇、獲得職業滿意感的前提和核心。青年的職業價值觀一直是社會研究的熱點問題。大量研究發現，當代青年的職業價值觀總體特徵是積極的，他們重視依靠自己的勤奮、努力、進取，追求工作的保障與優裕，並能充分從社會、家庭、個人的角度考慮問題，而且選擇工作時重視能力發揮、興趣相符、實現個人理想。80後和90後新生代青年的實用型價值觀呈現上升趨勢，追求生活休閒和幸福的後現代價值觀日益受到青年的青睞。

(二) 職業興趣

職業興趣(career interest)是人們對職業以及與職業有關活動的積極的情緒反應和選擇性態度。職業興趣大致可歸為四個方面：(1)對職業活動對象的興趣，如喜愛工作環境，愛護工作的工具等；(2)對職業活動過程的興趣，把工作過程當作是一種良好的情感體驗過程，對工作任務總是帶著愉悅的情緒去完成；(3)對職業活動成果的興趣，如對工作結果的關心和由此產生的對較高勞動報酬的期望等；(4)對職業活動前景的興趣，如對工作單位發展前途的憧憬，對自己工作前途的信心等。職業興趣作為影響職業心理的重要內容之一，對青年的職業選擇、職業的穩定性、職業的滿意程度和職業效率的提高起著重要的作用。

當前中國處在發展的「新常態」，新增職業種類繁多，青年的就業壓力加大。青年認清自己的職業興趣對職業的選擇和職業活動尤其重要。有研究發現（李翔宇，2005；吳俊華，2006），大學生的職業興趣在性別、年級上差異顯著；不同專業的大學生有不同的職業興趣，專業對口仍然是影響大學生職業興趣的重要因素。

(三) 職業自我效能感

職業自我效能感(carer self-efficacy)是自我效能在職業領域的具體體現，是個體對自己能否勝任與職業有關的任務或活動所具有的信念、判斷和自我感受。

職業自我效能感主要包括：一是與職業內容有關的自我效能，即個體對自身完成某一職業所規定的有關內容的能力的信念，如個體是否具備從事某種職業所需要的知識和技能。另一方面是有關職業行為過程的自我效能，即個體對自身完成有關職業行為過程，實現行為目標能力的信念，如個體對職業的決策。職業自我效能感的高低影響著個體的職業選擇範圍和對職業的態度。高職業效能者更願意努力探索，獲取有關職業的資訊，使職業選擇範圍更為廣泛。在面對職業困難時，更願意努力克服，更有機會獲得職業上的成功。

從已有的研究看，青年職業自我效能感的總體水平較高。一些青年有著「初生牛犢不怕虎」的勇氣和果敢，積極開展職業探索、進行職業選擇。隨著青年年齡的增長，職業自我效能感呈現一定的變化趨勢。張杉杉、鄭日昌(2002)透過對507名理工科大學生擇業自我效能感的調查發現，大學生在擇業效能感及各個維度上均有顯著的年級差異，其發展趨勢為大一學生最高，大二學生最低，大三和大四學生趨中。

職業自我效能感也會受到青年自身實踐的直接經驗、觀察他人所獲得的替代性經驗以及他人的教育引導和勸說等因素的影響。李楊、張進輔(2007)對來自文、

理、工、農、醫等六個不同專業的大學生的調查表明，由於專業不同，大學生的職業自我效能感也存在差異，其中醫學專業大學生的職業效能感水平最高，農學專業大學生的職業效能感最低。

（四）職業能力

職業能力（vocational capacity）是個體勝任某一職業過程必須具備的一些心理特徵。職業能力通常包括專業能力和通用能力。專業能力是個體從事某項職業所必須具備的專業知識和技能，具有很強的針對性，如護士的專業能力是具備眼手協調和急救、注射等護理專業醫務知識。通用能力是不同職業者順利完成工作都必須具備的能力，如解決實際問題的能力、與他人交流合作的能力等。

由於職業不同，青年所需要的職業能力也不同。如青年教師應該具備組織教學的能力、科研能力和自我發展的能力；青年銷售人員應該具有良好的溝通能力、較強的適應能力、綜合分析能力、市場應變能力等。就大學生來說，其職業能力有基礎性、延展性和潛在性等特點。中國著重研究了大學生適應社會應具備的職業能力。例如，宋國學（2008）從雇傭性研究視角得出，大學生應培養的職業技能包括專業技能（如學術技能和應用技能）、溝通技能（如口頭交流、書面技能和資訊技能）、個人屬性（如誠信、事業心、自我管理和積極主動）、學習能力（如創造性、理解技能、記憶力和邏輯思維）、人際技能（如社會技能、團隊技能、贏得信任和影響他人）。目前中國教育部推行的「卓越計劃」就是依據行業標準加強對青年學生的職業能力的針對性培養。上述四個要素既相對獨立，又彼此聯繫，共同構成青年的職業心理結構。

三、職業心理理論

職業心理理論是探討在職業過程中產生的心理特徵，主要有下面一些具有代表性的理論。

（一）職業勝任力模型理論

美國學者麥克利蘭透過研究組織中績效優異的員工所具備的能夠勝任工作職位要求的知識、技能、自我概念、價值觀和個人特質等，提出勝任力的概念。勝任力（competence）是指能夠測量和區分優秀職業成就者與一般績效者的個體特徵，包括個體的動機、特質、自我形象、態度、價值觀、知識、認知、技能等。

1993年Spencer等人提出了勝任力的基本模型。他們根據勝任力顯現的不同，分為外顯勝任力和內隱勝任力。外顯勝任力主要包括知識和技能，這些特質容易

被感知和後天培養，是對職業勝任力的基本素質要求，是有效執行工作所必需的最低程度，但它不能把職業優秀者與普通者區別開來。內隱勝任力主要包括社會角色、自我概念、人格特質、動機等，這些特質不易被感知並且難以培養，決定著人們的行為與表現，是區分職業優秀者與普通者的關鍵因素。根據這個理論，人們可以評估個體的職業勝任力的情況。

（二）生涯發展理論

生涯發展理論是從發展心理學視角，將職業心理融入整個生涯全程來探討和研究，以美國職業指導專家舒帕（D.E.Super）為代表。他認為人們的就業意識和要求並不是在面臨就業時才具有，而是在童年時就孕育了職業選擇的萌芽。隨著個體年齡、資歷和教育等因素的變化，其職業心理也在發生變化。

職業發展同人的身體和心理一樣，可以分為幾個連續的不同階段，每階段都有一定的特徵和職業發展的任務。如果前一階段的發展任務不能很好完成，就會影響後一階段的職業成熟，導致最後在職業選擇時發生障礙。他把個體一生的職業發展分為五個時期。

1. 職業成長期（0~14歲）。這個時期，兒童少年透過對家庭、學校（包括幼兒園）及鄰里中重要他人的觀察來發展關於職業角色的意識，並把它們與自我概念聯繫起來。

2. 職業探索期（15~24歲）。在這個時期，青年力圖更多地瞭解自我，並做出嘗試性的職業決策，而且透過經驗的不斷積累，不斷改變自己的職業期望。

3. 職業建立期（25~44歲）。在這個時期，個體進入了特定的工作領域，開始努力掌握該領域中職業發展的資訊，力圖開闢自己在職業中的道路。

4. 維持期（45~59歲）。在這個時期，個體已經在工作領域內取得了一定地位，一般不再尋求新的職業領域，而是朝著既定的目標前進。

5. 衰退期（60歲以上）。個體到了法定的退休年齡，開始脫離工作職位，考慮退休後的生活安排。

（三）職業適應力理論

職業適應力是從個體與職業互動過程具有不可預測和不確定性特徵角度提出來的，以美國職業專家薩維科斯（Savickas）為代表。他認為，職業適應力（career adaptability）是個體應對職業發展任務、職業轉換、個人危機的準備程度以及所擁有的可以利用的心理資源。職業適應力包括職業關注（carer concern）、職業自主（carer control）、職業好奇（career curiosity）、職業自信（career confidence）四個

維度，簡稱為 4C。職業關注是個體對職業未來的關心，有助於個體放眼未來，為未來生涯任務做準備；職業自主是個體為職業未來做準備，使個體為了滿足今後的職業要求而採取自律的方式來塑造自己並為此負責；職業好奇是個體對自己、對未來願景和周圍情況的探索；職業自信是個體強化自己追求職業理想的信心，使個體在探索中更加自信地進行人生設計。

上述職業適應力的每個維度都有一個核心問題，承擔著各自不同的功能。個體可以根據這四個維度評估自己的職業適應力的情況，並進行針對性的改進。

擴展閱讀

青年職業適應力的評估與輔導

有的青年在面對職業時表現出不關心、不關注，職業選擇中猶豫不決，甚至出現壓抑和消極逃避等心理現象。職業適應理論學家認為，當職業適應力的四個發展向度，即職業關注、職業自主、職業好奇、職業自信存在遲緩或不均衡時，就會造成這些不良的心理問題。但透過針對性干預和培養，可以提高個體的職業適應能力。為此，研究者開發出一套評估和輔導體系（見表 10-1），來促進個體的職業適應能力的提高。例如，對職業不關心、不關注，對未來缺乏思考的個體，透過對其覺察、投入和準備等指標的測試，然後開展針對性的定向練習，使其養成計劃性和規劃性，提高其做計劃的能力，也就能提高其職業關注度。對職業決策中猶豫不決的個體，透過其堅定性、條理性和執著性等指標的測試，並開展針對性的決策訓練，幫助其提高自我做主的堅定性和自我做主的能力，進而提高其職業的自主性。

表 10-1　職業評估與輔導的體系

維度	職業問題	態度和信念	能力	問題	評估指標	職業干預
職業關注	我有未來嗎？	有計劃的	做計劃	不關心	覺察、投入、準備	定向學習
職業自主	誰擁有我的未來？	堅定的	做決策	猶豫	堅定、有條理、執著	決策訓練
職業好奇	未來我想要做什麼？	好奇的	主動探	不切實際	嘗試、冒險、詢問	資訊蒐集
職業自信	我能做到嗎？	有效的	問題解決	壓抑	堅持、努力、勤奮	發展自尊

四、職業對青年的意義

職業除了具有創造社會財富的社會意義外，對青年也具有重要的個人意義。

(一)職業影響青年的生活品質

青年透過工作賺錢換取生活，工作時間、工作任務、工作條件、工作環境和工作報酬等因素一起影響著青年的生活品質。舒爾茨和索爾特豪斯(Schulz & Salthouse, 1999)透過系統研究指出，工作對青年生活品質的影響表現在兩個方面：一方面是對工作活動本身所涉及的各種因素的影響，如工作滿意感、上下級或同事關係、工作壓力知覺等；另一方面是對非工作領域的生活帶來影響，如家庭生活條件、家庭人際互動、休閒娛樂等。職業透過這兩方面的影響最終對青年的總體生活品質產生作用。

(二)職業體現青年的社會地位和價值

職業在某種程度上代表著青年的收入和社會聲望，標誌著青年的職業角色和社會地位。青年透過職業———從事某種工作，在獲得經濟報酬的同時，履行著社會的職責與義務，表現自我和發展自我，獲得生命的充實感和意義感，消除無聊、墮落和貧窮，體現自身的社會地位，實現自我價值。

(三)職業推動青年的心理發展

在職業生涯中，青年不僅結識主管和同事，加入與工作有關的組織和社會團體，擴大自己人際關係的範圍和交際圈，獲得工作單位的歸屬感，得到主管、同事的認可和接納；而且透過職業活動，發展自己與主管、同事合作與競爭的能力，發展自己獨立工作的能力，提高自己的分析判斷能力、決策能力、處理和解決複雜問題的能力，使自己多方面的能力得到全面提高。

復習鞏固

1. 什麼是職業心理？職業心理的主要結構包括哪些要素？
2. 具有代表性的職業理論的觀點有哪些？請闡述。
3. 職業對青年有什麼意義？

第二節　青年職業心理的特徵

青年的職業心理有其獨特的表現，尤其是一九八九十年代出生的青年，他們是現代市場經濟、資訊化和智慧化的最佳代言人，與過去的青年相比，他們的職業心理具有許多新的特點。

一、青年職業心理的時代性

(一) 職業目標實用化和生活化

中國的一些研究發現，儘管1960到70年代出生的青年也注重職業的薪酬和福利待遇，但當職業的社會地位、社會意義和經濟收入發生矛盾時，他們更多選擇職業的社會地位和社會意義；他們視主管和老闆為權威，主張生活是為了工作。而一九八九十年代出生的青年在職業選擇上更加註重自我發展、工作環境、工作氛圍以及能夠從工作中學到什麼；他們希望透過工作找到事業上的導師或教練，能從上司那裡學到專長和技能；他們不再將主管或老闆視為權威人物，認為理想的主管或老闆應該與員工做朋友；他們工作主要是為生活服務，但如果發現工作嚴重影響生活品質，太多的加班、主管或老闆不公平，會毫不遲疑地辭職或跳槽到新的工作單位。

(二) 職業手段多樣化

一九八九十年代出生的青年其工作不再是國家「包分配」，他們在「雙向選擇」的就業市場中尋找屬於自己的那份工作。他們職業選擇的機會更多，具有極強的自主性，可以當公務員、成為企事業單位員工，也可以成為京城「北漂」一族、充當自由職業者，還可以「淘寶」、做「微商」創業，甚至可以擔任志願者和社會公益事業，等等。他們的就業途徑更加多樣化。雖然「雙選會」、就業人才市場仍是當代青年求職的主要途徑，但網路求職成為新潮流，發揮著日益重要的作用。英國人力資源 Hays 公司 (2012) 對中國 1000 名 18~30 歲青年的深度調查發現，79% 的中國 80、90 後青年同意「社交媒體是一種有益的職場工具」。此外，電視媒體和平面媒體等開設的求職欄目，也給當代青年和企業之間搭建了很好的平台。

(三) 職業心態更加開放

一九八九十年代出生的青年不再迷戀對固定性職業，他們渴望擁有挑戰性和創造性的工作，對調換工作也更加開放。據英國人才招聘機構 Fresh Minds

Talent(2008)和英國人力資源 Hays 公司(2012)的調查發現，中國一九八九十年代出生的青年比前幾代人更有雄心和品牌意識，他們中有 50% 的人可以接受 6 次更換工作，對自主創業有濃厚的興趣。因此，中國一九八九十年代出生的一代青年將是「充滿企業家和成功者的一代」。

二、青年職業心理的矛盾性

青年邁出校園步入社會工作，面臨社會發展「新常態」所產生的價值衝突以及自身心理發展水平的影響，使他們在職業心理上呈現出矛盾性的特點。

(一)自我實現與社會需要的矛盾

自我實現是當代青年職業選擇的一個主導需要。研究發現，中國大多數青年都把「自我發展空間大、符合自己興趣」「發揮個人才幹」作為擇業的首要因素。而集體主義是中國社會倡導的主導價值取向，要求青年在實現自我價值的基礎上，考慮國家的需要以及對社會的貢獻。這就造成了青年在職業選擇中職業價值取向表現為自我實現與社會需要的衝突。張存庫、魏重斌(2008)對千名青年的職業價值觀的調查發現，青年對一些基礎行業和急需行業在理念上認同，對其表示尊敬，但在實際就業中只有極少數青年願意到這些行業中工作，二者形成了明顯的反差。

(二)外在功利取向與內在精神追求的矛盾

在中國社會轉型階段和市場經濟條件下，由於物化的社會環境、薪資福利待遇與工作環境成為評價個體在職業上成功與否的重要標準，使得一些青年過分看重職業的薪資待遇和物質條件，甚至將物質性保健需要等同於社會尊重的需要。與此同時，中國傳統文化強調的「重義輕利」「天行健君子以自強不息」的理念也在潛移默化地影響著青年的職業追求。這就使得一九八九十年代出生的青年儘管追求物質財富，渴望擁有成功的事業，但同時也尊重知識、願意學習專業知識與技能。

(三)職業理想與職業現實的矛盾

職業理想是青年對自己所從事的職業及其發展目標所做出的想象和設計。職業理想是青年進行職業判斷的內在標準。研究發現，一九八九十年代出生的青年重視個人發展機會的選擇和行業的發展前景，強調工作環境的舒適安逸為其職業理想。但在中國各種社會保障制度還未完善、社會提供的職位和條件有限的情況下，一些青年在面對西部、邊遠落後地區的許多職業時，會表現出猶豫不決、茫

然不知所以的狀態，有的甚至寧願待業，也不願意到條件艱苦的地方去創業或工作，由此造成了人力資源的極大浪費。

三、青年職業心理的發展

青年期是職業心理發展完善的重要時期，青年也總是經過多次的反復和調整才能發展他們比較穩定的職業心理。根據已有研究，青年職業心理的發展具有以下的主要特點。

(一) 職業探索期

根據舒伯的職業生涯階段理論，個體處於職業準備和探索期的年齡為15~24歲。這一時期又分為三個階段：1.試探期(15~17歲)，青年開始利用學校生活、休閒活動、兼職打零工等機會，透過想象、討論、觀察、訪問、見習或社會實踐等活動，全面考慮自己的需要、興趣、能力及謀職機會，並據此嘗試做出職業選擇；2.過渡期(18~21歲)，青年進入就業市場和接受專業訓練，從過去的理想過渡到現實，對自己已有的職業期望進行一定的現實性調整，將一般性的選擇轉為特定的選擇；3.試行期(22~24歲)，青年初步確定職業領域，開始正式的職業生活，並試圖將其作為自己的長期職業。

(二) 職業建立期

25歲以後的青年處於職業建立期，主要的角色就是工作，並且在工作經驗中考慮職業和自我的匹配程度。青年透過工作與實踐不斷探索和嘗試，最終在某個職業領域中逐步穩固下來，學習職業知識和職業技術，掌握職業規範，提高工作能力，鞏固地位併力求晉升。這一時期通常是青年富有創造力，職業生涯不斷發展和上升的時期。

(三) 職業心理的差異性

青年職業心理的差異性主要體現在對待工作的態度及職業成熟度等方面。在現實生活中，我們常常看到，對待同樣的工作，有的青年兢兢業業、認真嚴謹、奮發有為、勤奮努力、不畏艱難、大膽進取，有的青年卻馬馬虎虎、缺乏主動性和積極性、怕苦怕累、畏手畏腳、不思進取、安於現狀。劉紅霞(2009)透過全國16所大學的1171名大學生的職業成熟度的研究發現，女大學生的職業成熟度的發展水平顯著低於男大學生。

復習鞏固

1. 青年職業心理的時代特徵主要有哪些？
2. 青年職業心理的矛盾性表現在哪些方面？
3. 青年職業心理的發展特點主要是什麼？

第三節　青年職業的選擇

職業選擇是青年的一個永久性話題。每個青年步入社會，都面臨著職業選擇。青年如何選擇適合自己的職業，關係著青年的生活方式、身份地位和社會環境，也在一定程度上限定了其發展的軌跡。

一、職業選擇的含義

職業選擇（career choices）是青年從自身的個性、興趣和特長出發，根據職業的經濟報酬、勞動強度、晉升機會等資訊做出的一種主客觀多方面綜合考慮後的價值判斷和決策，其目標是找到適合自己的職業。

青年職業選擇是「雙向選擇」的過程，既是青年求職者對職業職位的選擇，也是職業職位對青年求職者的選擇。正如美國學者帕森斯（F.Parsons, 1909）在《職業選擇》一書中所指出的那樣，明智的職業選擇需考慮三個主要因素：一是準確地瞭解自己，包括個人的態度、能力、興趣、志向和限制及其原因；二是懂得職業成功所需要的條件和環境，即感知職業的利弊、報酬、晉升機會和成功的必要條件；三是處理好以上兩者之間的平衡關係。由於青年的認知和社會經驗是不斷積累的過程，因此，青年的職業選擇很大程度上也是不斷調整自我、實現人—職匹配、達到最優化組合的過程。

二、職業選擇的理論

如何解決青年選擇職業時遇到的心理問題，以及幫助青年選擇適合自己的職業，國外不同研究者以心理學理論為基礎，從不同角度進行探討，提出了不同的職業選擇理論。

（一）人-職匹配理論

該理論由美國帕森斯（F.Parsons, 1908）首先提出，美國職業輔導專家霍蘭德（J.L.Holand, 1985）對此進行了豐富和發展。他們認為每個人都有自己獨特的人格模式，而每一種人格模式都有其相應的職業類型。職業選擇是個人人格的延伸，是人格的一種表現。職業選擇的焦點是在蒐集個人與職業的資訊基礎上，尋找與自己特性相一致的職業，實現人與職業的匹配。

霍蘭德將人格分成了六種基本類型：實用型（R）、研究型（I）、藝術型（A）、社會型（S）、企業型（E）和事務型（C），並認為每種類型的人都會對相應職業類型

中的工作或學習感興趣，個體總是根據自己的人格類型所賦予的職業興趣去選擇職業，希望能夠找到與其人格類型相匹配的職業。霍蘭德提出，個人人格類型和職業之間的適配將增加個人對職業的滿意度、職業穩定性和職業成就感。如果個體不能獲得與自己人格相匹配的職業機會，那麼可以尋找相近的職業環境，經過努力也能夠適應這種職業環境。如果實在不行，個人也可以考慮從事包含自己某種興趣的工作，而在業餘生活中尋求在工作中不能滿足的興趣。

(二) 職業錨理論

該理論由美國施恩 (E.H.Schein, 1978) 提出。職業錨 (career anchor)，是指人們在選擇職業時，無論如何都不會放棄的那種至關重要的東西或價值觀，是選擇和發展自己職業時所圍繞的中心。施恩發現有八種職業錨：自主型職業錨、創業型職業錨、管理能力型職業錨、技術職能型職業錨、安全型職業錨、安全穩定型職業錨、生活型職業錨、服務型職業錨，並認為職業錨以人們習得的工作經驗為基礎，產生於早期職業生涯，是人們內心深層次的價值觀、能力和動力的整合體，體現了真實的自我。職業錨可以幫助青年在職業選擇中確定職業目標，發展職業角色形象，提高決策能力，促進青年選擇適合自己的職業發展道路。

(三) 決策過程論

該理論以加勒特 (H.Gelat, 1962) 和瑞爾登 (Reardon, 1991) 為代表。他們認為，職業選擇是一個決策過程，應把職業選擇看成是一種「問題狀態」。起初，擇業者既無足夠的資訊，又無精心確立的目標和做出決策的戰略，但當擇業者主觀上確信自己已奠定了足夠的基礎並開始著手解決問題時，即是決策開始的過程，這是一個認識問題、搜索問題、處理問題和解決問題的程序化過程。瑞爾登把職業選擇過程分解成五個步驟：溝通 (C)、分析 (A)、綜合 (S)、評估 (V) 和執行 (E)，也簡稱為 CASVE 決策模型。他們認為，個體透過這樣不斷循環的理性思考過程，能夠減少決策風險，達到最優化的決策效果。

三、青年職業選擇的心理困惑

職業選擇是一個決策過程。青年在職業選擇中不可避免地面臨著各種矛盾的衝擊和考驗，在權衡中容易表現出認知決策困難，產生情緒和行為困擾。因此，正視青年職業選擇的心理困擾，有利於青年做出合理決策。

（一）青年職業選擇的認知問題

青年職業選擇認知上的問題集中體現在，在職業選擇的過程中，不知道要從事何種職業或要從幾個職業中挑選一個適合自己的職業時所產生的困擾和困難。李西營（2006）的研究發現，大學生在職業決策上主要存在的困難是：準備不充分，對職業和決策的認識存在著一定的偏差，不知道如何獲得關於自己和職業世界的相關資訊。張進輔、王霞霞（2009）對四川、重慶四所大學的 272 名大學生的調查發現，89% 的被調查大學生沒有確定自己的職業。在面對職業選擇時。他們常常不知所措，缺乏應對問題的技能和技巧，而且他們的職業決策困難的總體狀況呈中等偏上程度。隨著大學生實踐的拓展、經歷的豐富，大三和大四學生的職業選擇決策困難程度較大一學生有了明顯降低。這個轉折的關鍵期在大學二、三年級。過愛（2013）研究也表明，大學生越是在把握不住的情況下，其職業決策困難就越大。謝雅萍、周芳（2011）對來自城鎮和農村兩地大學生的擇業困難進行了比較研究，發現來自農村的大學生更容易出現決策困難，究其原因是他們所獲得的職業資訊來源途徑相對較少，對職業世界的認識也不夠完備，需要更多考慮自身的因素和家庭因素，等等。因此，他們承受的更多實際問題需要解決。

（二）青年職業選擇的情緒問題

隨著中國就業體制改革的深入，渴望自我實現的青年在職業選擇中有了更多的機遇和更廣闊的市場，但要面對愈來愈激烈的社會競爭及更大的心理壓力，因而不可避免地會產生種種情緒問題。

一些青年對職業缺乏自我規劃和明確的目標，擇業迷茫，不知所向，焦慮、浮躁，冷靜不下來，不能認真思考社會的需要與自己的優勢及不足；對職業的內在要求缺乏深入瞭解，沒有主見，在職業選擇時容易受環境和周圍人的影響；盲目與他人比較，虛榮攀比，過高估計自己的實力，過分追求單位的知名度和福利待遇等，結果是不能勝任而不得不重新選擇職業。

有的青年因為專業結構、職業能力等自身條件的限制，加之社會單位對人才的需求不斷提高的要求，使他們在擇業過程中缺乏足夠的競爭勇氣。一旦身邊同學找到工作就更加心浮氣躁，失去理性自信，不敢正視自己的現實，形成自卑心理。還有的青年選擇職業不考慮自己的興趣愛好，完全以市場為導向，以時尚為標準，當職業與理想出現錯位，就經受不住求職的挫折，對求職產生厭倦感，甚至出現消極逃避心理。

(三) 青年職業選擇行為問題

一些青年在擇業的過程中不講誠信，自薦材料弄虛作假或者簽訂就業協議動機不端正，把用人單位作為跳板。這些不僅影響了用人單位接受求職者的積極性，而且影響了青年自己的形象。

還有的青年在職業選擇中容易受社會輿論的左右，盲目從眾，追逐熱門，而不考慮自身條件、職業特點和社會需求，如別人考證、考研我也考，別人報公務員我也報公務員。這種自我認識不清、缺乏基本的分析判斷能力、盲目從眾的求職行為是不可能成功的。

四、影響青年職業選擇的因素

青年的職業選擇是一種複雜的社會現象，會受到一個國家的社會、經濟、政治、文化和政策等外在客觀因素影響，也會受到青年自身的知識、經驗和心理等主觀因素的影響，這些內外因素共同推動青年的職業選擇。

(一) 主觀因素

主觀因素是從青年自身考慮影響職業選擇時的一些因素，可歸納為以下幾點。

1. 年齡和成熟因素

年齡是個體身心發展的一個顯著標誌。在青年初期，他們對職業的選擇具有一定的衝動性和新奇性。隨著青年年齡的增長，以及社會閱歷和經驗的豐富，他們對職業的選擇更具有針對性，目標變得更明確。成熟是個體身心發展與年齡階段的需求相一致。青年初期的思維能力以及個性特點具有不穩定性和不定型性，對自身和職業的認識比較膚淺。在選擇職業時追新逐熱，喜歡嘗試新的職業，帶有一定的理想化色彩；隨著青年個性趨於穩定，對職業和自身的認識逐漸趨於成熟，在進行選擇職業時逐漸形成了自己的職業價值觀。

2. 性別和生理因素

性別對青年進行正確的職業選擇有重要的影響，並限制了青年職業選擇的範圍。如男青年一般偏重於選擇司機、工程師、警察、修理工、個體經營、公務員等職業，女青年更多選擇護士、記者、教師、服務員等穩定性職業。閔學勤、鳳四海 (2004, 2012) 等的研究表明，女青年比男青年更注重生活環境的安全穩定，更願意選擇穩定性較高、風險較低的職業。即使在當代社會，女青年變得越來越敢於競爭，上進心越來越強，但一些職業仍由於受到擇業者性別的限制而遭受冷

落。另外，身高、長相等生理因素也會影響青年的職業選擇，如醫生、演員、飛行員等職業對個體的生理素質有特殊的需要，不符合條件者，即使有這樣的職業理想也不能進行職業選擇。

3. 教育和文化程度

普通教育和職業教育的分流，使得青年學生對學校類型的選擇基本上決定了今後的職業選擇。許多用人單位在選人時頗為重視學校的名氣、品牌，許多職業甚至以受過某種特定教育為入門條件。目前用人單位對求職者的教育與文化程度提出了越來越高的要求，這就意味著青年擇業的可能性在日趨減少。因此，青年的教育和文化教育對其就業選擇有著很大的影響。那些具有真才實學、有較強的人力資本的青年在進行擇業時有更多的選擇機會。喬志宏等(2011)對全國22所大學1017名大學生的就業能力與就業結果進行調查發現，優秀的學業成績、充足的課外實踐經歷和實習經歷是大學生就業成敗的核心因素。

4. 個性特徵和心理資本因素

一個人的個性特徵與其所從事工作的匹配程度直接影響著工作的績效。個人選擇職業時，常常會從自己的個性特徵(如能力、氣質和性格)和個性傾向性(如需要、動機和價值觀)進行考慮。青年時期正處於職業心理逐漸趨於成熟的階段，他們往往會對自己的個性特徵進行分析，選擇相應的職業滿足自己的需要。顧海根等(2003)對上海1189名高中生、大學生和在職青年的職業興趣、職業能力和職業人格進行測驗，結果發現這些青年的職業心理的發展會影響到他們的職業認知，而職業認知又影響到他們的擇業心理，這是一個相互影響並且循環的過程。

心理資本是個體在成長和發展過程中表現出來的積極心理狀態，包括自我效能感、希望、樂觀和韌性。具有良好心理資本的青年在面對充滿挑戰性的工作時有信心，並能付出必要的努力來獲得成功，還能對就業過程中的各種事件進行積極歸因，在身處逆境和挫折困擾下持之以恆。馮彩玲、王堯駿等(2011, 2013)對大學生求職行為影響機制的研究發現，心理資本對大學生的求職選擇和就業能力有著積極的作用。

5. 就業準備及生活經歷

青年的就業準備與生活經歷在職業選擇中是一個非常重要的環節。它是青年從學生到職業工作者的角色適應、工作能力的培養、個性與職業的調和、職業設計與職業規劃等方面為選擇和勝任職業而做的準備工作。其中，對於從學生到職業工作者的角色適應以及對於職業與性格的符合程度，最有幫助的能力是社會適應能力；對於將來晉升和發展的規劃最有幫助的能力是創新意識和勇氣；對於大

學期間為工作培養的必要能力和對於職業設計最有幫助的能力是解決實際問題的能力（Cred & Paton, 2003）。

(二) 客觀因素

客觀因素是間接作用於青年職業選擇的因素，主要體現在以下幾方面。

1. 社會支持

家庭和親朋好友構成了影響青年擇業的社會支持系統。家庭對青年職業的選擇起著重要的作用。研究發現（侯志謹，2004），家庭的社會經濟地位及穩定的環境是青年職業抱負和成就最有力的預測指標。家境貧寒或社會地位低下的青年可能透過選擇好的職業來改變自己的狀況達到出人頭地的目的，而家庭富有或有社會地位的青年更有可能取得較高地位的職業；家庭成員之間的互動和期待，影響著青年對職業的看法和選擇。處在溫暖、愛、接納和保護的家庭氛圍中的青年，更容易認同和選擇父母所欣賞並期待的職業。親朋好友不僅是提供職業選擇的資訊來源之一，甚至影響著青年的職業決策結果。例如，因照顧家庭關係或戀人關係而另謀職業的例子比比皆是。

2. 教育機構

教育機構包括普通教育學校、就業指導機構、大眾傳播媒介等，它們都在一定程度上影響著青年的職業選擇。學校是青年成長的搖籃，青年在成長過程中的大部分時間都在學校度過，學校的培養目標、教育內容無不影響著青年的職業意識和職業選擇。

各種就業指導機構，透過提供就業技能等輔導，提高青年職業選擇的技巧和自信；大眾傳播媒介提供的職業資訊、營造的職業氛圍，也影響著青年擇業的心態和行動。

3. 職業資訊

職業資訊是青年職業選擇的前提和依據，包括國家的政策、行業的發展前景、單位的內部環境及薪酬待遇等。國家政策是社會需求和社會所能提供就業機會的風向標，青年只有充分瞭解國家政策，才有可能在合適的領域尋找工作機會。青年如果掌握了豐富、準確的職業資訊，就可以減少職業選擇的盲目性、獲得更大的選擇主動權，更容易找到合適的工作職位。

4. 地域和機遇

中國東西部地區、農村和城市由於經濟發展水平不同，青年所接受的職業教育觀念也有所差異，他們的就業機會分布也就出現了不平衡的現象。劉秀清、李

毅（2001）的研究發現，來自不同地區的研究生，其擇業觀念存在差異，比如來自西部地區的研究生的擇業觀念相對保守，外向性和開放性相對較小。機遇是一種不穩定、不可以預測的因素。一些意外、偶然的契機影響著青年改變其求職方向或進程，青年一旦能夠抓住好的機遇，就可以獲得好的職業。因此準確判斷和把握機遇，對青年的職業選擇來說非常重要。

復習鞏固

1. 職業選擇的理論主要有哪些，其要點是什麼？
2. 青年職業選擇的心理困惑主要表現在哪些方面？
3. 青年職業選擇的影響因素有哪些？

第四節　青年職業的輔導

面對紛繁複雜的職業世界，青年如何才能擺脫職業選擇的困擾、服務社會、實現自身價值、獲得幸福生活，職業輔導尤其必要。

一、職業輔導的含義

職業輔導（vocational guidance）是帕森斯（F.Pasons, 1908）針對大量青年在失業的情況下首先提出來的。經歷100多年的發展，職業輔導的理念也發生著變化，包含狹義和廣義的解釋。

狹義的職業輔導，是從傳統的人力資源角度，強調職業輔導主要是促進個體就業，重點強調人—職匹配，以提供職業資訊為主。這種觀點局限於工作的選擇，忽略與工作有關的情感方面的因素。

廣義的職業輔導強調職業輔導不再是簡單地等同於找工作，而是提供給個體有關職業的資料，便於個體更好地認識自我，進行職業選擇，提高對職業的適應性。透過綜合性地激發個體發展而達到幫助其選擇職業、準備職業技術技能，進入職業領域，以及在具體職業上謀求發展的過程，以滿足個體的需要，同時造福社會。

二、青年職業輔導的意義

(一) 幫助青年確定職業目標，實現職業適應

職業輔導是一個將個人因素與職業外部因素相互作用的發展性、多角度、全方位、個性化的職業教育，是最終完成其職業目標的過程。需要打破青年對一些職業的偏見，加強對職業的認識，幫助青年重新認識自己的能力和優勢、個性與不足，並結合職業環境的變化和社會的需求，認識到自己想幹什麼、能幹什麼、適合幹什麼和應該幹什麼，設定合理的職業目標，並找到達到其職業目標所採取的步驟。然後能夠更有效地實施職業決策，透過職業匹配或生活工作平衡化方式，達成職業適應。

(二) 促進青年潛能的開發，維繫社會發展

職業輔導透過把最恰當的人配置到最恰當的職位上，實現最佳的人—職匹配，不僅能夠充分發揮青年的潛能和積極性，為單位和社會創造財富，而且可以減少青年盲目擇業、盲目職業流動所帶來的人、財、物的損失，維繫經濟發展和

社會穩定。

三、青年職業輔導的原則

為實現對青年職業輔導的有效性，實踐中必須遵循如下原則。

(一) 發展性原則

職業不僅是青年生存的手段，而且是青年的一條發展之路。青年職業選擇中的困擾更多的是發展性的困難。隨著青年職業心理的發展和成熟，一些青年面臨的職業困難會日趨消失。因此，職業輔導不只是促進青年找到工作那麼簡單，而是幫助青年瞭解當前社會的實際情況，著眼於青年的長期發展，促進青年逐步完善職業自我概念，一步步走向職業成熟。

(二) 整體性原則

整體性原則就是講究系統性。在青年職業輔導的過程中，應將問題納入廣泛的背景中全面考察，要對青年的素質、能力、性格、需求、興趣、價值觀等進行全面的瞭解，也要對用人單位、就業市場等職業世界進行全面的考察，確保實現真正意義上的人—職匹配，實現青年的自我價值。

(三) 溝通性原則

職業輔導是在資訊基礎上開展的指導協助工作。職業輔導的關鍵是透過溝通獲取廣泛、充分的資訊資料，與青年求職者進行有效的溝通，並利用各種資訊管道廣泛掌握資料，做出切合青年實際的職業指導，避免盲目臆斷、不切實際。

(四) 針對性原則

社會閱歷限制了青年對社會的瞭解程度，致使他們在面對職業選擇時往往心浮氣躁，缺乏清晰的認識，所以他們面對職業選擇決策中更多的是「實際問題解決部分」。因此，職業輔導一方面要瞭解青年的需求，另一方面還需要掌握職業職位對人才的需求。只有有針對性地將兩者有效兼顧，對症下藥，職業輔導的目標才能真正達成。

四、青年職業輔導的內容

青年職業輔導的內容主要包括以下四方面的工作。

(一) 職業測驗和鑒定

職業測驗和鑒定是針對需要職業輔導的青年開展針對性、適宜性、有效性的測量工作，並對測量結果進行判斷和鑒定，給出解釋和結論的過程。這個過程是幫助青年自我認識的重要依據。

(二) 職業資訊服務

職業資訊服務是給需要進行職業輔導的青年提供職業知識、市場供求、就業政策等方面的資訊，幫助青年認識職業世界的過程。這就要求職業輔導者能夠為青年求職者提供真實、準確、有效的職業資訊。

(三) 職業咨詢

職業咨詢是運用心理學的知識和技術，協助青年輔導對象查明遇到的問題性質，透過促進當事人自我認識的發展，引導當事人找到解決問題的方法和途徑，以克服職業發展中的障礙和問題。

(四) 就業推薦

就業推薦是積極蒐集和充分掌握就業資訊，並根據單位的需求資訊，在充分瞭解被輔導對象的基礎上，及時推薦給用人單位，實現就業。

■五、青年職業輔導的方法

職業輔導的方法很多，結合青年尤其是大學生的特點，我們著重介紹五種主要的方法。

(一) 開設職業指導課程

課程是青年在校學習或參加培訓獲取知識的一個最主要的途徑。課程能夠為青年提供更為系統化的知識結構，因此，將職業技術作為課程授予青年無疑是最直接、最全面、覆蓋面最大、系統化最強的職業輔導方式。

首先，職業輔導課程的設置應該具備比較明顯的階段性特徵。目前，中國許多大學和培訓結構都開設有職業指導相關課程，從內容來看大致分為職業生涯規劃類以及求職指導類，並針對不同對象開設不同內容。如許多大學為低年級大學生開設了大學生職業生涯規劃，為高年級大學生開設了大學生求職與擇業等課程。

其次，職業指導課程應該安排各種職業生涯探索活動，包括自我探索、職業探索等。職業指導課程的目的不是單純的理論灌輸，而是達到喚起青年的自我意

識，協助青年進行職業生涯的自我定向及合理規劃，培養青年在社會生活中的生存能力，教會青年如何根據自己的專業特徵和個人特點，結合社會發展和需求，規劃合理的職業生涯，尋找能夠發揮個人潛力、具有發展空間的理想職業。

從形式與規模上講，職業指導課程設置成以大班授課與小班討論結合的形式為宜。大班教學適合於傳授職業的基本概念、職業理論和職業技能，而互動性和實際參與性的主題應以小班討論為宜。將小班制討論引入大班制教學中，使得二者相得益彰，是優化職業指導課程的一個良好思路。

（二）集中式的職業輔導活動

集中式的職業輔導活動有多種形式，主要包括以下幾種。

1. 職業講座。這是一種受益面廣、職業輔導投入較小、參與面較大的活動形式，是對職業指導課程的一種有益補充。職業講座內容要具有針對性、時效性、主題性強的特點，而且應該階段性、季度性或者不同主題來組織系列的職業講座。透過職業講座，使青年能夠瞭解職業的發展趨勢、職業的特點及存在的問題，能夠對各種職業有正確的瞭解，形成正確的判斷。

2. 主題工作坊。主題工作坊因形式生動活潑、高體驗性、高參與度以及主動性而獨秀於若干職業輔導活動中。主題工作坊最常見的有生涯決策訓練、面試技巧訓練、簡歷撰寫訓練。主題工作坊作為團體情境下提供幫助與指導的一種方式，透過青年參與體驗式活動、管理遊戲、互動性商討、訓練、與導師的及時引導和溝通等方法，在幫助青年職業生涯意識覺醒、協助青年自我探索、瞭解工作世界、生涯規劃、生涯決策，以及職業能力素質訓練與提升上，帶來了其他職業輔導活動所不能達到的顯著成效。

3. 企業俱樂部。這是一種嶄新的職業輔導活動，其目的主要是透過企業的實際參與，與青年共同參與活動以及部分企業項目，實現青年對企業的直觀、深入的瞭解認識，最終確認自身與某企業或某行業的職業匹配度。企業俱樂部為青年瞭解外部工作世界提供了實踐性的指導與幫助，同時，在幫助企業及早準確發現並吸納最適合自己組織的人才方面能夠發揮較大的作用。

4. 職業人物訪談。這是透過與一定數量的職場人士（通常是自己感興趣的職業從業者）會談而獲取的關於一個行業、職業和單位內部資訊的一種職業探索活動，這些資訊是透過大眾傳媒和一般出版物得不到的。

擴展閱讀

職業人物訪談的問題清單

在職業人物訪談過程，可以參考下面 10 個問題開展深度的訪談或交流。
1. 請介紹一下您是如何找到這份工作的？
2. 在這個工作職位上，您的主要職責是什麼？
3. 這份工作需要什麼樣的知識、技能和經驗？
4. 什麼樣的個人品質或能力對本工作來講是重要的？
5. 參加什麼培訓、取得什麼證書對這份工作是必要的？
6. 工作單位對剛進入這個領域的新員工進行了哪些培訓？
7. 該職位的晉升路線是什麼，如何才能更好地得到晉升？
8. 這份工作的初級、中級和高級職業薪水大概是多少？
9. 你如何看待這項工作的發展前景？
10. 您認為青年應該準備什麼，做些什麼才能進入這個工作領域？

（三）職業輔導自助系統

職業輔導自助系統即是將職業輔導電腦化、網路化，使青年可以透過電腦系統以及網路工具自助尋求獲取適合自己的職業輔導。當前一些職業網站，如北森的職業資訊檢索引擎 jobsoso、中國勞動力市場 (http://www.lm.gov.cn) 和中華人民共和國人力資源和社會保障部 (http://www.mohrss.gov.cn) 提供了廣泛的職業資訊和求職技巧和經驗。青年也可以透過一些網路職業測評系統，瞭解自己的職業興趣、職業能力、職業傾向性等方面的特徵，對自己的職業生涯決策進行自我評估，以期更多獲得職業方面的資訊。

（四）職業咨詢服務

職業咨詢能更深入、更具體地與青年探討職業生涯問題，而且能在更強的互動中提供給青年更細膩的幫助以及更個性化的建議。形式上，職業咨詢可以分為團體咨詢以及個體咨詢；方法上，職業咨詢可分為結構性咨詢與非結構性咨詢。

團體式職業咨詢通常適用於有著相同職業疑惑或擁有可相互分享資源的青年群。它不僅避免了咨詢人員的重複性勞動，更能發揮朋輩輔導的作用，使一部分資源擁有者主動與另外一部分需求者分享。

個體咨詢是根據個體差異而進行的更有針對性的輔導。這種輔導強調平等、尊重，給處於職業選擇中徬徨的青年提供溫暖的心靈陪伴、無障礙的交流與溝通，以及適時和專業的指引，為其職業發展規劃提供量身打造的「私人訂制」服務。

擴展閱讀

什麼是職業教練技術？

職業教練技術是一項透過改善被輔導者心智模式來發揮其潛能和提升效率的管理技術。它秉承被輔導者才是他們自己問題的專家的信念，相信被輔導者能夠帶來解決問題所需要的潛能和資源，「教練」的工作就是幫助被輔導者重新發現自己的資源、激發其潛能，促進被輔導者以高度的自信找到解決問題的方法，並付諸行動。「教練」與被輔導者的關係是一種陪同關係，「教練」透過無條件尊重被輔導者，與被輔導者一起收集資訊，讓被輔導者參與自己的成長過程，引導被輔導者自己找到解決問題的策略、答案和行動方式。這項技術在國外發展得比較成熟，清華大學對此進行了近十年的開發和利用，取得了良好的效果。

（五）職業模擬與實踐活動

職業模擬與實踐活動可以作為大學生初步確定自己職業選擇的較好方式。大學生透過實際的參觀、實踐、模擬操作，能夠更好地認識和瞭解將來要從事的工作，對其所學專業的應用以及將來可能從事的相關職業有比較清晰的認識，以便從心理到行動上，提前做好充分的職業準備和努力。因此，中國大學應加大力度建立與大學生專業相關的社會實踐、實習或就業基地，組織和安排大學生到相關工作職位上進行鍛鍊。

復習鞏固

1. 什麼是職業輔導？職業輔導的原則有哪些？
2. 青年職業輔導的內容包括哪些？
3. 開展青年職業輔導的方法有哪些？這些方法各有什麼特點？

要點小結

1. 職業是個體參與社會分工，利用專門的知識和技能持續為社會創造物質財富或精神財富，獲取合理報酬，滿足物質生活和精神需求的工作，具有經濟性、社會性、技術性和相對穩定性等特徵。

2. 職業心理是青年在職業活動中表現出的認識、情感、意志等相對穩定的心理傾向或個性特徵。職業心理結構包括職業價值觀、職業興趣、職業自我效能感和職業能力。

3. 青年職業理論包括勝任力模型、生涯發展理論和職業適應理論。青年職業心理具有時代性和矛盾性。時代性體現在職業目標務實化和生活化、職業手段多

樣化、職業心態更加開放；矛盾性體現在自我實現與社會需要的矛盾、外在功利取向與內在精神追求的矛盾、職業理想與職業現實的矛盾。

4. 職業選擇是個人從自身的個性、興趣和特長出發，根據職業本身的經濟報酬、勞動強度、晉升機會等資訊做出的一種主客觀多方面綜合考慮後的價值判斷和決策，其目標是找到適合自己的職業。職業選擇的理論有人 - 職匹配理論、職業錨理論和決策過程理論。

5. 青年職業選擇困擾主要表現在認知、情緒和行為方面。認知方面主要體現在決策困難；情緒方面表現為焦慮浮躁、厭倦情緒、虛榮攀比和自卑心理；行為方面表現在誠信問題、從眾行為等。

6. 影響青年職業選擇的因素有主觀和客觀因素。主觀因素包括年齡和成熟因素、性別和生理因素、教育和文化程度、個性特徵和心理資本因素、就業準備及生活經歷；客觀因素包括社會支持、教育機構、社會文化、職業資訊及地域和機遇。

7. 職業輔導廣義上是指提供給個體有關職業的資料，便於個體更好地認識自我，進行職業選擇，提高對職業的適應性，透過綜合性地激發個體發展而達到幫助其選擇職業、準備職業技術技能，進入職業領域，以及在具體職業上謀求發展，以滿足個體的需要，同時造福社會的過程；狹義上是指促進個體就業，重點強調人 - 職匹配，以提供職業資訊為主的過程。

8. 青年職業輔導的原則是發展性原則、整體性原則、溝通性原則和針對性原則。職業輔導涉及職業測驗和鑒定、職業資訊服務、職業咨詢和就業推薦等內容。

9. 青年職業輔導常用方法有開設系統的職業指導課程、集中式的職業輔導活動、職業輔導自助系統、職業咨詢服務和職業模擬與實踐活動。

關鍵術語

職業	vocation
職業價值觀	vocational value
職業興趣	carer interest
職業自我效能感	carerself-eficacy
職業能力	vocational capacity
職業適應力	career adaptability
職業選擇	vocational choices

職業輔導　　　　　vocational guidance

復習題

一、單項選擇題

1. 人們用於衡量社會上某些職業的優劣和重要性的內心尺度是（　）。

A. 職業能力　　B. 職業自我效能感　　C. 職業價值觀　　D. 職業興趣

2. 闡述青年和職業互動過程具有不可預測和不確定性特徵的理論是（　）。

A. 勝任力模型　　B. 人 - 職匹配理論

C. 生涯發展理論　　D. 職業適應理論

3. 從發展心理角度，將青年職業心理融入整個生涯全程來探討和研究的理論代表人物是（　）。

A. 舒帕　　B. 瑞里登　　C. 帕森斯　　D. 薩維科斯

4. 主張早期職業經驗中形成的在職業選擇中無論如何都不會放棄的東西的理論是（　）。

A. 決策過程論　　B. 職業錨理論　　C. 成就動機理論　　D. 生涯發展理論

5. 有的青年在職業中兢兢業業，奮發有為，有的青年卻馬馬虎虎，怕苦怕累，不思進取，這是青年職業心理的（　）。

A. 階段性　　B. 矛盾性　　C. 困擾性　　C. 差異性

二、多項選擇題

1. 青年職業心理具有的特徵有（　）。

A. 等級性　　B. 時代性　　C. 矛盾性　　D. 發展性

2. 下列影響青年職業選擇的因素有（　）。

A. 教育和文化程度　　B. 性別和生理因素

C. 社會文化　　D. 地域和機遇

3. 青年職業選擇中的困擾有（　）。

A. 決策困難　　B. 焦慮煩躁　　C. 問題行為　　D. 誠信問題

4. 青年職業輔導的原則有（　）。

A. 發展性原則　　B. 整體性原則　　C. 溝通性原則　　D. 針對性原則

5. 青年職業輔導涉及的內容包括（　）。

A. 職業測驗和鑒定　　B. 職業資訊服務　　C. 職業咨詢　　D. 就業推薦

三、判斷對錯題

1. 職業自我效能感的高低影響著個體的職業選擇範圍和對職業的態度。（　）

2. 青年是否清晰地知道自己的職業興趣對職業的選擇和職業活動影響不大。（　）

3. 青年職業選擇是「雙向選擇」的過程，既是青年求職者對職業職位的選擇，也是職業職位對青年求職者的選擇。（　）

4. 性別對青年進行正確的職業選擇有重要的影響，並限制了青年職業選擇的範圍。（　）

5. 職業輔導能幫助青年確定職業目標，實現職業適應，促進青年潛能的開發，維繫社會發展。（　）

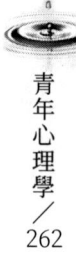

第十一章　青年的休閒與引導

本章你要學習什麼？

「一張一弛，文武之道。」休閒不僅給青年的身體和頭腦提供養料，而且使青年能夠守護一個精神家園，使心靈有所歸依。積極健康的休閒可以淨化青年的靈魂，提升青年的生活品味。本章將使你瞭解什麼是休閒，休閒的主要類型有哪些，青年休閒的特點是什麼，青年休閒中存在的問題以及如何引導青年進行健康的休閒。透過本章的學習，你將能夠瞭解健康的休閒觀念，採取健康的休閒方式，更好地做到勞逸結合。

第一節　概述

自改革開放以來，中國人民的生活水平得到了大幅度提升，青年的休閒時間越來越多，休閒活動也越來越豐富多彩。青年已成為中國引領時尚休閒活動的重要群體。

一、休閒的含義

對於休閒(leisure)，不同學者的解釋往往不同。古希臘哲學家亞里斯多德(Aristotle)說，休閒是一種沈思的狀態，是一種不需要考慮生存問題的心無羈絆的狀態。美國休閒學者查爾斯·K·布萊特比爾(Chales K.Brightbil, 1963)提出，休閒是去掉生理必需時間和維持生計所必需的時間之後，自己可以判斷和選擇的自由支配時間。法國社會學家喬弗里·杜馬澤迪爾(Jofre Dumazedier, 1967)指出，休閒是人們從工作、家庭、社會的義務中擺脫出來，為了轉化心情、休息、增長見識等而自發性地參與可以自由發揮創造力的任何社會活動的總稱。美國心理學家約翰·紐林格(John Neulinger, 1981)說，休閒是為了達到自己的目的而進行的，可以從中得到幸福和滿足，與個人的內心世界的情況密切相關。美國經濟學家托斯丹·邦德·凡勃倫(Thorstein B Veblen, 1899)指出，休閒是有社會身份地位的經濟象徵，是區別社會等級的尺度。在本章，青年休閒(youth leisure)是指青年在完成必要的工作或學習任務後，在自由支配的時間中根據自身喜好、興趣愛好選擇從事的活動。

二、休閒的類型

根據不同的標準，可以把休閒劃分為不同的類型。

(一)根據休閒的性質

分為積極休閒和消極休閒。積極休閒是指對青年的身心發展有益的休閒活動，如看書、下棋、瑜伽、養花、爬山、跑步、手工等；消極休閒是指對青年的身心發展有害的休閒活動，如過度上網和玩遊戲、吸菸、酗酒、吸毒、賭博等。

(二)根據休閒活動的場所

分為室內休閒和室外休閒。室內休閒是指休閒活動主要是在室內進行的，如書法、繪畫、插花、看書、室內運動等；室外休閒是指休閒活動主要是在戶外進行的，如爬山、攀岩、旅遊、探險、戶外運動等。

(三) 根據休閒的功能

分為下面幾種：1.消遣娛樂型，指青年的休閒活動以娛樂和消遣為目的；2.怡情養生型，指青年利用休閒活動滿足自己的興趣愛好，提高自身修養；3.體育健身型，指青年利用休閒活動參加體育健身活動，以實現增強體魄的目的；4.旅遊觀光型，指青年在閒暇時間外出旅遊、觀光、露營等；5.教育發展型，指青年利用休閒時間參加教育培訓活動，達到提高學歷、知識與技能的目的；6.社會活動型，指青年在休閒時間參加社會公益活動及生日聚會等；7.消極墮落型，指青年在閒暇時間從事危害自身和社會的活動。

(四) 根據休閒是否商業化

分為商品型休閒和自足型休閒。商品型休閒是依託於休閒產業而獲得的休閒，這種休閒在很大程度上受消費主義思潮的影響，青年的休閒來源於對作為商品的休閒方式或休閒手段的應用。如現代社會流行的農家樂、健身房、高爾夫球場等。自足型休閒是一種遠離市場、遠離商品，自然、樸實的休閒方式。如青年閒時在家看書、練字、聊天等。

擴展閱讀

青年休閒的種類

消遣娛樂型	文化娛樂	歌、舞、影、視、聽廣播、上網、電腦遊戲
	吧式消費	酒吧、陶吧、書吧、迪吧、氧吧、咖啡屋、茶館
	閒逛閒聊	散步、逛街、聊天
怡情養生型	養花草寵物	花、草、樹、蟲、魚、鳥及其他寵物
	業餘愛好	琴、棋、書、畫、茶、牌、攝影、收藏、寫作
	美容裝飾	美髮、美容、化妝、家居裝修
體育健身型	一般健身	太極、健康操、游泳、溜冰、桌球、保齡球、射箭及各種健身運動
	時尚刺激型	高空彈跳、攀岩、泛舟、潛水、滑雪、狩獵、探險
旅遊觀光型	遠足旅遊	體驗自然風光、名勝古蹟、歷史文化遺產
	近郊度假	公園、廣場、動物園、植物園、古鎮、農家樂、野炊、田野遊玩
社會活動型	私人社交	聚會、婚禮、生日、畢業、升職、喬遷
	公共節慶	傳統節日、特色文化節、宗教活動
	社會公益	社會工作、公益活動、志工服務

教育發展型	參觀訪問	博物館、紀念館、展覽館、大學、名人故居、烈士陵園、特色街道、特色建築、工業園區
	休閒教育	學習樂器、聲樂、舞蹈、書法、繪畫、插花
消極墮落型	不良嗜好	吸菸、酗酒、賭博、吸毒、嫖娼、沉溺網路

三、休閒的理論

關於休閒，可以從哲學、社會學、經濟學、教育學等多學科視野進行研究。在這裡，我們著重闡述心理學對休閒的理解。

(一) 需要理論

需要(need)是指人對某種目標的渴求或慾望。需要是一種個體的主觀狀態，這種狀態是人們對客觀條件需求的反映。1943年馬斯洛提出需要層次理論。馬斯洛認為，人有五類基本需要：一是生理需要；二是安全需要，即要求勞動安全、職業安全、免於災難、社會保險、退休保障等；三是社交需要，即希望與人交往、得到信任和友愛、渴望有所歸屬等；四是尊重需要，即自我尊重及尊重別人的願望和需要；五是自我實現的需要，即人們希望完成與自己的能力相稱的工作，使自己的能力得到充分的發揮。其中自我實現的需要是最高層次的需要，是個體在自由狀態下進行的創造性活動。

休閒是一種人類透過自身實踐，探索生命價值的特殊活動。它是一種高層次的需要，是人類的一種精神狀態，是心靈的感悟和提升。人們透過休閒使自己的身心獲得解放，從而在最大程度上激發出自身的創造力，提高生活的品質。

(二) 態度理論

態度(attitude)是社會心理學的一個重要概念。研究者往往從不同的角度對態度進行定義：一是從行為主義心理學角度解釋。以奧爾波特(All port, 1935)最具代表性。他在《社會心理學手冊》中指出，態度是根據經驗而組織起來的一種心理和神經中樞的準備狀態，它對個人的反應具有指導性的或動力性的影響；二是從認知心理學角度解釋。代表人物是洛開奇(M.Rokeach, 1968)。他認為「態度是個人對於同一對象的數個互相關聯的信念組織，是一種具有結構和組織的複雜認知體系」；三是從情感角度解釋。認為態度是「贊不贊成、喜不喜歡」的表達。比如菲什拜因和阿吉普(M.Fishbein, I.Ajzen, 1975)認為態度是習得的，「它導致活動。這些活動對事物始終是贊成或不贊成的」。態度有下列主要功能：一是調

節或社會適應功能。人對有利於滿足自己需要的對象形成積極的態度，而對妨礙滿足自己需要的對象形成消極的態度。二是自我防衛功能。個體透過態度來保護自己，減少焦慮和心理衝突。三是價值表現功能。個體透過態度，表達和實現自己擁有的價值。

休閒也是一種態度。個體如何看待休閒，選擇何種休閒方式，怎樣利用休閒時間，影響著休閒的生活品質。不同青年對休閒的態度是有差異的，休閒教育就是透過引導青年樹立正確的休閒態度，提升休閒品味，以適應社會生活，更好地發展。

四、青年休閒的意義

（一）有助於推動經濟的發展、文化的傳承與創造

青年的休閒對社會的經濟發展具有很大的推動作用。休閒與社會發展，尤其是與社會的經濟發展水平有密切的關係。而休閒產業的蓬勃發展，又成為推動經濟發展的重要動力。青年是當前社會休閒產業中的主要消費群體，是社會休閒的主力軍。青年休閒的發展促進了休閒消費的增長、休閒產品的開發以及相關的休閒服務的普及，這些是推動經濟發展的重要動力。休閒已經形成了一種產業，而青年休閒對經濟的促進作用已成為一股不可忽視的力量。

青年的休閒活動總是在一定的文化環境中進行，是一種文化的傳承和再創造。例如，青年參觀具有歷史文化價值的博物館、紀念館，學習中國武術、戲劇、國學等，這些既是青年休閒的活動場所和方式，也是青年休閒的文化創造物，還可以把中國傳統文化世代傳承下來。青年的休閒活動會隨著社會環境的變化而變化，新的文化環境會創造出新的青年休閒文化，如應運而生的青年網路小說、網路歌曲等，豐富了青年休閒文化的內容。

（二）調節青年的身心平衡，提高青年的心理健康水平

在現代社會，青年的生活節奏加快，競爭越來越激烈，承受著來自各方面的壓力。青年的心理承受能力是有限的，這些壓力只有透過合理的管道釋放才能使青年的身心保持平衡。休閒活動使青年從緊張的學習或工作中解脫出來，參與戶外娛樂活動與體育運動，鍛鍊身體。在活動中消除學習與工作帶來的疲勞，恢復體能、釋放壓力、放鬆身心，同時減少焦慮、煩惱、憂鬱等不良情緒的干擾，提高青年的心理健康水平。

(三)促進青年的發展,使青年獲得幸福感

休閒是青年的一種基本需要,是青年的一種存在和生活方式。青年需要透過勞逸結合,使自己得到更全面的發展。從本質上來看,休閒是一種高層次的精神需要,是青年價值存在的一種表現形式,是心靈的感悟和提升。青年有強烈的自我實現的需要。透過休閒,青年不僅能夠放鬆身心,陶冶性情,享受音樂、美術、體育、旅遊等活動帶來的樂趣,而且能夠激發青年對生活的熱愛和熱情,開闊青年的視野,擴大其知識面,掌握技能,發展能力,豐富人生,為青年的發展提供更廣闊的空間。

幸福感是指個體根據自定的標準對其生活品質的總體評估。它是衡量個體生活品質的重要綜合性心理指標。休閒是青年根據自己的喜好和興趣選擇的活動,當青年的休閒興趣愛好得到滿足時,就容易感覺到幸福。休閒對提高青年的主觀幸福感具有重要作用。美國學者坎貝爾(Campel, 1976)等人的研究指出,休閒活動是主觀幸福感的最佳預測因子。中國劉洋、陳洪岩(2013)的研究也發現,大學生的休閒滿意度和主觀幸福感呈顯著正相關,說明大學生的休閒滿意度愈高,主觀幸福感愈強。由此可見,大學生的休閒生活品質直接影響到他們的幸福感。

復習鞏固

1. 什麼是休閒?心理學是如何理解休閒的?
2. 青年休閒的意義有哪些?

第二節　青年休閒的特點與問題

青年是休閒活動的重要參與群體。隨著經濟的發展和社會的進步，中國青年休閒的品質和水平得到了很大提高，呈現出自己的一些特點，但也存在著一些問題。

一、青年休閒的特點

(一) 休閒的多樣化

青年的休閒與經濟的發展水平密切相關，經濟的發展為青年休閒創造了良好的環境。隨著中國經濟的發展，青年的休閒變得豐富多彩。青年的休閒目的、休閒內容、休閒時間、休閒地點到休閒花費等方面都呈現出一些變化，特別是發達的網路和交通打破了傳統休閒中時間和空間的限制，使得青年休閒的內容和方式呈現出多樣化的特點，如 KTV、酒吧、撞球、旅遊、電子遊戲、點歌追星、看展覽等。李瑞超 (2011) 的研究發現，大學男生採取的最多的休閒方式是娛樂休閒方式，如電腦遊戲等，其次是體育休閒方式，如籃球、足球；而大學女生採取的最多的休閒方式是觀賞性休閒方式，如電影、話劇，其次是高雅休閒方式，如攝影、畫畫等。在休閒方式的選擇上，男女生顯示出較大差異，男生較喜歡動態的休閒方式，女生較喜歡靜態的休閒方式。龐桂美、王鴻祥、林婷 (2013) 的調查發現，大學生的休閒方式依次為上網 (佔58%)、休閒閱讀 (佔47%)、體育運動 (佔32%)、逛街 (佔32%) 和玩撲克下棋 (佔16%)。同時，國外休閒思想和休閒方式的傳入也豐富了中國青年休閒的內容。如今青年的休閒不再局限於傳統的休閒方式中，而是滲透在青年生活的方方面面。

(二) 休閒的時代特徵

不同的時代有不同的休閒方式。現代青年的休閒方式和以往相比，發生了很大變化，充分體現了青年休閒的時代性特徵。這一現象的產生與當代社會經濟的飛速發展和科學技術的突飛猛進是分不開的。物質財富的日益豐富給青年休閒提供了更為優越的休閒環境。隨著社會的進步和人們思想觀念的轉變，使得青年易於接受新事物，青年的休閒也突出個性化的特徵。加之現代生活的緊迫感和快節奏，促使青年透過各種方式來釋放壓力、平衡情緒等。從表 11-1 可以看到中國青年改革開放前後休閒的變化。

表 11-1　青年休閒的變化

休閒類型	改革開放前青年的休閒	改革開放後青年的休閒
娛樂休閒	幫家裡幹活、做家務，看露天電影、聽廣播，電影以愛國題材為主	偏向網路化和時尚化，如上網、玩遊戲、看影片、唱歌、聚會、逛街等
閱讀休閒	閱讀中外經典名著為主	傾向於閱讀電子書，以科幻、言情、時尚、娛樂等小說為主
遊戲休閒	主要是打撲克、彈珠、抽陀螺、滾鐵環、抓魚、跳房子、踢毽子等團體合作型遊戲	以網路的競爭、打鬥、夢幻、愛情等遊戲為主
音樂休閒	以愛國、勵志歌曲為主，透過半導體收音機、黑白電視機獲得音樂	以流行、搖滾、重金屬歌曲為主，透過上網、看電視、手機下載等獲得音樂
運動休閒	以跑步、爬山、跳繩等運動為主	以健身房、野外攀岩、健美、瑜伽、旅遊為主

從表 11-1 可見，現代青年的休閒方式主要有以下趨勢：一是青年的自我意識強烈，安排休閒主要從自身的興趣愛好出發；二是青年休閒的途徑非常廣泛，可以透過電腦、電視、KTV、手機、書刊、旅遊等實現自己的休閒計劃；三是青年休閒沿著時尚化方向發展，新潮、流行、時髦、刺激、冒險已成為現代青年休閒的代名詞。無論是青年的休閒內容，還是休閒的方式都新意百出、別具一格。青年休閒的變化反映了社會的變遷。

(三) 休閒偏向網路化

21 世紀被稱為是「新娛樂時代」、自媒體時代，網路休閒作為新生的休閒方式，順應了時代發展潮流，代表了休閒領域的最新方向。青年正處於思想活躍、精力旺盛時期，喜歡追求新鮮的刺激，渴望被社會認同和接納，害怕被社會冷落，希望以時尚和前衛的姿態來展示自己的形象。青年的休閒往往引領著社會休閒的時尚潮流。劉東麗 (2013) 的研究發現，由於網上休閒具有低成本、互動性、個性化、多樣化等特點，已成為大學生上網的主要內容之一。劉慶慶 (2012) 等人的調查也發現，網路休閒已成為當前青年最主要的休閒內容，佔到近四成。網上看電影、看電視、看新聞、購物深受青年的喜愛，網路休閒越來越受到青年的青睞。

(四) 休閒空間不斷拓展

隨著中國人民生活水平的不斷提高，交通方式的快捷便利，青年對休閒空間的選擇不斷擴展，也不再拘泥於身邊就近的區域。馬忠茹 (2010) 對大學生閒暇生活的調查表明，大約有 64.7% 的大學生經常光顧校外休閒、娛樂場所。他們除選

擇傳統的圖書館、博物館、科技館、體育館這些休閒場所外，還到商場、超市、旅遊景點、公共娛樂場所 (KTV、Disco 舞廳等) 等地方進行休閒。隨著中國對度假旅遊的鼓勵，以及各種旅遊硬件設施的不斷完善，青年外出旅遊不斷增加。有調查發現，80% 的大學生都有過節假日出去旅遊的經歷，36% 的大學生有過外省旅遊的經歷。92% 的學生表示「有以後出國旅遊的想法」。特別是最近幾年，青年出國旅遊變得越來越盛行，這些都說明青年的休閒空間在不斷擴大。

生活中的心理學

> **案例：中國青年愛上「間隔年」出國邊打工邊旅遊**
>
> 　　在部分西方國家，年輕人在進入社會前會先經歷一段遊學、旅行或當義工的生活，作為工作前的「停頓」，這段經歷被稱為「間隔年」(Gap Year)。近年來，「間隔年」在中國年輕人中也越來越流行。許多年輕人希望能暫停工作學業，背著背包到異國他鄉邊旅遊邊打工，以此來增長見識、體驗生活。
>
> 　　紐西蘭面向中國年輕人推出的「工作假日計畫」(China Working Holiday Scheme) 恰恰能滿足這類年輕人的願望。自 2008 年起，紐西蘭每年向中國的年輕人提供 1000 個假日工作簽證 (Working Holiday Visa) 名額，獲得該簽證的申請人擁有一年的時間在紐西蘭旅遊觀光，同時進行短期工作。
>
> 　　這種邊打工邊旅行的方式讓中國年輕人有機會從「帆之都」奧克蘭一路遊歷到冰川巍峨的西海岸，在火山、雪山和峽灣美景的切換中度過豐富多彩的一年。同時，透過在當地的農場、商場、酒店等地打工，年輕人可輕鬆賺取旅行費用，不需要提前準備高額資金。
>
> 　　一些假日工作計畫的參與者在接受採訪時透露，由於紐西蘭收入水準較高，在旅行之餘往往還能存下人民幣幾萬到十幾萬元不等，成為回國創業、工作的第一桶金。而這段經歷在日後申請紐西蘭學生簽證，或被當地雇主長期雇傭時都有不少幫助。

二、青年休閒的主要問題

(一) 休閒處於較低層次

　　青年處在時代的最前列，思想前衛，追求自由、時尚、個性。同時青年的休閒思想還不太成熟，在休閒觀念、休閒方式上呈現出一些非理性的特徵。廖小平等人 (2009) 對大學生休閒活動的調研發現，大學生普遍抱著放縱身體、解除壓力的態度去休閒。李瑞超 (2011) 對大學生休閒生活的研究發現，大學生參與最多的

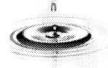

是遊戲、下棋等娛樂休閒方式，主要用於解悶、擺脫單調而消磨時間。在一些青年的休閒觀念中，休閒成了吃喝玩樂的代名詞。賈立蕊 (2012) 的研究發現，當前大學生的休閒生活凸顯著心理需求層次高和實踐操作能力水平低的矛盾，即雖然休閒慾望逐漸遞升，但創造性活動、積極參與型和情感投入型活動是大學生內心期望的休閒活動內容，卻因為休閒知識的相對缺乏，休閒技能的匱乏，導致大學生的休閒生活內容結構失當，休閒格調或層次偏低。在大學生對休閒活動的選擇中，「睡覺」「聊天」「上網」「打遊戲」和「讀消遣雜誌」等的選擇率較高，致使大量的時間被毫無意識地浪費掉。這說明中國一些青年的休閒觀念、休閒方式還處於較低層次，主要集中在滿足個人的願望和消磨時間上，而很少涉及自身的發展、公益服務活動、創造性的「高級」休閒活動。青年的休閒活動是社會活動的一個重要組成部分，社會環境的好壞直接影響到青年休閒的品質。當前中國的休閒發展還處在初級階段，休閒政策、休閒保障制度還不完善，休閒市場魚龍混雜，會對青年休閒的層次產生不利影響。

(二) 休閒結構不盡合理

青年休閒是以放鬆心情、促進自身發展為目的，這需要良好的休閒結構。良好的休閒活動結構是娛樂性休閒與發展性休閒的有機結合。李慶豐 (2002) 的研究發現，大學生除學習外，花費時間最多的幾項活動都為室內交談、無事休息、玩電腦等。而這種閒暇生活結果是不盡合理的，休閒時間過多、活動時間過少；小範圍交際活動過多，大空間交往活動過少；智力活動過多、體力活動過少；口頭活動過多、實踐活動過少；一般性活動過多、技能性活動過少；低層次活動過多、高層次活動過少，等等。李瑞超 (2011) 的調查也發現，中國大學生休閒是靜態活動過多，動態活動過少；一般性活動過多，技能性活動過少；個人單獨性活動較多，集體合作性活動較少。還有一些對青年休閒的調查發現，網路遊戲成為了青年休閒的主要組成部分，而運動型、發展型以及高雅的休閒卻排在其後，這也說明青年休閒活動的結構不盡合理。

(三) 休閒缺乏計劃性和教育性

青年休閒是一種相對自由的非正式活動。青年可以根據自己的興趣愛好以及時間充裕情況安排自己的休閒活動。青年的自由時間是有限的，如何利用這有限的時間達到休閒的目的是休閒管理中很重要的問題。研究者透過對青年的休閒生活研究發現，大部分青年沒有理智、自覺、認真地考慮過如何科學、合理地安排自己的休閒生活，休閒生活處於一種無具體計劃、盲目跟風的狀態，這樣就容易使青年的休閒適得其反。青年休閒的無組織、無計劃性的一大原因是中國缺乏對

青年的休閒教育。李瑞超的調查顯示，有 64.6% 的大學生表示沒有接受過休閒教育；廖小平等對湖南省大學大學生休閒意願的調查發現，被調查的 78.6% 的大學生認為休閒需要教育。這些研究表明，中國缺乏對青年進行必要的休閒教育與引導，這種狀況亟待解決。

(四)休閒方式西化

隨著中國對外開放領域的擴大，已趨成熟的西方休閒文化不斷向外擴張，走進了中國青年的生活。外來的休閒方式更容易引起青年的好奇心，吸引青年的眼球，而民族的、傳統的休閒方式卻少有青年問津。以肯德基和麥當勞為代表的美國快餐文化成為一些青年嚮往的休閒文化的代表，西方的情人節、聖誕節、母親節和愚人節等吸引著越來越多的年輕人。面對這些外來的休閒文化的衝擊，中國傳統的戲曲、品茶、琴棋書畫、端午重陽等休閒文化或休閒方式，正逐漸失去對一些青年的吸引力，甚至在一些青年中備受冷落。中國社會調查事務所曾在北京、天津、上海、重慶、哈爾濱、廣州、武漢、長沙等城市進行了一次隨機抽樣調查。調查發現，中國人尤其是年輕人喜歡過洋節。

在「您所知道的洋節有哪些」一問的統計結果中發現，居首位的是聖誕節，所佔比例為 97.2%；第二位是情人節，其所佔比例為 92.7%；第三位是母親節，其所佔比例為 89.7%；第四位是愚人節，其所佔比例為 56.5%。洋節在中國青年中的流行由此可見一斑。

復習鞏固

1. 青年休閒的特點是什麼？
2. 中國青年休閒存在哪些問題？

第三節　影響青年休閒的因素

中國正邁向大眾化的休閒時代。能夠享受休閒是每個青年都十分嚮往和追求的。而影響青年休閒的原因是多方面的，我們著重從主客觀兩方面來探討與分析。

一、影響青年休閒的主觀因素

(一) 青年的經濟狀況

從經濟花費上講，休閒活動分為兩種類型：一種是消費型休閒，指在休閒時要花費金錢，如旅遊、看電影、健身房健身、打高爾夫球等；另一種是零消費型休閒，指在休閒時無需花費金錢，如爬山、看書、曬太陽等。青年群體，尤其是在校大學生，經濟狀況不是很好，休閒時零消費型或低消費型偏多。許多休閒項目確實吸引人，但大部分青年苦於囊中羞澀，只能望之興嘆。趙宜玲 (2009) 的研究發現，有 54.5% 的中青年群體選擇低花費的睡覺、上網和看電視，46.9% 的人認為休閒活動費用過高而難以接受。有研究表明，對於收入高的青年來說，很少會因為經濟條件有限而不能開展娛樂活動，恰恰相反，他們對公共和家庭休閒設施提出了更高的要求。為了追求高品質的休閒。他們往往會從市場和商業管道獲取休閒產品，並願意為此支付價格，補償高強度的工作。而低收入青年可能更多的在消費觀念上會保持量入為出的做法。中國有人研究了湖南長沙市青年白領的休閒生活方式，發現來自農村地區的青年白領無論在休閒時間、休閒活動的豐富性、休閒的消費能力等方面都要低於來自城市地區的青年白領。來自城市地區的青年白領參與的休閒活動比來自農村地區的青年白領更豐富，更具積極性。這說明，經濟狀況是影響青年休閒的重要因素。

(二) 青年的性別差異

青年的性別不同，休閒方式也有所不同。李翠新 (2007) 對大學生的研究表明，男生經常參加的休閒活動是：上網 (71.2%)，看影視、聽音樂 (61.20%)，自修學習 (60.4%)，體育健身活動 (51.80%)，看報紙、雜誌、課外書籍 (51.4%)；女生經常參加的休閒活動則是：自修學習 (68.20%)，看報紙、雜誌、課外書籍 (67.1%)，上網 (66.1%)，看影視、聽音樂 (63.60%)，外出閒逛 (47.6%)。男女生在看報紙、雜誌、課外書籍、外出閒逛、玩電腦遊戲、聊天、體育健身、棋牌等活動的選擇中存在顯著性差異。特別是男生在體育健身活動方面的參與明顯高於女生，而女生在閒暇時間進行閱讀、外出閒逛、聊天會友則明顯高於男生。主要原

因是男生一般比較好動，愛好體育運動，而女生則多半屬於文氣型、好靜、閒暇時間喜歡待在寢室或圖書館看書，或是外出逛街。

鄒先雲(2008)的研究表明，女性相較於男性更願意選擇放鬆身心的和經濟實惠的休閒方式，更加註重享受生活和放鬆自己，但在休閒時會比男性節約。男性傾向於選擇娛樂消遣型和豐富知識型的休閒方式。吳廣麗(2009)的研究顯示，男性更喜歡「玩」，女性更喜歡「逛」。女性活動範圍以家庭為中心，喜歡和親戚朋友等比較固定的圈子交往，更喜歡靜態的休閒方式。男性更喜歡動態的休閒方式。這可能是由於社會賦予男性的社會角色和受傳統的文化觀念的影響。男性作為家庭的支柱，肩上承擔著很大的責任，工作壓力比女性更大，所以，男性休閒時更加註重娛樂消遣型。

(三) 青年的文化程度

在社會變遷中，受教育程度更能一貫地、強有力地預言個人的態度和行為。知識層次高的人，休閒意識較強烈，更容易接受新觀念、掌握新技能，也更有主動性去追求高品質的休閒活動，而且不同的文化群體也必然會在休閒能力和趣味高雅上產生差異。有調查顯示，學歷越高，節假日的休閒時間越長；而文化程度越低的從業者可能假日從事職業勞動的越多。這是因為越是文化程度高的從業者越有機會在社會上獲得能保證假日休息的工作職位，而文化程度低的從業者超過法定工時的情況可能更容易發生，很難納入社會的有效管理。同時，學歷越高者對學習和自修越重視，也更重視對自己的人力資本進行不斷的投資，這樣才能在知識不斷更新和競爭加劇的社會中更快地發展進步。

(四) 青年的休閒時間利用

休閒時間是指個體可以自由支配的一種時間。休閒活動的開展必須以休閒時間的存在為前提。青年的休閒時間越多，休閒活動才能夠得以進行。但青年對休閒時間的使用方式則大相徑庭。有些青年渾渾噩噩，過著懶惰懈怠的生活，睡懶覺、網遊、熬夜看肥皂劇、沈溺網路等，這些青年喪失了對生命激情的追求，沒有青年人該有的朝氣蓬勃。有些青年則把休閒理解為「墮落」，認為休閒是「好吃懶做」「好逸惡勞」「貪圖享受」「遊手好閒」，對休閒生活持排斥心理，認為在他們的生活里沒有休閒，只有學習和工作。吳廣麗(2009)研究了在職青年的休閒狀況，發現工作忙、沒有時間休閒的青年達50%。而有些青年則會勞逸結合，合理地安排休閒時間，達到放鬆身心和發展自我兩不誤的目的。

二、影響青年休閒的客觀因素

(一) 社會經濟發展水平

休閒是社會生產力發展的產物，有賴於社會生產力的高度發展。在農耕時代，人類只有很少的時間用於休閒，後來匠人和手工業的發展為人類省下了一些時間用於休閒。蒸汽機時代的到來大大提高了社會生產力水平，為人類增加了許多休閒時間。只有生產力的不斷發展才能幫助人類縮短社會必要勞動時間，增加自由時間用來休閒。恩格斯曾指出：「正是由於這種工業革命，人的勞動生產力才達到了這樣高的水平，以致在人類歷史上破天荒第一次創造了這樣的可能性：在所有的人實現合理分工的條件下，不僅進行大規模生產以充分滿足全體社會成員豐裕的消費和造成充實的儲備，而且使每個人都有充分的閒暇時間從歷史上遺留下來的文化———科學、藝術、交際方式等———中間承受一切真正有價值的東西；並且不僅僅是承受，而且還要把這一切從統治階級的獨佔品變成全體社會的共同財富和促使它進一步發展。關鍵就在這裡。」到了21世紀，隨著自動化、電子化、資訊化時代的到來和發展，更是進一步提高了工作的速度，使社會生產力得到進一步解放，人們的休閒時間也越來越多，休閒的方式也發生了很大變化。青年休閒的品質和層次和當時的社會經濟發展水平息息相關，良好的經濟環境是休閒產品與服務供給的物質基礎，青年的休閒水平也將會隨著經濟社會的發展水平而不斷得到提高。如果社會經濟發展水平低，就不能保證青年休閒供給所需的各種物質條件。因此，社會經濟發展水平不僅為青年休閒活動提供各種物質基礎的保證，而且在某種程度上決定著青年休閒產品的供給數量和品質。

(二) 新媒介的影響

隨著資訊社會的發展，網路、手機等新媒介的充分互動及海量資訊處理的特徵，迅速吸引著青年的注意，成為他們充分展示個性的平台和重要的休閒方式。微博、微信、網購、網游、社群聊天、網路影片、電子書等成為受青年追捧的休閒方式。新媒介驚人的發展速度，越來越成為青年學習知識、瞭解訊息、休閒的重要管道。當然，任何事物的發展都蘊含著利與弊共存的辯證局面，新媒介亦是如此。相對於現實的物質世界，新媒介特別是網路展現的是一個無拘無束、完全自由的虛擬世界。青年在這個世界里，可以最大可能地盡情歡暢，展現一個全新的自我，體現從未有過的自在和解脫。但新媒介光怪陸離，可謂是「亂花漸欲迷人眼」，淫穢色情、暴力恐怖、反政府、迷信、流言、誹謗等資訊垃圾也充斥其中。巨大的誘惑和吸引力，使一些青年樂不思蜀、沈迷其中、難以自制，許多人成了通宵達旦、深居簡出的「網蟲」，渾渾噩噩、精神頹廢，喪失了積極進取的

昂揚鬥志，消解了崇高的理想，荒廢了青春，耽誤了學業，斷送了前程。因此，我們應該持辯證發展的客觀態度看待新媒介給青年休閒帶來的影響，揚長避短。

(三) 交往群體的影響

　　社會交往是青年的社會生存方式。青年不是孤立地生活在社會上，社會交往及和諧的人際關係有利於青年的成長成才。青年的休閒觀念和休閒方式受到來自家人、同學、朋友、同事的影響。「近朱者赤，近墨者黑」，青年好的休閒方式或壞的休閒方式都可能受到周圍群體的影響。例如，青年吸菸、賭博、吸毒等可能受到周圍朋友的不良影響；青年的徒步攀岩、愛運動等也可能是受周圍朋友的良好影響；又如某青年非常喜歡攀岩、賽車等危險系數高的運動項目，其父母害怕這些活動給他帶來的傷害，會極力阻止，他就可能受父母影響不玩或很少玩這些危險項目。所以說，青年的休閒方式選擇受到其交往群體的重要影響。

復習鞏固

1. 分析影響青年休閒的主客觀因素。
2. 你認為還有哪些因素影響著青年的休閒？

第四節　青年休閒的引導

休閒在青年的生活中具有重要的作用。正確地引導青年休閒，有利於培養青年形成正確的休閒價值觀，提高其休閒的鑒賞能力，選擇正確的休閒方式，促進青年的健康發展。因此，有必要從多方面對青年的休閒進行引導。

一、加強對青年的休閒教育，建立健全相關制度法規作為保障

中國政府應該重視對青年的休閒教育，培養青年享受健康休閒生活的能力。在發達國家，休閒教育是全體國民的一門人生必修課。旨在能透過學習獲得休閒的資格，以使每個人都享有時間去培養個人的興趣愛好，發展多方面的才能。休閒教育的主要目的在於使每個社會成員透過接受休閒教育，加強對休閒價值的認識，系統地培養健康的休閒情趣，促進物質財富與精神財富的充分利用，加速社會文明發展的進程。而中國尚未將對青年的休閒教育提到重要地位，這在一定程度上反映出對青年休閒教育的忽視。制度法規是從事一切活動的保障，只有健全的制度法規，青年的休閒教育才能有法可依，有法可循。因此，中國要建立和完善對青年休閒教育的相關制度法規，保障對青年的休閒教育。

對青年的休閒教育的開展是一項系統性工程，需要有休閒教育的師資、課程體系建設或有關課程開設作為支撐。借鑒西方發達國家的經驗，他們的休閒教育的發展很大程度上得益於雄厚的師資隊伍，也有很多學者致力於休閒方面的研究。而中國在這方面還處於起步和探索階段，休閒教育的專業教師還很缺乏。對此，需要鼓勵和支持一大批學者和教師投身到休閒教育的研究中去，借鑒和吸收國外先進的休閒教育經驗，培養一批優秀的休閒教育教師，開設有關休閒的課程體系，引導青年開展有益的休閒活動，促進青年的身心健康發展。

擴展閱讀

美國休閒教育一瞥

美國早在 1920 年代就開始注重休閒教育的研究和實施工作。美國是世界上最早實施休閒教育、最重視休閒教育研究的國家之一。美國著名教育家約翰·杜威 (John Dewey) 創立了休閒教育是「最嚴肅的教育任務」理論，最早提出應在教學過程中加入休閒內容，還在教學過程中大量運用了音樂、唱歌、講故事、跳舞、野外遠足、美術、遊戲和體育鍛煉之類的活動，並把這些活動作為新的教學方法與技巧，成為學校日常工作的一個組成部分。1940 年代以後，美國大學逐漸普及休閒教育並開設休閒專業，建立起了完備的包括本科、碩士、博士的休閒學科體

制。目前，在美國已經開設休閒專業或研究方向的大學達幾百所。

美國休閒教育的目的是，使大學生瞭解休閒引起的挑戰、機會和問題，瞭解休閒對個人生活品質以及對社會結構的影響，具備廣泛開展休閒活動所需要的知識、技能和鑑賞力，幫助大學生為休閒服務業做出應有的準備並積極獻計獻策，提高大學生休閒生活的品質。

美國的休閒教育包括體育休閒娛樂活動、戶外休閒教育、環境教育、野生教育等方面，休閒教育的課程內容以培養大學生的健康生活方式為主。透過休閒教育，促進大學生智力、體力以及精神的良性持續發展，並培養和提升大學生的判斷力、決斷力、領導力、溝通交流和團隊協作力，使大學生能夠更好地迎接社會發展變化的調整，更好地生活。

二、發展完善休閒產業，為青年休閒提供更好的條件

從全球經濟的發展趨勢來看，發達國家已經相繼進入休閒時代。休閒經濟作為第三產業的一種，已經成為推動各國經濟增長的重要力量。中國休閒產業作為新興的產業形態，其發展還處於不成熟階段，需要在有效的政策與社會環境中不斷完善和進步。政府在制度建設與政策制定方面扮演著重要的角色。政府要積極發揮宏觀調控的職能，在宏觀層面上加速促進休閒產業的發展與資源的優化配置，促使休閒產業的市場機制和結構趨向完善、休閒產業鏈日臻成熟，為休閒經濟的發展提供良性的休閒環境。例如，要加強第三產業的發展，建設更多的公園、娛樂場所，開發新的旅遊資源等，為青年休閒提供基礎設施和便利的條件，使青年能夠更好地休閒。

三、強化媒介監管者的社會責任，向青年傳播健康的休閒方式

在資訊時代，青年比以往任何時候都要頻繁地與大眾傳播媒介接觸。他們從大眾傳播媒介那裡瞭解社會和世界的諸多資訊，並由此判斷自己的生活方向。目前對休閒文化傳播影響最大的管道是電視廣播、報刊雜誌和網路等大眾傳媒。由於青年群體傾向性地依賴於網路媒介，因此，我們要充分利用網路媒體資訊便捷及量大的特點，引導青年形成正確的休閒文化觀。媒體「把關人」要提高自己的理論修養和文化品位，保證正確的輿論導向，做好青年精神導師的角色，並根據青年的特點，向他們介紹和宣傳一些喜聞樂見的休閒方式（Leisure Mode），即青年在自由支配的時間中根據自身喜好、興趣愛好選擇從事活動的方法和形式，引導青年健康休閒。

四、豐富校園文化建設,提高青年學生的休閒品味

校園文化 (campus culture) 是以學生為主體,以課外文化活動為主要內容,以校園為主要空間,以校園精神為主要特徵的一種群體文化。校園文化是青年學生學習和生活的精神家園,對他們具有舉足輕重的影響。豐富的校園文化可以為青年學生的休閒教育創造良好的環境和氛圍,提供精神動力支持。校園文化建設是學校休閒教育的重要載體,為青年學生提供了精神分享和活動的空間。中國有人調查了大學生對校園文化及休閒設施的看法,發現在被調查的大學生中,對學校休閒場所、設施不滿意的佔 40% 以上,很滿意的只佔 3%;認為校園文化是形式主義的佔 30%、校園文化太單調的佔 26%,認為校園文化能滿足需要的只佔 7%。由此可見,校園文化單調,學校的文化場所、設施條件差、環境落後,引起大學生對校園文化的不滿,這些都影響了大學生正常的休閒生活。

學校要開展各種活動訓練他們的休閒技能 (leisure skill),即青年透過練習獲得的從事各種休閒活動的能力,培養他們的高尚情操以及健康的興趣愛好。美國著名學者納希將休閒活動由低級到高級分為六個層次。第一層次,違法與不道德的休閒活動,如破壞公共財產;第二層次,追求享受性的休閒活動,如賭博、酗酒、沈迷於電視、網路等;第三層次,追求刺激、輕鬆的休閒活動,如聽音樂、讀小說等;第四層次,情感積極投入的休閒活動,如觀看智力競答等;第五層次,積極參與的休閒活動,如唱歌、跳舞、樂器演奏等;第六層次,創造性的休閒活動,如發明創造、音樂創作等。學校要為青年學生提供豐富良好的休閒設施,積極開展對青年學生的音樂、舞蹈、攝影、繪畫、書法、體育活動、旅遊、學術講座、學術研究等健康向上、豐富多彩的校園文化活動,把青年學生引導到圖書館、閱覽室、操場、實驗室、社團活動中,要加強對青年的中國傳統文化的教育,使青年能夠掌握和傳承中國優秀的休閒方式,如欣賞戲曲、茶藝、琴棋書畫等。因為休閒不僅是青年勞作之餘的消遣,還是青年的一種理想生活狀態,更是一種帶有濃厚民族特色的文化現象。透過這些休閒教育,提高青年學生的休閒品味 (leisuretaste),即青年在自由支配的時間中根據自身喜好、興趣愛好選擇從事活動的格調和趣味,使他們成為一個身心健康的人。

五、青年要樹立健康的休閒觀,充實自己的生活

健康的休閒有利於青年身心的放鬆,促進青年的發展;不健康的休閒則會阻礙青年的發展,給青年的身心帶來消極的影響,甚至導致青年違法犯罪。所以,青年要胸懷遠大理想,陶冶自己的高尚情操,樹立健康的休閒觀念,並選擇健康

的休閒方式；既要反對將休閒視為貪圖享樂，又要反對過度休閒和低層次、低趣味消磨時間的休閒，自覺抵制賭博、酗酒、沈迷網路遊戲等不健康的休閒方式對自己的侵害。

青年要根據自身的能力、興趣、特長、家庭經濟狀況等特點，選擇適合自己的健康休閒方式；要考慮休閒的意義所在，積極參與各種有利於身心發展的高品位的休閒活動，如參與各種集體活動、社會公益活動、志願者活動、創造發明活動、業餘學習等，使青年透過這些高品位的休閒活動，增強自己的社會責任感，得到社會的認同，提高自己的人際溝通能力，獲得更多走向人生成功之路的知識與技能。也希望健康的休閒活動能夠讓青年有所提高、有所收穫，獲得身心的放鬆和愉悅，更好地提升自我，使其生活更加豐富多彩。

復習鞏固

1. 引導青年休閒的途徑與方法有哪些？
2. 如何對青年進行休閒教育，提高青年的休閒品味？

要點小結

1. 青年休閒是指青年在完成必要的工作或學習任務後，在自由支配的時間內根據自身喜好、興趣愛好選擇從事的活動。

2. 根據不同的標準，可以把休閒劃分為不同的類型。根據休閒的性質分為積極休閒和消極休閒；根據休閒活動的場所分為室內休閒和室外休閒；根據休閒的功能可分為消遣娛樂型、怡情養生型、體育健身型、旅遊觀光型、教育發展型、社會活動型、消極墮落型；根據休閒是否商業化分為商品型休閒和自足型休閒。

3. 青年休閒有利於推動經濟的發展、文化的傳承與創造，調節青年的身心平衡，提高青年的心理健康水平，促進青年的發展，使青年獲得幸福感。

4. 青年休閒的特點主要有：休閒的多樣化、休閒的時代特徵、休閒偏向網路化、休閒空間不斷拓展。青年休閒的問題主要有：休閒處於較低層次，休閒結構不盡合理，休閒缺乏計劃性和教育性、休閒方式西化。

5. 影響青年休閒的主觀因素主要有：青年的經濟狀況，青年的性別差異，青年的文化程度，青年的休閒時間利用。影響青年休閒的客觀因素主要有：社會經濟發展水平，新媒介的影響，交往群體的影響。

6. 對青年休閒的引導應做到：加強對青年的休閒教育，建立健全相關制度法規作為保障；發展完善休閒產業，為青年休閒提供更好的條件；強化媒介監管者

的社會責任，向青年傳播健康的休閒方式；豐富校園文化建設，提高青年學生的休閒品味；青年要樹立健康的休閒觀，充實自己的生活。

關鍵術語

青年休閒	youthleisure
休閒教育	leisure education
休閒技能	leisureskill
休閒方式	leisure mode
休閒品味	leisure taste

復習題語

一、單項選擇題

1. 青年在完成必要的工作或學習任務後，在自由支配的時間中根據自身喜好、興趣愛好選擇從事的活動，屬於（ ）。

　　A. 休閒技能　　B. 休閒教育　　C. 休閒方式　　D. 休閒品味

2. 養花養草屬於（ ）。

　　A. 消遣娛樂型　　B. 怡情養生型　　C. 體育健身型　　D. 旅遊觀光型

3. 網上看電影、看電視、看新聞、購物等體現了青年休閒（ ）的特點。

　　A. 休閒多樣化　　B. 休閒的時代特徵

　　C. 休閒偏向網路化　　D. 休閒空間不斷拓展

4. 青年外出旅遊不斷增加，體現了青年休閒特點是（ ）。

　　A. 多樣化　　B. 時代特徵　　C. 偏向網路化　　D. 空間不斷拓展

5 以學生為主體，以課外文化活動為主要內容，以校園為主要空間，以校園精神為主要特徵的一種群體文化，這種文化是（ ）。

　　A. 企業文化　　B. 校園文化　　C. 社區文化　　D. 學生文化

二、多項選擇題

1. 青年休閒的意義包括（ ）。

　A. 有利於推動經濟的發展，文化的傳承與創造

　B. 調節青年的身心平衡，提高青年的心理健康水平

　C. 促進青年的發展

D. 使青年獲得幸福感

2. 青年休閒的特點主要有（　）。

A. 休閒的多樣化　　B. 休閒的時代特徵

C. 休閒偏向網路化　D. 休閒空間不斷拓展

3. 青年休閒的問題主要有（　）。

A. 休閒處於較低層次　　B. 休閒結構不盡合理

C. 休閒缺乏計劃性和教育性　D. 休閒方式西化

4. 影響青年休閒的主觀因素主要有（　）。

A. 青年的經濟狀況　　B. 青年的性別差異

C. 青年的文化程度　　D. 青年的休閒時間利用

5. 青年休閒的引導應做到（　）。

A. 加強對青年的休閒教育，建立健全相關制度法規作為保障

B. 發展完善休閒產業，為青年休閒提供更好的條件

C. 強化媒介監管者的社會責任，向青年傳播健康的休閒方式

D. 豐富校園文化建設，提高青年學生的休閒品味

三、判斷對錯題

1. 青年要樹立健康的休閒觀，充實自己的生活。（　）

2. 新媒介對青年休閒沒有多大的影響。（　）

3. 積極休閒是對青年的身心發展有益的休閒活動。（　）

4. 自足型休閒是一種遠離市場、遠離商品，自然、樸實的休閒方式。（　）

5. 學校應該豐富青年學生的校園文化，提供更多的休閒條件。（　）

第十二章 青年的壓力與應對

本章你要學習什麼？

「壓力」作為現代社會的一個流行語，對當代青年來說早已不算陌生。每個青年無論在生活、學習，還是工作中，都可能會遇到或體會到各種壓力。適當的壓力能夠激發青年的主動性、積極性，但過高的壓力則會帶來一系列的負作用。透過本章的學習，能夠使人們瞭解什麼是壓力，青年的壓力主要有哪些，如何更好地應對壓力。

第一節　概述

一、壓力的含義

「壓力(stress)」這個詞最早來自物理學和工程學,指的是將充分的力量用到一種物體和系統上,使其扭曲和變形。18世紀初,壓力一詞進入生活領域,被用來描述人的困苦或逆境。20世紀初,壓力的概念開始用到心理學領域,表示人的過度負荷。在國內外的研究中,迄今為止,對壓力的認識尚未形成統一的概念,但一般從三方面來探討壓力:一是研究壓力源(Stressors),即研究各種長期或突發性生活事件對個體的影響,強調壓力源的重要性;二是研究個體對各種壓力源做出的反應(response),強調個體的身體機能和生化反應,並未涉及對個人認知、評估的探討;三是研究個體對壓力情境的察覺和評估以及採取哪些對策來適應和應對壓力。綜合上述的研究取向,我們認為,壓力是青年與環境相互作用,預期可能發生的不安,或對威脅有所察覺,導致內心產生的不平衡的感受或體驗。

二、壓力的來源

壓力是生活的一部分,是自然且不可避免的。在不發達的社會中,壓力首先是與尋找食物、尋找住所、尋求安全以及尋找配偶繁衍後代等生存需要聯繫在一起的。在發達社會,壓力與基本的生存手段關係甚微,而與社會的成功、對極大提高的生活水平的評判、與滿足自己或他人的願望緊密相關。

由於壓力在人們的生活中起著非常重要的作用,因此許多學者專門對壓力的來源及影響進行了研究。比如,美國心理學家雷瑟斯和奈維德(Reithofer & Naivader)在其著作《適應和成長:生活的挑戰》(1983)一書中提出,現代人的心理壓力來自六個方面:(1)日常生活規律的改變;(2)身體病痛或不舒服;(3)憂鬱或焦慮;(4)遭受挫折;(5)矛盾和衝突;(6)A型行為。美國學者卡普蘭和斯坦(Kaplan & Stan)在專著《適應心理學》(1984)中指出,心理壓力的來源除了生活的變化之外,還包括家庭、工作與環境狀況的關係、從事的工作的性質、挫折與衝突以及被剝奪感、擁擠和壓迫感等。美國心理學家希爾加德(E.R Hilgard, 1996)則認為,壓力事件的來源主要是創傷性事件、失控性事件、不能預知的事件、對我們的能力和自我概念具有挑戰性的事件,或者是內部衝突。

綜合大量的研究成果發現,壓力的來源主要分為外部和內部兩大類。外部壓

力主要來自學習或工作環境、生活條件的突然變化,以及人際關係交往中的矛盾衝突和各種意外打擊與挫折等。內部壓力主要來自過高的自我期待、過強的心理衝突和不夠健康的心理狀態等。

擴展閱讀

壓力的測量

對壓力的測量,包括生理和心理兩部分。生理測量主要是透過對個體的肌肉緊張、呼吸模式、神經內分泌、心血管狀況、皮膚電、胃腸狀況、代謝情況、免疫功能等的測定,以此作為壓力反應的客觀指標。心理測量主要是透過對個體生活變動的測定來瞭解其壓力的情況和反應。因為生活中的一些重大變化,無論性質如何,都會在某種程度上改變人們的生活,在內心造成緊張,都要求人們做出新的調整與適應。因此,重大的生活變動對個體身心健康的影響,是壓力研究中受到注意的一個問題,許多研究者都對此進行了認真研究。

霍姆斯和雷赫(Holmes& Rahe, 1967)首先編製完成了其著名的《社會再適應量表》(Social Read justment Rating Scale,簡稱 SRRS)。該量表列出 43 條大部分人所經歷的生活變動事件,如結婚、懷孕、個人有傑出成就、配偶死亡、離婚、被解雇、與上司發生矛盾等令人愉快或煩惱痛苦的事件對個人身心的影響。

這些事件由於對人的身心影響程度不同而給予不同的指數。讓被試勾選一段時間內所經歷的生活變動事件,便可知被試所承受壓力的強度。

霍姆斯和雷赫的 SRRS 影響很大,被認為是評定社會再適應的有效工具,並被推廣到許多國家與地區。後來很多研究者編製了一些新的研究生活事件的量表。中國心理學家先後引進、修訂和編製了適合中國人的社會適應性量表。

上述對壓力的測量,有助於我們瞭解壓力的來源、壓力的身心感受,識別和檢查自己所面臨或承受的壓力程度,更好地加深對壓力的理解。

三、壓力對青年的影響

無論青年的壓力來自哪裡,都會使青年產生一系列的生理和心理的反應,對他們的身心產生重要的影響。

(一)壓力對青年的生理影響

在一般情況下,壓力的生理性反應是自動而固定的反應,是不易用意識加以控制的。美國哈佛大學生理學家坎農(Cannon)率先用科學的方法研究了人類身

體對壓力的反應。他在其名著《軀體的智能》（1932）一書中分析和闡明瞭個體對壓力的自動反應。他認為，為了自身的生存，個體必須保持自己內在的平衡狀態。比如，寒冷時，渾身哆嗦，有助於身體的暖和；炎熱時，身體出汗，有助於身體的降溫。個體具有一種使身體產生自動反應的「智能」，這種智能的主要表現是「對抗與躲避」的併發症(fightor Flight syndrome)。

當青年面對壓力狀況時，其神經系統與腺體會進行一系列活動，比如呼吸加快、心跳加速、血壓升高、分泌更多的甲狀腺刺激激素和腎上腺皮質激素，使身體各器官處於「備戰狀態」，以產生充分的能力對抗或躲避壓力。加拿大學者塞利(HansSelye, 1976)把這種反應稱為一般適應症候群(general adaptive syndronme，簡稱 GAS)。

一般適應症候群的發展分為三個階段：

1. 警覺階段

(stage of alarm)。這一階段是個體對內外刺激所做的初期防禦反應。無論壓力是來自生理或心理都會產生相同的生理變化，如頭痛、發燒、疲勞、沒有胃口、心率加快、腎上腺皮質激素活躍等。這些生理變化是個體正常防禦機能的表現，有助於個體在較短時間內迅速恢復體內平衡。

2. 抵抗階段(stage of resistace)。這一階段，個體的防禦功能明顯增大，腦下垂體前葉和腎上腺皮質大量分泌，並嘗試去修補創傷，來適應所面臨的壓力情境。如果壓力此時中斷，可能恢復到正常狀態，或至少有能力與壓力抗衡。如果壓力繼續存在，個體的能量就會耗盡，甚至可能出現生理上的質變。

3. 衰竭階段(stage of exhaustion)。有害壓力長期或嚴重作用於個體，機體會喪失所獲得的抵抗能力，許多適應機制會走向衰竭，再也無法應對壓力情境。這時，體內有關激素的分泌功能已出現障礙，機體變得軟弱無力，淋巴腺增大、體重減輕、身體組織被大量破壞，甚至導致死亡。可見，個體的抵抗能力是有限的，衰竭階段是抵抗階段的終結。

塞利指出，由於壓力無所不在，個體的警覺反應和抵抗反應將會不斷地重復出現，這是人類能夠承受的，但通往衰竭反應的道路卻是非常危險的。塞利的研究得到了其他研究者的支持。大量的研究已表明，壓力會影響人的免疫系統保護身體的能力(Taylor, 1999)，加速機體的老化，使其無力支撐。

(二) 壓力對青年心理的影響

壓力對人類的心理反應既有積極影響，也有消極影響。從積極方面看，一定程度的壓力是一種內驅力，能夠振奮個體的精神，激發其力量和鬥志，推動個體

為實現目標而更加堅韌和努力。美國學者米尼等人(Meaney, 1987)的研究表明，每天給老鼠施以一定的壓力，它們會表現出較少的害怕，並且其荷爾蒙水平能更快恢復正常。類似的研究也發現，讓老鼠連續14天在冷水中游泳並受到堅韌的鍛鍊，在後來的游泳測試中老鼠表現良好(Weis等，1975)。

壓力對青年來說，具有特殊的意義。適度的壓力是推動青年進步和創造的原動力。它給青年提供了發展的機會，能夠激發青年的潛能，使青年更加勤奮地學習或工作，獲得對社會和自己的更深刻的認識。如果青年沒有一定的壓力，就會停滯不前。從消極方面看，壓力太大，會使青年過高估計各種困難，信心不足，使情緒處於緊張、煩惱、焦慮等消極狀態中，導致思維遲鈍、混亂，行為反常，萎靡不振，心力衰竭，出現悲觀失望和無所作為的心理。由此可見，壓力如同琴弦，它需要適當的張力，琴弦才會有力。但若張力太緊，琴弦則會斷裂。對青年來說，應該學會把壓力轉化為動力。

復習鞏固

1. 什麼是壓力？壓力的來源有哪些？
2. 壓力對青年的生理與心理的影響表現在哪些方面？

第二節　壓力的理論

關於壓力的理論，在學術界有許多不同的流派與看法。它們分別從不同的角度探討了壓力的形成及反應，對青年更好地認識和理解壓力，具有啟示作用。

一、精神分析學派的理論

精神分析學派認為，心理壓力最普遍的反應是焦慮(anxiety)。奧地利著名的精神分析學者弗洛伊德(S.Freud)首先注意到焦慮狀態的重要性，並把焦慮區分為神經焦慮(neuro ticanxiety)、現實焦慮(reality anxiety)和道德焦慮(moral anxiety)三種。這三種焦慮分別同人格結構的三種成分即本我、自我和超我有關。「本我」即本能與慾望，它追求直接、絕對、立即的滿足，按照快樂原則行事。「本我」可以幫助人們釋放原始的緊張或神經焦慮，如對性的焦慮。「自我」即能知覺到自身的現實需要，它按照現實原則行事，使人產生對現實的焦慮，如青年對學業、工作、就業、婚戀等的焦慮。「超我」即社會道德內化為自己的良心、理性。「超我」對個人的慾望、動機、行為進行管制，使其努力向上，達到完善人格。它按照道德原則行事，使人產生對道德的焦慮。如當青年犯錯誤時，「超我」會製造出內疚、羞愧以及自卑感。

弗洛伊德認為，有良好人格的人，整合了人格中的本我、自我、超我的各個成分，不受強烈的內部衝突的困擾、沒有來自猶豫和內疚的干擾，而且不因生活中的日常壓力感到巨大的威脅或挫折。雖然他們偶爾也會遭受暫時的焦慮，但這種焦慮被認為是人類生存的一部分，起一種有用的信號作用。然而，對於另一些人來說，由於不能很好地整合人格中的各個成分，當遭遇強烈的焦慮時，他們不能現實地對待外部的問題或處理內部衝突，對許多事件都會感到壓力，只有使用防禦機制來抵禦焦慮以解決壓力。

二、行為主義的理論

行為主義透過條件反射的學習原理來解釋壓力的形成。前蘇聯著名的心理學家巴甫洛夫(I.Pavlov)曾經讓狗辨別差異很小的聲音及顏色，當狗無法分辨時便施以電擊，狗不久就變得極度煩躁，甚至撕咬實驗設備。巴甫洛夫稱狗的這種情況為「實驗性神經症」。後來南非的心理學家沃爾帕(Wolpe, 1958)用其原理來解釋人的壓力的形成。他認為，人之所以感到壓力，是因為起源於過去失敗的經驗形成的條件反射。比如，一個大學生考試失敗，當以後面臨同樣的考試情境時，

就會感到緊張、擔憂和害怕。

三、認知的理論

持有認知理論研究取向的一些心理學家認為，壓力是透過個體與環境之間存在的特定關係而產生的。人們對同樣生活事件的不同認知、評價、經驗以及對其原因的解釋往往是壓力形成的因素。有兩類評價在壓力情境中起著十分重要的作用：一是初級評價，即個體對壓力的性質或重要性所做的初步評價，認為壓力可能是挑戰、威脅、損害、喪失或利益。這種評價對個體決定有無必要進行應對起重要作用；二是次級評價，即個體對於壓力情境的危害性做出肯定識別後，隨即對自身的應對資源和應對能力進行權衡和分析。次級評價對於個體的身心狀態有重要的影響。如果次級評價正確，個體會認為自己有能力解決困境，將有助於個體的內在平衡和穩定；如果次級評價錯誤或失當，則會引起個體持續性的緊張狀態，導致生理與心理的一系列變化 (R.Lazarus, 1984)。

大量的研究支持這種理論。有的研究者曾在考前調查學生對考試分數的態度，即什麼樣的分數會使他們高興或失望，並讓這些學生對自己的分數進行預測和評估。當學生收到成績單後，測試他們的情緒水平，結果發現那些所得分數低於事先評估成績標準的學生，對學習持以悲觀歸因方式的態度，比歸因方式更樂觀的學生表現更多的明顯的沮喪 (Metalsky 等，1987)。美國學者斯威尼 (Sweney, 1986) 等人對 104 個有關歸因方面的研究進行元分析，發現對消極事件進行內部、穩定和整體的歸因與憂鬱有關。一些研究還發現，悲觀的歸因方式會降低人的免疫系統的功能 (Kamen-Siegel 等，1991)。對不良事件的當事人的研究也發現，那些有自責、有內疚感的人在 18 個月內免疫功能有所下降 (Segerstrom 等，1996)。

四、需要和緊張的心理系統理論

「人生不如意十之八九」，所以挫折是構成壓力的主要來源之一。需要和緊張的心理系統理論就是說明需要與挫折的關係對壓力的影響，其代表人物是著名的美國心理學家勒溫 (K.Lewin)。勒溫認為，有目標的行為遭遇到阻礙的情況，就是挫折。個體在其需要的壓力下，會產生一種緊張的心理狀態，激發起滿足需要的動機，以求心理上的平衡。當這一需要得到滿足，心理緊張隨之消除；如果個體的需要得不到滿足，緊張、焦慮等心理狀態就會持續，從而使心理失去平衡，產生失敗的情緒體驗，即挫折感。

因此，若能滿足個體的需要就能夠避免挫折。

勒溫的觀點，得到了一些研究者的支持，並引發了他們對挫折的分類與反應的大量研究。如薩菲爾德(Sapper field)將挫折分為三類：(1)需求挫折(need frustration)，即由於個體的內在需求得不到滿足，而帶來的心理挫折感。如青年被團體接納、認可的需要得不到滿足而產生的挫折感；(2)行動挫折(act frustration)，即由於個體的行動遭受阻礙或干擾，無法達到所產生的挫折感。如青年與戀人的交往失敗而帶來的挫折感；(3)目標挫折(goal frustration)，即個體無法達到所需要的目標而形成的挫折感。比如大學生的考試達不到預期的分數，或在工作上得不到預期的職位等。

美國學者羅森茨韋克(Rosenzweig)則將挫折分為缺乏挫折、損失挫折和阻礙挫折。缺乏挫折(lacks frustration)主要是指當個體無法擁有自認為非常重要的東西時，所感受到的一種挫折心理。就缺乏挫折的內容而言，會因個人的需求，社會地位和經濟狀況等因素的不同而相異。一般來說，在缺乏挫折的範疇下，可以有物質缺乏、能力缺乏、生理條件缺乏、經驗缺乏和情感缺乏等，這種種缺乏挫折的感受，都會給人們帶來不同程度的壓力。

如果說缺乏挫折主要是由於長期缺乏或缺少所需要的東西而造成的心理挫折，那麼損失挫折(losses frustration)則主要是指失去了原來所擁有的東西而引起的心理挫折。如青年的失戀、離異、親人死亡等都屬於嚴重的損失挫折，都足以使青年產生巨大的壓力。

阻礙挫折(obstacles frustration)主要是指那些個體的需求和目標之間出現阻礙，從而產生的心理挫折。這種阻礙可能是客觀或物質性的，也可能是社會性或觀念性的。比如，當青年的一些需求與社會的倫理道德、風俗習慣不相一致時(如考試作弊)，就成了需求與目標之間的阻礙，就會帶來心理挫折的感受。

五、社會文化的理論

這一理論強調文化和社會條件對個體壓力的產生及其反應的影響。美國新精神分析學派的代表人物霍妮(K.Hormey)、沙利文(H.S.Sulivan)和美國人本主義心理學派的典型代表羅傑斯(C.R.Rogers)等都持此種觀點。

霍妮認為，人們在經濟和社會生活中的不安全感是造成個體不安全感的首要根源。「現代文化，在經濟上建立了個人的競爭原則，獨立的個體不得不花很多時間把別人擠開，這樣的文化困境，建構了衝突的心理。」這種競爭，已經滲透到一切人類社會的關係中，造成了人與人之間的分裂、嫉妒、怨恨、仇恨、敵對，也帶來了個體的孤獨感、軟弱感、荒謬感、不安全感。

她指出三種主要的文化矛盾是造成人們壓力或心理困頓的文化基礎：第一個矛盾是競爭和成功與友愛和謙卑之間的矛盾。前者是個人主義的精神，後者則是基督教的理想。一方面社會鼓勵、鞭策個體努力走向成功。這就意味著個體要堅持自己的利益，排擠和超過他人。個體成功則有一定的價值，如果遭遇失敗則被人冷落、輕視。另一方面，社會又要求個體要謙卑、忍讓、慈愛，與他人互助、合作。這種矛盾的期望必然會引起個體的內心衝突。

　　第二個矛盾是享受需要與抑制需要的矛盾。在現代文化中，人們的需要不斷受到各種商業製作、商業廣告宣傳的刺激而大幅度提高。但對大多數人來說，由於經濟條件，或由於傳統道德等的限制，使人們實現和滿足這些需要受到限制。

　　第三個矛盾是個人自由與實際受到的限制的矛盾。社會高唱自由，給予個體以獨立、自由的許諾，使人們誤以為任何事情都可以按照自己的意志做決定或行事。然而，個體在自我選擇中受到種種限制，不能隨心所欲。結果使個體一方面感到自己在決定自己命運時擁有無限力量，另一方面又感到軟弱無力。霍妮認為，正是現代文化的矛盾決定了人們內心衝突的種類、範圍和強度。

　　羅傑斯認為，人類與生俱來就有一種不斷發展、增長和延續其機體的趨勢。在心理方面也是如此，只要有適宜的生長發育的條件，個體的這種自我實現趨勢會克服各種障礙和痛苦，不斷生長和日臻完善。但環境因素可能妨礙人類機體的實現趨勢，壓力的產生就是由於個體「向上意向」「自我實現」受到壓抑的緣故。他強調透過社會對人的關心、尊重人的價值、完善人際關係、建立正確的自我意識來防止心理壓力的產生。社會文化理論站在文化與社會影響的高層次來分析壓力的產生及預防，這對於青年深入地認識和瞭解壓力，採取相應的措施減輕壓力，無疑具有積極的意義。

復習鞏固

1. 比較行為主義與認知的理論對壓力理解的區別。
2. 需要和緊張的心理系統理論是如何解釋壓力的？對你有何啟示？
3. 社會文化理論對壓力的闡述有什麼特點和現實意義？

第三節　青年的主要壓力

青年肩負著促進中華民族發展和國家興旺發達的重任，承擔著家庭的期望，所以青年普通承受著壓力。壓力是青年生活中不可缺少的客觀存在，也是青年最關心和需要解決的問題之一。

一、青年的主要壓力

國內外的大量研究表明，青年的壓力是多方面的。在這裡，我們著重分析青年的主要壓力。

(一) 知識更新與學業壓力

隨著科學技術的飛速發展，國際社會綜合國力的競爭更加激烈，中國對高素質人才的需求越來越迫切，對青年提出了更高的要求與任務。特別是隨著學歷、文憑在社會中的作用日益突出，接受更好的教育在青年的生活中佔據著越來越重要的地位。即使已經工作的在職青年，也需要透過不斷「充電」來提高自身的知識和技能，提高自己的社會競爭力，才能在工作中處於有利地位，迎接新的工作要求和挑戰。因此，樹立終身學習觀、採取靈活多樣的方式接受繼續教育，成為在職青年的重要任務。

唐美玲、(2004)風笑天調查了湖北省18~26歲的在職青年參加成人教育的情況，發現參加成人教育的在職青年佔被調查者的66.4%，其中參與成人教育學習的在職女青年高於在職男青年，參加成人教育學習的行政機關人員、教育工作者、醫護工作者和銀行、郵電系統的在職青年高於企業在職青年。這可能是教育、醫護等職業要求從業者有較熟練的專業知識和技能，需要從業者透過不斷學習來掌握新知識，適應時代發展的變化，滿足工作需要。行政機關、郵電、銀行等行業對從業者的學歷水平要求較高，受職業要求與周圍同事的影響，這些在職青年會透過多種方式來改善自己的知識結構，提高業務水平。中國城市青年選擇繼續學習的方式和途徑有自學、參加各種技能培訓班、參加成人高考、讀在職研究生、出國留學、重返校園等多種多樣的形式。他們學習的目的是為了「增長知識」「掌握實用技能」「提高業務能力和學習水平」「增強自己的競爭力」「提高學歷」，等等。這說明，追求高學歷和注重學習已成為中國城市青年的時尚。

學習是在校大學生的主要任務，大學生的學業情況如何，關係到學習成績的好壞、能否順利畢業，以及找到一份好工作等一系列的問題。大學生除學習專業課程外，還要學習其他的東西。如外語、計算機都必須達到應有的水平，考各種

從業資格證。如心理學專業的大學生，要考心理咨詢師證；法律專業的大學生，要透過司法考試等等。因此，學業壓力成為了大學生的主要壓力之一。

什麼是學業壓力？Convingtion(1993)認為，學習壓力是指學生在為達成學習目的的過程中產生的負性、不適的感受。Carveth等人認為學習壓力來自學生對大量知識的需求與學生沒有充足時間探索之間的矛盾。中國心理學家編撰的《心理學大辭典》將學業壓力界定為：由學習引起的心理負擔和緊張，來自外部環境因素或個體的期望，由此可見，學業壓力是大學生面對學業要求時所產生的不安、擔憂、緊張的反應。

中國周利(2007)研究了大學生的學業壓力與應對方式，發現大學生的學業壓力與其性別、年級、社會的要求、生活環境因素及他們的智力因素和非智力因素有關。女生的學業壓力高於男生，大二、大三學生的學業壓力高於其他年級的學生。大學生對待學業壓力的主要應對措施有娛樂、運動、向朋友傾訴三種。王凱麗(2010)的研究發現，不同專業大學生對學業壓力的感受不同。理工科專業學生感受到的學業壓力最高為67.9%，醫科專業學生感受到的為40%，文科專業學生感受到的最低為13.3%。他們的學業壓力來自專業課的數量、專業課的難度以及專業的就業前景。國外對大學生的學業壓力也展開了許多研究。例如，Felsten等人的研究發現，大學生的學業壓力水平與其學業成就存在顯著的負相關。Struthers等人探討了大學生的學業壓力、應對方式、動機和學業成就之間的關係，結果表明，大學生學習壓力與課程等級之間的關係受以任務為中心的應對方式的影響，但不受以情感為中心的應對方式的影響。那些採用以任務為中心的應對方式的大學生與以情感為中心的應對方式的大學生相比，成績更加優秀，且目的性和動機也更加明確。

適中的學業壓力有利於大學生保持適度的學習緊張，促進智力活動，提高學習效率。但過高的學業壓力，會產生一系列的負作用，導致大學生產生焦慮、煩惱、失眠、頭痛等身心問題。

(二) 就業壓力

中國自1999來大學擴招以來，大學畢業生的人數平均每年以20%的速度增長，到2014年中國大學畢業生的人數已經達到727萬，再創新高。長期以來，中國政府機關、國有企業、事業單位是吸納大學畢業生就業的主管道。隨著中國政府機關、國有企業、事業單位改革的不斷深入，工業產業結構的調整，精兵簡政的要求，城鎮化的推進，農村的剩餘勞動力向非農業和非農地區轉移，導致每年沒有那麼多的工作職位來吸納大學畢業生。加之最近幾年受世界金融風暴的影

響，中國經濟進入下降通道，出現了「新常態」，就業形勢更加嚴峻。無論是大學生，還是普通青年都感受到了較大的就業壓力，每年中國大約有 30% 的大學畢業生找不到工作，不得不待業在家。

就業壓力是在就業情境中個體對感受到的影響就業的客觀事件或刺激的感受和評估。大量研究發現，中國大學生的就業壓力比較突出，具有多方面的差異。田聖會（2010）採用實證的研究方法，研究了湖南省十所大學在校本科生的就業壓力。研究發現在他們所感受到的學業壓力、就業壓力、經濟壓力和交往壓力等若干壓力中，就業壓力是最強烈、最大的壓力。他們的就業壓力總體狀況處於偏高的強度，其就業壓力維度包括環境挑戰壓力、學業學歷壓力、專業前景壓力、就業資源壓力、社會支持壓力、職業期望壓力等多方面。李勝強等人（2011）調查了北京市四所大學大學生的就業壓力，結果發現，他們就業壓力的主要類型為社會環境壓力、個人環境壓力、時間壓力和個人條件壓力，其就業壓力水平總體偏高。

一些研究發現，大學女生的就業壓力普遍高於男生。女大學生就業難，是許多女生的感嘆和抱怨。許多女大學生在就業時受到性別歧視的困擾，比如在相同條件下女生就業機會只有男生的 87%，就業領域狹窄、「邊緣化」現象嚴重。女大學生長期處於就業的高壓之下會產生「相對剝奪感」，對社會產生不公平感，影響其勞動積極性。辛聰、郭黎岩（2012）的研究發現，女大學生的社會公平感比較低，她們的就業壓力與社會公平感之間存在顯著的負相關。研究還發現，大學生的就業壓力源是多方面的，主要有就業競爭環境、專業供求矛盾、缺乏求職幫助、自我認識與定位、職業素質評價、就業心理預期等方面。貧困大學生的就業壓力高於非貧困大學生，尤其在他們能感受到的職業素質評價、就業競爭環境、缺乏求職幫助、專業供求矛盾的壓力方面差異顯著。貧困大學生的就業壓力與心理健康呈顯著的相關。就業壓力不僅使大學生產生自卑、焦慮、矛盾等心理反應，而且也給大學生的家庭帶來不安全感，使家長操心和擔憂，影響社會的穩定。

（三）經濟壓力

中國自改革開放以來，經濟發展取得了巨大的成就，人民的生活得到了很大的改善與提高，但由於中國幅員遼闊，各省市之間、各地區之間，城市與農村之間經濟發展不平衡，貧富差距還比較大，因而還存在部分的貧困群體。在大學中，也存在貧困大學生問題。這些貧困大學生絕大多數來自中國農村，或來自「老、少、邊、山、窮」等偏遠地區，也有很少部分來自城鎮。他們家庭經濟拮据，負擔較重，缺少經濟來源。有調查發現，大學貧困生的經濟壓力主要是學費、生活費、校園消費、比較消費、交友與談戀愛支出等方面。有 91% 的貧困生將每月的花費主要用於吃穿等方面，僅有 12.5% 的貧困生的花費主要用於購買需要的圖

書、進行社會交往和其他方面。經濟困難對貧困生的影響是多方面的。首先，無法和其他同學、朋友展開正常的社會交往，以至於形成了一種自我封閉的生活空間。其次，學習需要的基本圖書、資料無法得以保障，影響到他們專業知識、文化知識的提高。經濟上的無助使貧困生不得不為了完成學業而尋求幫助，甚至為瞭解決經濟困難而耽誤課程去勤工助學、打工。

青年的經濟壓力不僅突出地表現於大學的貧困生，而且在在職青年中也存在，這些人被稱為「蟻族」。所謂「蟻族」，是指大學畢業生低收入聚居群體。這個群體的年齡集中在 22 至 29 歲之間，大都接受過高等教育。大部分人任職於私民營企業，有的處於失業半失業狀態，因工作不理想，收入低，生活比較清苦；租住小而廉價的房子，收入剛能夠養活自己，每天從上班地到居住地忙忙碌碌。他們的經濟壓力很大，微薄的薪資在結婚、買房等現實問題面前如杯水車薪。

青年的經濟壓力，一方面可能會促使他們窮則思變、自強不息、努力奮鬥，但也會使他們產生自卑、情緒低落、焦慮、人際關係敏感等心理問題。

（四）工作壓力

工作壓力是個體因工作時間過長、工作負擔過重、工作責任過大或工作發生改變而產生的緊迫反應。隨著中國經濟社會發展節奏的加快，青年的工作壓力也隨之增加。許文艷（2012）調查了上海市公務員的工作壓力。這些公務員大多年齡在 25 歲到 35 歲之間，佔被調查人數的 75.6%，他們的工作壓力來源是：工作本身的壓力、領導及組織運行機制的壓力、角色認知的壓力、職務晉升與職業發展的壓力、人際關係的壓力，其中男公務員的工作壓力高於女公務員。賈子若、吳祖平（2013）對北京市政府機關、企事業單位在職青年的調查發現，55.7% 的職業青年感受到高強度的工作超負荷壓力，47.2% 的職業青年認為自身工作的技術更新快、要求高，有高度壓力，46.7% 的職業青年在工作與家庭矛盾的壓力上處於高壓力狀態，職業青年的工作壓力在高、中、低的分布為 46.1%、35.7%、18.2%。男青年職工的工作壓力普遍高於女青年職工。職業青年的年齡越大，工作壓力越大。69.2% 的 31~35 歲年齡組的職業青年工作壓力高，因為 31~35 歲的職業青年普遍建立家庭的需求高，所以工作家庭矛盾的壓力高。青年職工的工作壓力來源於多維度，主要是：總是加班，工作總是幹不完；同時兼顧很多工作，忙不過來，不得不超時工作；總是在趕進度，工作量巨大等。他們的工作與家庭的矛盾表現在：與父母關係緊張，不能得到家人理解和支持，需要大量精力處理家庭矛盾；與配偶關係緊張，兼顧工作和家庭耗費精力，為工作犧牲家庭時間，工作影響對家庭的付出等。

工作壓力對職業青年的影響具有兩面性。從積極方面來看，工作壓力會喚起職業青年的高昂工作熱情，提高他們的工作效率，促使他們發揮工作的主動性和積極性。但長期處於高工作壓力狀態會造成生理、心理的不良反應，出現頭疼、疲勞、濫用藥物、酗酒、過度抽煙、焦慮、憂鬱等，對他們的身體和工作都會帶來惡劣後果。

復習鞏固

1. 青年有哪些主要的壓力？這些壓力有何特點？對青年有哪些影響？
2. 青年產生壓力的主要原因有哪些？闡述你的看法。

第四節　青年壓力的應對

青年為了減輕和擺脫壓力所帶來的種種困擾和不愉快的身心體驗、恢復心理平衡，通常會採取一些實際措施來做出反應，進行自我調節，這就是應對。青年如何對壓力進行應對，對克服或戰勝壓力具有重要的作用。

一、應對的含義

應對（coping）亦稱應付。應對（coping）一詞由其動詞形式「Cope」變化而來，「Cope」原意為有能力或成功地對付環境挑戰或處理問題。但心理學家在使用中並未囿於詞典的解釋，而是不斷根據自己的見解賦予它新的內涵或變化它的外延。其中具有代表性的是三種不同的解釋：

一是精神分析學派的解釋。精神分析學派認為，應對是心理防禦機制（mental defense mechanism）自動發展和發揮作用的過程。

二是行為主義的解釋。行為主義認為，應對是那些能夠成功地逃避壓力情境的行為，這些行為使得身心系統能夠避免由壓力情境所帶來的不適或消極的影響。

三是認知心理學的解釋。認知心理學認為，應對是個體協調或處理心理壓力的過程，在這一過程中，認知方式和評價傾向的改變起著十分重要的作用。

以上三種解釋都有一定的道理，但也存在一定的偏頗和局限性。它們要麼強調應對的無意識成分，要麼強調應對的認知或行為成分。我們認為，應對是個體遭受或處於壓力環境時，為平衡自身心理狀態而逐漸形成的一套適應機制，包括認知、情感和行為三種心理成分。

認知成分是個體對壓力情境的看法、認識、評價。同樣的壓力情境，人們的認識不同，對其影響也不同。比如，有的青年將工作變動認為是一種很大的壓力。因為他把工作變動同自我的追求、晉升的前景、家人的期望、與上司的關係、在同事中的地位與威信等聯繫了起來，於是工作變動使他進入一種充滿壓力的緊張或緊迫狀態中。情感成分是個體對壓力情境持有的好惡體驗。比如，是喜歡或渴望挑戰壓力，對壓力抱有一種感恩的心情，視壓力為促進自己成長的催化劑，還是厭惡壓力，視壓力為痛苦和羞辱等。行為成分是個體對壓力情境做出的具體行動。或是積極解決面對的壓力問題，或是消極逃避壓力問題等。以上三種心理成分在應對中是相互影響、相互協調的。

二、應對的類型

應對的類型（coping style）可以從不同的角度進行劃分。

（一）從自覺性看，有自發和自覺的應對方式

自發的應對主要是透過遺傳獲得的本能的反應方式，如合理化、否認、投射等。自覺的應對指受自我意識調節、支配的應對，如大學生遇到無法解決的學習問題，主動尋求教師的幫助。

（二）從效果看，有積極和消極的應對方式

消極的應對方式指帶有明顯情緒性的、無助於問題解決的反應，如勃然大怒、攻擊、逃避、固執和拒絕幫助等。積極的應對方式指比較理智、經過思考、有助於問題解決的反應，如調整奮鬥目標、繼續努力、獲得走出困境的能力。

（三）從針對性看，有情緒定向與問題定向的應對方式

情緒定向的應對方式側重於將注意力集中於阻止自己的情緒，努力調整和緩和自己的情緒。當壓力超出人們的控制，人們無力改變壓力情境時，把握控制自己的情緒顯得尤為重要。情緒定向的應對方式可以分為外在表現性情緒定向應對和內在表現性情緒定向應對。前者以發洩或者減輕心中的情緒為主，如借酒消愁、藉故發火、有意分散注意、向他人述說自己的情感等。後者以忽視或回避情緒為主，如否認事實、壓抑、幻想等。需要指出的是，情緒定向性的應對方式可能帶來積極的結果，也可能是消極的結果。

問題定向應對方式側重於改變壓力情境的某一方面或直接解決某一問題。面對引起壓力的情境或事件，人們既可以躲避，也可以運用問題中心的策略來改變許多既成的壓力境況。問題定向應對的方式包括收集資訊、對問題進行分析、作出選擇、制訂行為計劃、付諸實際、動手解決問題等。問題定向的應對方式既可以解決外在問題，改變壓力環境；也可以解決內在的問題，改變自身。如一個大學生口才不好，不善於表達，因此遭遇求職壓力的困擾，就需要透過演講等方法，來鍛鍊自己的口才，提高自己的表達能力，以適應求職的要求。一般而言，克服自身的缺點、挖掘自身的潛能、學習一些新知識和新技能、提高和恢復自信心和自尊心、調整自己的期望水平、改變自己的生活方式等都屬於解決內在的問題。研究表明，重問題定向應對方式的人比重情緒定向應對方式的人在壓力環境中的沮喪反應水平要低，因為他們對壓力的反應較易接受（Biling & Moos, 1984；Nezu & Pervi, 1989）。

(四）從穩定性看，有人格特質與過程的應對方式

人格特質的應對方式指個體在壓力情境中所表現出來的一貫穩定的應對方式，是人格特徵在壓力情境中的體現。人格特質的應對與個體的性格特徵、自我意識、性別、年齡等因素有關。有研究發現，當面對無法控制的緊迫時，A類型行為模式的人與B類型的人相比，其應對行為更多地顯示出缺乏靈活性和適應不良（Glas等，1977）。如果自尊心受到威脅，A類型行為模式的人更多地利用壓抑和否認等應對方式（Pitner & Houston, 1980）。Parker(1984)運用自我結構中的控制點（Locus of control）研究人格與應對方式的聯繫，結果發現，內控者傾向於較多運用直接應對，較少運用壓抑，而外控者則表現出相反的趨勢。Mcrae 和 Costal(1986)曾就神經過敏、外傾人格、開放經驗與應對之間的關係加以研究，發現面對壓力情境，神經過敏者較多地表現出敵意反應、逃避現實、自責、服鎮靜劑、幻想、忍耐和優柔寡斷；外傾人格者更多表現出理性行動、積極思考、替代反應和抑制；而開放經驗者在處理緊張情境時更多地運用幽默等應對方式。還有的研究發現，兩性在應對模式上具有共性，但女性較男性更多地使用回避、自慰、求助、發洩和忍耐等消極、被動的應對方式（Parker & Bovrown, 1982；余華、鄭勇，2000）。隨著個體年齡的增長，個體所採用的成熟的應對方式不斷增多（Vailant, 1976；Ray & Lindop, 1982）。這些對人格特質的應對方式的研究，能夠幫助我們理解為什麼人們在壓力情境中所選擇和偏愛的應對方式不同。

過程的應對方式指個體在壓力情境中所表現出來的多變、靈活的應對方式。採取這種應對方式的個體認為，應對不是一種簡單、靜態、僵化的反應，必須根據壓力源的特點、個體與環境的關係、自身的條件等採取相應的措施。比如，幽默通常被認為是一種積極或有益的應對方式，但是不合適宜的幽默會引起他人的反感，甚至憤怒，增加其痛苦。於是有的研究者認為，哪一種應對方式具有適應性，依賴於三個因素：(1)作用的領域，某種應對方式在某一領域中起積極作用，在其他領域中可能會起消極作用；(2)時間的聚點，生理適應的測定表明，回避性質的應對方式在短期結果有更好的適應性，而警惕性質的應對方式對長期結果有更好的適應性；(3)情境，某種應對在某種情境中有適應性，在另外一種情境中就不一定具有適應性。

擴展閱讀

A型人格與壓力

在壓力研究領域，研究者一般都認為，壓力是心理與身體相互影響的結果。A型人格理論是最有影響的強調心理對身體影響的理論。該理論由弗里德曼和羅

斯曼（Friedman & Rosenman）兩位心臟病醫生在 1950 年代提出。他們根據自己的臨床觀察和長期的跟蹤研究，發現了基本的人格特徵與心臟病發病率之間的關係，從而提出了 A 型人格的理論。他們認為，A 型人格的人容易得冠心病。所謂 A 型人格，更多是一種心理學的描述。A 型人格的內容主要有：(1) 過分的抱負與雄心壯志；(2) 做事認真、努力，常對工作成就不滿意；(3) 情緒容易激動、急躁；(4) 有敵意、好鬥、敏捷、有進取心；(5) 時間觀念強，常有時間緊迫感與匆忙感；(6) 習慣做艱苦、緊張的工作，即使休息也難以鬆弛下來；(7) 常同時進行多種思維與動作；(8) 言語和動作節奏快。

與 A 型人格相對的是 B 型人格。B 型人格的特徵是性情溫和、不慌不忙、言語與動作節奏慢、缺少競爭等。

A 型人格理論的提出，在心理學界、醫學界等引起了很大的反響，也引起了大量的研究。例如，羅斯曼等人（Rosenman, 1976）曾研究了 3000 個成年人被試對待競爭、敵意、時間緊迫性等方面的態度，並記錄和觀察他們對這些問題的一系列回答，由此區別出這些被試中的 A 型人格者與 B 型人格者。然後，對他們進行了長達八年半的跟蹤研究。最後發現 A 型人格者患冠心病的是 B 型人格者的兩倍，這些結果即使排除患者的肥胖、年齡、吸菸及其他因素也是如此。A 型人格是如何導致冠心病的？可能的原因是他們的交感神經系統對壓力反應的方式。他們可能有一個比較弱的交感神經系統，當他們具有敵意或生氣時，其心率、血壓等顯示出較快的增長，腎上腺素分泌降低，而且不易恢復。

（五）從利用的資源看，有生理資源、心理資源和社會資源的應對

可分為三方面：一是社會問題解決能力；二是個體特質，包括 A 類行為、韌性（hardines）、自我效能感（self-eficacy）、樂觀主義與悲觀主義、希望以及有建設性的思想研究（constructive thinking）等；三是控制感，即控制感與應對的效果以及調節、與應對後的康復關係；(3) 社會資源應對，即社會經濟地位、社會支持（social support），包括情緒支持、物質支持和資訊支持等對應對的影響。

上述對應對類型的劃分是從科學研究的需要出發的。事實上，人們在具體壓力情境中使用的是何種應對方式很難嚴格區分。比如，人們可以透過解決問題來調節情緒，也可以透過調節情緒來解決問題，因而常常難以確定這是問題定向還是情緒定向的應對方式。所以，我們在理解應對類型時，要注意它們之間有重疊交叉。

三、青年如何正確應對壓力

壓力在青年的生活中是普遍和連續不斷的。面對壓力，青年既可以採取積極的應對方式減少或解決它，也可以採取消極的應對方式加大或逃避它。在這裡，著重闡述主要的有利於青年應對壓力的方式。

(一) 樹立遠大的理想，加強和善於學習

現代社會的發展日新月異，青年要適應現代社會的激烈競爭和變化，就必須樹立遠大的理想，加強和善於學習。法國微生物學家巴斯特在青年時代就正確地認識到了立志、工作、成功三者之間的關係。他說：「立志是一件很重要的事情。工作隨著志向走，成功隨著工作來，這是一定的規律。立志、工作、成功是人類活動的三大要素。立志是事業的大門，工作是登堂入室的旅程，這旅程的盡頭就有一個成功在等待著，來慶祝你的努力的結果。」澳大利亞未來委員會主席埃利雅德博士曾說：「一個人要想在未來成功，必須具備三張通行證：一是學術性通行證。它體現教育的傳統作用，強調讀寫算的能力，強調獲得能使自己在社會上有意義的、滿足自我作用的知識。二是職業通行證。指的是在一個技術快速變化的世界上從事勞動需要的教育。三是事業心和開拓技能的通行證。能夠對於社會變化持積極的、靈活的和適當的態度，視變化為正常的機會而不是問題。」

加強和善於學習，是現代競爭社會的立身之本。在校的大學生要多讀書，不僅要讀專業書籍，而且要讀非專業書籍。古人說：「開卷有益」。只要是內容健康的書籍，讀了之後總會有所收穫。多讀書不僅能擴大知識面，開闊視野，更重要的是能夠養成良好的閱讀習慣，培養學習興趣。要多聽學術報告，瞭解學術動態和本學科的最新研究成果，加深對所學知識的理解，激發求知慾和探索精神。遇到學習問題，要多向老師、同學請教，共同討論，獲得他們的幫助，減少學習壓力。在職青年要透過繼續教育加強學習，提高自己的知識與技能，提高自己的學歷和工作能力。唯有加強和善於學習，才能使青年始終具有較強的競爭能力。

(二) 正確認識社會的就業環境，提高自己的綜合素質

中國長期應試教育的結果使得部分大學生不能正確認識社會的就業環境，理解知識、能力和素質的關係，尤其不能正確認識它們之間的區別，認為知識、能力和素質是等同的，都可以透過考試分數來衡量。甚至認為較高的考試分數意味著較強的能力和優良的素質，理所當然地就應該找到理想的工作，從而對就業抱有過高的期望，一心嚮往到大城市、大企事業單位工作。殊不知，大城市的優秀單位，經過多年的連續補充，除少數專業外，對大學生已經不再急需。這一矛盾，

已經成為制約大學生就業的主要因素之一。大學生要能夠實事求是地看待中國當前的就業環境，根據就業環境的變化和自身情況調節對就業的期望值，到基層、到中小城市、到祖國最需要的地方去建功立業。

　　一些大學生之所以找不到工作，其中一個原因是綜合素質不高。表現在：一是不能將所學知識與社會要求相結合，實際應用能力不足，尤其是動手能力、組織能力、創造性思維的能力比較弱，缺乏從事所需職業的必須能力；二是缺乏與他人合作與溝通的意識。不善於表達，人際溝通能力差，口才不好，在招聘會上不能很好地推薦自己；三是技能單一，不能適應社會對復合人才的需求。如師範專業的大學生既不會唱歌，也不會跳舞，不會做教具，技能單一。大學生要改變這種現狀，必須在搞好專業學習的同時，培養自己的綜合素質。要積極參加各種文體活動、社會實踐活動，有意識地鍛鍊自己的能力與口才，學會推銷自我。要瞭解中國的國情，把自己的發展需要與國家的發展需要結合起來，正確認識自我，依據自己的條件，制訂合理的發展目標，力戒與他人盲目攀比，避免給自己增添不必要的心理壓力。要揚長避短，避免好高騖遠，選擇適合自己的職業。

（三）採取正確的認知與行動化解壓力，獲得社會支持

　　如何看待壓力，同個體的認知與行動有很大的關係。同樣的壓力事件、類似的壓力情境，由於個體的認識與行動不同，就會產生不同的壓力感，對壓力的應對方式也不同。青年要緩解和減少各種壓力，就必須正確認識壓力帶來的利弊得失以及它的兩面性，並將壓力視為人生的挑戰和機遇，在壓力中磨難自己、鍛鍊自己、發展自己。解決壓力的最好方法是行動，透過行動來解決問題。比如，工作能力不強的青年，要麼透過熟悉工作，向別人學習工作經驗，學習工作的知識和技能，來提高自己的工作能力；要麼透過尋求新的比較輕鬆的工作來減少工作壓力。只有行動才能產生效能，才能真正解決壓力問題。行動的力量對於改善自己的壓力情境或不利的現狀是非常重要的。

　　另外，要獲得社會支持。社會支持是一個人透過社會聯繫所獲得的能減輕心理壓力反應、緩解精神緊張狀態、提高社會適應能力的影響，其中社會聯繫是指來自家庭成員、親友、同事、團體、組織和社區的精神上和物質上的支持和幫助。從社會互動關係來說，社會支持是個體感受到被關心、被接納、被愛、有價值感的一種關係，是個人處理緊張事件問題的一種潛在資源。大量的研究表明，社會支持對緩解青年的壓力能夠起到良好的調節和促進作用。所以，青年遇到壓力問題，不能一個人孤軍奮戰、獨自面對，要多與親人、朋友、教師、主管、同事交流，尋求他們的理解和幫助，要集思廣益來解決壓力問題。

（四）利用合理的心理防禦機制

心理防禦機制是應對壓力的主要形式之一。心理防禦機制(mental defense mechanism)指個體面對壓力情境時，在心理活動中具有的自覺或不自覺地解脫焦慮、憤怒等情緒，以恢復心理平衡的適應性傾向或行為。心理防禦機制的概念最早由精神分析派的心理學家弗洛伊德提出。他認為，人類的心理防禦機制大部分起源於嬰幼兒時期的早年經歷。當孩子受到緊張和壓力時，總會自發地產生應對。如孩子遇到可怕的事情可能會退卻或逃避，遇到疼痛可能會出現攻擊反應。這種與嬰兒有關的自發應對，會變成人類潛意識的一部分。當人類面對壓力，或者挫折和衝突、不利或痛苦情境時，會不知不覺地採用這種起源於嬰兒期的自發防禦手段。

一般認為，心理防禦機制具有以下特徵。第一，心理防禦機制不是蓄意使用的，它們是無意識的或至少是部分無意識的。固然，人們會有意識地使用一些心理防禦機制，但真正的心理防禦機制是無意識的。第二，心理防禦機制有積極與消極之分。儘管部分心理防禦機制具有自我欺騙、美化自我、歪曲認知和事實的特點，但在有些情況下，它能有效減輕或緩衝自我免遭壓力或挫折的心理損壞，保護心理健康。第三，每個人都會使用心理防禦機制，或是單一使用，或是重疊使用。第四，由於生活環境及個人經歷的影響，心理防禦機制常常會滲透到一個人的人格中，以比較固定的態度及行為模式表現出來。

常見的心理防禦機制主要有：

1. 否認(denial)，指對已發生的不愉快、不幸的事實加以否認。它是人們在心理上不能忍受眼前的事實將帶來的心理痛苦，而寧願相信一切都是誤傳、錯覺。否認的作用既有積極的一面，也有消極的一面。比如，戰士打仗，否認自己會死亡，打仗就會異常勇敢和堅強；但如果某個青年得了癌症，對醫生的診斷加以否認，根本不相信，則會延誤醫治的時機。

2. 壓抑(represion)，指把意識中不能接受的觀念、情感或行為抑制到無意識中去。雖然壓抑使人意識不到自己有某種願望、情感或衝動，但並不意味著它們就不存在，而是仍在不自覺中以各種間接的方式影響人的行為。每個人都會不同程度地利用壓抑。比如，有的青年會主動遺忘一些事，以避免這些事帶來的痛苦、煩惱，以保持內心的寧靜。但是，一味依賴壓抑來解決心理上的困擾會給人們帶來傷害。有研究發現，壓抑型的人顯示出更高的發病率，免疫系統更容易出問題，更容易得冠心病和癌症(Bonnano & Singer, 1990)。因為不斷地把一些念頭排除在意識之外，並控制這些念頭重新活動，需要相當的生理能量和生理喚起，這必然會加重生理負擔，影響身體健康。

3. 投射（projection）。指自我將不能接受的慾望、衝動或行為推諉到別人身上。如有的青年經常指責別人自私自利，其實他本人個人主義思想就很嚴重。有的大學生考試作弊，認為其他同學也會作弊。由此可見，投射即是透過指責別人來安撫自己，以保護自己內心的安寧，不受到良心譴責。心理學家認為，投射心理的產生與兒童期的經驗有關。人們很小就習慣於從外部尋找自身行為的原因，而不善於檢查和分析自己的動機或行為。投射即是把自己的內在心理困惑或危機轉換到外部。投射的過度發展會產生嚴重的後果，導致精神病的妄想。

4. 合理化（rationalization），又稱文飾作用。指根據自己的需要，找出種種理由或藉口為自己的動機、情感、行為等進行辯護。合理化有兩種表現：一是酸葡萄心理。該術語來自伊索寓言中的《狐狸與葡萄》的故事。在伊索寓言中，狐狸由於跳起來不夠高而摘不到葡萄吃，便形成一種心理壓力。為了減輕或消除其心理壓力，於是狐狸說：「反正這葡萄是酸的。」這樣就可以心安理得地走開。心理學用這個寓言說明，人往往會在追求某個事物而得不到時，找一個言之成理的「理由」，來沖淡自己內心的焦慮、失望。二是甜檸檬心理。其本意是，檸檬本來是酸的，由於自己擁有檸檬就偏說檸檬是甜的。因此，甜檸檬心理是指自己得不到想要的東西，就強調自己所有的東西都是好的。比如，有的青年收入不高，安慰自己是「比上不足，比下有餘」。但若使用過度，會妨礙人們去追求真正需要的東西。

5. 反向作用（reaction formation），指對內心難以接受的衝動、觀念、情感以相反的態度與行為表現出來。如有人內心凶殘，外表卻顯得溫和友善。有人到處表現自己，出盡風頭，內心卻十分自卑。由此可見，反向作用具有兩個特點：一是誇張、外露和虛假；二是刻板、機械和強制性。需要指出的是，反向與逆反不同。逆反是「你要東而我偏要西」，對正確的方面盲目地持以反抗、抵制、排斥的態度。而反向是為了掩蓋內心的真相，以相反的形式來對抗。

6. 轉移（displacement），指把對某人或某物的態度、情緒轉移到另一個對象或替代的象徵物上。例如，工作上遇到不順利的事，或是受了氣，回家便不分青紅皂白地大發脾氣；或是反過來，在家受了氣，在工作中發洩。我們平時所講的「遷怒於人」「遷怒於物」就是轉移。適當的轉移，如事業上受挫時，聽音樂、看電影，或是旅遊，可以宣洩內心的緊張、苦悶和焦慮，使身心得到一些調整和平衡，但不適當的轉移則是有害無益。

7. 退行（regresion），又稱回歸，是個體遇到壓力或挫折時，放棄已經學會的成熟的態度和行為習慣，而以原始、幼稚的方法來應付。如有的大學生不想上課，便以頭痛、腹瀉為理由逃學；有的青年受到傷害，感到自己無力應付，常會回到

自己的內心世界，與世隔絕，或是「生病」，以便能夠得到他人的關心、照顧，而不必承擔自己的責任。

8. 昇華（sublimation），指個體將社會不能接受的一些本能、慾望，轉向更高級的、社會所能接受的目標或管道，進行各種創造性的活動。如德國著名作家歌德失戀以後陷入感情危機，由此寫了名著《少年維特之煩惱》，用文學創造的形式來表達他的挫折情感。由此可見，昇華是化悲痛為力量，是奮發圖強，是一種積極和富有建設性的防禦機制。

9. 補償（compensation），個體在生理或心理上實際存在或想象存在某種缺陷時，採取種種方法彌補缺陷以減少焦慮。如考研的目標受到阻礙，暫時放棄，以參加工作來加以補償。所謂「失之東隅，收之桑瑜」就是補償。但有的補償卻是不恰當或得不償失的。如有的青年本職工作做不好，卻在社交方面花大量時間和精力，以求得到主管的重視而不被下崗，結果造成本職工作越來越糟糕。

10. 抵消（undoing），指以象徵性的言行，來抵消已經發生了的不愉快、不吉利的事件，以補救心理上的不安、焦慮或難受。如中國民間習俗，過年不要打碎碗碟，萬一不小心打碎了，老人就會跟一句「（碎碎）歲歲平安」。

11. 隔離（isolation），個體把容易引起自己痛苦回憶的人或事從意識中加以隔離，希望情感和觀念分離開，不讓自己感受到不愉快的情緒。比如，親人逝世，說成「歸天」或「到天堂去了」。換一種說法，似乎可以減輕自己的悲傷。

12. 幻想（phantasy），個體遇到壓力、挫折時用幻想的方式來滿足自己的願望或衝動。如有的大學生遇到學習上的困難不能解決，便幻想自己成為超人，什麼問題都能解決。

13. 轉化（conversion），個體把心理上的焦慮、憂鬱轉化為軀體症狀，從而逃避痛苦煩惱。如情緒憂鬱的青年，對自己的頭痛、失眠等軀體症狀持冷漠態度，不以為然，認為這些軀體症狀只是內心痛苦的轉化形式而已。

14. 幽默（humor），個體處境尷尬時，常以開玩笑、說笑話等方式使自己擺脫困境、以緩和、消除緊張情緒，避免產生心靈創傷。比如，在南北戰爭時期，美國總統林肯對麥克倫將軍未能好好掌握軍事時機而深感怨恨，於是他寫了這樣一封信給麥克倫：「親愛的麥克倫：如果你不想用陸軍的話，我想暫時借用一會兒。」林肯的幽默使他驅除了心頭的緊張和怨憤，又保護了自己，免於和麥克倫敵對。

15. 自居（identification），又稱認同作用。指個體在無意識中取他人之長歸為己有，並作為自己行為的一部分去表達，借以排除煩惱、焦慮的一種防禦機制。

如有的人一生無所成就,便把自己親朋中的成功者搬出來吹噓,似乎自己的身價也得到了提高,可以減輕他人的輕視。

16. 固執(obstinacy),指個體不分析失敗的原因、總結經驗教訓,而是盲目重復無效或不明智的行為。比如,有的大學生求職失敗,感到十分痛苦,但仍舊不願意嘗試去改變自己的認知、情感和行為方式,而是以不變應萬變。固執之所以發生,主要是因為不安全感、失敗與懲罰的緣故,它會妨礙人的心理潛能的充分發揮。

17. 理智化(intelectualization)指運用抽象理智的術語分析面臨的問題以消除恐懼或降低焦慮的過程。例如,青年醫生不可能對每個病人都動感情,因此一定的超脫態度對於他們勝任工作是必不可少的。實驗表明,讓被試觀看喚起恐怖情緒的影片,同時伴以解說,若解說詞強調場景的殘忍、被試的皮膚電反應就升高;若給以超脫、理智的解說,被試的皮膚電反應就明顯下降。由此可見,當理智戰勝情感的時候,人們就可以從情感的經歷中擺脫出來。

上述心理防禦機制有的是積極或消極的,有的是理性或非理性的,還有的是妥協或折中的。作為青年,在壓力面前,既要預見到可能出現的各種困難,振作精神、樹立信心、磨煉意志、努力提高自己對壓力的容忍力,又要善於思考,分析產生壓力的原因,積極尋求各種社會支持,採取行動,排除各種壓力所帶來的困擾,以提高對壓力的心理防禦能力。

復習鞏固

1. 什麼是應對?應對有哪些類型?
2. 青年如何才能正確的應對壓力問題?談談你的見解。

要點小結

1. 壓力是青年與環境相互作用,預期可能發生的不安,或對威脅有所察覺,導致內心產生的不平衡的感受或體驗。壓力的來源主要分為外部和內部兩大類。壓力對青年的生理與心理都會產生影響,這些影響既可能是積極的,也可能是消極的。

2. 壓力的理論有精神分析學派的理論、行為主義理論、認知的理論、需要和緊張的心理系統理論和社會文化的理論,這些理論分別從不同的視角對壓力進行了闡述與解釋。

3. 青年的主要壓力有:知識更新與學業壓力、就業壓力、工作壓力和經濟壓力。學業壓力是大學生面對學業要求時所產生的不安、擔憂、緊張的反應。就

業壓力是在就業情境中,個體對感受到的影響就業的客觀事件或刺激的感受和評估。經濟壓力是個體感受到經濟的困難、窘迫而產生的焦慮、煩惱、憂愁的心理感受。工作壓力是個體因工作時間過長、工作負擔過重、工作責任過大或工作發生改變而產生的緊迫反應。這些壓力給青年的身心帶來了一系列的影響。

4. 應對是個體遭受或處於壓力環境時,為平衡自身心理狀態而逐漸形成的一套適應機制,包括認知、情感和行為三種心理成分,從不同的角度可以把應對分為不同的類型。

5. 青年面對壓力的挑戰,需要樹立遠大的理想,加強和善於學習;正確認識社會的就業環境,提高自己的綜合素質;採取正確的認知與行動化解壓力,獲得社會支持;利用合理的心理防禦機制。

關鍵術語

壓力	stress
壓力源	stresors
壓力理論	theory of stress
應對方式	coping style
心理防禦機制	mental defense mechanism

復習題

一、單項選擇題

1. 壓力是青年與環境相互作用,預期可能發生的不安,或對威脅有所察覺,導致內心產生的(　)。

    A. 焦慮、壓抑的體驗　　B. 煩惱、憂鬱的體驗

    C. 不平衡的感受或體驗　D. 獨特的內心體驗

2. 壓力對青年的影響,一般都是(　)。

    A. 單一的　　B. 兩面性的　　C. 既有消極也有積極　　D. 無所謂的

3. 精神分析學派認為,心理壓力產生的最普通的反應是(　)。

    A. 超我　　B. 本我　　C. 自我　　D. 焦慮

4. 認知理論認為,對待壓力的關鍵是個體的(　)。

    A. 行動　　B. 認知　　C. 態度　　D. 認同

5. 對壓力的心理測量影響最大的是下面那位心理學(　)。

A. 塞利和坎農　　B. 弗洛伊德和勒溫

C. 巴甫洛夫和霍妮　　D. 霍姆斯和雷赫

二、多項選擇題

1. 壓力的來源主要有（　）。

A. 遭受挫折　　B. 生活環境改變

C. 工作性質　　D. 矛盾與衝突

2、青年的壓力主要有有（　）。

A. 知識更新與學業壓力　　B. 工作壓力

C. 經濟壓力　　D. 就業壓力

4. 壓力對青年的作用是多方面的，表現在（　）。

A. 生理影響　　B. 社會影響　　C. 心理影響　　D. 家庭影響

4. 壓力理論從多方面解釋了壓力產生的原因，這些理論主要有（　）。

A. 行為主義理論　　B. 建構主義理論

C. 認知的理論　　D. 社會文化理論

5. 青年正確應對壓力應做到（　）。

A. 樹立遠大的理想，加強和善於學習

B. 正確認識社會的就業環境，提高自己的綜合素質

C. 採取正確的認知與行動化解壓力，獲得社會支持

D. 利用合理的心理防禦機制

三、判斷對錯題

1. 壓力具有兩面性，青年要正確看待壓力的作用。（　）

2. 心理防禦機制都是積極的，能從根本上解決青年的壓力問題。（　）

3. 青年對壓力的認知，影響到對壓力的反應和應對方式。（　）

4. 需要得不到合理的滿足，是造成青年壓力的原因之一。（　）

5. 文化矛盾是造成人們壓力或心理困頓的文化基礎。（　）

第十三章　青年的心理社會問題與預控

本章你要學習什麼？

在當代社會，為什麼一些青年會有不良的成癮行為？為什麼他們會走上違法犯罪的道路？導致一些青年自殺的原因是什麼？青年的這些心理社會問題引起了社會的廣泛關注。透過本章的學習，能夠讓人們認識青年心理與社會問題的類型、危害及成因，瞭解預防和控制青年心理社會問題的對策。希望透過本章的學習，能使你更好地認識社會，保護好自己，遠離這些心理社會問題的侵害。

第一節　概述

　　青年期是個體在發展過程中遇到的心理與社會問題比較多的時期。這些心理與社會問題如果不能妥善解決，不僅影響青年的學習或工作，以及影響青年的健康發展，而且還影響到社會的穩定。

一、心理社會問題的含義

　　心理社會問題（psychological social problems of youth）指的是個體在發展過程中所表現出來的不符合或違反社會准則與行為規範，或不能良好地適應社會生活，從而給社會、他人或自身造成不良影響甚至危害的問題。這種心理社會問題具有聚類叢生性和蔓延性的特點，即一種類型的心理社會問題的出現會增加另一種類型的心理社會問題出現的可能性。一些研究表明，青年的各種心理社會問題之間密切相關，青年的成癮行為、犯罪行為和自殺行為存在某種共同的心理原因和基礎。因此，在分析青年心理社會問題時，不能孤立地看待某種心理社會問題。

二、心理社會問題的類型

　　不同的研究者往往對心理社會問題有不同的分類。美國的阿肯巴克和埃德爾布羅克（Achenbach & Edelbrock, 1987）把心理社會問題分成有害物質濫用、內部障礙、外部障礙三大類。有害物質濫用指青年不恰當地使用藥物，如興奮劑、鎮靜劑、尼古丁等；內部障礙指青年自身的問題，如憂鬱、焦慮、恐懼等；外部障礙指青年的問題以外界對象為目標，如犯罪、反社會性的攻擊行為等。中國心理學教授張文新（2002）也把心理社會問題分為三類：(1) 濫用藥物，如胡亂服用酒精、尼古丁、大麻、古柯鹼等藥物；(2) 外部失調，如反社會行為、犯罪行為等；(3) 內部失調，如焦慮、憂鬱和自殺等。

　　在本章中，我們主要探討青年常見的三大心理社會問題：一是青年成癮行為，如吸菸成癮、酗酒成癮、網路成癮、吸毒成癮等；二是青年犯罪行為；三是青年自殺行為。

三、心理社會問題的理論

(一) 埃里克森的心理社會發展理論

美國發展心理學家愛利克‧埃里克森(Erik H Erikson)將人的一生分為八個階段，每個階段都有其獨特的發展任務，即面臨相應的發展危機。他指出，青年期的主要任務是解決自我同一性問題。自我同一性，指個體在特定環境中自我整合與適應之感，是個體尋求內在一致性和連續性的能力，是對「我是誰」「我將來的發展方向」以及「我如何適應社會」等問題的主觀感受和認識。青年如果能夠在青年期獲得正確的自我同一性，就能夠按照社會規範生活。反之，就會造成青年自我同一性的混亂，做出一些傷害自己以及違反社會規範的行為。

(二) 班杜拉的社會學習理論

美國心理學家阿爾伯特‧班杜拉(Albert Bandura, 1997)提出了社會學習理論。他認為，人類的行為是由個體的認知、行為與環境因素三者及其交互作用形成的。個體透過觀察或模仿他人能夠學會很多東西。他著眼於觀察學習和自我調節在引發人的行為中的作用，重視人的行為和環境的相互作用。

根據社會學習理論，青年的心理社會問題的形成不是與生俱來的，而是後天透過觀察或模仿他人的不良行為，從而產生替代性學習造成的。社會環境中他人的吸菸、酗酒、吸毒等違法犯罪行為，以及影視劇中的暴力等都可能成為青年模仿學習的對象。

(三) 迪爾凱姆的社會失範理論

法國社會學家迪爾凱姆認為，社會失範指社會本身失去了行為規範而出現的不正常狀態，社會的多重急劇變化導致現有社會規範不能為社會成員提供必要的指導，社會整體處於一種混亂無序的狀態。美國社會學家默頓繼承和發展了迪爾凱姆的失範理論，他把社會結構引入了社會失範的研究領域，指出個人的具體行為與社會結構有緊密的聯繫，若社會結構失範則必然導致個體的越軌行為。

中國當前處於社會轉型時期，價值觀念多元化導致社會失範現象時常發生。社會失範將直接對青年的行為產生影響，使青年喪失正確的行為參照，感到困惑、迷惘、無所適從，從而引發青年的心理社會問題，如吸菸、酗酒、吸毒成癮以及犯罪和自殺等。

四、青年心理社會問題的危害

青年心理社會問題的危害是多方面的，它不僅影響青年的身心健康，危害整個家庭的和諧與幸福，甚至擾亂社會公共秩序、危害公共安全。

(一) 破壞社會安全穩定

由青年心理社會問題引發的打架、鬥毆、竊盜、違法犯罪等一系列問題，不僅擾亂社會公共秩序，影響他人的生命安全，而且威脅社會的安全與穩定，使社會不得不花費大量的人力、財力和精力來預防和控制青年的心理社會問題。

(二) 給家庭造成負面影響

青年的心理社會問題會導致青年道德感和責任心的下降、家庭成員之間的關係緊張惡化，造成家庭的諸多矛盾，影響家庭成員的正常工作和生活，增加家庭的經濟負擔，造成家庭經濟困難。

(三) 影響青年的健康發展

青年的心理社會問題不僅直接影響青年的身體健康，甚至危及生命；還會使青年產生認知、情緒、行為、人格等多方面的心理問題及心理障礙，失去對學習和工作的興趣，導致輟學、失業，直接影響到青年的健康發展。

復習鞏固

1. 什麼是心理社會問題？心理社會問題有哪些分類？
2. 心理社會問題的理論有哪些？其主要觀點是什麼？
3. 青年的心理社會問題有哪些危害？

第二節　青年不良成癮行為與預控

青年的不良成癮行為是一種額外的、超乎尋常的嗜好和習慣。青年不良的成癮行為，不僅嚴重影響青年的身體健康，而且會產生心理障礙，帶來嚴重的社會問題。

一、青年吸菸成癮

(一) 吸菸成癮的含義

吸菸成癮 (smoking addiction) 又叫菸草依賴，是指個體因長期吸菸而對菸草中所含主要物質尼古丁產生上癮的症狀。中國精神科專家師建國 (2002) 認為，菸草依賴主要有兩方面：一是心理依賴或精神依賴，主要是對吸菸的渴求，表現為情緒不穩、注意力不集中、坐立不安、好發脾氣等；二是軀體依賴，包括心率減慢、食慾增加、體重增加、皮膚溫度降低等。醫學上把吸菸成癮看成是一種慢性疾病，世界衛生組織已將菸草依賴納入國際疾病的分類。

目前國際上尚無專門針對菸草依賴的診斷標準，一般採用藥物依賴診斷標準。國際疾病分類 (International Clascification of Diseases, ICD-10) 中根據藥物依賴診斷標准制定的菸草依賴臨床診斷標準為下列 6 項中的至少 3 項：(1) 強烈渴求吸菸；(2) 難以控制吸菸行為；(3) 當停止吸菸或減少吸菸量後有時會出現戒斷症狀；(4) 出現菸草耐受表現，即需要增加吸菸量才能獲得過去較少吸菸量即可獲得的吸菸感受；(5) 為吸菸而放棄或減少其他活動及喜好；(6) 不顧吸菸的危害而堅持吸菸。

(二) 青年吸菸成癮的特點

美國的研究發現，在有煙癮的青少年中，10% 的人在首次吸菸後兩天內就上癮，25% 的人在一個月內上癮，一半的人在吸菸數量達到每個月 7 支時上癮。中國青年吸菸成癮的現狀同樣不容樂觀，據世界衛生組織估計，全球每三根香煙就有一根是在中國消費。

1. 青年吸菸成癮呈低齡化趨勢

中國衛生部公佈的吸菸控制報告指出，2005 年中國 15 歲以上吸菸者達到 3.5 億，吸菸率達 28.1%。楊焱 (2006) 的研究發現，與 1996 年相比，中國 15~24 歲的青年吸菸率呈上升趨勢，且女性青年開始吸菸的平均年齡從 28 歲提前到 25 歲，青少年開始吸菸年齡從 22 歲降到 19 歲。搜狐網健康頻道在 2013 年做了一項關

於中國公民吸菸情況的網路調查，參與調查的共有 19696 名網友，來自全國 33 個省、自治區以及直轄市。透過對調查數據的分析發現，16~22 歲開始吸菸的青年佔 62.8%，23~30 歲開始吸菸的青年佔 15.6%。

2. 吸菸成癮以男青年為主，女青年有上升趨勢

中國劉崢（2007）等對 3509 名北京大學生吸菸情況的調查發現，男大學生吸菸率為 53.4%，女大學生為 22.1%，男生顯著高於女生。黃晶晶的（2008）研究發現，在 1196 名吸菸者中，總的成癮人數為 268，總成癮率為 22.4%，其中男性成癮率為 22.7%，女性成癮率為 19.6%。還有研究發現，在經濟全球化以後，中國女性吸菸率在短期內從 3%~5% 上升到 15% 以上，大城市中女性吸菸率上升更為明顯。

（三）青年吸菸成癮的危害

1. 造成青年的身心疾病

吸菸是慢性支氣管炎、肺氣腫和慢性氣道阻塞的主要誘因之一。有研究指出，肺癌病例中，85% 是吸菸造成的。吸菸量越大，患肺癌的可能性越大，若每天吸菸 40 支以上，則患肺癌的可能性高出 60 倍。最新的研究發現，青年吸菸成癮會造成大腦結構與功能異常，使其患有某種程度的心理障礙和精神疾病，思維變得遲鈍，記憶力減退，降低學習和工作的效率。吸菸成癮還會影響到壽命。中國衛生部 2012 年發佈的《中國吸菸危害健康報告》指出，吸菸者與不吸菸者相比，平均壽命約減少 10 年。不僅如此，青年吸菸成癮還會使家人被動吸二手煙，導致家人患上哮喘、肺炎、肺癌、高血壓等疾病。

2. 給社會造成經濟負擔

李闖（2006）的研究指出，中國每年因吸菸導致的患病人數近 900 萬，用於治療疾病的直接醫療費用近 70 億元。美國癌症協會和世界肺健基金會聯合發佈的《菸草圖冊》公佈的數據顯示，每年全球因吸菸造成的經濟損失達 5000 億美元。

3. 危害公共安全和秩序

張蕊（2000）的研究發現，男生吸菸成癮行為與酒後騎車、打架、制訂自殺計劃以及過量飲酒行為呈高度關聯。李闖（2006）的研究指出，吸菸是青年違法犯罪的誘因。在搶劫、竊盜等違法犯罪的青年中，74% 是由吸菸、飲酒引起。

擴展閱讀

世界無菸日

世界無菸日（WorldNoTobaccoDay）由世界衛生組織創立。世界衛生組織決定從 1989 年起將每年的 5 月 31 日定為世界無菸日，中國也將該日作為中國的無菸日。

世界無菸日的意義是宣揚不吸菸的理念，每年都會有一個中心主題，表示該年在關於菸草和不吸菸方面特別值得關注的話題。世界各地都會為回應而在當日舉辦不同類型的宣傳活動。

例如，1990年世界無菸日的主題是「青少年不要吸菸」，呼籲控制吸菸應從青少年抓起，教育部門要充分利用教育陣地，加強對學生的管理，禁止青少年吸菸。2008年世界無菸日的主題是「無菸青少年」，旨在讓尚未接觸菸草的青少年免受菸草危害。2010年世界無菸日的主題是「性別與菸草」，呼籲全社會都來關注女性吸菸和被動吸菸的問題。2013年世界無菸日的主題是「全面禁止菸草廣告、促銷和贊助」，旨在呼籲全面禁煙，讓更多的人，尤其是青少年遠離菸草的危害。

二、青年酗酒成癮

（一）酗酒成癮的含義

酗酒成癮（Addiction to alcohol）又叫酒依賴，是指個體長期過量飲酒引起的中樞神經系統嚴重中毒，表現為強迫性的、連續或定期飲酒，為的是要體驗飲酒後的心理效應，或是為了避免由於斷酒所引起的不適感。酗酒成癮包括精神依賴和軀體依賴，精神依賴表現為對酒的渴求或稱為「心癮」，軀體依賴表現為停止飲酒或減少飲酒後出現心慌、出汗、失眠和易激怒等戒斷症狀。

中國精神病診斷標準（Chinese Clasification of Mental Disorders—3）指出，酗酒成癮要符合以下標準：(1) 符合酒精所致精神障礙的診斷標準；(2) 有長期或反復的飲酒歷史；(3) 對酒有強烈的渴求；(4) 至少有下述情況之一：停止飲酒後有肢體震顫、靜坐不能、惡心、嘔吐、大汗或易激惹等戒斷症狀；繼續飲酒可避免戒斷症狀出現，經常在清晨飲酒，或隨身帶酒頻繁飲用；多次試圖戒酒失敗；對酒產生耐受性，飲酒量增大；為了飲酒而放棄其他娛樂活動或愛好。

（二）青年酗酒成癮的特點

青年酗酒成癮是一種比較常見的現象。美國國家衛生研究院（2002）對美國大學生飲酒情況的調查報告表明，美國大學生中的酗酒現象十分嚴重，每年有1400名美國大學生死於因飲酒過量而導致的各種事故。中國青年酗酒成癮的形勢也不容樂觀，青年群體內過量飲酒行為普遍流行。

1. 青年酗酒成癮率較高，呈低齡化的趨勢

吳雙勝、徐銳（2009）的研究發現，北京市大學生飲酒率、重度飲酒率分別是42.9%和13.0%。劉志浩、衛平民（2013）等的研究發現，南京市大學生飲酒率

為51.3%，過量飲酒率為30.5%。在青年酗酒成癮率不斷上升的同時，青年酗酒成癮低齡化的趨勢也令人擔憂。馬冠生、朱丹紅（2005）的研究發現，中國居民中18歲開始飲酒的比例是8.8%，其中男性為9%，女性為7.6%。季成葉（2010）等的研究發現，中國大學生13歲前開始飲酒的比例達到25%以上。

2. 男青年酗酒成癮率普遍高於女青年

張洪波（2000）等的研究發現，13.0%的大學生報告顯示有酗酒成癮的行為傾向，其中男生為17.5%，女生為1.6%、男生顯著高於女生。季成葉（2010）的研究發現，中國男女大學生飲酒率分別為66.1%和34.2%。另外發現，女青年酗酒成癮的報告率也在上升。2006年《中國居民營養與健康狀況調查系列報告：行為和生活方式》指出，中國女性飲酒率增長了73.1%。

（三）青年酗酒成癮的危害

1. 影響青年的身心健康

眾所周知，酒精中的乙醇對肝臟的傷害最大、最直接，它能使肝細胞發生變性和壞死。長期飲酒，容易導致酒精性脂肪肝、酒精性肝炎，甚至酒精性肝硬化。酗酒成癮會使青年的腦部逐漸萎縮，骨質酥鬆、血壓升高，心腦血管疾病的發病率升高。澳大利亞的赫曼斯（Daniel Hermens）博士指出，青年正處於生理及心理快速發育的階段，酗酒會延緩發育速度，令其大腦的結構及神經受損，從而影響他們的長期記憶力及決策能力。同時，青年酗酒成癮還會造成心理障礙，患上精神疾病，如妄想症、憂鬱症以及暴躁症等。

2. 破壞家庭和睦

酗酒成癮者往往情緒易激動、控制力減弱，道德感、責任感下降，情感冷漠，容易造成家庭不和、家庭暴力甚至導致家庭破裂。在美國，50%的家庭糾紛是由酗酒引起的，65%的虐待兒童事件與飲酒有關，嗜酒家庭離婚率高達40%。

3. 破壞社會治安，影響公共秩序

中國每年因酗酒肇事的立案高達400萬起，而三分之一以上交通事故的發生與酗酒後駕車有關。酗酒還引發犯罪行為。胡利人（2004）等的研究發現，青年酗酒與酒後騎車、打架、帶刀具、性行為、賭博等不良行為密切相關。

三、青年網路成癮

(一)網路成癮的含義

網路成癮(Internet Addiction, IA)又叫網路成癮障礙(Internet Addiction Disorder, IAD)或網際網路依賴(Internet Dependence)。美國精神病專家伊凡·戈德堡(Ivan Goldberg)提出，網路成癮障礙是指在無成癮物質條件下的上網行為衝動失控現象，它主要表現為由於過度和不當地使用網路而導致個體明顯的社會、心理功能損害，並伴隨有和上網有關的耐受性、戒斷反應以及強迫行為等。

中國心理學教授雷靂(2003)等人認為，網路成癮是用戶上網達到一定的時間後反覆使用網際網路，其認知功能、情緒情感功能以及行為活動，甚至生理活動，偏離現實生活，受到嚴重傷害，但仍然不能減少或停止使用網際網路。

美國伊萬·戈德堡(Ivan Goldberg)認為網路成癮的診斷標準包括下列特徵：(1)突顯性，網際網路使用佔據了用戶的思維與行為活動的中心；(2)耐受性，網際網路用戶為了獲得滿足感不斷地增加上網時間與投入程度；(3)戒斷症狀，停止使用網際網路會產生不良的生理反應與負性情緒；(4)衝突性，網際網路使用與日常的活動或人際交往發生衝突；(5)復發性，儘管對網際網路成癮進行控制與治療，但成癮行為還是反覆發作；(6)心境改變，使用網際網路來改變消極的心境。

中國北京軍區總醫院制訂的網路成癮臨床診斷標準為：(1)對網路的使用有強烈的渴求或衝動感；(2)減少或停止上網時會出現周身不適、煩躁、易激怒、注意力不集中、睡眠障礙等戒斷反應。上述戒斷中透過使用其他類似電子媒介，如電視、掌上遊戲機等來緩解；(3)至少有下述情況之一：為達到滿足感而不斷增加使用網路的時間和投入程度；使用網路的開始、結束及持續時間難以控制，經多次努力後均未成功；固執地使用網路而不顧其明顯的危害性後果，即使知道網路使用的危害仍難以停止；因使用網路而減少或放棄了其他興趣、娛樂或社交活動；將使用網路作為一種逃避問題或緩解不良情緒的途徑。

(二)青年網路成癮的特點

1.青年網路成癮人數不斷上升，男青年網路成癮率高於女青年

根據中國網際網路資訊中心最新的網際網路發展報告，截至2013年12月，中國網民規模達6.18億，其中20~29歲年齡段的網民佔到31.2%，在網民中比例最大。張志松(2011)等的研究發現，大學生網路成癮率為14.08%，存在一定的性別差異，男生網路成癮的比率顯著高於女生。梁雯雯(2013)的研究表明，大學

生網路成癮率為5.1%，其中男生佔67.4%，女生佔32.6%。

2. 青年網路成癮的表現多樣化

青年網路成癮通常會專注於某種具體的網路行為或傾向於多方面的網路內容。張志松等（2011）的研究指出，網路遊戲成癮、網路色情成癮、網路交際成癮是大學生網路成癮的主要表現形式。李超民（2012）的研究發現，大學生網路成癮可分為五種類型，即大學生網路娛樂成癮、網路資訊成癮、網路色情成癮、網路關係成癮、網路交易成癮。

（三）青年網路成癮的危害

1. 危害青年的身心健康

網路成癮打破了青年正常的生活規律，加上長時間熬夜上網使睡眠減少、頭昏眼花、情緒低落、食慾不振、體重下降；大腦中樞神經系統處於高度興奮狀態、功能異化、免疫力下降，嚴重的甚至猝死。網路成癮還會導致青年的心理障礙。美國金伯利‧楊（1998）的研究表明，有54%的網路成癮者有憂鬱傾向，34%的人感到焦慮。羅江洪等（2007）的研究發現，網路遊戲成癮者的孤獨、憂鬱和社交焦慮感均高於非成癮者。朱克京等（2004）的研究發現，大學生網路成癮不僅損害學業，還帶來人際關係、社會交往等方面的障礙。

2. 導致青年學業荒廢

網路成癮會使青年把網路定位為唯一的精神寄託，長時間沈迷於網路，致使正常的學習受到影響。王濱等（2007）的研究指出，網路遊戲成癮的大學生在學習過程中更容易表現出倦怠、沮喪、情緒低落，出現逃課、遲到、不聽課等厭學行為；在學習過程中體驗到的成就感更低。陳華（2005）的研究發現，有近86%的大學生因過度迷戀網路而導致學習成績下降，有1/3的大學生因無節制上網導致課程不及格而重修，有3.6%的大學生因網路成癮導致學業荒廢而被退學。

3. 誘發青年違法犯罪

青年長時間處於暴力、血腥的網路遊戲中，會使價值觀扭曲，甚至分不清虛擬的網路世界和現實生活，性格變得粗暴，遇事容易失去理智而走上用暴力解決問題的不良途徑。網路的開放性和匿名性，使得一些不法分子利用網路傳播色情內容。青年沈迷於瀏覽黃色網站容易產生色情心理，如果未得到及時制止就會引發青年性犯罪。網路成癮往往會導致青年失業，為了滿足上網費用甚至挺而走險，透過竊盜、搶劫的方式來滿足網路成癮的需要，使青年違法犯罪。

四、青年吸毒成癮

(一)吸毒成癮的含義

中國公安部 2011 年頒布的《吸毒成癮認定辦法》中指出，吸毒成癮（Drug addiction）是指個體因反復使用毒品而導致的慢性復發性腦病，表現為不顧後果、強迫性尋求及使用毒品的行為，同時伴有不同程度的個人健康及社會功能損害。

吸毒成癮包括下列特徵：(1) 經人體生物樣本檢測證明其體內含有毒品成分；(2) 有證據證明其有使用毒品行為；(3) 有戒斷症狀或者有證據證明吸毒史，包括曾經因使用毒品被公安機關查處或者曾經進行自願戒毒等情形。

擴展閱讀

吸毒成癮的學說

病理性記憶學說：認為吸毒者對毒品引起的獎賞和懲罰效應形成了難以忘記的異常記憶，他們在這種病理性記憶的驅動下不斷地強迫性覓藥和用藥。

強迫學說：認為吸毒者與患強迫症的病人相似，明知道某一情況並不存在，但還是無法控制，要一遍遍地去檢查某一情況是否存在。吸毒者的毒品成癮也同樣表現出難以控制自我、強迫覓藥和用藥。

大腦獎賞學說：認為人在吸毒後可以獲得如同吃飽飯（酒足飯飽）、饑渴時飲水的欣快感以及哺育時的滿足感一樣的感覺。目前學術界大多認同獎賞學說，並結合其他學說來解釋吸毒成癮。

(二)青年吸毒成癮的特點

據 2014 年中國禁毒報告顯示，截至 2013 年底，全國累計登記吸毒人員 247.5 萬人，新發現登記吸毒人員 36.5 萬人。在吸毒人口猛增的同時，吸毒人群結構也在發生變化，青年吸毒者比例明顯上升。2009 年，中國登記吸毒人群中，35 歲以下青年佔 58.1%。

到 2014 年這一比例猛增至 75%。北京市禁毒委發佈的數據顯示，截至 2014 年 5 月底，北京市登記在冊的 2.6 萬餘名吸毒人員中，35 歲以下青年達到 2.2 萬餘人，比例已高達 88%。

1. 青年吸毒成癮呈低齡化的趨勢

據中國公安部統計，2013 年全國新發現吸毒人員中 35 歲以下青少年佔 75%，最小的年僅 8 歲。中國邱奧傑（2006）的調查發現，湖南吸毒人員中 90% 以

上是在 17~20 歲之間接觸到毒品，查獲的吸食新型毒品違法年齡在 16~35 歲之間，18 歲以下的約佔 43%。2014 年福建省公安廳禁毒工作新聞發佈會透露，福建省累計發現登記的吸毒人員已超過 7 萬名，35 歲以下吸毒人員為 69%。

2. 新型毒品、混合型毒品在青年中蔓延

新型毒品是相對鴉片、海洛因等傳統毒品而言，主要指人工化學合成的致幻劑、興奮劑類毒品。與傳統的毒品相比，包裝時髦的新型毒品迷惑性極強，如「跳跳糖」「奶茶」等容易在青年中蔓延。湖北省公安廳 2012 年的調查數據顯示，湖北共約有 9.7 萬吸毒人員，其中約 5.8 萬人吸食 K 粉、麻果等新型毒品，絕大多數使用者都是青年。

《2012 年中國禁毒報告》指出，在濫用合成毒品的人員中，35 歲以下青少年佔 67.8%。3. 女性青年吸毒者增多

據黑龍江省公安廳報導，2014 年全省吸毒人員 5 萬餘名，其中女性吸毒人員佔 26.98%，女性吸毒人員增多。2014 年西藏新聞網報導，拉薩吸毒人員總共有 1700 多人，其中女性佔到了 30% 左右。2014 年，北京市高級人民法院對外公佈了全市法院審理毒品犯罪案件情況，2013 年審理的毒品犯罪案件中，25 歲以下青少年被告達到 318 人，佔毒品犯罪案件被告總人數的 20% 左右，女性被告人數達到 290 人，同比上升 26%。

（三）青年吸毒成癮的危害

1. 危害青年的身心健康

青年吸毒成癮損害大腦中樞神經系統功能，影響心臟循環及呼吸系統功能，導致中毒性心肌炎、心律失常等。同時，青年吸毒成癮損壞消化系統，造成食慾下降、營養不良，致使免疫功能下降。在吸食海洛因的吸毒者中普遍存在共用未經消毒的注射針頭，致使艾滋病在吸毒者中流行。吸毒成癮還會造成青年的心理疾病。已有的研究證明，吸毒者易患上輕躁狂、妄想、精神分裂症、神經衰弱等精神疾病，導致青年缺乏責任感、衝動、多疑、緊張、焦慮、憂鬱等，影響青年的思維能力，導致其智力下降、記憶力減退、判斷能力下降等。

2. 給家庭帶來災難，引發青年犯罪行為

「錫紙半張，不見煙火沖天，燒盡田地房屋；菸槍一枝，未聞炮聲震響，打得妻離子散。」這首詩生動描述了吸毒給家庭帶來的危害。吸毒需要大量的資金，青年吸毒成癮會極快地消耗家中積蓄。為了滿足毒癮，吸毒者會變賣家產，四處舉債，甚至為了滿足毒癮不惜犧牲親情，六親不認，導致家破人亡、妻離子散。青年吸毒成癮是一種持續性的高消費行為，一旦耗盡了家產，為了獲得毒資極易

走上以販養吸、以盜養吸或是以娼養吸的犯罪道路。

擴展閱讀

世界禁毒日

國際禁毒日 (International Day Against Drug Abuse and Illicit Trafficking)，全稱是禁止藥物濫用和非法販運國際日。1987 年 6 月 12 日至 26 日，聯合國在維也納召開有 138 個國家的 3000 多名代表參加的麻醉品濫用和非法販運問題部長級會議，提出了「愛生命，不吸毒」的口號，規定每年的 6 月 26 日是國際禁毒日。

從 1992 年起，國際禁毒日每年都有一個活動主題，以達到國際社會關注和共同參與的效果，同時號召全球人民共同來解決毒品問題。

2016 年第 30 個國際禁毒日的主題是：「青少年與合成毒品」，是鑒於青少年吸食毒品不斷增多，尤其是在合成毒品中青少年所比例較大，呼籲全社會關注青少年吸食合成毒品的問題。

五、青年不良成癮行為的成因

青年不良成癮行為是一種複雜的行為模式，受心理、社會、生物等多種因素的影響。主要有下列因素：

(一) 青年的心理缺陷

一些研究發現，青年的不良成癮行為與其人格缺陷密切相關。有人格缺陷的青年心理承受能力較差，缺乏自我控制能力，容易透過成癮物質的濫用來擺脫心理危機。楊波 (2005) 的研究發現，具有憤怒、衝動、社交異常等人格特徵的個體易於成癮。梅松麗等 (2006) 的研究指出，性格是成癮的基礎，有變態人格、孤獨人格和依賴性人格等人格缺陷者易產生物質依賴。

還有的研究者從認知心理學的角度做瞭解釋。梅松麗等 (2006) 認為成癮者存在過分偏見和過分專注等注意缺陷，如酗酒者一心一意想的是下一次飲酒，病理性賭博者總想著下一次能夠把錢贏回來。這種錯誤的資訊加工過程是導致不良成癮行為的原因。

(二) 遺傳及藥物因素

遺傳基因對成癮有影響，即成癮具有家族的延續性。國外研究者運用孿生子法開展了遺傳與成癮的相關研究，結果表明遺傳影響了個體對藥物的敏感性、耐受性及相關反應。無論孿生子是在親生父母家還是在寄養父母家長大，單卵雙生

酗酒的同病率幾乎是雙卵雙生的兩倍。

另外，成癮物質能夠激活大腦邊緣中腦多巴胺系統及其他的相關腦區，刺激多巴胺釋放、抑制多巴胺攝取而使多巴胺含量增加，功能增強，產生獎賞效應從而強化成癮物質的使用行為。中國楊波（2006）的研究指出，成癮是慢性反覆給藥後，腦內多種核團，特別是多巴胺的相關核團和神經元為對抗藥物急性強化作用而發生適應性變化的過程。這個過程叫成癮的神經適應性變化，神經系統產生適應性後進一步使用藥物，成癮行為就會復發。

（三）青年成長的家庭環境

家庭是青年成長的第一環境，是影響青年行為的重要因素。家庭對青年成癮行為的影響主要體現在：家庭成員中有成癮行為，青年出現成癮行為的危險性更高；家庭不良的教養方式，如專制型、放任型及溺愛型的教養方式容易導致青年不良行為模式的形成；由家庭結構缺損，如父母離婚帶來的家庭關愛和家庭監護的缺失，容易使青年產生心理問題，形成孤僻、冷漠和封閉的性格特徵，從而使他們借助成癮的物質來擺脫心理痛苦。

（四）同伴和社會環境的不良影響

同伴的壓力和示範作用是青年不良成癮行為的一種外界因素。青年期是成癮行為的易感期，也是青年最需要同伴交往的時期。他們特別看重同伴群體的認同和接納，同伴中的吸菸、酗酒、吸毒等不良成癮行為，會給一些青年帶來壓力和示範作用，並透過同伴間的相互交往不斷地被一些青年所仿效、傳播和擴散。

不良的社會環境對青年成癮行為的形成也具有不可忽視的影響。當今社會，對網路和成癮物質的監管不力，成癮物品在某種程度上的泛濫程度，使成癮物質能夠比較輕鬆地獲得，而且社會對成癮物質的包容性等是誘發青年不良成癮行為的社會因素。一些公眾人物尤其是偶像明星的吸毒行為容易被青年模仿，影視劇中的吸菸、酗酒的鏡頭也在潛移默化地影響青年的不良成癮行為。

六、預控青年不良成癮行為的對策

青年不良成癮行為的發生，是多種因素導致的結果，需要家庭、學校、社會等多方面通力合作才能達到良好的預防和控制效果。

（一）父母要為青年的成長創造良好的家庭環境

家庭是青年成長的第一環境，在預防和控制青年不良成癮行為中具有關鍵的作用。父母要遠離成癮物質，養成健康積極的生活習慣，為子女樹立良好的榜

樣。要為青年創造良好的家庭環境,包括良好的教育經濟條件、民主的教養方式、和諧的家庭成員關係等。父母的理解、支持和鼓勵有利於青年形成堅強的毅力和高度的信任感、安全感。只有建立了良好的親子關係,青年在面對心理危機時才會樂意尋求父母的幫助或是採取積極的應對措施,而不是沈迷於網路或是透過吸菸、酗酒、吸毒等方式來逃避問題。

(二) 大力開展對青年學生的禁煙、禁酒和禁毒教育,重視其心理健康

學校是青年社會化的重要場所,要承擔更多的預防和控制青年不良成癮行為的責任。要在學校開展對青年學生的禁煙、禁酒和禁毒教育,使他們認識到成癮物質的危害,處罰青年學生的不良行為,阻斷青年學生接觸成癮物質的管道。要淨化校園周邊環境,防範周邊網咖、酒吧以及 KTV 的不良風氣入侵校園,腐蝕青年學生。要加強對青年學生的心理健康教育,教師不僅要教授知識,還要重視培養青年學生的抗挫折能力、明辨是非的能力以及抵制外界誘惑的能力等。同時要建立良好的師生關係,關注青年學生的心理健康狀況,幫助他們及時解決心理問題。

擴展閱讀

青年不良成癮行為的預防與控制的三級模式

一級預防:該預防的對象是正常青年,防患於未然,避免他們成癮行為的發生。預防的主要方法是透過大眾傳媒的宣傳、教學,傳播普及菸草、網路遊戲、毒品等物質濫用的危害,提高青年的認識,使其能夠自覺抵禦外界壓力和成癮藥物的誘惑,同時應堵住成癮物質的供應管道,改善整體的社會環境。

二級預防:該預防的核心是得到家庭和社會多方面的密切協作,並制訂具體的預防干預計畫。預防的對象一是重點高危人群,加強宣傳教育,使之瞭解成癮的危害;二是對成癮者做到早發現、早處理,縮短成癮時間,減少對他們的危害。

三級預防:該預防的對象是成癮者,主要是透過各種康復機構或自助組織的專業訓練,幫助成癮者回歸正常的社會生活,建立社會支援網路。

(三) 政府職能部門應加強對網路以及成癮物質的監管力度

對青年不良成癮行為的預防與控制,政府行政職能部門的作用不可忽視,尤其是政府職能部門對成癮物品的監管具有重要責任。政府行政職能部門要加強對網路的監督與管理,嚴厲打擊利用網路傳播不良資訊的行為,為青年創造綠色的上網空間。同時,對菸草、酒精的銷售要進行嚴格的控制和管理,禁止以促銷、誘惑等形式向青年銷售。要大力加強禁煙、禁酒和禁毒的宣傳,全面普及菸草、

酒精以及毒品的危害與預防和抵製成癮物質的方法，幫助青年遠離成癮物質。另外，要加強對影視作品的監管，嚴厲禁止影視劇中的吸菸、酗酒以及吸毒的鏡頭，減少這些鏡頭對青年的負面影響。

復習鞏固

1. 談談青年各種不良成癮行為的特點及危害。
2. 青年不良成癮行為的原因有哪些？
3. 如何對青年不良成癮行為進行預控？

第三節　青年犯罪與預控

青年犯罪與環境污染、販毒吸毒並稱為世界三大公害。青年犯罪不僅葬送了自己美好的前程，給家庭帶來災難性的後果，甚至危害到社會的安全與穩定。

一、犯罪的含義

犯罪（youth crime）是個體實施了危害社會、危害他人、應受法律處罰的行為。在學術界，研究者關注的重點並非是對青年犯罪的制裁而是青年犯罪這一社會現象，即青年犯罪產生的原因、青年犯罪的特點、青年犯罪者的成長過程以及青年犯罪的預防與控制。

二、青年犯罪的類型

中國研究者探討了青年犯罪的類型，主要分為以下幾種。

（一）侵犯財產型犯罪

侵犯財產型犯罪是指非法佔有或故意毀壞公私財物的行為，如竊盜、詐騙、敲詐勒索等。劉忠忱（2005）早期的研究發現，中國吉林長春地區1996年到2005年大學生財產型違法犯罪佔全部違法犯罪案件中的62.4%，居於首位。李向健（2012）近來的研究發現，男女青年侵犯財產犯罪率分別為66.94%和41.7%，男青年侵犯財產犯罪率高於女青年。張明雪（2013）的研究發現，侵犯財產罪在大學生犯罪案件中居首位，竊盜罪又是大學生犯罪最普遍、數量最多的一種。

（二）暴力型犯罪

暴力犯罪是指使用暴力手段或以暴力相威脅，蓄意危害他人人身安全、財產安全和社會安全的犯罪行為。中國青年的暴力犯罪問題較為突出，主要以故意殺人、搶劫、強姦等刑事案件為典型代表，其中最為嚴重的有「大學生馬加爵殺人案」「大學生藥家鑫殺人案」等。莫洪憲（2005）的研究指出，1991年大學生殺人案佔青年殺人案的0.67%，1992年達到0.69%，1993年上升到0.81%。有學者統計中國暴力犯罪的平均年齡為24.5歲，青年暴力犯罪具有手段殘忍、類型多樣以及方法智能化的特點，其危害範圍較大，引起了社會的廣泛關注。

(三) 性犯罪

性犯罪指為滿足性慾而對他人採取性侵犯，或產生破壞社會秩序的性行為。如強姦、賣淫嫖娼、猥褻、侮辱婦女等。青年的自我調節和控制能力較低，容易導致生理需要與現實條件制約的矛盾，當矛盾得不到適當處理時，就會在性本能的驅使下不擇手段。顏小冬 (2004) 的研究指出，轉型時期中國大學生性犯罪明顯增多，女青年性犯罪猛增，已取代竊盜罪上升為女性犯罪類型中的第一位。中國青年的性犯罪從傳統的暴力形式的強姦向淫亂型的賣淫嫖娼、猥褻轉變。淫亂型犯罪具有隱蔽性、團伙性的特點，影響範圍更大。

(四) 網路犯罪

網路犯罪是指運用計算機技術或利用網路進行犯罪。網路犯罪是一種新型的犯罪類型。公安部公共資訊網路安全監察局的數據表明，2008 年中國立案偵查利用計算機網路犯罪案已超過 10 萬件，其中青年網路犯罪佔 70% 以上，大學生網路犯罪佔 17%。據《人民公安報》報導，2010 年公安機關全年共破獲網路淫穢色情案件 3970 起，其中八成以上為大學在校生或大學畢業生。網路犯罪具有高學歷、智能化、專業化以及隱蔽性等特點，影響的範圍更大，破案的難度也更大。

三、青年犯罪的成因

青年犯罪是極其複雜的社會現象，而引發青年犯罪的原因也是多方面的，主要有：

(一) 青年的心理問題

中國法學教授康樹華認為青年心理發展的矛盾性容易引發青年犯罪。青年心理發展的矛盾性體現在：獨立自主與依附關係的矛盾；性生活要求與道德法律之間的矛盾；不斷增長的物質要求與未獨立的經濟地位的矛盾；精力旺盛與認識水平低的矛盾；現實與未來的矛盾。青年的這些矛盾得不到合理的解決時會造成青年心理障礙，產生犯罪行為。

青年的人格缺陷是導致犯罪的內部因素。孫宏偉等 (1999) 的研究發現，青年犯罪者具有高憂慮、高緊張、高敏感以及低穩定性、低自律性等人格特點。何勝興 (2002) 的研究發現，男性戒毒勞改人員具有高興奮性、高敢為性、高樂群性、高幻想性、低有恆性、低獨立性等人格特徵。黃晶晶 (2011) 認為大學生的強迫型人格、偏執型人格、分裂型人格、攻擊型人格等對其犯罪行為具有較大的負面影響。

(二) 不良的家庭環境

中國的一些研究發現，家庭結構殘缺、家庭成員關係緊張、家庭教育不良等是導致青年犯罪的重要原因。歐陽艷文（2005）的研究指出，家庭暴力會使青年產生認知偏差、情感障礙和人格障礙，從而走上犯罪的道路。於志濤、馮維（2006）的研究發現，犯罪青年的家庭功能整體發揮顯著不良，犯罪青年父母的教養方式主要是溺愛型、矛盾型、忽視型、拒絕型四種類型，並且父母對子女表現出過少的情感溫暖與理解，過多的拒絕、懲罰、干涉，存在極端化傾向和雙親教育有嚴重分歧的缺陷。

(三) 學校教育的缺陷

學校是青年社會化的主要場所，學校管理方式、教育內容以及教育方法上的缺陷都會對青年犯罪行為產生影響。當前中國的一些學校存在重智輕德的傾向，過分關注學生的智力開發，以及對學生的知識和技能的傳授，忽視對學生的品德教育、法制教育和心理健康教育，使得青年法制觀念淡薄，心理問題和壓力無法得到妥善解決，造成了學生的人格缺陷。當這些問題積累到一定時候，學生就會以抽煙喝酒、打架鬥毆、違法犯罪等形式表現出來。

(四) 社會不良風氣的影響

青年的犯罪行為是特定社會環境的產物。劉忠忱（2005）的調查發現，90.2%的大學生認為「社會環境的負面影響」是大學生犯罪的主要原因。目前中國個人主義、享樂主義、拜金主義之風蔓延，直接影響到青年價值觀的形成。青年的錯誤價值觀一旦與外界不良因素相結合，就會誘發青年犯罪。由於中國對網路、大眾傳媒中的暴力、色情等不良內容還缺乏完善的監控能力，不能有效阻止這些東西對青年的影響，也為青年提供了犯罪的行為模式。

■四、預控青年犯罪的對策

青年犯罪有它的複雜性，但也有其發展的規律。我們透過分析青年犯罪產生的原因，可以找到預防與控制的方法。主要有：

(一) 青年要加強法律知識學習，做到知法、懂法和守法

中國一些青年走上違法犯罪的道路是因為法律素質低下、是非不分、黑白顛倒，對於什麼是違法、什麼是犯罪搞不清楚，法律意識淡薄，甚至漠視法律的權威。因此，青年要積極主動地大力加強對法律知識的學習與瞭解，增強法制觀念，提高法律意識，知道該做什麼、不該做什麼，在用法律保護自己權益的同時不損

害他人和社會的利益。

(二)提高家庭教育的品質,採取民主的教養方式

良好的家庭環境是子女健康成長的必要條件。父母要為子女創造溫馨、和睦、充滿歡樂和愛心的家庭環境,建立平等、民主、相互尊重的家庭氛圍。在注重對子女文化教育的同時,要加強對子女正確的道德觀、人生觀、價值觀的教育。大量的研究發現,溺愛型的父母教養方式容易縱容子女的不良行為,忽視型的父母教養方式對子女的不良行為不聞不問,這兩種教養方式都容易導致子女犯罪。因此父母要採取民主的教養方式,充分發揮家庭的溝通功能、角色功能、行為控制功能、問題解決及情感介入功能,注意經常與子女溝通,及時瞭解子女的學習、工作情況,解決子女的心理問題,使子女能夠健康成長。

(三)學校要重視對青年的法制教育和心理健康教育

學校要把法制教育納入課程體系,專門開設法制教育課程,透過講座、案例分析等多種青年喜聞樂見的形式對其進行法制教育,要把法制教育與道德教育緊密結合起來。要進一步加強對青年的心理健康教育,使青年瞭解心理衛生知識,掌握心理調適的方法。定期監測青年的心理狀況,為有心理困惑和心理障礙的青年提供傾訴和尋求幫助的管道,增強他們抗挫折的承受能力,使他們能夠學會控制自己的不良情緒與衝動,冷靜理智地處理遇到的問題,提高他們的社會適應能力。

(四)充分發揮社區的預防作用

中國自 2002 年制訂「青少年違法犯罪社區預防計劃」以來,社區在預防青年犯罪過程中扮演著重要的角色。社區預防是一種綜合的預防模式,這種模式首先在中國上海市試點並取得初步成效。社區預防的主要任務是促進家庭教育、學校教育、社會教育在社區的整合與銜接;建立社區青少年管理檔案;加強社區青少年教育培訓;推動社區文化建設,豐富青少年業餘文化生活;開展心理健康教育;淨化社區青少年成長環境,消除青少年違法犯罪的誘因;建立青少年成長環境的預警機制。因此,建立並完善社區預防體系對預防青年犯罪具有重要意義。

復習鞏固

1. 青年犯罪的類型有哪些?
2. 青年犯罪的成因有哪些?
3. 如何對青年犯罪進行預防與控制?

第四節　青年自殺與預控

青年期是心理困擾或心理危機比較多的時期，如果對這些問題不能及時疏導與解決，就可能導致青年自殺。有研究發現，自殺成為 15~34 歲青年死亡的首因，表明青年已成為自殺的高危人群。因此，預防和干預青年自殺已迫在眉睫。

一、自殺的含義

現代社會學的奠基人埃米爾·迪爾凱姆（Emile Durkheim）最先提出了自殺（suicide）的概念，他把任何由死者自己完成並知道會產生這種結果的某種積極或消極行動直接或間接引起的死亡稱之為自殺。美國心理學家施奈德曼（Schneidman, 1975）把自殺定義為：自己引起、根據自己的意願使自己生命終結的行為。中國精神病學家劉協和認為自殺是有意採取結束自己生命的行動而導致的死亡。

二、自殺的類型

自殺是很複雜的社會現象，為了更好地研究自殺問題，不同的學者做出了不同的分類。美國國立精神衛生研究院將自殺分為：(1) 自殺意念，指有尋死的願望，但沒有採取任何實際行動；(2) 自殺未遂，指以死亡為目的的有意毀滅自我的行動，但並未導致死亡；(3) 自殺已遂，指採取有意毀滅自我的行為並導致的各種死亡。法國社會學家迪爾凱姆把自殺劃分為：(1) 利己型自殺，是由於個人與社會的聯繫脫節，缺乏集體支持和溫暖，以致產生孤獨感、空虛感和生存不幸感而產生的自殺；(2) 利他型自殺，是為某種主義的實現或為一定團體竭盡忠誠而捨身的自殺；(3) 動亂型自殺，指發生於社會大動盪時期，個人感到失去改造社會、適應新環境的能力，失去與社會的聯繫，繼而產生極大的驚慌和困惑，從而導致的自殺。在本章，我們著重探討的是青年不應有的自殺。

三、青年自殺的成因

大量的研究認為，青年的自殺是由多種原因造成的，主要有：

(一) 青年的人格缺陷與精神疾病

張海國（2005）的研究發現，自殺者往往具有內向、孤僻、脆弱、多疑、自卑、過敏、偏執、悲觀、虛榮、消極、神經質、自我中心，缺乏自信、勇氣和意志力

等人格特徵，這些個性弱點會削弱他們的抵抗力或放大刺激的負面影響，使之成為導致自殺的內因。

精神疾病作為自殺的高危因素，已得到研究者證實。引發青年自殺行為的精神疾病主要為憂鬱症、精神分裂症。憂鬱症最典型的症狀是有自殺企圖和行為，是自殺者中最常見的精神障礙。美國學者巴魯芬（1974）的研究發現，在100名自殺者中，發現有93%的人患有心理疾病，其中憂鬱症佔64%，精神分裂症佔10%。季建林（2006）的研究指出，50%~90%的自殺死亡者可以診斷為精神疾病，自殺未遂者患有精神障礙的比例為50%。李子堯（2012）的研究發現，在188例患精神疾病的農村青年自殺者中，重症憂鬱障礙佔24.0%，精神分裂症佔10.2%。

（二）家庭的不良因素

姚月紅（2000）對影響大學生的自殺因素進行了研究，發現大學生在成長中經歷父母早亡或離異、父母關係緊張、受父母關注太少，甚至受父母或他人虐待等都容易對大學生造成心理創傷。這些創傷性記憶在他們遇到挫折時容易被喚起甚至被放大，促使其產生偏激行為走上自殺的絕路一些研究還指出，自殺具有家族聚集性。美國醫學家墨菲（Murphy, 1982）等的研究發現，6%~8%的自殺未遂者有自殺家族史。胡霞（2013）等的研究也發現，自殺家族史是自殺的重要危險因素。自殺組一級親屬，如父母、兄弟姐妹、孩子等的自殺行為的發生率高於對照組一級親屬自殺行為的發生率。

（三）青年的心理壓力

據南京危機干預中心的調查顯示，戀愛和學習壓力分別佔大學生自殺原因的44.2%和29.8%。王靜（2012）認為，學習壓力、人際交往受挫、情感受挫以及就業壓力是導致青年自殺的直接原因。隨著中國大學的不斷擴招，大學生就業競爭日益激烈，就業的壓力越來越大。據中國教育部的統計數據顯示，2014年中國大學畢業生總數達到727萬人，比2013年增加28萬人，被稱為「史上最難就業季」。為了更好地實現就業，大學生除了學習專業課外還要選修一些實用的課程，增加了學習的負擔。當自己的學業成就未達到預期結果或是在求職中屢次失敗時就會產生挫敗感和悲觀、消極的心態，可能導致自殺。

（四）生命教育的缺乏

長期以來，中國家庭教育與學校教育都是以青年學生的知識教育為中心，生命教育卻一直被忽視和邊緣化。這樣的教育模式導致青年學生對生命價值、生命意義的無知，淡漠了對自己生命與他人生命的尊重和珍惜。許多學校雖然開設了

心理健康教育的課程，建立了心理咨詢中心，但一些心理健康課程流於形式，教學水平不高，對青年學生的心理異常問題沒能及時發現，加之青年學生的抗挫折能力差，當面對劇烈的競爭和環境的改變時不能調節自己適應社會，因而釀成悲劇。

擴展閱讀

> **常見的青年自殺預警信號**
>
> 自殺的預警信號對預防青年自殺具有重要的意義。很多青年自殺者在自殺之前會有明顯的預警信號，只要留心觀察，許多青年的自殺行為是可以預見並透過心理輔導、危機干預等形式避免的。
>
> 這些預警信號是：(1) 情緒變得低落或是性格變得孤僻內向；(2) 將事務整理得井井有條並贈送分發貴重的財產；(3) 在行為、態度或外表上出現顯著變化；(4) 濫用毒品或酒；(5) 受到性侵犯或身體受到傷害；(6) 家庭有自殺史或暴力史；(7) 離婚或是分居，關係結束；(8) 考試迫近，考試成績即將公佈或是考試不合格；(9) 失業，工作中遇上麻煩；(10) 寫一些有關死亡和自殺的東西；(12) 睡眠無規律，睡得很多或是很少。

四、預控青年自殺的對策

青年自殺具有突發性、複雜性的特點，預防青年自殺要充分發揮社會、學校、家庭的教育作用，建立社會─學校─家庭三位一體的全面預防和控制機制。

(一) 政府應制定青年自殺防治方案

青年自殺預防是一項艱難而複雜的系統工程，需要國家的支持和重視才能取得成效。日本是世界上制定第一部專門預防自殺的法律的國家，明確規定了國家和地方自治體在實施自殺對策上的職責。美國在 2004 年頒布了青年自殺防治法案，從國家層面重視青年自殺預防工作。韓國和英國、美國、澳大利亞等國家也都針對媒體宣傳、社會道德和政府行為對自殺存在潛在影響的行為提出指導規範。預防青年自殺首先必須解決的問題是國家計劃和政策保障。因此，中國應制定預防青少年自殺的相關法律，為專項資金投入、開展學校生命教育以及建立危機干預中心提供法律保障。

（二）家庭和學校要重視對青年的生命教育

家庭生命教育就是要遵循生命的發展規律，以血緣親情為紐帶，以日常生活為載體，以子女健全的物質生命為保障，喚醒子女的生命意識，使其認識生命、珍愛生命、尊重生命；打開生命的精神世界，塑造子女美好的心靈和豐盈的精神人格；點燃生命的意義之薪，關注子女的價值需要，培養有責任意識的和諧發展的人。父母要為子女創造一個溫馨、和睦的成長空間，要給予女充分的理解關心，盡量為子女提供良好的社會支持，要善於瞭解子女的內心活動，加強與子女的溝通，及時予以開導，避免過高的期望給子女帶來的壓力。父母對生命的態度決定子女的生命態度。中國孫瑩研究了家庭生命價值觀教育對大學生生命價值觀的影響，發現家庭對大學生採取積極、珍愛生命、自我控制的生命價值觀教育，會使大學生產生積極進取、珍愛生命的生命價值觀，反之，家庭對大學生採取悲觀的生命價值觀教育，會使大學生產生悲觀困惑、狹隘的生命價值觀。

同時，學校也要大力開展對青年學生的生命教育。在美國的耶魯大學、中國香港中文大學以及國內的一些大學已經開設與生命有關的哲學、醫學、宗教、生物學等課程。這些課程的開設，對於青年理解、尊重生命的價值與意義，成為一個對家庭、社會有用的人具有很大的作用。教師不僅要有專業知識還要具備深厚的人文素養和將生命教育融入學科教學的技能，在課堂上自覺地對青年學生進行生命教育。學校的生命教育重在與實踐相結合。要透過生命教育講座、主題班會或是社會實踐活動等多種形式加強對青年學生的生命教育，幫助青年學生認識生命、欣賞生命、尊重生命和愛惜生命。

（三）完善自殺危機干預機制

自殺危機干預是指對有自殺企圖者或其他處於嚴重危機狀態的人提供及時、方便、有效的干預。危機干預的目的是盡可能在短時間內幫助自殺患者或有自殺企圖者恢復到平衡的心理狀態。一般採用電話服務、面對面幫助、網路咨詢以及家庭和社會干預等多種形式。透過緩解自殺衝動、消除潛在的自殺因素、採取針對性的治療來減少自殺的發生。自殺危機干預在預防和控制青年自殺中具有重要作用。因此，學校和社區應建立和完善自殺危機干預機制，透過自殺預防和危機干預的相互配合，才可能有效地降低青年的自殺率。

復習鞏固

1. 青年自殺的原因有哪些？
2. 如何對青年自殺進行預防與控制？

要點小結

1. 青年的心理社會問題，指的是處於青年的個體在發展過程中所表現出來的不符合或違反社會准則與行為規範，或不能良好地適應社會生活，從而給社會、他人或自身造成不良影響甚至危害的問題。

2. 青年成癮行為包括吸菸成癮、酗酒成癮、網路成癮和吸毒成癮，其成因主要是青年的心理缺陷、遺傳及藥物因素、青年成長的家庭環境、社會不良風氣的影響。

3. 預控青年不良成癮行為應做到：父母要為青年的成長創造良好的家庭環境；學校大力開展對青年學生的禁煙、禁酒和禁毒教育，重視其心理健康；政府職能部門應加強對網路以及成癮物質的監管力度。

4. 青年主要的犯罪包括侵犯財產型犯罪、暴力犯罪、性犯罪和網路犯罪，其犯罪的成因主要是青年的心理問題、不良的家庭環境、學校教育的缺陷、社會不良風氣的影響。

5. 預控青年犯罪應做到：青年要加強學習法律知識，做到知法、懂法和守法；父母要提高家庭教育的品質，採取民主的教養方式；學校要重視對青年的法制教育和心理健康教育；充分發揮社區的預防作用。

6. 導致青年自殺的成因主要是：人格缺陷與精神疾病、家庭的不良因素、青年的心理壓力、生命教育的缺乏。

7. 預控青年自殺行為應做到：政府應制定青年自殺防治方案，家庭和學校要重視對青年的生命教育，完善危機干預機制。

關鍵術語

青年的心理社會問題	psychological social problems of youth
吸菸成癮	smoking addiction
酗酒	addiction to alcohol
吸毒成癮	drug abuse
網路成癮	Internet addiction
青年犯罪	youth crime
自殺	suicide

復習題

一、單項選擇題

1. 社會學習理論的提出者是（　）。

A. 埃里克森　　B. 班杜拉　　C. 馬斯洛　　D. 皮亞傑

2. 被稱為世界三大公害的是犯罪、環境污染與（　）。

A. 自殺　　B. 吸菸　　C. 酗酒　　D. 青少年吸毒

3. 埃里克森認為青年期的主要發展任務是（　）。

A. 獲得基本的信任　　B. 自主性

C. 自我同一性　　D. 建立親密感

4. 自殺學的第一研究者是哪位社會學家（　）。

A. 塗爾乾　　B. 迪爾凱姆　　C. 埃里克森　　D. 班杜拉

5. 具有高學歷、智能性、專業化和隱蔽性特點的青年犯罪類型是（　）。

A. 侵犯財產型犯罪　　B. 暴力犯罪

C. 性犯罪　　D. 網路犯罪

二、多項選擇題

1. 常見的青年成癮行為包括（　）。

A. 吸菸成癮　　B. 吸毒成癮　　C. 酗酒成癮　　D. 網路成癮

2. 屬於青年網路成癮的危害的是（　）。

A. 危害身心健康　　B. 導致學業荒廢

C. 誘發違法犯罪　　D. 破壞家庭和睦

3. 下列哪幾項是關於吸毒成癮的學說（　）。

A. 病態學說　　B. 行為學說

C. 病理性記憶說　　D. 強迫學說　　E. 大腦獎賞說

4. 預防青年犯罪應做到（　）。

A. 青年要加強學習法律知識，做到知法、懂法和守法

B. 父母提高家庭教育的品質，採取民主的教養方式

C. 學校要重視對青年的法制教育和心理健康教育

D. 充分發揮社區的預防作用

5. 對青年生命教育的目的在於幫助青年（ ）。

A. 認識生命　　B. 珍惜生命

C. 尊重生命　　D. 熱愛生命

三、判斷對錯題

1. 提高青年抗挫折能力能夠減少青年自殺行為。（　）

2. 青年的吸菸、酗酒成癮行為只是一種不良的行為習慣而不是疾病。（　）

3. 人格缺陷是引發青年產生心理社會問題的主要因素之一。（　）

4. 父母的教養方式對青年心理社會問題具有重要影響。（　）

5. 青年心理社會問題的預防控制需要多方面共同努力。（　）

附錄
思考題與復習題答案

▍第一章　緒論

第一節

1題：不同的研究者從不同的學科角度對青年和青年期進行解釋。從生物學角度，認為青年是身體和智力繼續發育達到完全成熟的人，青年期是從性成熟和接受中等教育不久開始到生理發育完全成熟的一個時期。從社會學的角度，認為青年是從生物的人逐漸轉變為社會的人，青年期是從依附的、受監護的按照成人制訂的特殊規則而生活的童年、少年向獨立的負有一定責任的成人活動的過渡時期。從心理學角度，認為青年是個體的思維、記憶、情感、意志、興趣、能力、性格等迅速發展，處在心理成熟過程中的人，青年期是處於知識與技能積累，世界觀、人生觀逐漸形成的時期。從多學科綜合角度，認為青年是身心逐漸走向成熟，走向獨立生活，獲得有效參與社會所必須的態度和信念，開始承擔家庭、社會責任的人。青年期以生理成熟為基礎，同時受社會、文化因素的強烈制約。

2題：青年心理學不僅系統探討青年的心理特徵與規律，如青年的認知能力、創業意願、自我意識等，還必須系統探討青年的心理問題及解決對策，如婚戀問題、壓力問題、職業選擇、犯罪問題等。所有這些共同構成了青年心理學研究的主要內容。

3題：從理論意義上看，青年心理學的形成和發展對心理科學和其他相關學科的發展起著重要的促進作用，為這些學科的研究提供了一定的理論與實證依據。從實踐意義上看，青年心理學為學校更好地教育青年學生提供了依據。青年

透過學習青年心理學，也可以更好地認識自我、加強修養，自覺進行自我教育。

第二節

1題：青年的心理發展是指青年初期到青年末期的心理變化過程。青年心理發展的特點包括過渡性、不平衡性、矛盾性、可塑性、探索性、創造性。

2題：影響青年心理發展的因素主要有：遺傳因素、家庭因素、學校因素、社會環境因素。

第三節

1題：青年心理學的誕生以1904年美國心理學家霍爾撰寫的《青年期》一書的出版為標誌。繼霍爾之後，青年心理學的研究在世界各國逐漸開展起來。青年心理學在西方的第一個興盛期開始於第一次世界大戰後的德國。1930年代的美國，經濟危機與社會混亂，青年問題十分突出，研究者把青年心理學的研究視角從理解青年轉而著重於教育與指導青年，關心青年在智力、社會、情緒等方面的適應是否異常。瑞士著名心理學家皮亞傑、法國心理學家瓦隆、前蘇聯心理學家彼得羅夫斯基則從發展心理學、認知心理學的角度，探討了青少年的心理發展問題。日本對青年心理學的研究則主要受到美國影響，著重對青年心理問題的研究。

2題：中國青年心理學的研究走過了一條從簡單介紹國外的青年心理學到移植模仿國外青年心理學的研究，再到注重青年心理學研究的本地化、創新化的發展道路，在專著、論文以及課題等方面均取得了豐碩成果。但也存在不足，如研究缺乏理論性、系統性和深刻性，動態和追蹤研究比較少，採用嚴格實驗方法的研究少，研究比較被動，預測研究不夠；研究者對青年的瞭解、互動不夠，研究容易出現以偏概全，研究領域比較狹窄，多元研究、交叉研究、跨學科、跨文化研究不夠等，這些問題都為今後青年心理學的研究提供了方向。

第四節

1題：青年心理學研究的原則：客觀性原則、系統性原則、理論聯繫實際的原則、差異性原則。

2題：青年心理學研究的方法學路徑：現象揭示研究、關係解釋研究、因果聯繫的實證研究。

3題：青年心理學的研究方法主要有：觀察法、調查法（包括訪談法、問卷法、測量法）、實驗法（包括實驗室研究、自然實驗法）

單項選擇題答案

1.C　　2.B　　3.B　　4.B　　5.A

多項選擇題答案

1.ABC　　2.ABC　　3.ABCD　　4.ABD　　5.ABCD

判斷對錯題答案

1. 對　　2. 錯　　3. 對　　4. 對　　5. 對

第二章　青年的認知發展與提高

第一節

1 題：青年的認知發展是指青年獲得知識和解決問題的能力隨時間的推移而發生變化的過程和現象。

認知發展的結構包括：感知覺的發生與發展，記憶的發生與發展，言語的發展，表徵和概念的發展，推理和問題解決的發展，元認知的發展，社會認知的發生與發展。

2 題：青年認知發展的趨勢是：個體認知能力的發展需要 20 年左右的時間才能成熟和完善。個體從出生至十七八歲是認知能力隨年齡增長而不斷增長提高的階段，從十七八歲到 40 歲是認知能力發展的高峰期。以後隨年齡增長，一些認知能力會出現不同程度的下降。總體而言，青年認知的速度和敏捷性，以及應用短時記憶的認知能力一般在 20~30 歲達到高峰；而常識、理解、概括、推理能力等往往隨年齡而不斷增長，下降時間不明顯，個體之間差異較大。

第二節

1 題：青年注意發展的特點是：在學習和生活的要求下，青年的有意注意佔據了注意的主導地位，各項注意品質在不斷提高。青年較能控制自己的注意，使自己的注意更能適應任務的要求，並更有計劃地獲取有關資訊，提高活動效率。

2 題：青年注意力提高的主要措施是：第一，明確活動的目的和任務，培養正確的動機和態度；第二，培養廣闊而穩定的興趣；第三，養成良好的注意習慣；第四，加強意志鍛鍊，提高抗干擾的能力。

第三節

1題：青年記憶發展特點：青年的記憶趨於成熟，處於記憶力最佳的時期；短時記憶容量達到最佳水平；有意識記與意義識記佔主導地位。

2題：提高青年的記憶能力的主要措施：第一，明確目的，有效使用意義識記和有意識記；第二，及時組織復習，提高記憶的持久性；第三，動手動腦，積極實踐，提高記憶的精確性；第四，掌握良好的記憶策略，提高記憶效率。

第四節

1題：根據基亭的觀點，青年的思維能力具有以下五大特徵：可能性的思維、超越成規的思維、前瞻性的思維、對思維的思維、假設性的思維。

2題：可從五個方面提升青年思維力：思維深刻性的提高，思維靈活性的提高，思維敏捷性的提高，思維獨創性的提高，思維批判性的提高。

第五節

1題：青年元認知發展特點：青年元認知的自覺性提高，逐步達到自動化；青年元認知調控能力形成，對認知活動進行監控；青年元認知的敏感性增強，遷移性提高。

2題：適合於提高青年元認知能力的方法主要有下面兩類：通用型元認知訓練方法和結合一般學科的元認知訓練方法。通用型元認知訓練方法主要有費厄斯坦的「工具豐富教程」和斯滕伯格的「應用智力培養方案」等。結合一般學科的元認知訓練方法主要有啟發式自我提問法和問題解決中的元認知訓練法。

單項選擇題答案

1.B　　2.C　　3.A　　4.B　　5.D

多項選擇題答案

1.ABD　　2.ABCD　　3.ACD　　4.BCD　　5.ABCD

判斷對錯題答案

1. 對　　2. 錯　　3. 對　　4. 錯　　5. 對

第三章　青年的創造力與開發

第一節

　　1題：創造力主要是指在學習及工作過程中運用已掌握的知識與技能，提出新觀點、新見解，產生新方法、新產品的能力。創造力的要素主要包括創造性人格、創造性思維、創造性想象、創造性自我效能感。

　　2題：創造力開發不僅是中國建立創新型國家的需要，也有利於推動中國經濟發展，同時是青年發展的內在需要。

第二節

　　1題：青年學習創造力主要有創新性、自主性、質疑性三個特徵。學習的創新性指青年能認識和發現新問題、新方法、新結論。自主性是青年在學習動機激發下，自行確定學習目標，選擇內容，制定計劃，對學習策略進行監控和調節，對學習結果進行自我總結和評價。學習的質疑性是青年大膽用懷疑的眼光看問題，不迷信權威，善於發現問題並提出問題。

　　2題：青年創造力的培養途徑主要包括教育者要培養青年學習創造的意識；大學要改進課程設置，教給大學生創造的方法同時在大學生中開展豐富的學術活動。

第三節

　　1題：影響青年創業意願的主要因素包括：個人特質、個人背景、創業態度以及創業環境。

　　2題：激發青年的創業意願可以透過積極構築創業的文化氛圍；營造青年良好的創業環境以及開展對青年的創業教育。

第四節

　　1題：青年的創業實踐主要有參與社團活動、參加創業競賽、自主創業等形式。

　　2題：促進青年創業實踐的主要途徑有：加強創業實踐教學；建立創業實踐基地；加強創業實踐指導的師資隊伍建設等。

　　單項選擇題答案

　　　　1.B　　2.A　　3.C

多項選擇題答案

1.ABCD　　2.ABC　　3.ABC

判斷對錯題答案

1. 對　　2. 錯　　3. 對　　4.B　　4.ABC　　4. 對　　5.D　　5.ABC　　5. 錯

第四章　青年的情緒與管理

第一節

1題：情緒是與人的生物和社會需要相聯繫，具有特定主觀體驗、外顯表情和生理變化的心理活動的整體過程。情緒的理論包括情緒的生理理論、情緒的行為理論、情緒的認知理論、情緒的智力理論。不同的理論從不同的視角解讀了情緒的發生、發展。

2題：情緒對青年的影響主要表現在對青年認知、青年人際關係以及青年的心理健康方面等。

第二節

1題：青年的情緒特徵主要表現在情緒體驗細膩而豐富、情緒表現的衝動性與不穩定性、情緒的兩極性與波動性、情緒的開放性與掩飾性並存。

2題：青年應全面瞭解自己的情緒特徵，一方面利用自己情感細膩豐富的情緒特徵，多留心周圍事物，多體驗多思考，獲得對生活的領悟；另一方面青年的情緒爆發猛烈，在日常生活中應盡力克制不必要的衝突發生，尋求積極的發洩途徑來緩解急風驟雨的多變情緒。

第三節

1題：青年的積極情緒是與青年某種需要的滿足相聯繫而產生的愉悅體驗。積極的情緒體驗是伴隨著青年成長發展的重要因素，給青年的成長發展帶來了動力與能量。

2題：青年的積極情緒包括青年的快樂、青年的興趣、青年的渴望、青年的幸福感。其中，青年的快樂是簡單而短暫的；青年的興趣具有廣泛性和不穩定性；青年的渴望是廣泛和迫切的；青年的幸福感具有多方面的差異，總體上與青年的心理健康水平保有一致性。

第四節

1題：青年的消極情緒指由於內外因素的影響而產生的不利於青年學習、工作、生活的主觀感受。青年過度的焦慮可能會引發青年的緊張，使其心慌意亂、膽怯、恐懼，影響在行為中正常能力的發揮；青年的憂鬱會嚴重影響青年的心理健康，也是導致青年自殺的主要因素之一；青年的憤怒可能會導致青年的生理機能失調、甚至導致暴力和犯罪；青年的嫉妒可能會導致青年心理的失衡，做出極端行為。

2題：青年的焦慮具有多方面的差異性，與其實際生活息息相關；憂鬱情緒是青年最容易發生的消息情緒之一，誘發因素較多，擴散性較強；青年的憤怒情緒較普遍，與生理狀況緊密相連，可能會導致暴力行為發生；青年的嫉妒心理較為普遍，具有公開性和內隱性，能激發青年的鬥志，也會誘發青年的消極行為。

第五節

1題：情緒管理是青年遇到消極或不良情緒時，積極尋找有效的途徑或方法解決情緒不適，更好地適應社會生活的能力。情緒管理的途徑包括正確對待挫折、保持積極的心態、改變非理性認知、克服認知缺陷、克服性格缺陷、塑造良好的性格。

2題：青年情緒管理的方法包括轉移法、宣洩法、讀書法、音樂調節法、顏色調節法。

單項選擇題答案

1.D　　2.B　　3.A　　4.B　　5.D

多項選擇題答案

1.ABC　　2.BC　　3.ACD　　4.ACD　　5.ABCD

判斷對錯題答案

1. 錯　　2. 錯　　3. 對　　4. 錯　　5. 對

第五章　青年的自我意識與完善

第一節

1題：自我意識是個體對自我、周圍世界，以及自我與周圍世界關係的意識反映。

自我意識是青年正確認識自我和周圍世界的基礎，對青年的心理發展具有推動作用。

2題：弗洛伊德認為本我、自我、超我共同構成個體的自我意識。本我和超我是相互對立的，前者源自個體的慾望，想要獲得絕對的快樂和自由，而後者則源自社會的需求，體現絕對的道德規範。自我反映了個體對周圍世界的主動性與適應性，是對兩者的協調。

3題：從知、情、意三個層次來看，可以將自我意識劃分為自我認識、自我體驗和自我調控。自我認識是個體透過對自己的觀察，進行分析綜合，認識到自己的本質特點，形成對自己各個方面的價值判斷。自我認識包括自我觀察、自我分析、自我評價等方面。自我體驗是自我意識中的情感成分，是個體根據主我與客我之間的關係，對自己持有的情感體驗。個體的自我體驗是以自我認識為基礎的。自我調控是個體自我意識中的意志成分，體現為主我對客我的調控。

第二節

1題：(1)自我認識有較大提高。青年的生活空間和視野得到了較大的拓展，更加積極主動地進行自我認識，廣度和深度都得到了很大提高。具有廣泛性、獨立性、穩定性、適當性、矛盾性、深刻性等特點。(2)自我體驗矛盾而豐富。青年自我體驗比較敏感，呈現出波動性、極端化的特點，豐富多樣，甚至是矛盾、分化的。(3)自我調控能力增強。青年不再以自我為中心，開始將自己置於社會大環境中，並且認識到衝動並不能解決問題，自我調控能力逐漸增強，盲目性和衝動性逐漸減少。(4)自我意識有待成熟與完善。青年的生理發育成熟，但心理成熟和社會成熟卻相對滯後。

2題：青年自我意識形成的來源有三個：(1)內省。把自己作為觀察對象，進行觀察和分析，從而調整自我認識。(2)社會比較。青年在人際交往中，會透過社會比較，確認自己在群體或社會中的位置，對自己做出較為正確的評價。(3)他人的資訊反饋。青年可以得到他人對自己的評價、態度，以此為基礎，瞭解和認識自己，形成相應的自我意識。

3題：(1)埃里克森提出了個體同一性發展的四種狀態：同一性獲得、同一性混亂、同一性排斥、同一性延緩。(2)詹姆斯·E·馬西亞提出了四種自我同一性狀態，或者說是個體自我同一性發展可能要經歷的不同階段：自我同一性擴散期、自我同一性閉鎖期、自我同一性中止期、自我同一性達成期。(3)自我同一性擴散症候群。同一性擴散的青少年常常無法發現自我，一直使自己處於一種散漫的無所依附的狀態，出現同一性意識過剩、與他人的距離失調、時間前景的擴

散、勤奮感崩潰、否定的同一性選擇等。

第三節

1題：青年自我意識的矛盾表現在許多方面，主要有：(1) 自我認識的矛盾。青年對自我往往有較高的估計和評價，但社會並沒有給予青年特別的關照和優待，這使得青年感覺到一種失落和巨大的反差。(2) 自我體驗的矛盾。主要體現在自負與自卑兩方面。青年還不能完全獨立地應對複雜的社會環境，由此產生猶疑和恐懼，進而自我否定，產生自卑感。(3) 自我調控的矛盾。主要體現在理性與感性兩方面。青年隨著知識與生活閱歷的增加，遇到問題會考慮社會的現實性以及客觀條件的限制、自身的素質及條件等因素，但有時候對事物的變化表現出急促的反應，看問題偏激和表面化。

2題：(1) 心理失衡。青年面對很多新的發展任務時，心理優勢受到挑戰，容易產生心理衝突，出現不良心理與情緒，導致心理失衡。(2) 環境緊迫。進入青年期的個體比較敏感和緊張，內心動盪不安，情緒體驗更強烈。(3) 經濟依賴。青年渴望人格獨立，但因為經濟上的非獨立狀態，使他們強烈地感受到理想的我和現實的我之間的距離，使得自我意識出現矛盾。(4) 就業壓力。青年對就業抱有較高的期待，但沒有現實基礎，往往感到無能為力，體會到嚴重的心理衝突。

第四節

1題：青年健康的自我意識包括自我認知準確；自我評價客觀；自我體驗積極、適度；自我調控有效。

2題：青年要與自己地位、條件相似的同學、同事進行比較，以便找到自己的發展坐標，對自我有恰當的認識與定位。選擇參照他人時，應切合自己的實際情況，比較自己與他人身上可以變化的因素，而不能比較家世出身等不可變化的因素。其次，青年要與歷史上和當今社會的賢人、英雄、學者、先進人物進行比較。比較的應該是他們立身的准則、處世的態度、認真治學及治事的精神，不屈於困難或逆境的勇氣等優秀個性品質，而不是他們的豐功偉業。若是將兩者的輕重顛倒過來，將會失去比較的意義。

3題：青年應學會每日三省己身，對自我進行客觀的反思。可以採用反思日誌的形式，對自己定期進行積極主動的檢查、審視，注意收集和虛心接受他人的意見，對自我再認識、再思考。青年要透過內省法，對客觀的我、他人心目中的我、理想的自我有全面的認識，要理解理想的我與現實我的差距，立足社會現實，設定理想自我，並在實踐活動中對自我進行不斷地檢驗和修正。青年要用發展和辯證的眼光看待自己的成長和不足，對自我進行綜合性的全面分析。

單項選擇題答案

1.B　　2.B　　3.A　　4.C　　5.C

多項選擇題答案

1.ABD　　2.BCD　　3.ABCD　　4.ABCD　　5.ABC

判斷對錯題答案

1.對　　2.對　　3.錯　　4.對　　5.對

第六章　青年的道德價值觀與教育

第一節

1題：價值觀是個體對於事物的重要性程度、偏好程度的評斷與看法，是一種獨特、持久的信念。良好的道德價值觀對青年的身心發展起到調節和促進作用。首先，有助於青年遵循社會主義道德規範，掌握道德准則，消除陳規陋習，培養良好的道德品質，符合社會主義精神文明的要求。其次，可以使青年正確認識自我、改造自我、促進自我意識均衡發展，達到積極統一。第三，有利於青年端正認知和行為動機，培養高尚、健康的興趣，形成積極的性格。

2題：道德價值觀的測量包括重要性排序法、道德兩難情境法和李克特量表法。

第二節

1題：班杜拉認為觀察學習由四個階段構成：注意階段、保持階段、動作復現階段和動機階段。啟示：道德教育應重視提供良好的榜樣，善於利用榜樣來教育觀察者，盡量使榜樣的示範作用發揮最大效力，適時提供外在強化、替代性強化以及自我強化，重視引導個體發展自我評價和自我反省能力。

2題：科爾伯格道德發展階段理論包括三級水平六個階段。第一級是前習俗水平，依次包括：服從和懲罰定向，樸素利己主義定向；第二級是習俗水平，依次包括：好孩子定向，維護權威和社會秩序的定向；第三級是後習俗水平，依次包括：社會契約定向，普遍的倫理原則定向。

第三節

1題：青年道德價值觀的一般特點是：道德觀念已有較大的發展變化，但仍然不完備；道德判斷具有深刻性和矛盾性；社會期望促使了青年良心，特別是愉

悅感、罪疚感和羞恥感的發展。

2題：青年早期道德價值觀的特點是，道德概念的掌握仍停留在對現象的認識上，容易產生偏激，道德判斷常帶有一定的簡單盲目性；道德情感易受具體情境的影響，理智性還不太強；道德行為常受情緒影響，道德認識與道德行為常出現脫節的情況。這一時期的青年道德價值觀還未成體系。青年中期道德價值觀的特點是，道德概念的把握更加廣泛深刻，道德信念初步形成，能對一些複雜的道德現象做出正確的判斷；道德情感開始與重大的社會問題、人生問題和理論問題相聯繫，表現出了明顯的原則性和理智性；道德行為的自控能力和平衡性大為增強。青年道德價值觀的體系結構已具雛形，但還不夠成熟和完善。青年晚期道德價值觀的特點是，對許多複雜的道德現象和道德關係有著獨立的深刻認識，形成了穩定的道德觀念，道德情感具有穩定性，道德行為表現出理智性和平衡性。多數青年的道德價值觀在這一階段日臻成熟和完善。

第四節

1題：影響因素包括：(1) 個人因素：年齡，性別，智力；(2) 家庭因素：家庭氛圍，父母教養方式；(3) 學校因素：教學目標、內容和方法，師德，同伴群體，校園文化；(4) 社會因素：社會轉型變化，道德輿論。

2題：透過報刊、書籍、廣播、電影、電視、網際網路、會議等營造正確的道德輿論，向青年大力倡導社會主義核心價值觀，以此來促進青年形成正確的道德價值觀。

第五節

1題：培養途徑包括：(1) 堅持集體主義的道德價值導向；(2) 建構學校、家庭和社會相結合的道德價值教育體系；(3) 重視文化對青年的浸染作用；(4) 教師要發揮榜樣的示範教育作用；(5) 限制和消除大眾傳媒的負面效應；(6) 加強青年的社會道德實踐。

2題：教育策略包括：(1) 榜樣教育策略；(2) 課程訓練策略；(3) 行為矯正策略；(4) 價值澄清策略；(5) 公正團體策略；(6) 關懷倫理教育策略。

單項選擇題答案

1.C　　2.B　　3.B　　4.C　　5.A

多項選擇題答案

1.ABCD　　2.BCD　　3.CE　　4.ABC　　5.ABCD

判斷對錯題答案

1. 錯　　2. 錯　　3. 對　　4 錯　　5 對

第七章　青年的成就與培養

第一節

1題：從廣義上看，成就指的是同接受評估情境中的表現有關的動機、能力、興趣以及行為方面的發展；狹義上指人們在學習和工作上的表現，以及對於將來學業和職業生涯的期望和規劃。本章中，青年的成就主要是指青年在學習和工作中的表現，以及與之有關的動機、學習和工作能力等各方面的發展。關於成就的理論包括：成就需要理論、成就動機理論、成就目標理論、成就歸因理論。

2題：青年成就的研究意義有：現代社會的發展要求對青年的成就進行研究；青年的眾多選擇促使對青年的成就進行研究；青年的成就差異，需要對青年成就進行研究。

第二節

1題：青年的成就動機影響青年奮鬥目標的確立、影響青年價值觀的形成、影響青年對困難的態度和潛能的發揮、影響青年健康人格的發展。青年的成就動機在不同性別、不同專業、不同學校上存在不同的特點。

2題：激發青年成就動機的途徑有：青年要樹立遠大的理想，明確恰當的奮鬥目標；培養青年的好奇心與求知慾；正確使用獎懲手段，提高青年的成就動機；鼓勵青年參與適當的競爭活動。

第三節

1題：青年學業成就的特點包括：準備性、差異性、決定性、累積性。

2題：影響青年學業成就的因素包括：社會環境因素、學校環境因素、家庭環境因素和個人因素。

3題：青年學業成就的促進要做到：加強對青年的立志教育，激發青年的成就動機；父母要採取正確的教養方式，創造良好的家庭氛圍；教師要關心愛護學生，營造良好的校園文化。

第四節

1題：青年職業成就的特點包括：青年所獲得的客觀職業成就不同；青年所獲得的主觀職業成就不同。

2題：青年職業成就的影響因素包括：青年的人力資本、組織對青年的支持、青年的性別、婚姻狀況、青年的個性特徵等。

3題：青年職業成就的提高要做到：組織要加強對青年的關心與支持；培養青年的工作責任心；提升青年的工作執行力，加強對青年的教育培訓。

單項選擇題答案

1.B　　2.A　　3.D　　4.A5C

多項選擇題答案

1.ACD　　2.ABC　　3.ABCD　　4.ABCD　　5.ABCD

判斷對錯題答案

1. 對　2. 對　3. 錯　4. 對　5. 錯　6. 對

第八章　青年的人際關係與改善

第一節

1題：青年的人際關係是為了滿足某種需要，透過交往而形成的彼此間比較穩定的心理關係。根據不同的標準，可以將人際關係劃分為多種類型，主要有按人際關係的媒介、性質以及個體與他人關係的表現形式分類。

2題：人際關係理論相同的地方在於：都認為人際關係是人類的一種需要。它們的差異在於：本能論認為，需要人際關係是人類的一種本能，是人類生物進化的自然選擇；人際需要三維理論認為，包容需要、支配需要和情感需要是三種基本的人際需要，這三種基本的人際需要決定個體與社會情境之間的聯繫，如果這些需要得不到滿足就可能會出現心理障礙，影響心理健康；社會交換理論認為，人際交往活動具有社會性，人們透過付出交往的成本而得到報酬，社會交往過程也可以說是一個交換過程；人際交往分析理論認為，每個人都有三種意識形成的三種人格角色，即父母意識支配下的「父母角色P，」成人意識支配下的「成人角色A」，孩童意識支配下的「孩童角色C」。

3題：滿足青年歸屬與愛的需求、促進青年深化自我認識、促進青年的社會化、有利於青年的心理健康。

第二節

1題：父母教育觀念、父母教養方式、父母人格特徵。

2題：青年與父母的衝突有隱性衝突和顯性衝突，形成從青年心理發展特點、家庭環境及父母方面原因、兩代人之間差異以及親子之間缺乏有效溝通幾個方面回答，觀點正確即可。

第三節

1題：根據青年同伴交往的情況分為：互動的同伴關係、二元的同伴關係、同伴群體；根據青年同伴關係的相互吸引或排斥分為：友好型、衝突型以及疏離型同伴關係；根據青年同伴交往的親密度分為：一般型、拒斥型以及密切型同伴關係。

2題：影響青年人際關係的因素有：外表與特長、時空的鄰近性、個性品質、相似與互補、社會交往能力。

第四節

1題：教師對青年的影響表現在青年的學習、個性發展和心理健康三個方面。
2題：師生之間產生衝突的原因主要有師生缺乏有效地溝通、師生之間的差異、師生雙方的個性缺陷。

第五節

1題：發現自己需要改進的人際交往的問題在哪些方面；將選定的改善目標與實際生活相聯繫，並轉變為具體的操作；對計劃的執行監督；對人際關係的改善情況進行自我強化。

2題：從要善於設身處地、推己及人，具有寬容的心態；要打破心理封閉，適當的自我表露，克服自我中心；要加強自我修養，完善自己的人格品質；要評估自己的人際狀況，提高人際交往技能四個方面回答，言之有理即可。

單項選擇題答案

1.C　　2.D　　3.B　　4.D　　5.B

多項選擇題答案

1.ABCD　　2.ABCD　　3.ABCD　　4.ABD　　5.ABCD

判斷對錯題答案

1.對　　2.對　　3.錯　　4.對　　5.對

第九章　青年的婚戀與調適

第一節

1題：愛情是性愛基礎上高度昇華的人類崇高的社會性情感，是兩性的一種特殊的社會關係。青年的愛情是一對男女基於一定的客觀物質基礎和共同的人生理想，在各自內心形成的對對方的真摯仰慕，並渴望對方成為自己終身伴侶的強烈、穩定的感情。戀愛的類型有：可以從加拿大社會學家約翰‧李、美國心理學家伊萊恩‧哈特菲爾德、美國心理學家薩克斯通等研究視角分析。

2題：青年的婚姻是男女兩性在愛情基礎上的合法自由結合而形成的一種特殊社會關係。婚姻的類型有：愛情型、功利型、平等合作型、分工型、一方依賴型、建設型、惰性型、失望型。

3題：婚戀對青年的意義有滿足青年的多種需要，有利於青年的身心健康；使青年獲得親密關係的支持，有利於學業與事業發展；增強青年的包容能力，促進青年的人際協調能力；減少青年的不良情緒，提高青年的生活滿意度。

第二節

1題：青年戀愛的動機有對戀愛的好奇與嚮往；解除寂寞或無聊；滿足功利心或虛榮心；從眾心理。

2題：青年戀愛的特點有自主性、公開浪漫性、強烈性、盲目性、開放性、不穩定性。

第三節

1題：擇偶意向是指青年內心中所持有的選擇婚戀對象的相對固定的標準在擇偶行為上的反映。青年擇偶意向的特點有：物質化取向、重情感傾向、重人品和性格、重能力才幹和外貌。

2題：青年的擇偶方式的特點有：擇偶的自主程度明顯提高；擇偶的途徑更加開放廣泛；擇偶的空間距離更加擴大。

第四節

1題：婚戀焦慮是指青年遇到婚戀中的問題、矛盾、而產生的擔憂、害怕、煩惱等情緒體驗。婚戀焦慮表現：一是為婚戀的經濟成本感到焦慮；二是為大齡未婚感到焦慮；三是對婚姻缺乏安全感。

2題：青年未婚同居的原因有：有的青年是出於試婚目的為結婚做準備；有

的青年是基於生理和情感的雙重需要，彌補親情關懷的不足。加之中國法律沒有明確禁止未婚同居，大眾對青年未婚同居的包容與不干涉態度，削弱了道德的輿論監督功能，使青年未婚同居的現象越來越普遍。青年未婚同居的危害有：部分青年同居者動機不純，打著婚姻的幌子同居以滿足自身的慾望，騙取對方的感情和金錢。青年未婚同居還面臨避孕失敗的問題，為婚姻埋下了不幸福的隱患，給女性的身心帶來巨大的傷害。

第五節

1題：失戀是個體在戀愛狀態下，因各種因素的影響導致雙方出現情感困境，進而導致戀愛中斷、愛的交往停止，並給戀愛的一方或雙方造成不同程度心理挫折感的一種負性生活事件。失戀青年要以積極的心態面對失戀事實，調整因失戀所帶來的不合理認知；青年要對失戀進行正確的歸因，汲取經驗並反省完善自我；要透過體育鍛鍊和文化娛樂等活動轉移失戀帶來的負性情緒，拓展新的人際交往圈子，化失戀的痛苦為發展的動力，力爭在學業或工作上有所作為。失戀不是失德，青年應遵守戀愛道德，把握為人處事準則，不能因失戀而做出有違道德與法律的事情。

2題：青年要端正婚戀動機，摒棄一些盲目的、不道德的婚戀動機，應以追求愛情為出發點，努力達到愛情的最高層次，把婚戀建立在和諧愛情基礎上，才能獲得婚戀的幸福。青年要對婚戀有恰當的期望值，過高或過低的婚戀期望都是不合理的。

3題：婚姻衝突是指夫妻間公開的或隱藏的對立和意見分歧。青年可以採用達成共識、建立機構、約定規則的制度化調節機制來解決婚姻的衝突。

單項選擇題答案

　　A　　2.C　　3.B　　4.A　　5.D

多項選擇題答案

　　1.ACD　　2.ABCD　　3.ABCD　　4.BCD　　5.ABCD

判斷對錯題答案

　　1. 對　　2. 錯　　3. 錯　　4. 對　　5. 錯

第十章　青年職業心理與輔導

第一節

1題：職業心理是青年在職業活動中表現出的認識、情感、意志等相對穩定的心理傾向或個性特徵。職業心理主要由職業價值觀、職業興趣、職業自我效能感和職業能力等要素構成。

2題：青年職業理論包括勝任力模型理論、生涯發展理論和職業適應理論。勝任力模型理論主張職業勝任力是優秀職業者所體現的職業個性特徵，其包括外顯勝任力和內隱勝任力。生涯發展理論將職業心理融入整個生涯全程來探討，它把個體一生的職業發展分為職業成長期、職業探索期、職業建立期、維持期、衰退期等五個時期。職業適應力是個體應對職業發展任務、職業轉換、個人危機的準備程度以及所擁有的可以利用的心理資源，其包括職業關注、職業自主、職業好奇、職業自信等四個維度，簡稱為4C。

3題：職業除了具有創造社會財富的社會意義外，對青年具有重要的個人意義：可以影響他們的生活品質；體現他們的社會地位和價值，並推動其心理發展。

第二節

1題：青年職業心理的時代性主要體現在：職業目標務實化和生活化、職業手段多樣化和職業心態更加開放

2題：青年職業心理的矛盾性主要體現在：自我實現與社會需要的矛盾、外在功利取向與內在精神追求的矛盾以及職業理想與職業現實的矛盾。

3題：青年期是職業心理發展完善的重要時期，青年總是經過多次的反覆和調整才能發展起他們比較穩定的職業心理，其體現出探索和建立的過程性和動態性，同時也存在差異性。

第三節

1題：主要有人-職匹配理論、職業錨理論和決策過程理論。人-職匹配理論主張職業選擇的焦點在尋找與自己特性相一致的職業，實現人與職業的相匹配。職業錨理論主張職業錨是人們選擇和發展自己職業時所圍繞的中心，是個體無論如何都不會放棄的至關重要的東西或價值觀。決策過程理論主張職業選擇是一個決策過程，是一個認識問題、搜索問題、處理問題和解決問題的程序化過程。

2題：青年職業選擇的心理困惑主要表現在認知、情緒和行為方面。認知方面主要體現在決策困難；情緒方面表現為焦慮浮躁、厭倦情緒、虛榮攀比和自卑

心理；行為方面表現在誠信問題、從眾行為等。

3題：影響青年職業選擇的因素有主觀和客觀因素。主觀因素包括年齡和成熟因素、性別和生理因素、教育和文化程度因素、個性特徵和心理資本因素、就業準備及生活經歷因素；客觀因素包括社會支持、教育機構、社會文化、職業資訊和地域和機遇。

第四節

1題：職業輔導可以有廣義和狹義兩種理解。廣義上是指提供給個體有關職業的資料，便於個體更好地認識自我，進行職業選擇，提高對職業的適應性，透過綜合性地激發個體發展而達到幫助其選擇職業、準備職業技術技能，進入職業領域，以及在具體職業上謀求發展，以滿足個體的需要，同時造福社會的過程；狹義上是指促進個體就業，重點強調人─職匹配，以提供職業資訊為主的過程。青年職業輔導的原則是發展性原則、整體性原則、溝通性原則和針對性原則。

2題：職業輔導涉及職業測驗和鑒定、職業資訊服務、職業咨詢和就業推薦等內容。

3題：青年職業輔導常用方法有開設系統的職業指導課程、集中式的職業輔導活動、職業輔導自助系統、職業咨詢服務和職業模擬與實踐活動。

單項選擇題答案

1.C　　2.D　　3.A　　4.B　　5.D

多項選擇題答案

1.BCD　　2.ABCD　　3.ABCD　　4.ABCD　　5.ABCD

判斷對錯題答案

1. 對　　2. 錯　　3. 對　　4. 對　　5. 對

第十一章　青年的休閒與引導

第一節

1題：休閒是指青年在完成必要的工作或學習任務後，在自由支配的時間中根據自身喜好、興趣愛好選擇從事的活動。美國心理學家約翰·紐林格說休閒是為了達到自己的目的而進行的，可以從中得到幸福和滿足，與個人的內心世界的情況密切相關。

2題：青年休閒的意義在於有助於推動經濟的發展，文化的傳承與創造；調節青年的身心平衡，提高青年的心理健康水平；促進青年的發展，使青年獲得幸福感。

第二節

1題：青年休閒的特點是休閒的多樣化；休閒的時代特徵；休閒偏向網路化；休閒空間不斷拓展。

2題：青年休閒存在的問題主要有休閒處於較低層次；休閒結構不盡合理；休閒缺乏計劃性和教育性；休閒方式西化。

第三節

1題：影響青年休閒的主觀因素有：青年的經濟狀況；青年的性別差異；青年的文化程度；青年的休閒時間利用。影響青年休閒的客觀因素有：社會經濟發展水平；新媒介的影響；交往群體的影響。

2題：其他影響青年休閒的因素有家庭環境的影響、青年自身對待休閒的態度等。

第四節

1題：引導青年休閒的途徑與方法有加強對青年的休閒教育，建立健全相關制度法規作為保障；發展完善休閒產業，為青年休閒提供更好的條件；強化媒介監管者的社會責任，向青年傳播健康的休閒方式；豐富校園文化建設，提高青年學生的休閒品味；青年要樹立健康的休閒觀，充實自己的生活。

2題：青年要胸懷遠大理想，陶冶自己的高尚情操，樹立健康的休閒觀念，選擇健康的休閒方式。青年要根據自身的能力、興趣、特長、家庭經濟狀況等特點，選擇適合自己的健康休閒方式，要考慮休閒的意義所在，要積極參與各種有利於身心發展的高品位的休閒活動等。

單項選擇題答案

1.A　　2.B　　3.C

多項選擇題答案

1.ABCD　　2.ABCD　　3.ABCD

判斷對錯題答案

1.對　　2.錯　　3.對　　4.D　　4.ABCD

4. 對　　5.B　　5.ABCD　　5. 對

第十二章　青年的壓力與應對

第一節

1題：壓力是青年與環境相互作用，預期可能發生的不安，或對威脅有所察覺，導致內心產生的不平衡的感受或體驗。壓力的來源主要分為外部和內部兩大類。外部壓力來自學習或工作環境、生活條件的突然變化，人際關係交往中的矛盾衝突和各種意外打擊與挫折等；內部壓力來自過高的自我期待、過強的心理衝突和不夠健康的心理狀態等。

2題：壓力導致青年的生理發生變化，使其神經系統與腺體進行一系列活動，身體各器官處於「備戰狀態」，產生充分的能力對抗或躲避壓力。壓力對青年的心理影響具有兩面性：適度壓力是推動青年進步和創造的原動力，能激發青年的潛能，使青年更加勤奮學習或工作。但壓力太大，會使青年處於消極的情緒狀態中，導致思維遲鈍混亂，行為反常，出現悲觀失望和無所作為的心理。

第二節

1題：行為主義透過條件反射的學習原理來解釋壓力的形成，認為人之所以感到壓力，是因為起源於過去失敗的經驗形成的條件反射。認知理論認為，壓力是透過個體與環境之間存在的特定關係而產生的，人們對同樣生活事件的不同認知、評價、經驗以及對其原因的解釋往往是壓力形成的因素。

2題：需要和緊張的心理系統理論認為，個體在需要的壓力下，會產生一種緊張的心理狀態，激發起滿足需要的動機，以求心理上的平衡。當需要得到滿足，心理緊張隨之消除；如果需要得不到滿足，緊張、焦慮等心理狀態就會持續，從而使心理失去平衡，產生失敗的情緒體驗，即挫折感。因此，若能滿足個體的需要就能夠避免挫折。

3題：社會文化的理論認為，現代文化在經濟上建立了個人的競爭原則，獨立的個體不得不花很多時間把別人擠開，這樣的文化困境建構了衝突的心理。人們在經濟和社會生活中的不安全感是造成個體不安全感的首要根源。社會文化理論站在文化與社會影響的高層次來分析壓力的產生及防止，這對於青年深入地認識和瞭解壓力，採取相應的措施減輕壓力，無疑具有積極的意義。

第三節

1題：青年的主要壓力有知識更新與學業壓力、就業壓力、經濟壓力、工作壓力等，這些壓力給青年的身心發展會帶來積極與消極兩方面的影響。

2題：青年產生壓力的主要原因是多方面的，既有社會發展對青年要求的不斷提高，也有激烈的社會競爭、資源有限所引起的，還與青年自身的素質有關係。

第四節

1題：應對是個體遭受或處於壓力環境時，為平衡自身心理狀態而逐漸形成的一套適應機制，包括認知、情感和行為三種心理成分。應對的類型可以從不同的角度進行劃分：從自覺性看，有自發和自覺的應對方式；從效果看，有積極和消極的應對方式；從針對性看，有情緒定向與問題定向的應對方式；從穩定性看，有人格特質與過程的應對方式。

2題：青年面對壓力的挑戰，需要樹立遠大的理想，加強和善於學習；正確認識社會的就業環境，提高自己的綜合素質；採取正確的認知與行動化解壓力，獲得社會支持；利用合理的心理防禦機制。

單項選擇題答案

1.C　　2.C　　3.D　　4.B　　5.D

多項選擇題答案

1.ABCD　　2.ABCD　　3.AC　　4.ACD　　5.ABCD

判斷對錯題答案

1. 對　　2. 錯　　3. 對　　4. 對　　5. 對

第十三章　青年的心理社會問題與預防矯正

第一節

1題：心理社會問題指的是個體在發展過程中所表現出來的不符合或違反社會准則與行為規範，或不能很好地適應社會生活，從而給社會、他人或自身造成不良影響甚至危害的問題。主要分為成癮行為、犯罪行為和自殺行為三類。

2題：心理社會發展理論將人的一生分為八個階段，每個階段都面臨相應的發展危機。社會學習理論認為，個體透過觀察或模仿他人能夠學會很多東西。青年的心理社會問題的形成是後天透過觀察或模仿他人的不良行為，從而產生替代

性學習造成的。社會失範指社會本身失去了行為規範而出現的不正常狀態，社會的多重急劇變化導致現有社會規範不能為社會成員提供必要的指導，社會整體處於一種混亂無序的狀態。

3題：青年的心理社會問題破壞社會安全穩定，危害家庭的和諧與幸福，直接影響到青年的健康發展。

第二節

1題：青年吸菸成癮的特點主要有：呈低齡化趨勢；以男青年為主，女青年有上升趨勢等。吸菸成癮不僅導致青年的各種身心疾病，還會給社會造成經濟負擔，危害公共安全和秩序。青年酗酒成癮的主要特點有：成癮率較高，低齡化趨勢；男青年酗酒成癮率普遍高於女青年等。酗酒成癮不僅影響青年的身心健康，還會破壞家庭和睦，破壞社會治安，影響公共秩序。青年網路成癮有人數不斷上升，男青年網路成癮率高於女青年，青年網路成癮的表現多樣化等特點。網路成癮危害青年的身心健康，導致青年學業荒廢，甚至會誘發青年違法犯罪。青年吸毒成癮的主要特點有：呈低齡化的趨勢；新型毒品、混合型毒品在青年中蔓延；女性青年吸毒者增多等。吸毒成癮危害青年的身心健康給家庭帶來災難，引發青年犯罪行為。

2題：青年不良成癮行為的成因主要是心理缺陷、遺傳及藥物因素、不良的家庭環境以及同伴和社會環境的不良影響。

3題：預防青年不良成癮行為應做到：父母要為青年的成長創造良好的家庭環境；學校大力開展對青年學生的禁煙、禁酒和禁毒教育，重視其心理健康；政府職能部門應加強對網路以及成癮物質的監管力度。

第三節

1題：青年犯罪主要有侵犯財產型犯罪、暴力型犯罪、性犯罪和網路犯罪四種。

2題：青年犯罪的成因主要是青年自身的心理問題、不良的家庭環境、學校教育的缺陷以及社會不良風氣的影響。

3題：預防青年犯罪，首先要加強對學習法律知識，做到知法、懂法和守法；其次，要提高家庭教育的品質，採取民主的教養方式；再次學校要重視對青年的法制教育和心理健康教育；最後，充分發揮社區的預防作用。

第四節

1題：青年自殺主要的原因有：人格缺陷與精神疾病、家庭的不良因素自身的心理壓力以及生命教育的缺乏。

2題：預防青年自殺行為應做到：政府應制定青年自殺防治方案，家庭和學校要重視對青年的生命教育，完善危機干預機制。

單項選擇題答案

1.B　　2.D　　3.C　　4.B　　5.D

多項選擇題答案

1.ABCD　　2.ABC　　3.ACDE　　4.ABCD　　5.ABCD

判斷對錯題答案

1.對　　2.錯　　3.對　　4.對　　5.對

國家圖書館出版品預行編目（CIP）資料

青年心理學 / 馮維 主編. -- 第一版.
-- 臺北市：崧燁文化, 2019.09
　　面；　公分
POD版

ISBN 978-957-681-893-6(平裝)

1.青少年心理

173.2　　　　　　　　　　　　108011290

書　　　名：青年心理學
作　　　者：馮維 主編
發 行 人：黃振庭
出 版 者：崧燁文化事業有限公司
發 行 者：崧燁文化事業有限公司
E - m a i l：sonbookservice@gmail.com
粉 絲 頁：　　　　　網　址：
地　　　址：台北市中正區重慶南路一段六十一號八樓 815 室
8F.-815, No.61, Sec. 1, Chongqing S. Rd., Zhongzheng Dist., Taipei City 100, Taiwan (R.O.C.)
電　　　話：(02)2370-3310　傳　真：(02) 2370-3210
總 經 銷：紅螞蟻圖書有限公司
地　　　址：台北市內湖區舊宗路二段 121 巷 19 號
電　　　話:02-2795-3656　傳真:02-2795-4100　網址：
印　　　刷：京峯彩色印刷有限公司（京峰數位）

本書版權為西南師範大學出版社所有授權崧博出版事業股份有限公司獨家發行電子書及繁體書繁體字版。若有其他相關權利及授權需求請與本公司聯繫。

定　　　價：550 元
發行日期：2019 年 09 月第一版
◎ 本書以 POD 印製發行